Management

工业和信息化普通高等教育“十三五”规划教材立项项目

21世纪高等院校经济管理类规划教材

管理学

□ 方振邦 黄玉玲 编著

人 民 邮 电 出 版 社

北 京

图书在版编目（CIP）数据

管理学 / 方振邦，黄玉玲编著. -- 北京 : 人民邮电出版社，2017.1(2019.8重印)
21世纪高等院校经济管理类规划教材
ISBN 978-7-115-44334-2

Ⅰ. ①管… Ⅱ. ①方… ②黄… Ⅲ. ①管理学－高等学校－教材 Ⅳ. ①C93

中国版本图书馆CIP数据核字(2016)第300292号

内 容 提 要

本书以管理学的基本原理为主要内容，结合当今最具典型性的管理实践，贯彻理论指导实践、实践升华理论、理论与实践紧密结合的原则，既保留了管理学的基本理论体系，又吸收了管理研究的最新理论和研究成果。全书通过新颖的构思、简练的内容、多元的模块、丰富的案例，引发学生思考，突出可读性和实用性的特点。

本书以管理过程学派的思想为基础，以管理的四大职能——计划、组织、领导和控制为主线进行编写，共 13 章。

本书提供教学 PPT、讲义等教学资源，可通过书末的“配套资料索取示意图”索取。本书既可作为高等院校本科经济、管理类各专业基础课教材，也可作为经济管理类研究生入学考试和从事管理实践活动人员的参考书。

◆ 编　　著　方振邦　黄玉玲
责任编辑　万国清　刘天飞
责任印制　沈　蓉　彭志环

◆ 人民邮电出版社出版发行　北京市丰台区成寿寺路 11 号
邮编 100164　电子邮件 315@ptpress.com.cn
网址 http://www.ptpress.com.cn
固安县铭成印刷有限公司印刷

◆ 开本：787×1092 1/16
印张：18.5　　2017 年 1 月第 1 版
字数：451 千字　　2019 年 8 月河北第 4 次印刷

定价：49.80 元

读者服务热线：(010)81055256　印装质量热线：(010)81055316
反盗版热线：(010)81055315
广告经营许可证：京东工商广登字 20170147 号

前 言

20 世纪初，“科学管理之父”弗雷德里克·泰勒（Frederick W.Taylor）的《科学管理原理》（*The Principles of Scientific Management*）一书，标志着管理学学科的诞生。而后，经过众多管理思想家和实践者的贡献，管理学科迅猛发展。时至今日，管理学业已成为一门独立、完整的学科，并影响着人类社会的诸多领域，在经济发展和社会进步中发挥着越来越重要的作用。

管理学（management）是系统研究管理活动基本规律和一般方法的科学，是管理实践经验的科学总结和理论提升，主要研究管理原理、管理职能、管理技术和方法、管理者、管理环境、管理效果与管理思想史等内容。管理学的目的在于把人类成功的管理经验提升为一般理论，找出管理活动中的规律，使之成为一种可以学习、遵循和掌握的科学方法，并服务于管理实践。当今社会，组织正面临前所未有的挑战：经济全球化带来组织环境的变幻莫测，飞速发展的技术变革与创新，多样且多变的客户需求，等等。面对新的形势和挑战，无论对于管理研究还是管理实践，了解和学习管理学的基础理论都将是大有裨益且十分必要的。

本书全面介绍了管理学的基本概念和管理思想的发展脉络，以管理的四项基本职能——计划、组织、领导和控制为框架，阐释了管理活动的基本规律、管理学一般原理、管理的技术和方法。具体可以分为 5 大部分。

第一部分（第一、第二章）为概述，主要包括管理学基础以及管理思想的历史演变。管理学基础主要回答了 3 个问题：“什么是管理”“管理者做什么”以及“什么是管理学”。管理思想的历史演变系统地阐述了自 1911 年科学管理原理诞生以来 100 多年的管理思想及其主要流派的来龙去脉。

第二部分（第三、第四章）为计划职能，主要包括计划与决策以及战略管理的内容。计划与决策主要探讨了计划职能的基础知识、目标管理的内涵与过程、决策与决策制定的步骤以及计划相关的方法与技术等内容。战略管理则主要介绍了战略管理的概念、战略管理的过程与方法及组织战略的类型。

第三部分（第五至第八章）为组织职能，主要包括组织结构与组织设计、人力资源管理、组织文化以及组织变革与创新等内容。组织结构与组织设计重点介绍了组织结构设计的的相关概念、关键要素、组织结构类型以及影响组织结构设计的重要因素。人力资源管理以战略性人力资源管理为框架，着重介绍人力资源管理比较重要的几项职能。组织文化着重介绍组织文化的有关内容，包括组织文化的内涵、组织文化的形成以及组织文化的变革等。组织变革与创新则主要阐述了组织变革的动力、类型、组织变革的阻力及其阻力的克服、组织变革的模式，并在此基础上讨论了组织应如何进行创新管理。

第四部分（第九至第十一章）为领导职能，主要包括领导及其理论、激励理论、沟通与冲突管理。领导及其理论着重阐述领导的内涵，介绍领导特质理论、领导行为理论和领导权变理论，并简单列举几项最新的领导理论研究成果。激励理论主要介绍了内容型激励理论、过程型激励理论和综合型激励理论。沟通与冲突管理分别介绍沟通及冲突的相关概念，阐释沟通的管理和冲突的策略。

第五部分（第十二、第十三章）为控制职能，主要包括控制的基础以及控制的方法与技术。控制的基础主要介绍了控制的概念、过程、类型和系统等内容，并着重介绍了影响控制有效性的因素。控制的方法与技术详细介绍了全面质量管理（TQM）、标杆管理（benchmarking）和平衡计分卡（BSC）的理论及其应用。

本书深入浅出，结构合理，具有以下特点。

第一，内容丰富，体系完整。本书内容全面，依照管理学的基本职能安排章节的内容框架，逻辑结构清晰，框架体系完整；同时覆盖了管理学领域的前沿问题，例如变革型领导、平衡计分卡等内容。不仅吸收了国内外管理学研究的精华，同时囊括了作者多年从事管理学教学与研究形成的重要成果。

第二，通俗易懂，便于理解。本书力争用简洁明了的语言解释复杂的问题和理论，阐述清晰，重点突出。此外，在每章结尾安排了本章内容小结、复习思考题等，便于学习者理解并掌握管理学理论，提高学习的兴趣，提升学习效果。

第三，适用范围广，注重实践。本书立足于系统地介绍管理学的一般知识，不仅关注企业等营利性组织的管理，更关注政府以及非营利组织的管理。因而不仅在内容阐释上回避行业性的专业知识，同时在案例选择上也关注不同类型组织中的管理实践。

第四，案例新颖，形式多样。本书不仅有现实中的管理案例，同时还引经据典，帮助学习者更好地思考在不同情境下管理理论的运用。为使相对枯燥的理论便于学习，本书开发了拓展学习、人物谱、课堂讨论、管理故事和管理案例等栏目，并与时俱进地提供了相应的二维码。此外，读者还可以通过中国人民大学管理学精品课程网站深入学习管理学知识。

本书提供教学 PPT、讲义等教学资源，可通过书末的“配套资料索取示意图”索取。

在本书即将出版之际，我要特别感谢人民邮电出版社的领导和工作人员为本书的出版和校订所付出的辛劳，感谢中国人民大学公共管理学院组织与人力资源研究所的鲍春雷、冉景亮、陈曦、韩宁、姜颖雁和唐健等为本书编写所做的各项工作。同时，在本书撰写过程中，笔者借鉴和参阅了大量的资料，在此谨向这些资料的作者和提供者们表示诚挚的感谢！

集结成书是遗憾之作。尽管我们尽了很大努力，但由于水平有限，加之时间紧迫，书中纰漏和不足在所难免，请各位专家、学者批评指正！

中国人民大学公共管理学院组织与人力资源研究所所长
中国人民大学公共组织绩效管理研究中心主任
方振邦　教授、博士生导师

目　　录

第一部分　概述

第一章　管理学基础……1

第一节　管理……2

一、管理的内涵……2

二、管理的职能……5

三、管理环境……6

第二节　管理者……10

一、管理者的内涵……10

二、管理者的角色……11

三、管理者应具备的技能……12

第三节　管理学……13

一、管理学的性质与内容……13

二、管理学研究方法……15

三、学习管理学的意义……17

第二章　管理思想的历史演变……21

第一节　管理理论的萌芽时期……23

一、时代背景……23

二、主要内容……23

三、历史贡献……23

第二节　古典管理理论时期……24

一、时代背景……24

二、主要内容……24

三、历史贡献……26

第三节　管理理论发展的过渡时期……26

一、时代背景……26

二、主要内容……26

三、历史贡献……28

第四节　现代管理理论的形成时期……28

一、时代背景……28

二、主要内容……28

三、历史贡献……30

第五节　现代管理理论的发展时期……30

一、时代背景……30

二、主要内容……31

三、历史贡献……33

第六节　现代管理理论的深入时期……33

一、时代背景……33

二、主要内容……34

三、历史贡献……35

第七节　管理理论的多元化时期……36

一、时代背景……36

二、主要内容……36

三、历史贡献……38

第八节　当代管理理论的繁荣时期……39

一、时代背景……39

二、主要内容……39

三、历史贡献……41

第二部分　计划职能

第三章　计划与决策……44

第一节　计划概述……45

一、计划的概念……45

二、计划的类型……45

三、计划工作的目的和意义……47

四、计划工作的步骤……47

第二节　目标管理……50

一、目标管理的内涵……50

二、目标管理的特点……50

三、目标管理的过程……51

四、目标管理的优点和缺点……52

第三节　决策与决策制定……53

一、决策的基本类型……53

二、决策制定模型……55

三、决策制定的基本步骤……57

第四节　计划的方法与技术……58

一、定性计划方法与技术……59
二、定量计划方法与技术……60

第四章 战略管理……65

第一节 战略与战略管理概述……66
一、战略及其相关概念……66
二、战略管理理论的发展演变……68
三、战略管理的意义……69
第二节 战略管理的过程与方法……70
一、战略管理的过程……70
二、战略分析的方法与工具……71
第三节 组织战略的类型……76
一、公司层战略……76
二、事业层战略……79
三、职能层战略……81

第三部分 组织职能

第五章 组织结构与组织设计……85

第一节 组织结构与组织设计概述……86
一、组织……86
二、组织结构……87
三、组织设计……88
第二节 组织结构设计的关键要素……90
一、工作专门化……90
二、部门化……91
三、命令链……93
四、管理跨度……94
五、集权与分权……96
六、正规化……97
第三节 组织结构的类型……97
一、直线制组织结构……98
二、职能制组织结构……98
三、直线职能制组织结构……99
四、事业部制组织结构……99
五、矩阵式组织结构……100
六、基于团队的结构……101
七、虚拟组织……101
第四节 影响组织结构设计的权变因素……102
一、组织环境……102
二、组织战略……104
三、组织规模……105
四、组织生命周期……106
五、组织技术……107
六、人员素质……109

第六章 人力资源管理……114

第一节 人力资源管理概述……115
一、人力资源管理的发展演变……115
二、战略性人力资源管理……117
第二节 工作设计与工作分析……119
一、工作设计……119
二、工作分析……122
第三节 招聘与甄选……123
一、招聘……124
二、甄选……125
第四节 培训与开发……127
一、培训与开发的含义……127
二、培训与开发的步骤……127
三、培训与开发的形式和方法……128
第五节 绩效管理……130
一、绩效……130
二、绩效管理……131
第六节 薪酬管理……134
一、薪酬的概念……134
二、薪酬管理……135

第七章 组织文化……141

第一节 组织文化概述……143
一、组织文化的内涵……143
二、组织文化的功能……146
三、组织文化与组织氛围……148
第二节 组织文化的描述与测量……149
一、库克等人的模型……149
二、奎因和卡梅隆的研究……151
三、丹尼森的组织文化模型……152
四、霍夫斯泰德的跨文化分析模型……153
第三节 组织文化建设……154

一、组织文化的形成……154
二、组织文化的维系与传承……156
三、组织文化的变革……159

第八章　组织变革与创新……164

第一节　组织变革概述……165
一、组织变革的动力……165
二、组织变革的类型……166
三、组织变革的阻力及其克服……168
第二节　组织变革的模式……170
一、组织变革的系统模式……170
二、组织变革的阶段模式……171
三、行动研究模式……173
第三节　组织创新……174
一、组织创新概述……174
二、创新管理……175

第四部分　领导职能

第九章　领导及其理论……182

第一节　领导概述……183
一、领导的含义……183
二、领导与权力……184
三、领导与管理……185
四、领导理论的发展历程……188
第二节　领导特质理论……189
一、特质理论的代表研究……189
二、特质理论小结……190
第三节　领导行为理论……191
一、艾奥瓦大学的研究……191
二、俄亥俄大学的研究……191
三、密歇根大学的研究……192
四、管理方格理论……193
五、家长式领导……194
六、行为理论小结……195
第四节　领导权变理论……196
一、非德勒模型……196
二、情境领导理论……197
三、领导者-成员交换理论……199
四、路径-目标理论……200
五、领导者-参与模型……203
六、权变理论小结……204
第五节　领导理论的新进展……204
一、变革型领导……204
二、魅力型领导……205
三、道德领导……206
四、诚信领导……206
五、战略型领导……207

第十章　激励理论……210

第一节　内容型激励理论……211
一、需要层次理论……211
二、X 理论和 Y 理论……212
三、双因素理论……214
四、ERG 理论……216
五、成就需要理论……216
第二节　过程型激励理论……218
一、强化理论……218
二、期望理论……220
三、公平理论……221
四、目标设置理论……223
第三节　综合型激励理论……226
一、综合型激励理论……226
二、激励理论的整合模型……227

第十一章　沟通与冲突管理……231

第一节　沟通概述……232
一、沟通的概念……232
二、沟通的过程……232
三、沟通的主要原则……234
第二节　组织沟通……235
一、沟通的信息流向……235
二、组织沟通的模式……236
三、改进组织沟通的效果……237
第三节　人际沟通……238
一、人际沟通的方法……238
二、人际沟通的障碍……239
三、克服人际沟通的障碍……240
第四节　冲突概述……242

一、冲突的定义……242
二、冲突的过程……242
三、冲突观念的变迁……243
四、冲突的分类……243
第五节　冲突管理……245
一、冲突的产生……245
二、冲突的处理……247

第五部分　控制职能

第十二章　控制的基础……252
第一节　控制概述……253
一、控制的概念……253
二、控制的过程……254
三、控制类型……258
四、控制系统……260
第二节　影响控制有效性的因素……262
一、有效控制的特征……262
二、影响有效控制的权变因素……264
第十三章　控制的方法与技术……269
第一节　全面质量管理……270
一、全面质量管理的起源、发展和定义……270
二、全面质量管理的三个核心原则……271
三、全面质量管理的常见组织结构……272
第二节　标杆管理……273
一、标杆管理的含义……273
二、标杆管理的类型……273
三、标杆管理的实施……274
四、实施标杆管理需注意的问题……274
第三节　平衡计分卡……275
一、平衡计分卡的主要特点……276
二、平衡计分卡的框架及要素……276
参考文献……284
配套资料索取示意图……286

第一部分 概　　述

第一章 管理学基础

【学习目标】

了解管理的环境；了解学习管理学的意义；理解管理者的角色与技能；理解管理学的性质与内容；掌握管理的内涵与职能；掌握管理学的研究方法。

【案例导入】

阿波罗登月计划

阿波罗登月计划（Apollo Project），又称阿波罗登月工程，是美国1961—1972年从事的一系列载人登月飞行任务。1969年7月16日，巨大的“土星5号”火箭载着“阿波罗11号”飞船从美国肯尼迪角发射场点火升空，开始了人类首次登月的太空征程。美国宇航员尼尔·阿姆斯特朗、埃德温·奥尔德林、迈克尔·科林斯驾驶着宇宙飞船跨过38万千米的征程，承载着全人类的梦想踏上了月球表面。这虽然是个人的小小一步，但却是整个人类迈出的伟大一步。他们见证了从地球到月球梦想的实现，这一步跨过了5000年的时光。

阿波罗载人登月工程历时约11年，动员了上百个科研机构，120所大学，2万多家企业，先后有400万人参加，耗资约256亿美元。这一规模宏大的工程，工程技术的复杂程度难以想象，仅“土星5号”火箭就有上百万个零部件，涉及成百上千种复杂的工序，只要有一处隐患，就可能造成箭毁人亡的惨剧。所以阿波罗计划实际上是一个巨大的、通过政府组织的、运用市场机制进行的成功的管理实践活动。如此庞大的阿波罗登月计划之所以能如期完成，很关键的一点在于运用系统工程方法进行了有效的组织管理。研制这样复杂的系统，面临的难题是：怎样把比较笼统的初始要求（如使航天员安全登月并返回地球）逐步变为成千上万个工程任务参加者的具体工作？怎样把这些工作最终组合成一个技术上合理、经济上合算、研制周期短、协调运转方便的实际工程系统？这样复杂的工程系统，涉及大规模复杂的社会劳动组织协调和管理，需要有一套严密而科学的组织管理方法。

在阿波罗计划实施过程中，美国建立了强有力的管理组织，用系统工程方法加强对阿波罗计划整体过程的管理，并将管理工作全过程划分为编制计划、分析评价、控制指导及督促检查等阶段，从根本上保障了阿波罗计划的顺利完成。阿波罗登月计划的总负责人韦伯博士后来总结说：“我们没有使用一项没用过的技术，我们的技术就是科学的组织管理。”

资料来源：袁辉，宁凯，许晓军．管理学．北京：北京邮电大学出版社，2013．

启发思考：

1．管理在阿波罗登月计划中起着什么作用？

2．案例中，管理具体是怎样起作用的？

管理活动作为人类最重要的活动之一，可以追溯到人类社会的早期。通过管理，人们能够有目的、有秩序地组织生产、改善生活和从事其他社会活动。随着社会的不断进步、科学技术的迅速发展、组织任务的复杂化程度不断提高，人类社会日益需要通过集体协作来达成组织目标，管理越来越受到广泛的关注和重视。相比其他学科，管理学是一门年轻的学科，但发展特别迅速、对人类社会的影响空前巨大。本章将对管理、管理者及管理学的有关内容进行介绍，旨在帮助读者对该学科有个初步的认识。

第一节　管　　理

一、管理的内涵

管理（management）最为通俗的解释是将二字拆开，做“管人”和“理事”理解，即对一定范围内的人员和事务进行安排与处理。这种解释固然精练，却难以准确地表达出管理的完整含义。管理始于人类有组织的活动，寓于组织之中，任何管理活动都必须以组织作为载体，因而要全面、完整地掌握管理的内涵，首先应该对组织有一个基本的认识。

（一）组织

组织（organization）是指由人员组成的、具有明确目的和系统性结构的实体。从这个意义来讲，无论是国家、军队、教会等大型机构，还是企业、学校、医院等小型机构，都属于组织的范畴，因为它们都具有三种基本的特征，如图 1-1 所示。① 组织都是由两个及以上的人员组成。人是组织的主体，是组织借以开展工作、达成目标的首要因素。但是，单独个人是不能构成组织的，组织是两个及以上人员的集合体。② 每个组织都有一个明确的目的。组织的目的通常以一个或者一组目标来表达，它反映了组织所希望达到的状态。③ 每个组织都具有系统性的结构，用以规范和限制成员的行为。组织的结构既可以是弹性的、开放的，也可以是刚性的、严密的，但不管其类型如何，都要求具有某些精细的特征，以便明确组织成员间的工作关系。

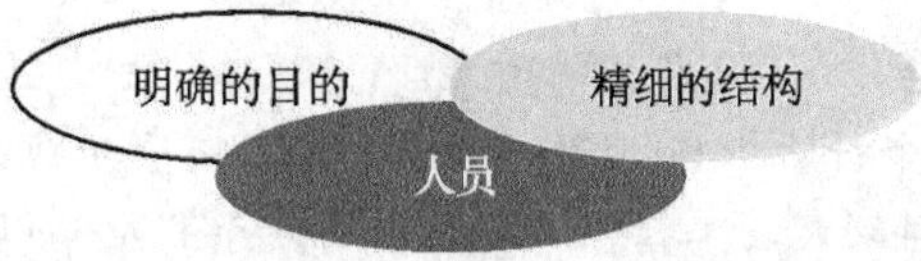

图 1-1　组织的特征

（二）管理的定义

国内外许多学者都曾对管理下过定义，但由于管理的广泛性和复杂性以及研究的侧重点不同，至今仍未形成统一的概念。在此简要介绍几种有代表性的解释。

弗雷德里克·泰勒（Frederick W. Taylor）认为“管理就是要确切地知道要别人干什么，并注意让他们用最好、最经济的方法去干”。

亨利·法约尔（Henry Fayol）认为“管理就是实行计划、组织、指挥、协调和控制”。

赫伯特·西蒙（Herbert A.Simon）认为“管理就是决策”。

拓展学习

亨利·法约尔（1841—1925）是欧洲杰出的经营管理思想家，西方古典管理理论的三位先驱者之一，管理过程学派的“开山鼻祖”。1916 年，法约尔在 75 岁高龄时发表其划时代名著《工业管理与一般管理》(*General and Industrial Management*)，这本书的出版标志着一般管理理论的形成。法约尔是第一位提出管理职能的学者，也为后世编写管理学教材提供了基本的思路。如果想更多了解法约尔的生平事迹，可以关注二维码链接。

彼得·德鲁克（Peter F.Drucker）认为“管理是一种实践，其本质不在于‘知’而在于‘行’；其验证不在于逻辑而在于成果；其唯一权威就是成就”。

哈罗德·孔茨（Harold Koontz）和海因茨·韦里克（Heinz Weihrich）将管理定义为“设计并保持一种良好环境，使人在群体里高效率地完成既定目标的过程”。

上述定义从不同侧面、不同角度揭示了管理的含义，或者是揭示了管理某一方面的属性。本书将管理定义为一个协调工作活动的过程，其目的是能够有效率和有效果地同他人一起或通过他人实现组织的目标。这个概念包含三重含义。

（1）管理是一个协同工作的过程，这个过程代表了一系列进行中的有管理者参与的职能活动。

（2）管理是与他人一起或通过他人实现组织的目标，这就对管理岗位和非管理岗位进行了区分。

（3）效率和效果是管理活动追求的两大目标，其中效率（efficiency）是指以尽可能少的投入获得尽可能多的产出，效果（effectiveness）是指所从事的工作和活动有助于组织达到其目标。效率是关于做事的方式，而效果则涉及结果，两者相辅相成，共同构成了管理活动追求的目标，如图 1-2 所示。

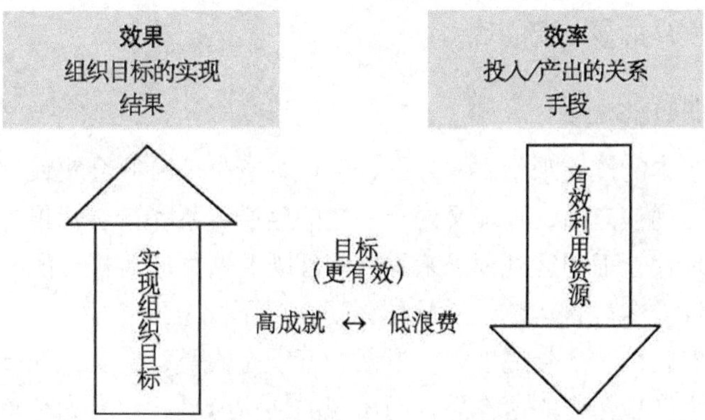

图 1-2　管理活动的两大目标

（三）管理的一般特征

管理是一项非常复杂的社会活动，其内容丰富、形式多样，在人类社会生活的不同历史时期和领域中，每项管理活动都有其独特之处。但是，管理作为人类社会的一项基本实践，也具有如下的一般性特征。

（1）管理最基本的任务是实现有效的社会协作。人类社会的一切生产实践都是以协作形式出现的，无论是原始社会简单的狩猎活动，还是现代化的大工业生产，都包含着不同程度的协作。随着工作任务复杂化程度的日益提高，产生于人类共同劳动的协作关系不再像从前那样简单和稳定，人与人之间复杂、动态和灵活的协作关系已经成为一种常态。管理就是要运用科学的程序和方法，通过最优的机构设置和最佳的工作组合，利用尽可能少的资源实现组织协作的最大效用。

（2）管理最基本的形式是组织。任何管理活动的实施都需要组织这一平台，人类社会一切生产活动中的协作关系通过组织的形式固定下来，从而演变为自觉的管理活动。组织使管理拥有一种可遵循的程序，并根据这种程序有效地实现活动目标。在管理活动中，组织既是管理的主体，又是管理的客体。组织作为管理的主体，表现为专门进行管理工作的组织机构，如指挥部、决策部、参谋部、计划部等。而从作为管理的客体这个角度来看，组织表现为系统性。任何组织都是由作为其要素的人按照一定的结构建立起来的系统，既包括纵向的权力和责任分配关系，也涵盖横向的专业分工和协作关系，这些关系是管理的主要对象。

（3）管理最主要的内容是处理人际关系。人是管理活动中的首要因素，这已成为现代管理者的共识。虽然除了人与人之间的关系外，管理系统还包含着人与物的关系，但人与物的合理配置、人对物的控制归根结底都是人与人的关系，因此人际关系是管理系统两大基本关系的主要方面，对组织的成败起着决定性的作用。有效地处理和协调人际关系，不仅可以帮助管理者理顺各种关系，还可以在组织内形成一股有机合作的整体力量，大幅增强管理系统的功效。

（4）管理发展的主要动力是变革与创新。生产力的迅速发展推动着社会生产方式的不断进步，尤其在科学技术日新月异的现代社会中，社会生产的组织方式正处于一个持续变革的过程之中。管理实践中不断涌现的新问题、新情况推动着管理技术和手段不断革新，从而使管理思想和理论不断丰富和完善，管理理论上的重大突破同时又反过来指导实践，促使组织的管理成效实现质的飞跃。因此，这种根据新形势而发生的迅速的、连续的、根本的变革与创新，已成为管理发展的最主要的动力。

（四）管理的性质

从管理活动最基本的性质来看，一方面，管理本身是一种社会实践，凝聚了管理者的体力劳动和脑力劳动；另一方面，管理又处于一定的生产关系和社会背景当中，是对他人劳动的指挥和监督。从现代管理的客观要求来看，管理既要遵循客观规律的科学性要求，又要体现灵活协调的艺术性要求。管理的性质具体体现在以下几方面。

（1）管理的自然属性和社会属性。一方面，管理是人类社会实践的产物，是生产力发展到一定水平时基于生产社会化的协作需要而出现的新型劳动，它有力地推动了生产力的发展和社会的进步，因此它具有同生产力、社会化大生产相联系的自然属性；另一方面，管理也是人类社会实践的组织方式，是在一定的生产关系条件下对劳动协作的指挥和监督，必然体现出生产资料占有者的意志，因此它具有同生产关系、社会制度相联系的社会属性。管理的自然属性和社会属性就是管理的二重性，集中体现了管理的本质。

（2）现代管理的科学性和艺术性。早期的管理活动完全依靠管理者长期积累的个人经验，反映的是一些零散的管理思想片段，缺乏系统的科学理论的指导，更多地表现为一种艺术。随着现代管理理论的发展，人类的管理活动已逐渐由艺术发展为科学，继而发展至两种性质兼而有之。现代管理既能探索和遵循管理活动的客观规律、研究和运用科学的管理理论和方法，又能根据管理实践的具体情况，灵活地运用一般原理和基本方法，通过不断的尝试进行新的创造。因此，现代管理既是一门科学，也是一种艺术。

二、管理的职能

管理的职能即管理的职责和功能，通俗地讲，就是探讨“管理者做什么”的问题。管理者只有在明确自己的工作任务和职责要求之后，才能运用适当的管理方法和手段以及组织所赋予的权力，有针对性地开展管理活动，并承担相应的责任。反之，管理者如果凭感觉做事，想起什么做什么，则可能造成“该做的事情没有做，不该插手的事情偏要管”的混乱局面，这非但无益于组织目标的实现，而且会徒然耗费有限的精力和资源。因此，对管理职能的准确界定，无疑具有非常重要的意义，它是达成管理目标的前提条件。

与学者们对管理的内涵各具见解一样，不同学者在探讨管理的职能时，也是从各自的视角来观察管理者的实际工作，从而得出不同的研究结论。本书参考各个学者的主要观点，将管理的基本职能归纳为 4 类，分别是计划（planning）、组织（organizing）、领导（leading）和控制（controlling），如图 1-3 所示。

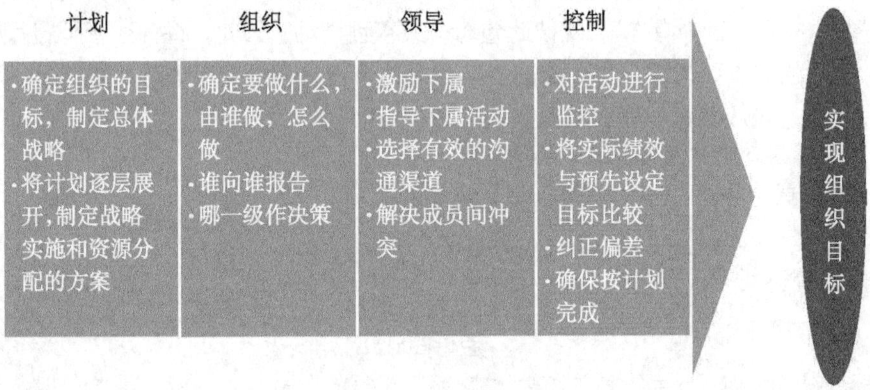

图 1-3　管理的基本职能

（一）计划

计划是指根据组织的内外部环境，并结合自身的实际情况，制定合理的总体战略和发展目标的过程，通过工作计划将组织战略和目标逐层展开，形成分工明确、协调有序的战略实施和资源分配方案。计划描绘了组织的未来蓝图，指明了组织发展的前进方向，为管理者的日常决策提供了必要的依据，为组织成员的工作绩效提供了考评标准，因而无论环境如何复杂变化，都不应该忽视计划职能的重要性。

（二）组织

组织主要是指在战略和目标的指导下，明确组织当前的工作任务并对任务进行分类与整合，通过设置一系列的机构和职位来承担这些工作任务。同时，通过明确组织中的指挥链划分部门和职位的相应职责和权限，构建起完整的组织管理体系。简言之，组织工作是一个“搭台子、组班子、定规则”的连续动态过程，是落实组织目标和工作计划并确保其有效执行的必要环节。

（三）领导

领导是指充分利用各种方法和手段对下属进行有效的激励，并为下属提供必要的指导和支持，以集中精力、实现组织预定目标的过程。有效的领导不仅需要管理者掌握丰富的沟通技巧，与下属进行充分的交流，掌握其思想和工作动态，充分挖掘新的激励点，还要求管理者发展独特的组织文化，营造和谐的工作氛围，为组织内部的良性竞争提供健康有序的环境条件。

（四）控制

管理者的控制职能是指为确保组织目标的顺利实现，遵照一定的科学程序，对组织内部各项工作的进展情况与实际效果进行监控和评估，并在其偏离预定轨道时采取措施加以纠正的过程。控制活动可以使工作失误得以及时发现和迅速补救，有助于从整体上维护组织的根本利益，因此，它贯穿于管理过程的始终，是组织获得成功的重要手段和必要保障。

当然，管理的实际情况比我们所描述的职能要复杂千万倍，计划、组织、领导和控制几项职能在实践中并不存在泾渭分明的界限。管理者在从事实际工作时常常会发现，四类职能常常是“你中有我、我中有你”，既彼此包含，又相互推动，因此，将管理者所履行的职能描述为一种过程的观点更为符合实际情况。换言之，管理者在进行管理时始终处于一种过程当中，以连续的方式从事着计划、组织、领导和控制活动。

三、管理环境

课堂讨论

孟母三迁

昔孟子少时，父早丧，母仉氏守节。居住之所近于墓，孟子学为丧葬，躄，踊痛哭之事。母曰：“此非所以处子也。”乃去，遂迁居市旁，孟子又嬉为贾人炫卖之事，母曰：“此又非所以处子也。”舍市，近于屠，学为买卖屠杀之事。母又曰：“是亦非所以处子矣。”继而迁于学宫之旁。每月朔望，官员入文庙，行礼跪拜，揖让进退，孟子见了，一一习记。孟母曰：“此真可以处子也。”遂居于此。

试问：通过“孟母三迁”的故事，可以窥探出管理活动及管理环境之间的关系是怎样的？

管理的环境是指能够对管理活动的成效产生潜在影响的各种因素的总和，可以划分为内部环境和外部环境。管理的内部环境是指存在于特定组织之内，决定着管理系统的存在以及影响其发展的客观因素的总和，既包括人员、设备、经费等实体性因素，也包括规章、条例、制度等体制性因素，还包括人际关系、组织氛围等无形因素。这些因素既是管理实践赖以进行的基础，又是管理工作的直接内容，因此，从某种意义上来看，对内部环境的管理意味着组织范围内的全部管理活动。管理的外部环境是指存在于组织之外，对管理系统的建立、存在和发展产生影响的客观因素和条件，它又分为具体环境和一般环境两大类。

（一）具体环境

具体环境包括那些对管理者的决策和行动产生直接影响并与实现组织目标直接相关的因素。不同的组织所处的具体环境不一样，即使是同一个组织的具体环境也是处在不断的变化之中。一般说来，组织的具体环境主要包括顾客、供应商、竞争者和压力集团。

（1）顾客。组织是为满足顾客需要而存在的，它所生产的产品或提供的服务必须得到顾客的认可并予以购买或体验，组织才能生存和发展。对于政府组织也是如此，只不过它是面向广大的民众提供公共产品和服务，其目的也是获得公众的认可与支持。对于组织来说，顾客代表着不确定性，因为不同的人具有不同的需求，并且在各种各样的需求中，有些是外显的，有些是内隐的，有些则总是处于不断的变化之中。所以，管理者必须时刻保持对组织目标客户的关注，识别和分析他们的需求类型及变化，从而确保所做的决策有理有据、有的放矢。

（2）供应商。提到供应商，人们通常只会想起为组织提供原材料和设备的企业，事实上，资金和劳动力的供应者也是组织必不可少的供应商。例如，高等院校承担着为社会培养各类人才的重任，它们是组织中人力资源的重要来源。由于组织所需资源的匮乏常常会束缚管理者的决策和行动，因而以尽可能低的成本来保证所需投入的持续稳定供应便成为管理者的重要任务。

（3）竞争者。所有的组织都有一个或更多的竞争者，即便是掌握国民经济命脉的垄断企业也要接受竞争对手的挑战。竞争者之间一般通过产品定价、技术开发、服务创新等形式与对手展开激烈的市场争夺。在不断加强组织内部建设的同时，成功的管理者必须时刻密切关注竞争对手的动态，通过有效的途径与手段及时掌握市场信息和竞争情报，采取有针对性的竞争策略和方法，有力地回应竞争者的挑衅和冲击。

（4）压力集团。压力集团通常也被称作特殊利益集团，是不容忽视的重要外部力量。压力集团往往通过游说政府官员、利用媒体及舆论或直接组织抵制活动等方式来影响组织的决策和行为，以达成维护某种特殊利益的目的。不同的压力集团有着不同的利益诉求，而且像社会及政治运动的变化一样，压力集团的力量也在改变，它们有时十分弱小，有时则变得非常强大，能够对组织的政策和行动产生极大的影响。因此，管理者必须及时了解关键压力集团的利益诉求，保持与维护彼此间良好的关系。同时，管理者还必须对组织的经营活动将会对外界所产生的负面影响有清晰准确的预见，并采取相应的对策尽可能予以消除或弱化，从而树立组织良好的社会形象。

（二）一般环境

一般环境可以理解为大环境，包括可能影响组织的广泛的经济与技术、政治与法律、社会与文化、人口与地理等领域的因素。与具体环境相比，这些领域的变化对单个组织的影响通常要小一些，性质相近的组织所处的大环境较为类似，但是这并不意味着一般环境的力量无关紧要，有时候大环境的急剧恶化会对组织的发展产生不可估量的巨大影响，甚至决定组织的生死存亡，因此，管理者切不可对其掉以轻心。

（1）经济与技术。经济与技术两者紧密相连、相互促进，共同对组织的生存和发展产生重要的影响。组织的经济环境，指的是外部的经济大势，通常包括 GDP、居民收入、物价指数、财政和税收政策等内容，它们都程度不同地左右着管理的实践。技术方面的因素主要指科学领域的发现与发明所带来的技术上的创新和进步，具体表现为可供组织利用的先进的工艺、设备、方法等。技术是一般环境的组成要素中变化最为迅速的，从根本上改变组织构建的基本方法以及管理者的管理方式。

（2）政治与法律。任何组织都是在一定的政治背景和法律环境中逐步发展壮大的。组织所在国家的政治体制、政策的稳定性与连贯性以及政府官员对组织所持的态度，都会影响管理者的决策和行动。同时，政府制定的法律、法规和政策既为组织的正常经营活动提供了良好的市场秩序，保障了组织的基本权益，又或多或少地限制了组织的发展空间，限制了管理者的自由裁量权。因此，管理者必须具有敏锐的政治洞察力，掌握丰富的法律知识，以把握外界稍纵即逝的发展机会，同时迎接难以避免的法律挑战。

（3）社会与文化。人类社会和文明始终处于不断的发展和变化过程中。在全球化潮流的推动下，人们的价值观、风俗习惯、行为方式、观念和品位等社会文化因素既相互激荡又彼此交融，正发生着巨大的变化。作为一种世界范围的活动，管理在熟悉当地价值观和文化、认可和包容当地特有的传统文化的同时，必须随着社会的变迁和文明的进步，不断调整和改进管理理念、形式与方法，适应社会的变化。

（4）人口与地理。人口与地理是一般环境中影响组织生存和发展的自然因素。特定的人口构成了组织所需的劳动力大军。管理者必须根据组织需要招募合适的人员，并依据其特征进行合理的搭配，以产生最强的整合效应。地理环境对组织的作用主要体现在交通运输的便利性、所需资源的易获得性、生产废弃物的易处理性等方面，因此，管理者在组织的筹建时期要根据自身特征合理地选择驻地，以充分利用地理环境方面的优势。

（三）环境管理

对管理者而言，了解环境的各种构成要素及其对管理的影响，显然是十分重要的。在此基础上，根据外部环境的特点和客观形势的变化采取相应的技术和方法对环境进行评估与管理则更具现实意义。一般来说，环境是通过自身的不确定性程度以及外部环境中的利益相关者来对管理者产生影响的。

（1）评估环境。环境的变化及其特点是由环境的不确定性程度造成的，因此，归根结底，评估环境也就是评估其不确定性程度。组织环境的变化程度和复杂程度是评估环境不确定性的两个维度。就变化程度而言，如果组织环境的构成要素经常变动，可称其为动态环境；反之，则称其为稳态环境。在这里需要特别指出的是，所谓的变化程度，仅意指不可预测的变化的程度，那些能够精确预测的快速变化应该归类于稳态环境。就复杂程度而言，评估的标准在于组织环境中的要素数量以及组织所拥有的与这些要素相关的知识。与组织打交道的竞争者、顾客、供应商以及政府机构越少或组织对这些外部环境要素的情况了解越多，则组织环境的复杂性就越小；反之亦然。尽管在理论上组织环境可以划分为动态的、稳态的或简单的、复杂的，但是，实际的情形常常是这四类环境特征的排列组合，从而构成了一个环境不确定性矩阵，如图 1-4 所示。

		变化程度	
		稳定	动态
复杂程度	简单	单元一 稳定的、可预测的环境 环境要素少 要素有某些相似并基本上保持不变 对要素的复杂知识要求低	单元二 动态的、不可预测的环境 环境要素少 要素有某些相似但处于连续变化过程中 对要素的复杂知识要求低
	复杂	单元三 稳定的、可预测的环境 环境要素多 要素间彼此不相似但单个要素基本保持不变 对要素的复杂知识要求高	单元四 动态的、不可预测的环境 环境要素多 要素间彼此不相似并且处于连续变化过程中 对要素的复杂知识要求高

图 1-4 环境不确定性矩阵

其中，单元一为稳定简单的环境，代表了不确定性水平最低的环境，它基本上不会对组织的成败构成威胁；而单元四为动态复杂的环境，所代表的不确定性水平最高，因此对组织的影响也很大，是管理者千方百计地想加以控制的一种环境。事实上，如今大多数行业正处于这种复杂的、持续变化的环境之中，管理者需要迅速有效地回应环境不确定性所带来的诸多挑战，从而在竞争中取得优势，实现组织的目标。

（2）利益相关者关系管理。利益相关者（stakeholder）是指组织外部环境中影响组织决策和行动或受组织影响的任何相关者，既包括组织内部的工会、员工，也包括组织外部的顾客、竞争者、供应商、政府、社区、行业协会等群体。加强对外部利益相关者关系的管理有助于提高环境变化的可预测性，使组织变得更为柔性，从而减少环境变化的冲击。那么如何管理这些关系呢？这需要从以下 4 个方面寻找答案：谁是组织的利益相关者？这些利益相关者可能存在的特殊利益或利害关系是什么？对于组织决策和行动来说，每一个利益相关者的关键程度如何？通过什么具体方式来管理这些利益相关者？对于前三个方面而言，管理者在经过分析之后是容易做出判断的，关键是回答好最后一个问题。通常来说，利益相关者关系的管理方式取决于他们对组织的关键程度以及所处环境的不确定性程度，由此形成了一个二维矩阵，其 4 个单元分别代表利益相关者伙伴关系、跨域管理、利益相关者管理、扫描和监控环境四种具体的管理方式，如图 1-5 所示。具体来说，当环境的不确定性水平很高时，组织应该与关键的利益相关者通过协议的方式建立起伙伴关系，与他们一道追求共同的目标；对于非关键的利益相关者，管理者则要加强跨域管理，使组织边界更具渗透性和柔性，通过加强互助合作、彼此传递和分享信息等方式来降低环境的不确定性。反之，当环境的不确定性水平很低时，管理者则应该针对关键的利益相关者进行直接管理，比如开展顾客营销调研、鼓励供应商之间的竞争等活动；对于非关键的利益相关者，管理者只要利用组织的信息情报部门简单地扫描和监控环境中可能变化的趋势和力量就可以了。

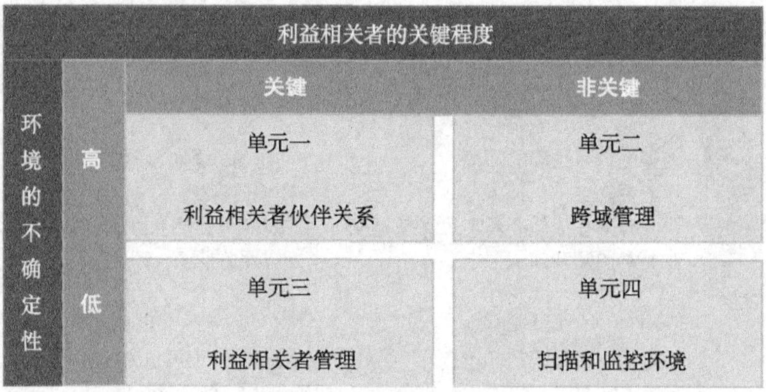

图 1-5　利益相关者矩阵

第二节　管　理　者

随着管理实践的不断发展，现代社会中的组织和工作正在发生持续性的变革，团队建设、结构扁平化、参与管理、自主管理等管理技术和方法劲头正盛，组织中管理者的作用日益凸显。在这样的组织情境下，只有清楚地了解管理者的内涵、所扮演的角色以及所需掌握的技能，才能有效发挥管理人员的积极作用。

一、管理者的内涵

管理者（manager）是相对于非管理人员而言的。管理者是组织中做决策、分配资源、指导别人的行为、监督别人的活动并对达到目标负有责任的人。在传统的组织里，管理者按照所处的层级不同可划分为基层、中层和高层管理者，如图 1-6 所示。

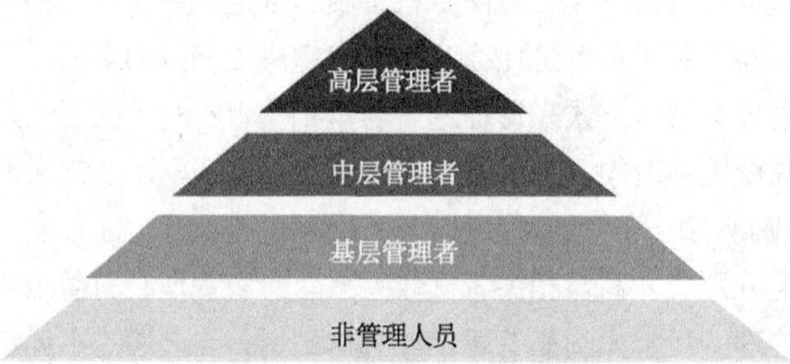

图 1-6　不同层级的管理者

基层管理者通常被称为主管、领班或工长等，他们是组织中最低层的管理者，直接与从事产品生产或提供服务的非管理人员打交道。中层管理者包括所有处于基层管理者和高层管理者之间的各个管理层级的管理者，他们对基层管理者负有管理职能，通常被称为经理或部长。高层管理者处于或接近于组织顶层，他们承担着组织决策、制定战略和目标等责任，通常拥有总裁、董事长、总经理、首席执行官等头衔。在一些非常灵活的、结构松散的组织中，管理层级不像传统组织这样表现为明显的金字塔形结构，但是它们仍然需要某些人扮演管理角色，这些管理者或是协调一个团队的活动，或是监督着几个单独的个人，以便能够实现组织的目标。

根据弗雷德·卢桑斯（Fred Luthans）的研究，处于不同组织层级的管理者在各项管理职能上所花费的时间和精力差异很大，不同层级的管理者工作的侧重点不同，如图 1-7 所示。其中领导职能在各级管理者花费的时间中所占比例由基层到高层呈现递减规律，而计划、组织和控制职能则恰好相反，越是高层管理者，花在这三项职能上的时间越多，这与各层级管理者的工作特点和任务要求是相吻合的。

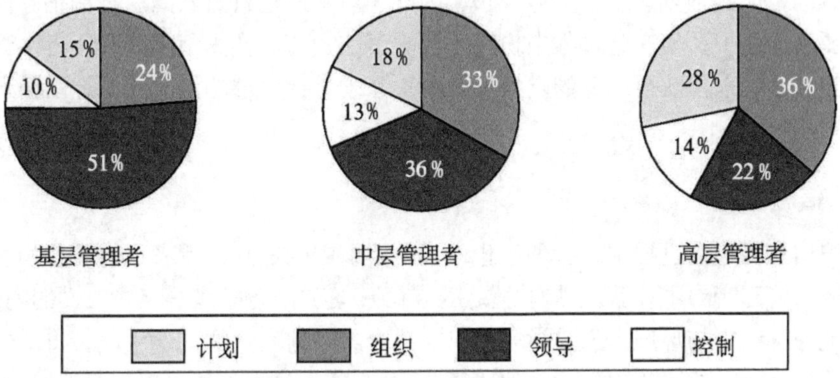

图 1-7 不同层级管理者在不同职能上的时间分布百分比

管理故事

子贱为官

孔子的学生子贱有一次奉命担任某地方的官吏。当他到任以后，却时常弹琴自娱，不管政事，可是他所管辖的地方却治理得井井有条，民兴业旺。这使那位卸任的官吏百思不得其解，因为他每天即使起早摸黑，从早忙到晚，也没有把地方治好。于是他请教子贱："为什么你能治理得这么好？"子贱回答说："你只靠自己的力量去进行，所以十分辛苦；而我却是借助别人的力量来完成任务。"

子贱为官的故事告诉管理者：作为一名管理者，应该明确管理者的职责是什么，应该如何开展管理工作，如何把管理者的工作和作业人员的工作区分开来。

管理者和领导者是人们常常容易混为一谈的两个概念，有些人甚至将两者等同起来。实际上，管理者和领导者是有差异的。管理者是受上级任命在岗位上从事工作的，他们的影响力来自这一职位所赋予的正式权力。与此形成鲜明对照，领导者可以是组织正式任命的，也可以在群体中自发产生，他们的影响力可以来自正式权力，也可以通过专业知识、工作技能、控制信息或个人魅力等因素获得。

二、管理者的角色

管理者角色是指人们对于在组织中占据管理者位置的个体所期望的一套行为模式，也可以理解为特定的管理行为所属的类型。亨利·明茨伯格（Henry Mintzberg）根据长期对管理工作的观察与研究，发展出了一个分类框架，归纳出 10 种不同但高度相关的管理行为，并将其进一步组合为三个主要的方面，即人际关系、信息传递和决策制定，如表 1-1 所示。

表 1-1　管理者承担的主要角色

人际关系	信息传递	决策制定
• 挂名首脑 • 领导者 • 联络者	• 监听者 • 传播者 • 发言人	• 企业家 • 混乱驾驭者 • 资源分配者 • 谈判者

（一）人际关系

管理者在人际关系方面的角色有三种，分别是挂名首脑、领导者和联络者。挂名首脑角色意如其名，指管理者所承担的具有礼仪性和象征性的职责，如迎接来访者、签署法律文件等。管理者不能靠单个人去实现组织目标，他必须依靠组织全体成员，因此，对下属进行有效的激励和指导便被纳入管理者的主要工作之中，他在此过程中扮演了领导者的角色。作为组织的联络者，管理者必须维护好外部关系，以便获得广泛的支持和帮助；必须掌握足够的消息来源，以便及时地获取信息。

（二）信息传递

在组织信息传递的过程中，管理者也就成了组织中的信息监听者、传播者和发言人。监听者角色要求管理者寻求和获取政府、员工、市场、客户、竞争者等诸多方面的内外部信息，以便透彻地理解组织与环境。通过举办信息交流会或其他有效的沟通手段，将从外部和下级那里获取的信息及时传递给组织的其他成员，就是管理人员作为传播者所要承担的主要任务。当管理者召开新闻发布会、记者招待会或以其他方式向外界发布组织的计划、政策、行动等信息时，他就是在扮演组织发言人的角色。

（三）决策制定

决策制定是做出抉择的活动，管理者扮演着包括企业家、混乱驾驭者、资源分配者和谈判者在内的四种角色。企业家角色要求管理者密切关注和努力寻求组织与环境中的机会，制定合理的组织变革和改进方案，以谋求组织的发展壮大。顾名思义，混乱驾驭者角色要求管理者在组织面临重大的、意外的混乱和危机时挺身而出，采取纠正行动和应对措施，以维护组织的正常秩序。同样，资源分配者角色主要是要求管理者分配和调度好组织的各类资源，使人尽其才、物尽其用。谈判者角色是指管理人员作为组织的代表参加各种类型的谈判活动，如参加与项目合作者的合同谈判等。

当然，管理者角色并不是在所有管理人员中平均分布，也不可能全部由某个管理者一肩承担，对处于不同层级的管理者来说，扮演的角色侧重不同。相对而言，信息传播者、挂名首脑、谈判者、联络者和发言人等角色更多地由组织高层人员来担当，而领导者的角色在基层管理者身上表现得更为突出。

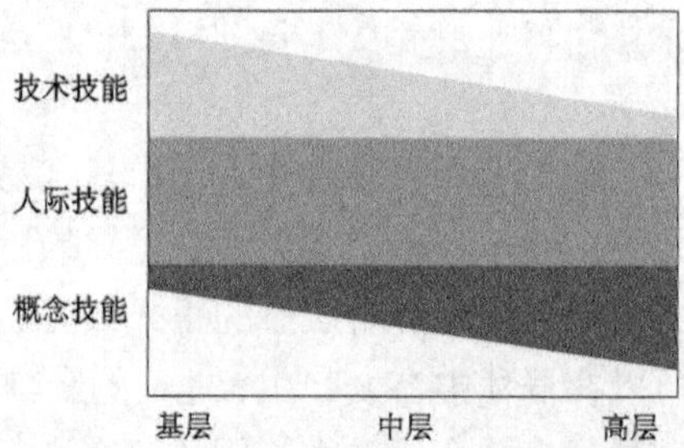

图 1-8　不同层级管理者所需的技能

三、管理者应具备的技能

组织的环境变幻莫测，管理者的任务和职责也处在不断的变化之中，且日益复杂。那么管理者需要具备什么样的技能才能有效地开展工作呢？根据罗伯特·卡兹（Robert Katz）的研究，通常管理者需要三种基本的技能，即技术技能、人际技能和概念技能，如图 1-8 所示。

技术技能是指应用专门知识或技能的能力，诸如工程、财务、机械制造、计算机科学等。对于基层管理者而言，技术技能是重要的，因为他们要直接处理一线人员所从事的工作。人际技能是指与他人共事、理解他人、激励他人的能力。所有管理者都需要掌握出色的人际关系技巧，从而建立、协调、处理和维护良好的人际关系，对下属进行有效激励与鞭策。概念技能是指分析和诊断复杂情况的心智能力。管理者需要运用系统观点来看待组织及外部环境，需要对复杂情况进行抽象和概念化，尤其是对高层管理人员来说，概念技能显得更为重要。

随着人类社会步入信息时代，技术进步和知识更新的速度越来越快，组织所处的环境变得更为复杂和动荡，成功的管理实践迫切需要更为先进的管理方法和手段，管理技能也处于一个不断发展和演变的过程中。今天的管理者面临着更大压力和诸多挑战，比以往任何时候都迫切需要学习和掌握新的管理技能。

第三节　管　理　学

一、管理学的性质与内容

虽然管理的历史源远流长，但是管理学却是一门年轻的科学，它兴起于 20 世纪初的科学管理运动，经过 100 多年的发展与演变，尤其是第二次世界大战之后的丰富与完善，其理论体系日臻完整。随着社会生产力和科学技术的飞速发展，管理学呈现出迅猛发展之势，研究范围不断拓展，研究内容不断深入，在科学总结管理实践经验的基础上不断与时俱进，发展到今天，管理的理论体系已经日趋成熟，管理的方法与技术也在实践中发挥着非常重要的作用。

（一）管理学的性质

管理学（management）是系统研究管理活动基本规律和一般方法的科学，是管理实践经验的科学总结和理论提升。管理学的目的在于把人类成功的管理经验提升为一般理论，找出管理活动中的规律，使之成为一种可以学习、遵循和掌握的科学方法，并服务于管理实践。关于管理学的性质，可以概括为如下几个方面。

（1）综合性的交叉学科。管理的二重性决定了管理学既不同于以客观自然界为研究对象的自然科学，也不同于以社会现象为研究对象的社会科学，而是对自然科学和社会科学的理论成果予以兼收并蓄、综合运用的交叉性学科。管理实践的复杂性也决定了管理学必须综合利用经济学、社会学、心理学、伦理学、数学等学科的研究成果，利用运筹学、系统论、信息论、控制论、电子计算机科学等最新成就，对管理进行定性的描述和定量的测算，从中提炼出行之有效的管理理论，反过来指导管理的实践。

（2）紧贴实践的应用性学科。管理学的研究对象和研究目的决定了它是一门与实践紧密相连、对理论成果的应用价值十分重视的学科。管理学通过对管理活动的基本规律和一般方法进行系统总结和科学概括，形成普遍的管理原理和方法，以指导人类的管理实践活动，并在此过程中完成对理论和知识的正确性检验。所以，管理学无论在理论的来源上、理论的价值上还是在检验理论的方法上，都深深地打上了实践的烙印。

（3）具有鲜明时代特色的学科。正因为管理学的实践特征显著，所以它必然会呈现出鲜明的时代特色。纵观百年来的发展史，我们可以清晰地看到，管理学始终随着时代的前进步伐不断积累和完善。从科学管理理论的“动作研究”到人际关系理论的“社会人假设”，从古典组织理论的“官僚制模型”到现代管理理论的“流程再造思想”，管理学始终紧扣着社会的脉搏，惟其如此，才构筑了具有鲜明时代特色的学科体系。

（二）管理学的内容

管理学虽然是一门新兴的学科，但已发展为一个庞大的学科体系，主要由管理学基础理论和门类众多的分支学科构成。经济管理、行政管理、教育管理、工商管理等管理学分支学科将管理学的基础理论运用于各专业领域,目的在于指导管理者解决实践中的特殊管理问题。因此，它们的研究内容都具有各自的特性。管理学基础理论是对管理活动的基本规律和一般方法展开研究，目的在于为管理实践和管理的其他分支学科的发展提供一般性指导，因而管理学基础理论具有自己的研究内容体系。

（1）管理原理。管理原理主要研究管理基础理论中的一般性问题，即研究普遍适用于人类社会或某一特定社会形态的管理学方面的一般原理、理念、原则以及基本规律，探讨的是“管理是什么”的问题。例如，管理的内涵、目的、特征、公平理念、效益原则等。

（2）管理职能。管理原理的作用是在管理者履行各项职能的过程中体现出来的。管理职能研究主要是从管理的功能、过程、活动、技能、角色等多个角度探讨“管理者做什么”这一问题。例如，计划职能、组织活动、人际技能、企业家角色等。

（3）管理技术和方法。管理职能的履行是依靠管理的技术、方法和手段来实现的。技术和方法研究主要是探讨“管理者如何做”这一问题。例如，人员测评技术、计划评审技术、关键事件分析法等。

（4）管理者。管理者是管理活动的主体，既包括个体也包括群体。管理者研究主要是探讨“什么人来做”这一问题。例如，个体层面的价值观、知识、能力、技能，群体层面的结构、关系等。

（5）管理环境。任何组织都生存在一定的外部环境之中。管理环境研究主要是探讨“管理的外部条件如何”这一问题。例如，利益相关者关系、社会文化、政治法律、经济技术、人口地理等。

（6）管理效果。管理活动是否有效的主要标志是效率和效果。管理效果是对管理目标实现程度的衡量，它所探讨的问题是“做得怎样”。

（7）管理思想史。管理思想史是在考察管理实践的发展历程的基础上对管理思想的演变过程所作的理论回顾。管理思想史研究主要是对管理史上各种观点、主张、思想、理论进行梳理和提炼，目的在于继承和发展管理学研究成果。

上述七个模块是当今管理学研究的主要内容，但每个模块涵盖的领域都十分广泛，而且限于目前科学技术水平和由于人类认识能力的局限性，有许多未知领域还有待于进一步开发和完善。当然，在管理实践的推动下，管理学研究的范畴正在不断扩大，具体内容也在不断更新，这有助于管理学基础理论体系的继续发展与完善。

二、管理学研究方法

管理活动是内容丰富、形式多样的，但是在这些纷繁复杂的管理活动表象之后，蕴含着基本原理和一般规律。管理学研究的目的就是要透过实践所显现的种种表象揭示管理活动的基本规律，帮助人们认识管理的深层内涵。但是，管理学的研究没有一试即灵的妙方，任何希望洞悉管理真谛的研究者都需要遵循合理的程序和步骤，运用科学的方法和工具，进行大量认真细致的研究。

（一）研究过程

虽然说管理问题的研究不需要根据特定的模式按部就班地进行，但是，为了使研究过程更加严谨，掌握研究实施的一般步骤是很有必要的，如图 1-9 所示。

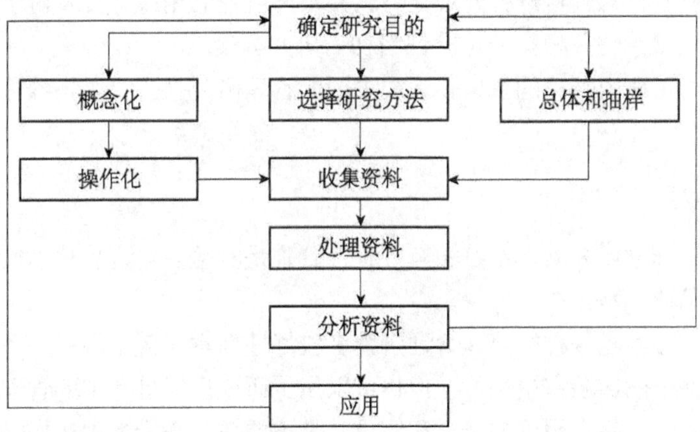

图 1-9　研究过程

（1）确定研究目的。管理研究始于对某个具体的管理问题产生了研究兴趣或具有某种假设。管理研究设计的首要环节是弄清楚研究目的，确定研究类型，并在研究设计的初始提纲中体现出来。研究类型一般有三种：探索性研究，指试图对管理实践中的某种现象或问题有一个初步的、粗略的了解；描述性研究，指精确地测量并报告管理研究的总体或现象的特征；解释性研究，指探讨并报告管理研究对象的各层面之间的关系。

（2）概念化。一旦对管理研究的目的界定清楚，就可以进入概念化阶段了。概念化就是厘清或定义与管理研究有关的所有概念的含义，其实质就是将意思含糊的术语转化为语义清晰、精确的研究对象。例如，当研究者试图研究管理者的刻板印象时，就必须明确刻板印象指的是什么。

（3）选择研究方法。管理研究的方法通常包括实验法、调查法、实地研究法、内容分析法等。各种研究方法的优劣不同，适用的议题不同，因此要根据所要研究的管理问题选择合适的方法。

（4）操作化。厘清了概念、确定了研究方法之后，下一步就是确定测量方法或操作化。

（4）操作化。厘清了概念、确定了研究方法之后，下一步就是确定测量方法或操作化。操作化是概念化的延伸，概念化是对抽象概念的界定和详述，操作化则是明确用以测量变量属性的程序。操作化包括一系列相互关联的选择：根据研究目的适当地明确变量的范围；决定如何精确地测量变量；说明相关的变量维度；清楚地界定变量的属性及其相互关系；确定合适的测量层次。

（5）总体和抽样。除了细化概念和测量方法之外，研究者还要确定研究对象和研究重点。研究总体就是研究者必须从中得到结论的群体。当管理研究的总体成员过多时，则难以对总体的所有成员进行研究或观察。解决的办法就是，利用抽样技术从总体中抽取样本，再从样本中收集资料，但是，必须注意所抽样本的代表性，尽量减小抽样误差。

（6）收集资料。决定了研究内容、对象和方法之后，接下来就是收集资料，即通过直接访谈、发放问卷等方式，了解调查对象对研究问题的看法。

（7）处理资料。无论选用哪种方法，研究者都可能收集到数量庞大、不能直接使用的观察资料，因此需要对收集到的资料进行处理和转化。例如，对非标准化的资料进行编码，以便用于定性和定量分析。

（8）分析资料。在对资料进行处理之后，接下来就是利用统计技术对所获得资料进行分析，提出管理研究结论，并根据结论验证当初的研究假设。

（9）应用。讨论研究结论的意义，形成书面的管理研究报告，以指导管理实践者制定政策或采取行动。

（二）研究方法

一般来说，管理学研究的基本方法有五种，分别是实验法、调查法、实地研究法、非介入性研究法和评估研究法。

（1）实验法。实验是一种能够让管理研究者较好地探索和揭示因果关系的研究方法，一般在一定控制条件下的实验室里进行，但也可以用于研究现实世界中的管理事件的效应。实验法适合于范围有限、界定明确的概念和假设。其主要缺点在于人为操作，在实验控制条件下发生的事件往往和现实世界中的事件有差异。其优势在于：它能够将自变量独立开来，从而可以进行因果推论；相对容易复制；具有很强的严密性。著名的“霍桑实验”就是运用实验法进行管理学研究的一个典范。

拓展学习

霍桑实验是 1924 年美国国家科学院的全国科学委员会在西方电气公司所属的霍桑工厂进行的一项实验。该实验大致分为照明实验（1924—1927 年）、福利实验（1927—1928 年）、访谈实验（1928—1930 年）和群体实验（1931—1932 年）4 个阶段，并开启了行为科学的先河。读者可以通过百度百科词条“霍桑实验”。

（2）调查法。调查法是管理研究中运用得相当普遍的一套方法，即从研究总体中抽选样本，并对样本进行问卷调查。研究者可以通过邮寄问卷、亲身访谈、在线调查等多种方式来收集资料。调查法特别适合对一个大的总体进行描述性研究，当然，调查的资料也可以用作解释性的目的。调查法的长处在于经济，可以收集到大量的资料，资料的标准化程度高；其缺点在于容易受人为因素影响，难以挖掘有深度的信息，实施起来相对不够灵活。政府部门经常实施的民意测验是运用调查法测量公众态度和倾向性的一个显著典范。

（3）实地研究法。实地研究是一种在自然的管理情境下直接观察管理活动表象的研究方法。一般而言，实地研究都是定性的而不是定量的。实地研究尤其适用于那些难以定量化的、适宜在自然情境下进行研究的主题与过程，其中包括实践、情节、角色、关系、亚文化等。实地研究的优势在于有弹性并且花费小，并能够提供深入的理解，有助于理论的形成；但是，实地研究常常会遇到伦理困境，且不适合对大群体进行统计描述。

（4）非介入性研究法。非介入性研究可以细分为三种方法，即内容分析法、既有统计资料分析法、历史/比较分析法，其中每一种方法都可以使研究者无须身处实地来研究管理活动，而且不会在研究过程中影响到研究对象。非介入性研究依赖于成文文件、现有统计资料以及历史记录，因此，其缺点在于仅局限于记录下来的内容，同时还存在效度和信度问题，但是它具有经济、安全和能够研究较长时间内发生的事件等优势。

（5）评估研究法。评估研究是一种应用性研究，通常采取实验或准实验设计，有时也可能使用资料收集和分析的方法。它所研究的是管理干预的效果，因此，在准备实行管理干预时，评估研究很适用。因此，评估研究有助于对管理决策的正确与否进行判断；但是在实施过程中，它也面临着伦理等困境。

三、学习管理学的意义

管理学是人类社会实践发展的产物，在短短的一百多年里迅速兴起、发展、繁荣，在与生产实践紧密结合的过程中显示出巨大的社会功能，具有广阔的发展前景。19世纪中后期，突飞猛进的科学技术加速了整个社会的发展进程，机械化的工业大生产方兴未艾，人们生活的组织化和社会化程度进入了一个前所未有的新阶段，传统的经验式管理显然已不能适应社会发展的新需要了。在这样的时代背景和社会条件下，管理学作为专门致力于研究人类管理活动基本规律和一般方法的科学应运而生，并随即产生了强大的社会推动力。第二次世界大战后，欧美各国掀起了学习和研究管理学的高潮，自觉运用管理学的先进理论和方法指导各自的管理实践，极大地促进了社会生产力的发展，提高了人们的社会生活水平和质量。在当代社会，管理已经渗入到人类社会的每一个组织中，与人们的学习、工作、生活等每一个领域都息息相关，研习管理学已成为多数人的生活常态。回顾管理学的百年历程，正如著名管理学家彼得·德鲁克所言：在人类历史上，几乎没有一种制度能像管理那样迅速兴起并产生巨大影响。在不到150年的时间里，管理已改变了世界上所有发达国家的社会与经济结构，并且正在改造整个世界。管理在人类社会的发展进程中所扮演的角色将越来越重要，学习和研究管理学不仅是管理实践的现实需要，也是传承与推进人类文明的必然要求。

管理的重要性决定了研习管理学的必要性。展开来说，学习和研究管理学的意义具体表现在以下三个方面。

（1）学习管理学有助于把握现代管理规律，提高人类社会实践活动的能力。管理学自诞生之日起就将管理活动的基本规律和一般方法作为自己的研究对象，肩负着总结管理理论、传授管理技能、指导管理实践的历史使命。

（2）学习管理学有助于合理组织生产力要素，提高生产力水平，充分发挥生产力在人类文明进步中的作用。在生产力诸要素中，生产资料、生产对象和生产者都是相对独立的要素，而管理则贯穿于生产实践的各个环节，通过履行计划、组织、领导、控制等职能，系统地整合了人、财、物等各种资源，从而推动着生产力朝更高水平发展。

（3）学习管理学也是个人谋职和从事社会活动的必要准备。特别是对于立志从事管理工作的人来说，通过系统地学习管理知识，可以为日后的职业发展打下坚实的基础。因此，如果能在平时的学习中注意管理知识的涉猎，将有助于增强自己的生存能力，从而更好地适应并融入管理世界。

综上所述，学习和研究管理学已成为新时代社会进步的必然要求，人们只有从实际出发，认真学习先进的管理理论，通过丰富多彩的管理实践锻炼自己，才能做到与时俱进，始终走在时代的前列。

本章小结

管理是一个协调工作活动的过程，其目的是能够有效率和有效果地同他人一起或通过他人实现组织的目标。管理以计划、组织、领导、控制为职能，以实现有效的社会协作为最基本的任务，以组织为最基本的形式，以处理人际关系为最主要的内容，以变革与创新为发展的主要动力。管理的二重性是指管理的自然属性和社会属性。现代管理既是一门科学，也是一种艺术。管理活动总是在一定的组织内外部环境中进行，对组织所处的外部环境进行准确评估，并采取利益相关者管理等技术，能够帮助管理者有效开展管理活动。

管理者是组织中做决策、分配资源、指导别人的行为、监督别人的活动并对达到目标负有责任的人，是管理活动的主体。在组织中，管理者通常扮演协调人际关系、信息传递和决策制定等方面的角色，需要掌握一定的人际技能、技术技能和概念技能。

管理学是系统研究管理活动基本规律和一般方法的科学，是管理实践经验的科学总结和理论提升。管理学是一门综合性的交叉学科。同时管理学紧贴实践，具有鲜明的时代特色。管理学虽然是一门新兴的学科，但已发展为一个庞大的学科体系。研究管理学需要遵循科学的程序、运用科学的方法才能达到研究目的。一般来说，研究者可以选用实验法、调查法、实地研究法、非介入性研究法和评估研究法等基本研究方法探索管理活动的一般规律。管理学是人类社会实践发展的产物，学习和研究管理学具有重要的意义。

复习思考题

一、名词解释题

管理　计划　组织　领导　控制　效率　效果　管理者　利益相关者　管理学　人际技能　概念技能　技术技能　实验法　调查法

二、单项选择题

1．管理的基本职能是（　　）。

A．计划、组织、指挥、协调　　B．计划、组织、领导、控制

C．计划、决策、选人、用人　　D．决策、计划、领导、协调

2．古人云，“运筹帷幄之中，决胜千里之外”，这里的“运筹帷幄”反映了管理的（　　）职能。

A．计划　　B．组织　　C．领导　　D．控制

3．管理者必须因地制宜地将管理知识与具体管理活动相结合，这里强调的是（　　）。

A．管理的科学性 B．管理的艺术性　　C．管理学的历史性　　D．管理学的实用性

4．管理者需要具有多种技能。其中，管理者对组织发展的远大目标、战略方向的判断力，即洞察组织与环境相互影响因素的能力、确定和协调各方面关系的能力以及权衡不同方案优劣的能力属于以下哪种技能？（　　）

A．技术技能　　B．概念技能　　C．人际技能　　D．战略技能

5．从管理学的发展过程来看，除了管理实践推动之外，大量地借鉴、应用其他学科，如系统理论、信息科学、数学、心理学、社会学等学科知识、新成果，这体现了管理学的（　　）特性。

A．综合性　　B．社会性　　C．实践性　　D．科学性

三、简答与论述题

1．什么是组织？组织的基本特征有哪些？

2．如何理解管理的内涵？

3．论述管理的一般特征。

4．简述管理的性质，其中管理学的二重性是指什么？

5．简述管理的基本职能。

6．简述管理者在组织中所扮演的角色。

7．简述管理的环境，以及如何对管理的外部环境进行评估和管理。

8．论述管理学研究的过程和方法。

9．如何认识学习和研究管理学的意义？

四、案例分析题

工厂经理比尔的清单

比尔是一家生产小型器械的装配厂经理。每天，比尔到达工作岗位时都随身带着一份列示他当天要处理的各种事务的清单。清单上的有些项目是他总部的上级电话通知他急需处理的，另一些是他自己在一天多次的现场巡视中发现的或者他下属报告的不正常的情况。

这天，比尔像往常一样带着他的清单来到办公室。他做的第一件事是审查工厂各班次监督人员呈送上来的作业报告。他的工厂每天 24 小时连续工作，每班次的监督人员被要求在当班结束时提交一份报告，说明这班次开展了什么工作、发生了什么问题。看完前一天的报告后，比尔通常要与他的几位主要下属人员开一个早会，会上他们决定对于报告中所反映的各种问题应采取些什么措施。

比尔在白天也参加一些会议，会见来厂的各方访问者。他们中有些是供应商或潜在供应商的销售代表，有些则是工厂的客户。此外，有时也有一些来自地方、州和联邦政府机构的人员。总部的职能管理人员和比尔的直接上司也会来厂考察。当陪伴这些来访者以及他自己的属下人员参观的时候，比尔常常会发现一些问题，并将它们列入他那待处理事项的清单中。

他那待处理事项的清单好像永远没有完结。比尔发现，自己很明显地无暇顾及长期计划工作，而这些活动是他改进工厂的长期生产效率所必须做的。他似乎总是在处理某种危机，他不知道哪里出了问题。为什么他就不能以一种使自己不这么紧张的方式工作呢？

资料来源：作者自己整理。

根据案例内容，回答以下问题：

1．从管理职能的角度对比尔所做的工作进行分析。

2．作为一个管理者，你觉得比尔在平时的工作中都扮演了哪些角色？

3．如果你是比尔，你认为应该弥补哪些方面才能使得工厂效率提高？

第二章　管理思想的历史演变

【学习目标】

了解管理理论的发展与演变脉络；了解管理理论发展的时代背景和学派渊源；理解管理思想发展史中代表人物的主要观点；掌握管理理论主要流派的代表性观点。

【案例导入】

"矛盾"的管理

某大学管理学教授在讲授古典理论时，竭力推崇科学管理的创始人泰勒，提倡泰勒所主张的"有必要用严密的科学管理知识和方法代替老的单凭经验或个人知识行事"的观点，并且宣传法约尔的14条管理原则。在讲述经验管理学派的理论时，这位教授又强调管理学要从实际经验出发，而不应该从一般原则出发进行管理和研究，因为管理无定式。在介绍权变理论学派时，这位教授又说，在企业管理中要根据企业所处的内外条件，随机应变，没有什么一成不变、普遍适用的"最好的"管理理论和方法。

部分同学感到非常迷惑不解，认为教授的讲课前后矛盾，胸无定见，要求教授予以解释。教授却笑而不答，反倒要求学生自己去思考，得出自己的结论。

资料来源：徐国良，五进．企业管理案例精选精析（第4版）．北京：中国社会科学出版社，2009．

启发思考：

1．你认为教授的上述观点是否矛盾，为什么？

2．在组织管理中，如何将管理的基本原理和原则与组织实践结合起来？

1911年，弗雷德里克·温斯洛·泰勒（Frederick W. Taylor）出版的《科学管理原理》一书奠定了管理学理论的基石，标志着管理从经验管理步入了科学管理阶段。此后百余年来，管理学领域大师辈出，流派纷呈，管理智慧和思想火花形成一幅光彩夺目、意蕴深远的管理思想历史画卷，并对整个世界的发展进程产生了深远影响。本章将以欧美国家的工业革命为源头，沿着管理思想的历史长河顺流而下，探寻管理学家们为我们留下的宝贵财富，如图2-1所示。

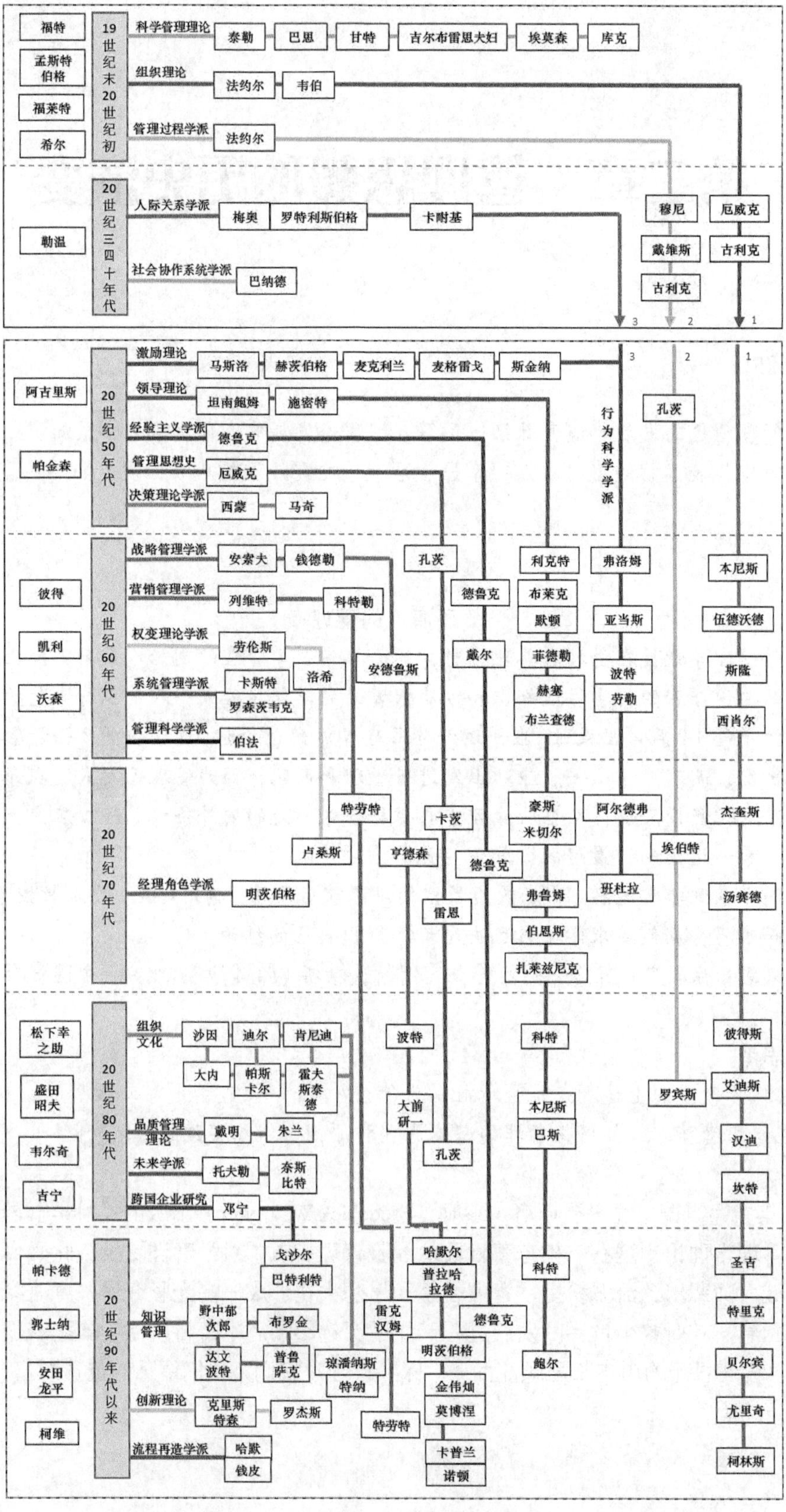

图 2-1 管理思想百年脉络

第一节　管理理论的萌芽时期

一、时代背景

19 世纪中叶至 19 世纪末为管理理论的萌芽时期。工业革命前，欧洲各国长期处在中世纪反对商业、反对获取成就、反人道的文化价值准则的严重束缚下，社会与经济停滞不前。文艺复兴时期，在新教伦理、自由市场和个人主义三股力量的驱动下，欧洲各国在社会、政治、经济、技术等方面经历了巨大的变革，终于打破了封建主义樊篱，迎来了资产阶级革命的胜利和产业革命的春天。随着机器大生产和工厂制度的普遍出现，如何物色优秀的管理人员，如何组建和训练一支能干且守纪律的劳动队伍，如何合理计划、组织和控制早期企业的生产活动等一系列问题越来越突出，巨大的压力迫使理论家和实践者不断积累和总结管理经验，形成了早期的管理思想，从而为其后的科学管理运动打下了基础。

二、主要内容

早期的管理思想大体上有两类：一类偏重于有关管理职能和原则等方面的理论研究，例如亚当·斯密在其所著《国富论》一书中，分析了劳动分工的效益，提出了生产合理化的概念。另一类则偏重于管理技术和方法的研究，例如查尔斯·巴比奇以极大的热情关注着生产技术的分析，并就工厂的人事问题提出了“分享利润计划”；罗伯特·欧文首先提出在工厂生产中要重视人的因素，并为此进行了一系列的试验；安德鲁·尤尔则对早期工厂制度管理人员进行教育培训，成为管理教育的先驱。

拓展学习

亚当·斯密（1723—1790），苏格兰人，古典经济学的主要创立者，被世人尊称为“现代经济学之父”和“自由企业的守护神”，1776 年发表《国富论》。亚当·斯密对管理学的最大贡献就是提出了劳动分工和经济人的观点。其中，劳动分工是管理中的首要问题。亚当·斯密的《国富论》第一章即是论分工。他认为，分工促进劳动生产力的原因有三：第一，劳动者的技巧因专业而日进；第二，由一种工作转到另一种工作，通常需损失不少时间，有了分工，就可以免除这种损失；第三，许多简化劳动和缩减劳动的机械发明，只有在分工的基础上方才可能。

三、历史贡献

这一时期主要的、有代表性的管理实践和管理思想已经明确地体现和阐述了管理的原则，但它们还只是支离破碎的观点，没有形成完整的管理思想体系。然而，早期管理先驱的辛勤探索催发了管理理论的萌芽，为日后管理运动的蓬勃发展打下了基础，概括起来，他们的历史贡献主要表现在三个方面：① 区分了管理者与投资者的职能；② 预见到管理的地位将不断提高；③ 促使人们认识到管理是一门具有独立完整体系的科学，值得探索、研究、丰富和发展。

第二节　古典管理理论时期

一、时代背景

19 世纪末至 20 世纪 20 年代为古典管理理论时期。这个时期，随着生产的发展和科学技术的进步，垄断资本主义逐步占据主导地位，企业的生产、资本、市场规模不断扩大，企业所有者与管理者加速分离，建立在经验和主观臆测基础上的传统管理远远不能适应社会化大生产的要求，也不能满足日益复杂的企业组织的需要。为适应生产力的发展要求，专门的管理阶层出现了。在美国、法国、德国及其他一些西方国家都产生了科学管理，并形成了各具特色的古典管理理论，主要包括科学管理理论、工业心理学、管理过程理论和古典组织理论。

二、主要内容

1911 年泰勒的《科学管理原理》问世，标志着管理从漫长的经验管理阶段迈向科学管理阶段。泰勒的主要贡献在于使管理走向科学化，他提出了谋求最高生产率的科学管理四项原则：① 为工人的每项工作确定科学的操作方法；② 科学挑选工人，并对他们进行培训、教育，促进其成长；③ 与工人们衷心合作，使已形成的科学操作方法落到实处；④ 在管理者和工人之间合理地划分职责。作业管理也是泰勒科学管理的重要内容，包括标准化管理（确定高的日工作定额和标准的作业条件）和激励性的计件工资制度（主要是差别计件制，即完成作业的工人，按高工资率付给报酬；未完成作业的工人，按低工资率付给报酬）。此外，泰勒推崇计划职能与执行职能相分离的职能化管理制度，同时，他倡导雇佣双方要通过合作提高生产率，从而实现雇主低成本和雇员高工资的双重目标。由于泰勒在科学管理领域的出色贡献，他被后人尊为“科学管理之父”。

人物谱

弗雷德里克·温斯洛·泰勒（Frederick Winslow Taylor，1856—1915），科学管理理论创始人，西方古典管理理论开创者。泰勒出生于费城的一个富裕家庭，他通过哈佛大学法律系入学考试，但由于视力太差未能就学，于是从最底层开始他的职业生涯。1875 年他开始在费城的恩特普利斯液压机厂做学徒工，1878 年进入米德维尔钢铁公司。在米德维尔的六年中，泰勒从底层文员、工长、机修长一步步成为总工程师，并不断地在工厂进行各种实验。在此期间他还在史蒂文斯理工学院（Sevens Institute of Technology）拿到了机械工程学士学位（1880—1883 年）。这段时期的工作与学习经历为泰勒以后提出“科学管理”理论奠定了良好的基础。泰勒在管理学方面的代表作为 1895 年的《计件工资制》（*A Piece-rate System*）、1903 年的《工厂管理》（*Shop Management*）和 1911 年的《科学管理原理》（*The Principles of Scientific Management*），其中《科学管理原理》的出版标志着西方管理学的诞生。1915 年泰勒因患肺炎逝世，鉴于他在科学管理方面所做的特殊贡献，人们在他的墓碑上镌刻“科学管理之父 F.W.泰勒”以示纪念。

泰勒之后，科学管理思想受到管理实践者和研究者的普遍接受，并得以迅速推广，拥有了众多的拥护者、追随者和继承者。其中比较著名的有亨利·甘特、吉尔布雷思夫妇、哈林顿·埃默森和莫里斯·库克。甘特（Henry L. Gantt）发展了泰勒的思想，他发明的“甘特图”成为当时计划和控制生产的有效工具；他提出了计件奖励工资制度，强调培训工人，养成勤劳与合作的“工业习惯”；此外，他还很重视管理中人的因素，强调鼓舞员工士气并更重视人的领导方式，这对后来的人际关系理论产生了很大影响。泥瓦工出身的吉尔布雷思（Frank B. Gilbreth）被世人尊为“动作研究之父”，他与夫人共同开创了动作研究的先河，他们通过反复实验提出了“动作经济原则”，即分解动作，剔除无效动作，合并可合并的动作，将各种最有效的动作基本元素归为一种最经济的动作，以提高操作者工作效率；此外，吉尔布雷思夫妇还开展了疲劳研究，通过消除不必要动作，减轻疲劳；他们推崇运用制度进行管理。吉尔布雷思夫妇不仅推进了科学管理理论，还影响了后来的行为科学，他们强调人的因素，探讨工作、工人和环境之间的相互影响，注重管理人员的培训与发展。科学管理理论的另一位重要人物是哈林顿·埃默森（Harrington Emerson），不同于其他科学管理学者的是，他的诸多观点源自独创。埃默森提出了效率的12项原则以及配套的奖励工资制度；他认为组织架构与效率息息相关，主张建立并行的直线组织和参谋组织。莫里斯·库克（Morris Cooke）的贡献在于把科学管理理念应用于高等教育和市政管理，这是科学管理理论在非企业部门应用的全新尝试。亨利·福特（Henry Ford）是科学管理的典型实践者。他创立了庞大的汽车王国，在管理方面，他不相信管理和管理者有什么作为，但恰恰是这位管理无神论者的流水线作业和标准化生产的思想与实践对百年来的生产管理活动造成了深远影响。

在泰勒探讨以提高车间作业效率为重点的科学管理思想的同时，法国的法约尔（Henri Fayol）则以整个企业经营为对象，研究管理的一般原则和方法。他是概括和阐述一般管理理论的“先驱”，因此被称为“一般管理理论之父”和“管理过程之父”。法约尔的组织理论来源于管理实践，他的理论包括：一是认为管理有别于经营，管理只是经营活动的一部分，有自身的职能体系；二是提出管理活动五项职能，即计划、组织、指挥、协调、控制，以后的管理学家对管理职能的研究基本以此为蓝本；三是提出了管理活动要遵循的包括劳动分工、权力与责任在内的14项管理原则。这三个方面也是其一般管理理论的核心。

与泰勒、法约尔并称为古典管理理论三位先驱的，还有德国著名社会学家、政治经济学家和管理学家马克斯·韦伯（Max Weber）。韦伯是位大百科全书式的人物，他在社会学、政治学和哲学领域的名声甚至遮住了他在管理思想界的贡献。韦伯提出的理想官僚制和权力类型的划分极大地推进了组织理论的发展。他将权力划分为三种类型，分别是传统权力（traditional authority）、超凡权力（charismatic authority）以及法定权力（rational-legal authority）。韦伯官僚制的核心思想是通过职务或者职位取代个人或者世袭地位来管理，其提出的理想的官僚制是以理性-法律权力为基础的行政管理体制，包含着高层、中层和基层三个层次的组织架构。他首次系统地阐述并提出官僚组织理论，因此被誉为“组织理论之父”。由于韦伯在组织理论方面的开创性贡献，人们常常把这一时期的组织理论称为古典组织理论。

20世纪初管理思想界还诞生了工业心理学，由孟斯特伯格（Hugo Munsterberg）开创。他将心理学的研究方法应用于工业生产领域，通过心理学的方法提高工人的适应性、提高工作效率是他研究的目的和出发点。孟斯特伯格的研究范围包括如何根据个体的素质以及心理特点把他们安置到最适合的工作岗位上；在什么样的心理条件下可以让工人发挥最大的干劲和积极性；工人处于什么情绪能产生最佳工作效果。孟斯特伯格的思想和研究成果对后来的人际关系理论产生了深远的影响。此外，这一时期，具有“管理理论之母”和“管理学的先知”美誉的巾帼管理学大师福莱特（Mary Parker Follett）已经开始对管理中人的因素进行研究。在福莱特的研究生涯中，可以看到她支持并实践着科学管理理论，同时也随处可见她浓厚的人文情怀。她通过研究群体合作和责任问题，提出了群体性原则，即只有在群体中才能发现真正的人，个人的潜能只有在群体中才能被发现，从而获得真正的自由。在群体原则的思想表述中，民主是一种社会意识而非个人主义的发展，应该通过利益的结合来减少冲突。福莱特还提倡变服从个人权力为遵循形势规律，应通过协作和控制来达到目标，认为领导的基础是领导者和被领导者的相互影响。福莱特的研究超越她所处时代几十年，其有关利益结合、情境规律的论述同泰勒的精神革命、职能管理的精神一脉相承，而关于协作、领导的相互影响理论又同人际关系学说的创始人乔治·埃尔顿·梅奥等人的论点十分相近，因此客观上为科学管理理论和人际关系学派搭起一座过渡的桥梁。

三、历史贡献

古典管理理论是人类管理思想史上管理理论的奠基。它基于“经济人”假设，试图从个人、组织和社会角度解决整个资本主义社会的宏观和微观的管理问题，探求资本主义劳资关系、生产效率、社会组织等方面的难题，提供指导性的管理思想与科学的理论方法。同时，这一时期的其他重要思想孕育着行为科学，为行为科学的诞生谱写了前奏。

第三节　管理理论发展的过渡时期

一、时代背景

20 世纪三四十年代为管理理论发展的过渡时期，三四十年代爆发了规模空前的全球性经济危机和世界大战，但是在美国，一方面，罗斯福新政在一定程度上减缓了经济危机对经济的严重破坏，促进了社会生产力的恢复；另一方面，美国在“二战”期间远离战场，加上战争对军用物品设备的巨大需求，刺激了经济的迅速发展，因此，两场大浩劫对美国经济的影响并不大，管理思想的发展没有因为经济危机和世界大战而停滞不前，而是在美国不断前进和发展。

二、主要内容

这个时期诞生了有别于科学管理理论的人际关系理论。人际关系理论源于乔治·埃尔顿·梅奥（George Elton Mayo）与弗里茨·罗特利斯伯格（Fritz J.Roethlisberger）等人的“霍桑实验”。该实验第一次把管理研究的重点从工作和物的因素上转到人的因素上来，并得出观点：人不是“经济人”，而是“社会人”，不仅仅追求金钱等物质享受，还追求友情、安全感、归宿、受人尊重等。现代社会的管理应该从经济、社会、心理等多方面去实施，从而达到提高员工劳动生产率的目的。同时梅奥在实验中发现在正式组织中存在着非正式组织，提醒管理者必须引起重视。与以往认为生产条件和工资报酬是影响员工士气的首要因素不同，人际关系理论认为提高工人满意度才是提升劳动生产率的最重要因素。人际关系理论不仅对古典管理理论做了修正和补充，还开创了广泛结合社会学、心理学的新的管理理论和方法，促进了行为科学的诞生和发展。

管理案例

富士康缺乏人性化管理

富士康一贯以“血泪工厂”闻名，其员工死亡事件屡见不鲜。然而近段时间此类事件却发生得异常频繁，外界怀疑这是因为近期富士康订单骤增，员工工作压力增大的缘故所致。长时间加班、工资低、缺乏保障，让富士康员工长期受到劳动力压榨和歧视性待遇。

据了解，富士康总裁郭台铭系军人出身，对富士康一直实行严格的军事化管理。在这个工厂中有严格的等级制度，下级必须服从上级；有极度强调执行力的“目标管理”，对员工有严格的奖惩机制。同时，这种高强度的压力自上而下地传导。为此有业内人士质疑，富士康这种严苛管理、缺乏尊重和个体关怀的工作环境，早已不适应现代化的企业管理体系。

随着社会生产规模进一步扩大，经济国际化趋势进一步加强，这一切对管理决策者提出了新的要求，许多管理学家和管理实践者意识到人的因素对组织成功的重要性，开始系统思考组织问题。切斯特·巴纳德（Chester I.Barnard）是重视人对组织重要性的早期倡导者之一，他将组织划分为正式组织和非正式组织，并将组织都视为协作系统；同时他认为正式组织不论规模和级别都包含三个基本要素：协作的意愿、共同的目标和信息的沟通。这些观点在他的著作《经理人员的职能》中得以体现，持这些观点的管理学家形成了社会系统学派。巴纳德是第一位将理性制定决策提升为管理的核心职能的管理学家，直接影响了在组织管理方面的开创性研究，提出了许多与传统组织理论不同的观点，奠定了现代组织理论的基础。巴纳德对于现代管理理论的贡献，犹如泰勒和法约尔对科学管理理论的贡献，因此被人尊称为“现代管理理论之父”。

古典管理理论出现之后，之所以得到很好的传承与发展，很大程度上得益于英国著名管理史学家、教育家林德尔·厄威克（Lyndall F. Urwick）和美国管理学家卢瑟·古利克（Luther H. Gulick）对古典管理理论的全面总结。厄威克一直致力于找到管理的普适性原则，他在著作《管理的要素》中，尝试把泰勒的科学管理理论和法约尔的组织理论有机结合，并在此基础上发展了管理的控制职能；为了更好地分析管理的一般性理论，厄威克编写了《管理备要》，介绍了 70 位管理学先驱的研究工作。此外，厄威克与古利克共同发展了法约尔的管理职能理论，认为管理包括计划、组织、人事、指挥、协调、报告、预算 7 项职能。古利克除了在发展管理职能理论方面的成就外，还提出了关于部门划分以及管理实践的一系列原则，对管理理论的发展做出了突出贡献。

这一时期还是管理过程学派大放异彩的时代，管理过程学派的代表人物有詹姆斯·穆尼（James D. Mooney）、拉尔夫·戴维斯（Ralph C. Davis）。穆尼注重组织效率研究，他认为，组织是为了实现共同目标而由多数人联合的形式，从形式上来看，组织就意味着秩序；组织要有效率，组织内部的全部关系要有效协调，组织中不同成员要按照各自权力和责任的不同归属为不同阶层，每个阶层要有明确的职能划分。穆尼的另一大贡献在于对冲突理论进行详尽的论述和研究，其中有关冲突类型的划分和处理对策目前仍被广泛应用。戴维斯认为任何企业都具有计划、组织、控制三项“有机职能”，并分化或演化成直线组织和参谋组织两种组织形式。

此外，拓扑心理学、人格理论的创始人库尔特·勒温（Kurt Lewin）提出了群体动力学，用于分析群体（实际上就是非正式组织）中人与人相互接触、相互影响所形成的社会秩序。他认为：群体的活动、相互影响和情绪三要素相互关联，并综合影响群体行为；群体目标和组织目标往往不一致；群体中人的行为不仅与他的能力和素质有关，而且与其所处环境有密切的关系；群体有自己的规范，并具有有别于正式组织的程序和工作标准。群体动力学的提出，进一步提醒人们，人类社会已经处于行为科学时代。

三、历史贡献

20 世纪三四十年代管理思想的特点是：人际关系学派应运而生；古典理论不断传承发展。梅奥在霍桑实验的基础上创立了人际关系学派；巴纳德将各类组织都作为协作的社会系统来研究，开创了社会协作系统学派；厄威克和古利克及时地对古典管理理论进行了较为全面的总结，并加以系统化；穆尼和戴维斯为管理过程学派做出了杰出贡献；此外，“社会心理学之父”勒温创立了群体动力学。

第四节　现代管理理论的形成时期

一、时代背景

20 世纪 50 年代是现代管理理论的形成时期。在告别了战争与混乱之后，世界特别是西方国家进入了政治调整和经济恢复时期。同时，在原有的管理体制下，人们在生活有了基本保障之后渴求进一步改善自身的地位，以满足生理和心理等多方面的需要，如何调动员工的积极性成为时代的新主题。由此，激励理论应运而生。

二、主要内容

亚伯拉罕·马斯洛（Abraham H. Maslow）无疑是激励理论学派中最为重要的一位。他将人的需要按重要性和层次性划分成生理需要、安全需要、社交需要、尊重需要以及自我实现需要 5 个等级，当某一低级的需要得到满足后，人才会追求高一级的需要，如此逐级上升，成为推动其不懈努力的内在动力。弗雷德里克·赫茨伯格（Frederick Herzberg）重点研究了哪些因素对人的行为有激励作用。通过调查分析，赫茨伯格提出了“双因素理论”，他认为存在保健因素和激励因素两类不同因素。保健因素包括公司政策、管理措施、监督、人际关系等，当这些因素低于可接受水平时，人们会对工作产生不满，但是水平再高，员工也不会感到满意，因而对员工没有激励作用；激励因素包括成就、工作得到认可、工作本身、责任感、晋升和成长等，如果这些因素具备了，就能对人们产生明显的激励。戴维·麦克利兰（David C. McClelland）和马斯洛一样，也研究人的需求对行为的激励作用。不同的是，麦克利兰提出的成就激励理论认为人的社会性需求包括权力需求、社交需求和成就需求，这些需求不是先天的，而是后天的，来自环境、经历和培养教育；特别是在特定行为得到报偿后，会强化该种行为模式，形成需求倾向。此外，麦克利兰还对胜任素质进行了开创性研究，被誉为“胜任素质之父”。道格拉斯·麦格雷戈（Douglas M. McGregor）从人性假设的角度出发研究激励和管理问题。他以人性假设为依据，提出了 X 理论和 Y 理论。X 理论认为，大多数人天生是懒惰的，因而为了让员工工作，应该采用逼迫、控制、威胁等手段；Y 理论则与之相反。麦格雷戈认为 Y 理论遵循的是人希望且需要工作的基本理念，采纳 Y 理论可有效实现“个人目标和组织目标的结合”。伯尔霍斯·费雷德里克·斯金纳（Burrhus Frederic Skinner）也研究激励理论，但不同于马斯洛等人的研究角度，他是从行为过程的角度研究人的激励行为，他提出的强化理论，认为人们会用正强化和负强化的办法来影响行为的后果，从而修正行为。

源于社会系统学派的领导理论学派在 20 世纪 50 年代出现。罗伯特·坦南鲍姆（Robert Tannenbaum）与沃沦·施密特（Warren H. Schmidt）提出了“领导行为连续体理论”。他们从经理们在决定何种行为（领导作风）最适合处理某一问题时遇到的困难入手，提出了“领导模式连续分布场”的概念，按照领导者运用职权的程度和下属享有自主权的程度把领导模式看作一个连续变化的分布带，从高度专权的左端到高度放手的右端，划分出 7 种具有代表性的领导模式。

这个时代因为有位大师级人物的出现而显得格外伟大，他就是彼得·德鲁克（Peter F. Drucker）。作为经验主义学派的代表人物之一，德鲁克从时代、社会和组织所处的外部环境透视管理，强调管理的人性和实践性。他以向大企业的经理提供管理当代企业的经验和科学方法为目标，重点分析了成功管理者实际管理的经验，并概括、总结出他们成功经验中所具有的共性，然后使之系统化、合理化，并据此向管理人员提供实践建议。他的研究领域非常广泛，涉及事业理论、战略规划、管理沟通、创新、董事会、绩效管理等。另外他还是目标管理、团队合作、客户满意度、知识工作和知识工作者、扁平组织等众多经典管理理念的原创者。

此外，管理学家中唯一获得过诺贝尔奖项的赫伯特·西蒙与他的合作者詹姆斯·马奇在吸收了行为科学、系统论、运筹学和计算机科学等理论的基础上，提出了管理的决策理论。他们认为，管理就是决策，决策贯穿于管理的全过程，强调决策职能在管理中的重要地位；提出有限理性的人代替绝对理性的人，用“满意原则”代替“最优原则”；通过决策最优的管理方法，可以使组织结果与目标相符，以提高结果的有效性，从而达到提高效率的目的。

人物谱

赫伯特·亚历山大·西蒙（Herbert Alexander Simon，1916—2001），美国管理学家、政治学家和社会科学家，决策理论学派的主要代表人之一，出生于美国威斯康辛州的密尔沃基（Milwaukee）。1936 年他在芝加哥大学（University of Chicago）获得政治学学士学位；1943 年获得政治学博士学位。1939—1942 年，西蒙领导一支小组在加利福尼亚大学伯克利分校（University of California，Berkeley）进行研究；1942—1949 年在伊利诺伊理工大学（Illinois Institute of Technology）任政治学系主任；从 1949 年开始，西蒙在卡耐基梅隆大学任计算机、心理学终身教授与工业管理系主任，直到 2001 年去世。1978 年因在《管理行为》（*Administrative Behavior*，1947 年）一书中对组织决策程序的开创性研究而获得诺贝尔经济学奖，他也是目前为止世界上以管理学家身份获得诺贝尔奖的唯一一人。

詹姆斯·加德纳·马奇（James Gardner March，1928—），决策管理理论学派的另一名重要代表人物，出生于俄亥俄州的克利夫兰（Cleveland）。1949 年获威斯康星大学（University of Wisconsin）学士学位；1953 年获耶鲁大学政治学博士学位；1964 年成为加利福尼亚大学尔湾分校（University of California，Irvine）社会科学学院的首任院长。马奇与西蒙开展的协作研究，对决策管理理论的形成和发展做出了重大贡献。此外，他还与理查德·塞耶特（Richard Cyert）一起创建了企业行为理论。

管理过程学派在 20 世纪 50 年代得以进一步发展，哈罗德·孔茨（Harold Koontz）吸收了法约尔的管理职能理论，同时又对其他人的观点进行总结提炼，建立了管理过程理论的范式，认为管理职能包括计划、组织、人事、指挥和控制，并指出管理人员并非按顺序而是同时执行这五项职能。此外，孔茨还对管理理论进行了两次大规模的梳理，将管理流派分为管理过程学派、人际关系学派、群体行为学派等 11 个派别。孔茨对管理理论的分类影响了管理学的发展，对管理思想史的研究做出了卓越的贡献。

三、历史贡献

20 世纪 50 年代的管理学界，行为科学日渐兴盛，管理思想兼容并蓄、著作丰硕、理论厚重。但也不缺乏像帕金森定律这样幽默风趣的小品。诺斯古德·帕金森（C. Northcote Parkinson）批评英国 50 年代行政机构不合理增长，提出了机构膨胀定律、组织瘫痪定律、琐事定律、办公楼定律等定律，对行政机关人浮于事、机构臃肿、效率低下等问题进行剖析，发人深省、耐人寻味，具有重要的现实意义。

第五节　现代管理理论的发展时期

一、时代背景

20 世纪 60 年代为现代管理理论的发展时期。这一时期是资本主义经济高速发展的黄金时期，但就企业生存环境而言，国内外竞争更加残酷，企业联合与兼并的浪潮接踵而至，生产和资本呈现出高度集中又迅速流动的特点。管理学界开始重点研究如何适应充满危机和动荡、不断变化的国际经济环境，谋求企业的生存发展，并获取竞争优势的课题。

二、主要内容

20世纪60年代是一个战略的年代，战略管理学派产生并得到了最初的发展。1962年，艾尔弗雷德·钱德勒（Alfred D. Chandler）出版了《战略与结构》一书，他认为：战略就是制定企业宗旨和长期目标，为实现目标选择行动方案，调配必要的资源；公司的战略决定了组织的结构，企业应该先制定最佳的战略，然后再选择与战略搭配最合适的组织结构。与此同时，伊戈尔·安索夫（H. Igor Ansoff）提出了成功战略的范式，该范式认为没有放之四海而皆准的战略模式，提出了企业的成败取决于其所处环境的动荡水平等5个要素。安索夫认为，战略行为是企业对外部环境的适应以及由此而导致的企业内部结构化的过程。因此，企业制定战略首先是从评价外部环境开始的。安索夫提出PEST分析框架，从政治、经济、社会、技术等外部环境对企业的影响，辨识企业长期的变化驱动力及外部各环境要素对企业的不同作用，从而确定关键环境因素，并以此制定企业战略、调整组织结构、使企业与环境相适应。另外，他还提出了安索夫矩阵，指出企业可以选择4种不同的成长战略来达到增收目的。哈佛商学院教授肯尼思·安德鲁斯（Kenneth R. Andrews）提出并系统论述了SWOT分析法，把公司战略提升为管理咨询业中的一个专业领域。他认为，战略形成过程实际上是把企业内部优势和劣势与外部机会和威胁进行匹配的过程，对内部优势和劣势的分析与评估，可以确定企业的独特能力，对外部环境的机会与威胁的分析，可以确定企业潜在的成功因素，这两种分析构成了战略规划的基础。

营销管理学派开始兴起，其代表人物是特德·列维特（Ted Levitt）和菲利普·科特勒（Philp Kotler）。列维特于1960年在《哈佛商业评论》上发表了《营销近视》一文，最早提出了市场营销概念，并对销售和营销进行划分，认为企业的核心是满足消费者，而不是简单地生产商品；公司应该注重市场导向而不是生产导向，并且应该由首席执行官和高层管理部门领导营销部门。科特勒在《营销管理》中首先提出必须区分推销与营销，认为营销术以顾客为中心，而推销术以产品为中心。他的营销理念、营销制定、营销环境、目标市场、营销战略、营销战术等一系列观点奠定了他作为营销学大师的地位，科特勒被誉为“现代营销之父”。

权变管理理论和系统管理理论应运而生。权变理论代表人物杰伊·洛希（Jay W. Lorsch）和保罗·劳伦斯（Paul R. Lawrence）在比较了各种组织结构理论的基础上，提出了以权变理论为基础的组织结构理论，认为组织架构不是一成不变的，组织架构的差异性与经营管理人员有关，也与外部环境的稳定性有关；另外，洛希和合作者批判了麦格雷戈的X理论与Y理论，提出了超Y理论，认为X理论与Y理论只是人性假设的两个极端，不能简单地说哪种理论指导下的管理实践效果更好，应根据组织成员的素质、组织工作的性质决定采用什么样的管理方式。系统管理理论的代表人物弗里蒙特·卡斯特（Fremont E. Kast）和詹姆斯·罗森茨韦克（James E. Rosenzweig）将组织看作若干子系统相互作用构成的整体，组织是一个开放系统，与环境相互作用。总体来说，权变理论学派和系统管理学派强调企业组织内部各部门之间相互联系及其与外部环境的相互协调，并且对各种管理基本原理的统一做出有益的尝试。总体而言，这两个学派对现代管理理论的发展具有深远的影响。

在管理科学领域，埃尔伍德·斯潘塞·伯法（Elwood Spencer Buffa）认为管理应借助数学模型与程序来表达计划、组织、控制和决策等活动，以求得最佳解决方案，实现企业经营目的。

在组织理论方面，沃伦·本尼斯（Warren G. Bennis）在对官僚制组织结构体系进行批判的基础上，提出了组织发展理论；指出未来组织结构将受环境、总体人口特点、与工作相关的价值观念、企业的任务和目标等方面的影响而有所不同；提出了未来组织架构临时性、工作集体构成的有机性等特点；为适应未来组织结构的特点，提出了“有机性-适应型”组织结构，并认为它将逐步取代官僚制体制。琼·伍德沃德（Joan Woodward）首次提出了技术决定结构的思想，认为组织的架构因技术而变化，组织的管理因组织目标而变化。阿尔弗雷德·斯隆（Alfred P. Sloan）最大的贡献在于设计出了一种组织模式——事业部制（联邦分权制结构的典型形式），使集权和分权在一定条件下得到了较好的平衡，并把它付诸实践。斯坦利·西肖尔（Stanley E. Seashore）特别关注组织绩效问题，他将衡量企业组织效能的各种评价标准及其相互关系组合成一个金字塔形的层次结构，从而使原先处于完全混乱状态的集合体有了逻辑性和秩序，形成了组织绩效理论；另外，他还提出了评价标准的分类和指标层次体系等有实践意义的理论和观点。

激励理论和领导理论也得到了进一步发展。激励理论方面，维克托·弗鲁姆（Victor H. Vroom）提出了著名的期望理论，认为个人激励取决于三种关系：第一，个人努力与个人绩效的关系，个人只有意识到通过自己的努力能取得个人绩效，才会努力去工作；第二，个人相信一定水平的绩效会带来奖励；第三，这种奖励对个人有吸引力。此外，弗鲁姆和耶顿提出了领导者-参与模型，认为可以通过改变下属参与决策的程度来体现自己的领导风格。约翰·斯塔西·亚当斯（John Stacey Adams）提出了公平理论，认为组织内部的员工不仅会做出横向比较还会做出纵向比较，如果觉得不公平，员工可能会选择降低努力程度或离开组织等方式以求获得公平的感觉。莱曼·波特（Lyman W. Porter）和爱德华·劳勒（Edward E. Lawler）提出了波特-劳勒综合激励模型，认为满足感源于工作绩效而不是原因，不同的绩效决定不同的奖酬，不同的奖酬又在员工中产生不同的满足感。在领导理论方面，伦西斯·利克特（Rensis Likert）提出了“领导系统理论”，他将领导方式划分成压榨式集权领导、仁慈式集权领导、协商式民主领导与参与式民主领导 4 种，并指出只有第四种领导方式才能实现真正有效的领导。罗伯特·布莱克（Robert R. Blake）和简·默顿（Jane S. Mouton）提出了管理方格理论，管理方格理论是分析领导行为的二维方法，他们把方格网的纵轴称为“对人员的关心度”，把横轴称为“对生产（事业）的关心度”。此外，还将横、纵轴分成 1～9 个标度，作为衡量关心度的标准。布莱克和默顿认为，既关心工作又关心人的（9，9）团队型管理方式是最佳的领导方式。弗雷德·菲德勒（Fred E. Fiedler）提出了权变领导模型，提出要确定有效的领导方式，首先要确定领导个体属于关系趋向型领导还是任务趋向型领导，其次确定领导情境，最后选择与情境匹配的领导方式。保罗·赫塞（Paul Hersey）和肯·布兰查德（Ken Blanchard）提出了情境领导理论，认为如果将领导方式分为以工作为中心和以人际关系为中心这两种领导类型，那么有效的领导方式应随着下属的成熟度不同，不断调整工作型和人际关系型两种领导方式的比例。

经验主义学派也继续发展，主要的代表人物是欧内斯特·戴尔（Ernest Dale），他主张用比较方法对企业管理进行研究，而不是从一般原则出发，《伟大的组织者》就是他用比较方法对企业管理进行研究的代表作。而作为杰出的管理学大师，德鲁克的思想在 20 世纪 60 年代大放异彩，特别是他提出的很多关于战略管理的思想，至今还具有深远的影响。

人物谱

彼得·德鲁克（Peter F·Drucker，1909—2005），现代管理学开创者。1909 年出生在维也纳，父亲阿道夫·德鲁克（Adolf Drucker）曾是奥地利政府的首席经济学家，母亲是精神病学方面的专家。从有着良好文化氛围的家庭里成长起来的他 20 岁（1929 年）就成为国际银行的经济学家，22 岁（1931 年）时就获得了法兰克福大学（University of Frankfurt）的国际法学博士。1937 年，德鲁克移居美国，1943 年加入美国国籍。在这一年，通用汽车邀请德鲁克研究其内部管理结构，3 年之后，德鲁克将其对通用的研究成果写成《公司的概念》（*Concept of the Corporation*，1946 年）一书，立刻引起了巨大的反响。1954 年，《管理的实践》（*The Practice of Management*）出版，这一巨作更是奠定了德鲁克管理大师的地位。之后德鲁克又于 1966 年出版了《卓有成效的管理者》（*The Effective Executive*），1973 年出版了《管理：任务、责任、实践》（*Management: Tasks, Responsibilities, Practices*）。在半个多世纪的管理文献中，德鲁克是此领域内被引用最多的作者，迄今为止其依旧是世界公认的最权威的管理学大师。

20 世纪 60 年代值得一提的管理学家还有劳伦斯·彼得（Laurence J. Peter）和凯利（Harold H. Kelley）。彼得提出了著名的彼得原理，即每位雇员都倾向于晋升到他所不能称职的职级。为了消除组织中的不称职现象，彼得开出了包括所谓的彼得定位法、彼得和平原则等在内的 66 条法则。凯利在 1967 年发表了《社会心理学的归因理论》，认为可以把人的行为归结为内部原因或外部原因，至于归结为内部原因还是外部原因，有 3 个标准，分别为区别性、一致性和一贯性。归因理论在管理实践中具有重要的意义，它有助于了解员工的归因倾向，正确总结工作中的经验和教训，从而提高员工的工作积极性和工作效率。

三、历史贡献

20 世纪 60 年代，战略管理、系统管理、权变理论等一系列新生学派破土而出。受其影响，既有学派也及时地推陈出新，领导理论的研究实现了从领导行为向领导权变的转变，激励理论的研究也实现了从内容型向过程型及综合型的转变。管理思想界出现了前所未有的百花齐放、百家争鸣的局面。

第六节　现代管理理论的深入时期

一、时代背景

20 世纪 70 年代为现代管理理论的深入时期。20 世纪 70 年代的西方国家，进入了一个不寻常的经济社会繁荣时期，管理逐渐为人们所重视，管理学作为一门学问也登上了各大高校的课堂；但是，盛世背后总是隐藏着危机，管理实践和管理理论亦是如此。一方面，随着70年代石油危机的加深，资本和生产更加集中，企业的规模日益扩大，企业内部的组织结构也愈加复杂，如何从企业整体的要求出发，处理好组织内部各个单位或部门之间的相互关系，保证组织整体的有效运转，成为一个重要的管理课题。另一方面，由于企业经营活动的范围进一步扩大，多元化与国际化程度不断提高，加之各国政府对社会经济活动的干预以及工会力量对企业活动的影响都有所增强，企业面临一个更加复杂多变的外部环境，从而提出了另一个重要的管理课题——如何使企业组织建立起同外部环境可靠的联系，以适应外部环境的变化。

二、主要内容

在新的管理背景下，以亨利·明茨伯格（Henry Mintzberg）为代表的经理角色学派开始在西方兴起。该学派从大的方面讲，可以归为领导理论的范畴，但与一般领导理论的不同之处在于，它是通过对经理所担任角色的分析考察经理的职务和工作，以求提高管理效率。明茨伯格认为，不论哪种类型的经理，其工作都具有工作量大、步调紧张、活动短暂、多样而琐碎等特点；经理一般担任人际关系、信息传递和决策三类共10个角色；影响经理职务的有环境、职务、个人和情境等方面的因素。另外，明茨伯格还对经理职务的类型划分、经理工作的程序以及如何提高经理工作效率做出了很多有益的探索。

与此同时，组织理论、管理过程学派、激励理论、领导理论、管理思想史、战略管理学派、营销管理学派、权变理论学派等既有学派理论在这一时期得到了进一步的发展和完善。

在组织理论方面，埃里奥特·杰奎斯（Elliott Jaques）突破了传统的以管理幅度为标准设计组织层级的思路，提出以责任时间幅度作为组织层级设计标准的思想，深化了组织理论的研究；管理实践者罗伯特·汤赛德认为现代组织存在诸多惰性，提倡授权和参与式管理，主张领导承担责任。以小埃弗里特·亚当和罗纳德·埃伯特为代表的管理过程学派将制造业中产生的生产管理理论推广到医院、图书馆等服务业中，拓宽了管理学适用领域。

这一时期的激励理论以克莱顿·阿尔德弗（Clayton P. Alderfer）的ERG理论、阿尔伯特·班杜拉（Albert Bandura）的社会学习理论及自我强化理论为代表。阿尔德弗发展了赫茨伯格和马斯洛的理论，他将马斯洛的需要层次压缩为三种需要，即生存需要（exited needs）、关系需要（relatedness needs）和成长（growth needs）需要，同时认为需要并非完全都是生来就有的，有的需要如关系的需要和成长的需要是通过后天学习才形成的。另外，他还在此基础上提出了“挫折-倒退”假设，认为一种需要得到满足后，则有更高层次需要的愿望，但如果高层的需要受挫而难以实现，就会退到原来的需要层次，并且增强了对原来层次的需要。班杜拉强调人的行为是内部因素和外部影响相互作用的产物；强调人有使用象征性符号的非凡能力；强调人有自我调节、自我控制的能力；强调人的思想、情感和行为不仅受直接经验的影响，也受观察的影响。同时，在斯金纳强化理论的基础上，班杜拉提出了行为修正的“自我强化理论”，即除了外部强化之外，行为主体还可对自己的行为进行内部自我强化，即自己给自己激励或强化。

在领导理论领域，罗伯特·豪斯（Robert House）及特伦斯·米切尔（Terence Mitchell）

提出并完善了路径-目标理论，强调要通过激发员工的动机，提高员工的绩效和满意度。该理论认为，领导者应采用特定的措施，帮助下属通过一定的路径来实现目标；领导者所选择的措施应适合下属的需要和下属工作的环境；通过选择恰当的领导风格，领导者可以提高下属对成功的期望和满意度。詹姆斯·伯恩斯（James burns）在其《领导力》一书中区分了交易型领导和权变型领导，为领导理论提供了新的视角。亚伯拉罕·扎莱兹尼克（Abraham Zaleznik）从“人性”的角度出发，从对目标的态度、工作的概念、与他人的关系、自我意识及领导者的培育等方面分析了领导者和管理者之间的区别，从而深化了他的领导学理论；从此以后，领导职能研究开始包含丰富的人性内容，从而实现了从重“物”的管理思想向重“人”的管理思想的转变。

这一时期的管理思想史研究出现了两位重要的人物，他们各自以其独特的研究方法和视角对管理人物及其思想进行了全面的梳理。罗伯特·卡茨（Robert L. Katz）对管理学发展史上的各种纷繁复杂的理论加以收集整理，并将其纳入到自己所创建的管理学系统之中，根据自己的经验和理论对其他管理学家的理论进行了评价。丹尼尔·雷恩（Daniel A. Wren）在其著作《管理思想的演变》中，为各个学派及其演进的分析提供了宏大的历史背景，使管理思想更加清晰可读，把管理的各个学派及其来龙去脉梳理得非常清楚，为后人把握管理学提供了极大的便利。

在战略管理研究领域，布鲁斯·亨德森（Bruce Henderson）提出了许多新的理念，如学习经验曲线、波士顿矩阵等，为战略咨询领域的发展奠定了基础，他提出的很多工具和方法至今仍被奉为圭臬。这一时期的营销管理学派侧重于品牌定位，杰克·特劳特（Jack Trout）首次提出具有革命性的商业营销理念“定位”，将品牌的定位理解为借助持续、简单的信息在顾客心中立足，占据一个位置。权变理论的杰出代表人物弗雷德·卢桑斯（Fred Luthans）将过去的管理理论分为4种，即过程学说、计量学说（或称管理科学学说）、行为学说和系统学说。这4种学说由于没有把管理和环境妥善联系起来，所以管理理念往往和现实实践相互脱节，难以使管理有效进行。卢桑斯强调管理与环境的妥善结合，环境和管理之间存在着权变关系，这种关系不是因果关系，而是“如果-就要”的关系，认为如果某种环境存在或发生，就要采取某种对应的管理思想、管理方法和管理技术，以有效地实现组织目标。

课堂讨论

权变理论与系统理论

权变理论认为，每个组织的内在要素和外在环境条件都各不相同，因而在管理活动中不存在适用于任何情景的原则和方法，即在管理实践中要根据组织所处的环境和内部条件的发展变化随机应变，没有什么一成不变的、普适的管理方法。读者可以通过MBA智库百科，搜索关键词“权变理论”，了解更多相关知识。

试问：系统理论也关注管理活动与环境的关系，那么，权变理论和系统理论有何异同？

三、历史贡献

与20世纪60年代的喧嚣相比，70年代的管理世界相对寂静了许多。新生学派以亨利·明茨伯格为代表的经理角色学派一枝独秀，悉心洞察了管理者在组织中扮演的 10 个角色。亚伯拉罕 · 扎莱兹尼克则从不同的视角比较了领导者与管理者的差异。丹尼尔 · 雷恩的《管理思想的演变》为管理思想的研究树立了新的里程碑。

第七节 管理理论的多元化时期

一、时代背景

20 世纪 80 年代是管理理论的多元化时期。这一时期，旧的世界格局轰然瓦解，新的秩序尚未建立起来，整个世界处于极度动荡之中。人类社会进入了一个布满荆棘但又生机勃勃的历史阶段，管理理论的发展也充分体现了这一时代特点。一方面，美国经济停滞不前，组织的发展何去何从成为管理者日益担忧的重要问题，由此，未来学派顺应时代发展潮流应运而生；另一方面，在美国经济面临严峻挑战的同时，日本经济增长在全球独占鳌头，因而日本企业的管理思想受到了众多管理学者的关注，日本企业研究和品质管理研究风头渐盛。此外，许多学者被经济全球化带给管理实践的挑战和机会深深吸引，纷纷致力于跨国企业研究和跨文化研究，从而使这一时期的管理思想呈现出明显的多元化发展趋势。

二、主要内容

组织文化提出的背景是在日本企业的强势出击下，西方企业受到巨大挑战，这一时期很多学者把研究的焦点对准了日本式管理。威廉 · 大内（William G. Ouchi）详细研究了日本企业的管理方式，通过对美国企业与日本企业的比较，发现日本企业的经营管理效率一般较美国高。造成日本企业高效率的因素有终身雇佣制、缓慢的评价和晋升、非专业化的职业发展道路、含蓄的控制等。他因此提出，美国的企业应该结合本国的特点学习日本的企业管理方式，形成一种自己的管理方式，这就是著名的 Z 理论。而身为麦肯锡咨询公司顾问的理查德 ·帕斯卡尔（Richard T. Pascale）与安东尼 · 阿索斯在他们 1981 年出版的《日本的管理艺术》中，正式提出了 7S 模型，揭示了日本企业的成功主要是因为他们重视软性的 4S——技能（skill）、人员（staff）、共享价值观（shared values）、管理风格（style），西方则将注意力集中于硬性的 3S——战略（strategy）、结构（structure）、体制（system）。在组织文化领域，很多学者对日本企业的管理进行研究后发现，日本企业文化的特征是促使企业发展的重要因素，但埃德加 · 沙因（Edgar H. Schein）有着不同的观点。沙因认为对这些内容的讨论都没有涉及文化的本质，他认为文化应该是一个特定组织在处理外部适应和内部整合问题中所学习到的，而且文化是由物质层、支持性价值观和基本的潜意识假定等三个相互作用的层次组成的。组织文化根植于民族文化，在跨文化研究方面，荷兰学者吉尔特 · 霍夫斯泰德（Geert Hofstede）认为民族文化对员工与工作相关的价值观和态度有着很重要的影响，分析民族文化的差异有 5 个维度，分别是个人主义与集体主义、权力距离、生活数量和生活质量、不确定性规避、长期导向和短期导向。

与日本式管理研究有着相同渊源的品质管理思想，在此时也引起了人们的广泛关注。在该领域，出现了两位造诣颇深的大师级人物，他们便是爱德华兹 · 戴明（W. Edwards Deming）

和约瑟夫·朱兰（Joseph M. Juran）。戴明提出的质量管理14要点和戴明环等思想后来被很多企业所采用。约瑟夫·朱兰提出的质量成本、质量管理的"80/20原则"、质量环、质量三部曲等质量管理思想至今仍影响着世界。

这一时期，还有一些学者开始关注未来，阿尔文·托夫勒（Alvin Toffler）和约翰·奈斯比特（John Naisbitt）是这个时期未来学派的典型代表。他们凭借其远见卓识，指明了未来的方向。托夫勒将人类文明分为三个阶段，分别为第一次浪潮农业阶段、第二次浪潮工业阶段和第三次浪潮超工业社会阶段；认为在第三次浪潮中，客户化生产将取代大规模生产，消费者和生产者的界限将模糊不清，公司的结构、目标和责任将发生根本的改变。托夫勒对未来公司运营的有关描述很快被之后的实践所证明，使人们不得不叹服他的远见卓识。奈斯比特提出了改组理论，预言未来将实现的10大改组，其中有些改组预言被实践所证明。他还正确预测了全球化时代的到来，认为世界经济越强大，其中最小的游戏者越有利。此外，他提出的网络化已成为最近10年来最重要的潮流之一。奈斯比特的研究不仅仅停留在对未来的预测上，他还提出了为应对未来变化，人们应该做的事情，这对于把握机遇、规避风险具有重大的实践价值。

20世纪80年代的另一个显著特点就是全球化趋势日益加深，因此很多学者的研究视野越过本国投向世界。英国学者约翰·邓宁（John H. Dunning）在吸收过去国际贸易和投资理论精髓的基础上提出国际生产折中论，将直接投资、国际贸易、区位选择等综合起来加以考虑，克服了传统的对外投资理论只注重资本流动研究的局限性，既肯定了绝对优势对国际直接投资的作用，也强调了诱发国际直接投资的相对优势，在一定程度上弥补了发展中国家对外直接投资理论上的不足。

日本经济的振兴对美国的警醒和启示，引起了美国人的反思。当一些西方企业不顾一切地接受日本企业的管理思想时，另一些企业和学者则重新思考更为基本的问题，他们转向对基本规律的研究，组织理论蓬勃发展。汤姆·彼得斯（Tom Peters）和罗伯特·沃特曼（Robert H. Waterman）红极一时的畅销书《追求卓越》是"从美国经营最好的企业中得出的教训"，关注于美国的成功企业，并指出了优秀企业具有贵在行动、紧靠顾客、不离本行、精兵简政等8大属性，把人们的视线重新引回到对人的关注上来。查尔斯·汉迪（Charles Handy）对组织变革的研究则主要集中在组织理论和工作结构方面，为了适应工作环境的变化，汉迪提出了所谓的三叶草组织、联邦组织以及3I组织等新型组织形式，具有很高的实践价值。罗莎贝丝·摩丝·坎特（Rosabeth Moss Kanter）以呼吁大公司改革而闻名，她将社会学的因素糅进组织变革和组织创新中，其思想充满了浓厚的人本主义色彩。而伊查克·爱迪思（Ichak Adizes）根据长期的咨询经验，提出了企业生命周期理论，认为企业组织与生命有机体一样，具有固定的生命周期，要经历出生、成长、老化和死亡等过程。企业从一阶段迈向新阶段时，会遭遇某种阵痛，组织通过程序的制定和有效的决策，可以攻克难关，促进转型成功。为此，爱迪思将企业生命周期分成10个阶段，并提出了化解每一阶段存在问题的对策思路。

作为20世纪80年代管理过程学派的代表人物之一，斯蒂芬·罗宾斯（Stephen P. Robbins）在充分吸纳他人研究成果的基础上，认为管理职能包括计划、组织、领导和控制，并对各个职能模块的内容进行了丰富，这些研究成果体现在他畅销全球的教科书《管理学》上。罗宾斯在组织理论方面也有很大的贡献，体现在他对组织中的冲突、权力、政治以及人际关系的研究上，这些观点在他的另一本畅销教科书《组织行为学》中有全面的诠释。这两本教材对全球很多国家管理学和组织行为学的研究教学有着广泛和深远的影响。

在领导理论研究方面，沃伦・本尼斯（Warren G. Bennis）与纳纽斯在研究 90 位领导者特点的基础上，提出了优秀领导的共同点：有远见和目标意识、能清晰表达目标、具有赢得信任以及自我管理的能力。根据本尼斯的观点，领导能力不是稀世之物，不是横空出世，所有人都可以通过培养习得领导能力。约翰・科特（John P·Kotter）认为领导是鼓动一个群体的人们或多个群体的人们朝着某个方向、目标努力的过程，而不是指行使上述鼓动过程的人；领导不同于管理，但是和管理又有联系；不管环境如何变化，领导的基本特征如行业和企业知识、人际关系、信誉和工作记录等都不会改变。

在战略管理研究方面，"竞争战略之父"迈克尔・波特（Michael E. Porter）无疑是其中的杰出人物。波特的贡献在于他对企业、整个行业和国家层次的竞争优势进行分析，并提出了"五力模型"和三种基本竞争战略思想。此外，波特还使用价值链分析手段，告诉企业如何赢得竞争优势。日本学者大前研一（Kenichi Ohmae）另辟蹊径，认为战略的意义在于其创造性，只要敢于实践，敢于发挥创造力，每个企业都有可能找到使自己成功的战略。他研究了日本式竞争战略的特点，提出了有别于波特的竞争战略的四种新的战略方法，并首创了"战略三角"（战略 3C）的概念。

这一时期，很多日本企业具有很强的影响力，其中比较成功的当属松下幸之助创立的松下电器（Panasonic）和盛田昭夫创立的索尼（SONY）公司。这两个公司的成功，除了沿袭日本企业优秀的管理方式外，与两位管理实践者出色的管理也是密不可分的。松下幸之助（Konosuke Matsushita）重视客户服务；强调经营要重视人；提倡水坝式经营，即要建立防水墙，使得企业在外界剧烈波动的时候受到较小的冲击；提倡适度经营，企业经营不能超过企业的生产经营能力；提倡彻底实行专业化经营；指出企业应积极寻找现行产品的替代品。盛田昭夫（Akio Morita）在企业内部提倡家庭化意识，调动员工积极性；淡化学历，重视员工实际才能；实行内部晋升，激发员工潜能；重视创新，以新产品带动市场；牢固树立品牌第一的理念。美国企业虽然受到日本企业的强有力冲击，但也不乏佼佼者。通用电气（GE）的总裁杰克・韦尔奇（Jack Welch）自 1981 年入主通用电气以来，以其强硬的作风、追求卓越的理念推动 GE 重组业务，提高员工的参与意识，营造变革型的企业文化，创建学习型组织，实现通用电气公司"六西格玛"管理，最终将 GE 推向了财富神坛，为当代企业成长提供了很好的范例。

三、历史贡献

20 世纪 80 年代管理思想的主要特点是：组织文化大行其道；管理思想风靡全球。由于日本企业的强势出击，这一时期的很多学者把研究焦点对准了日本式的管理。此外，这一时期管理思想的发展都与管理实践有密切的关系。战后日本经济的奇迹引发了学习日本的浪潮，组织文化、品质管理的价值备受全球关注。伴随着国际化的主旋律，跨国企业、跨文化的研究亦成为管理学的焦点。汤姆・彼得斯对美国卓越公司的研究帮助美国人找回了他们那颗失落的心。迈克尔・波特则完成了从公司战略向竞争战略转变的使命。

第八节　当代管理理论的繁荣时期

一、时代背景

20 世纪 90 年代以来是当代管理理论的繁荣时期。自 90 年代起，人类进入了信息社会和知识经济时代。世界经济一体化的进程明显加快，科学技术的创新和推广速度大幅提升，组织结构日益呈现出扁平化、虚拟化、网络化趋势。新的时代特征和商业环境催生了大量的管理思想和技术，从而在管理学界形成了一股巨大的变革与创新潮流。知识管理、创新理论和流程再造学派等新兴力量相继产生；营销管理、战略管理、领导理论、组织理论等既有理论得到进一步的发展和完善；平衡计分卡理论作为一种集大成的战略管理和绩效评价工具横空出世。管理思想发展到 90 年代已经完全呈现出百花齐放、百家争鸣的繁荣景象。

二、主要内容

世界经济的一体化进程把管理带出国界，使之成为世界性的话题。在跨文化研究方面，冯斯·琼潘纳斯（Fons Trompenaars）、查尔斯·汉普顿-特纳（Charles Hampden-Turner）两人继霍夫斯泰德之后进一步研究了文化差异、文化冲突和自然的文化交叉管理，精辟地阐释了文化如何影响我们的行为以及不同文化之间的相互影响。苏曼特拉·戈沙尔（Sumantra Ghoshal）与克里斯托弗·巴特利特（Christopher A. Bartlett）两人合作研究了全球竞争中的战略、组织和管理问题，提出了跨国公司的四种类型和个性化公司的组织特征，并对管理思想的本质和管理行为的现实性提出了深刻的质疑。

组织理论在这一时期依然发展迅速，呈现出百家争鸣的局面。彼得·圣吉（Peter M. Senge）提出了学习型组织的 5 项修炼技能：系统思考、超越自我、改变心智模式、建立共同愿景和团队学习，为打造学习型组织提供了有效的方法。鲍勃·特里克（Bob Tricker）研究了董事会、经理革命及企业制度，他所著的《董事》一书为经理层和管理学界提供了很好的参照物。梅雷迪思·贝尔宾（Meredith Belbin）提出了贝尔宾团队角色理论，研究群体中的个体及其与其他个体是如何分工合作的。汤姆·彼得斯继《追求卓越》之后，又提出了管理的革命，强调企业要超越变化、超越授权、超越放权等，受到世人的广泛关注。戴维·尤里奇（Dave Ulrich）重新定义了人力资源的四种角色，即管理战略性人力资源、管理组织的机制结构、管理员工的贡献度、管理转型和变化，帮助人力资源管理者转变观念，认识到自身价值，从而为组织提供更好的服务。吉姆·柯林斯（Jim Collins）与杰里·波拉斯（Jerry I. Porras）从实证的角度研究企业管理方略，先后写出了《基业长青》《从优秀到卓越》两本管理学著作，回答了是什么使那些高瞻远瞩的公司基业长青的问题，并深入挖掘了企业从优秀到卓越的原因。

这一时期的领导理论以约翰·科特的领导变革理论和马文·鲍尔（Marvin Bower）的领导特质理论最为卓著。科特提出了实施有效组织变革的 8 个步骤：产生紧迫感；建立强有力的领导联盟；构建愿景规划；沟通这种愿景规划；授权他人实施这种愿景规划；计划并夺取短期胜利；巩固已有成果，深化变革；使新的工作办法制度化。鲍尔指出了领导者必须养成的 14 种品质，并详细阐述了组织架构的重要性以及组织规划的决策步骤。

20 世纪 90 年代的营销管理学派继承和发扬了传统的营销管理理论。杰克·特劳特将战略与营销相结合，认为战略就是“令你与众不同的东西，让顾客以及潜在顾客了解你的独特之处的最好方式”。这一时期还有一些营销观点强调合作竞争，尼尔·雷克汉姆（Neil Rackham）首创 SPIN 销售法，从贡献、亲密、愿景的角度告诉我们怎样才能建立获益良多的伙伴关系，并从筛选、谈判、组织和克服问题等不同切入点解决建立伙伴关系过程中的问题。

以德鲁克为代表的经验主义学派历久弥新、长盛不衰，其管理思想主要体现为以人为本的管理体系，以成就和道德为中心的管理价值观，以自我控制为主的管理目标论，以知识和责任为依据的管理思维，以实践为核心的管理本质论和以高层战略管理为中心的管理战略观等。他率先提出“知识经济”与“知识型员工”的概念。他认为，知识社会是一个以知识为核心的社会，“智力资本”已成为企业最重要的资源，知识的生产率将日益成为一个国家、一个行业、一家公司竞争的决定因素。

20 世纪 90 年代以来，知识管理理论、创新理论、流程再造学派异军突起，新思想新观点日新月异、层出不穷，为管理理论注入了新的活力。知识管理理论的代表人物有野中郁次郎（Ikujiro Nonaka）、安妮·布鲁金（Annie Brooking）、托马斯·达文波特（Thomas Davenport）和劳伦斯·普鲁萨克（Laurence Prusak）。野中郁次郎提出的知识创新的螺旋观点、伞形管理理念和 BA 理论，准确解释了知识生产的终点和起点，清晰地辨识了知识生产模式的常规类别。布鲁金指出智力资本是使公司得以运行的所有无形资产的总称。她将智力资本分为市场资产、知识产权、人才资产和基础结构资产，并对它们进行评估和管理，从而搭建起一套知识管理系统。达文波特和普鲁萨克将管理知识、运营知识的概念引入到工商管理中，丰富了知识管理理论并为这一新兴学科建立起经久不衰的专用词语和概念。克雷顿·克里斯汀生（Clayton M. Christensen）和贝思·罗杰斯（Beth Rogers）各自从不同的角度研究创新。克里斯汀生主要是从行业历史的角度，从公司外部产业和技术发展的角度分析了破坏性创新导致行业中已定型公司遭遇失败的过程，并提出了应对颠覆性技术的 5 项原则；罗杰斯提出了产品创新战略，认为企业不仅要引入新产品，还必须富有想象力地改进已有产品以满足日益复杂并不断变化的消费者需求。流程再造学派以迈克尔·哈默（Michael Hammer）和詹姆斯·钱皮（James Champy）为代表。在《企业再造》一书中，哈默和钱皮认为组织必须明确自己的关键生产过程，并使之尽量简捷有效。流程再造涵盖了当时流行的众多管理思想，包括全面质量管理、JIT 生产技术、顾客服务、建立在时间基础上的竞争和精益生产等概念。哈默提出了企业的 9 大行动纲领，为企业变革指明了方向；钱皮进一步提出了企业 X 再造理论。企业再造鼓励管理人员重新思考如何最佳地组织企业运营，同时它提倡企业应按照流程而非职能进行组织的理念，具有一定的理论意义和实践价值。

拓展学习

深圳华为技术有限公司是我国科技型公司的领头羊。其中，流程再造技术在公司发展过程中起着重要的作用。现在，我们就通过《华为的流程再造——任正非呼唤“炮火”》一文，看看华为是怎样进行流程再造的（扫描右侧二维码）。

在实践领域，商业领袖们身体力行，以其杰出的管理风格和经营业绩给我们提供了丰富而宝贵的管理经验，补充了纯理论研究的单一性和刻板性。惠普创始人戴维·帕卡德（David Packard）创立了独特的企业文化和管理方式，如巡回管理、开放式管理、内部晋升等。他所倡导的“以人为本，奉客户为先，提供高质量的产品和服务”的惠普之道至今依然影响着众多企业。IBM 前总裁郭士纳（Louis V. Gerstner）在其回忆录《谁说大象不能跳舞？》一书中总结了自己在 IBM 9 年的总裁生涯，为我们展示了一个优秀企业从山穷水尽到柳暗花明的成长历程，他关于原则性领导、营销管理等方面的经验使领导者受益无穷。安田龙平总结了自己的管理经验，全方位地研究了日本泡沫经济崩溃以来企业倒闭的原因和相应的对策，为其他企业提供了前车之鉴。

在战略管理领域，企业经营环境的变化使得传统的战略管理模式面临挑战。战略管理理论的重点开始由适应环境变化为主的竞争定位理论转向以创造未来为主的核心竞争力理论。战略管理的研究也呈现出强调理论的动态性、从实践中学习、进一步整合各学派观点等特点。在这一阶段，亨利·明茨伯格、加里·哈默尔（Gary Hamel）与普拉哈拉德（C. K. Prahalad）、金伟灿（W. Chan Kim）与勒妮·莫博涅（Renee Mauborgne）、罗伯特·卡普兰（Robert S. Kaplan）与戴维·诺顿（David P. Norton）等管理学家从不同的角度对战略进行了阐释。明茨伯格系统地研究了战略理论的演变过程，将战略形成理论分为三大类 10 个流派，并对每个流派的贡献与不足进行了深入的分析。哈默尔在与普拉哈拉德合作撰写的《公司的核心竞争力》一文中对如何界定核心竞争力，如何在核心竞争力的基础上开发核心产品、终端产品，以及如何搭建一个能有效利用核心竞争力的战略架构等做了详细的阐述。金伟灿与莫博涅合著出版了《蓝海战略》一书，系统阐述了蓝海战略的含义、内容、原则等，该书不仅轰动了学界和企业界，甚至引起了许多国家和地区政治领导人的高度重视。卡普兰和诺顿在坚持企业财务目标的基础上，创造性地整合了创新理论、知识管理、流程再造等理论，创建了平衡计分卡，将组织绩效理论从狭隘的工具层面高屋建瓴地推向了战略层面。平衡计分卡兼具绩效评价与战略管理的功能，通过财务、客户、内部流程、学习与成长 4 个层面的因果联系驱动企业战略目标的实现，成为当今企业管理的热门话题，并被政府组织和其他非营利性组织广泛应用。

三、历史贡献

伴随着知识经济、信息时代到来，知识管理、流程再造应运而生。经济全球化、变革与创新的时代主旋律更触发了核心竞争力、蓝海战略、学习型组织、基业长青以及团队建设的研究。平衡计分卡作为集管理学之大成的战略管理工具，踏上了化战略为行动的伟大之旅。管理世界再度呈现出百花齐放、百家争鸣的繁荣景象。总之，20 世纪 90 年代以来管理理念更加人性化，管理实践丰富多彩，呈现出管理文化全球化、管理形态知识化、管理组织虚拟化、管理手段网络化、管理理论综合化等特点。

本章小结

管理的历史源远流长，自古即有。管理思想的发展与人类社会的生产实践密切相关。回顾管理理论的百年发展与演变历程，其先后经历了管理理论的萌芽时期、古典管理理论时期、管理理论发展的过渡时期、现代管理理论的形成时期、现代管理理论的发展时期、现代管理理论的深入时期、管理理论多元化时期、当代管理理论的繁荣时期8个主要发展阶段。每一个历史阶段都留下了管理先驱们执著探索的足迹，留下了管理大师们辛勤钻研的踪影。

顺沿管理理论百年发展与演变的脉络，先后出现了科学管理学派、管理过程学派、组织理论学派、人际关系学派、社会系统学派、激励理论学派、领导理论学派、经验主义学派、营销管理学派、战略管理学派、系统管理学派、权变理论学派等20多个学术流派，涌现了一大批成果斐然的管理大师。这些管理流派和大师彼此间相互影响、相互借鉴，共同绘制了璀璨夺目的管理思想的百年历史长卷。

学习和研究管理学首要的课业就是要研习管理思想史，理顺各种管理流派及其理论的来龙去脉，准确掌握各种重要观点的理论内涵和应用价值，以培养高品质的专业素养，并通过与管理实践紧密结合，做到以史为鉴、温故知新。

复习思考题

一、名词解释题

劳动分工　科学管理原理　管理的14项原则　官僚制　霍桑实验　人际关系学派　激励理论　经验主义学派　满意原则　PEST分析框架　SWOT分析法　超Y理论　经理角色学派　7S模型　竞争战略　学习型组织　业务流程再造　蓝海战略　平衡计分卡

二、单项选择题

1．泰勒之所以被西方管理学界誉为“科学管理之父”，是因为泰勒（　　）。

A．认为人是“经济人”　　B．将科学的方法引入到管理领域

C．实行标准化管理　　D．推行差别计件工资制

2．韦伯认为宜于作为理想组织体系的基础的权力是（　　）。

A．理性-合法权力　　B．超凡的权力

C．传统的权力　　D．继承的权力

3．梅奥通过霍桑实验得出结论，人是（　　）。

A．经济人　　B．社会人　　C．理性人　　D．复杂人

4．德鲁克是（　　）的代表人物。

A．管理决策学派　B．科学管理学派　　C．经验主义学派　　D．社会系统学派

5．1993年，哈默和钱皮合著（　　）一书，引发了企业业务流程再造的热潮。

A．《科学管理原理》　　B．《工业管理与一般管理》

C．《管理实践》　　D．《企业再造》

三、简答与论述题

1．简述管理理论发展与演变的历史阶段。

2．思考管理理论的发展与当时的时代背景有着怎样的关联。

3．论述不同管理学派的发展脉络。

四、案例分析题

联合邮包服务公司

联合邮包服务公司（UPS）雇佣了15万员工，平均每天将900万个包裹发送到美国各地和180个国家。为了实现他们的宗旨——“在邮运业中办理最快捷的运送”，UPS的管理当局系统地培训他们的员工，使他们以尽可能高的效率从事工作。我们以送货司机的工作为例，介绍一下他们的管理风格。UPS的工业工程师们对每一位司机的行驶路线进行了时间研究，并对每种送货、暂停和取货活动都设立了标准。这些工程师们记录了红灯、通行、按门铃、穿院子、上楼梯、中间休息喝咖啡时间，甚至上厕所时间，将这些数据输入计算机中，从而给出每一位发动机每天中工作的详细时间标准。

为了完成每天取送130件包裹的目标，司机们必须严格遵循工程师设定的程序。当他们接近发送站时，他们松开安全带，按喇叭，关发动机，拉起紧急制动，把变速器推到1挡上，为送货车完毕的启动离开作好准备，这一系列动作严丝合缝。然后，司机从驾驶室跳到地面上，右臂夹着文件夹，左手拿着包裹，右手拿着车钥匙。他们看一眼包裹上的地址，把它记在脑子里，然后以每秒3英尺的速度快步跑到顾客的门前，先敲一下门以免浪费时间找门铃。送完货后，他们回到卡车上的路途中完成登录工作。

这种刻板的时间表是不是看起来有点烦琐？也许是，它真能带来高效率吗？毫无疑问！生产率专家公认UPS是世界上效率最高的公司之一。比如，联邦捷运公司平均每人每天不过取送80件包裹，而UPS却是130件。在提高效率方面的不懈努力，看来对UPS的净利润产生了积极的影响。虽然这是一家未上市的公司，但人们普遍认为它是一家获利丰厚的公司。

资料来源：潘连柏，伍娜．管理学原理习题集．北京：人民邮电出版社，2013．

根据案例内容，回答以下问题：

1．本案例体现了什么管理思想？

2．这样管理思想有何内容？

3．你如何评价这一管理思想？

第二部分　计划职能

第三章　计划与决策

【学习目标】

了解计划的目的以及意义；了解计划的方法与技术；理解目标管理的内涵、过程以及优缺点；理解不同决策制订模型以及主要区别；掌握计划的内容、类型以及工作步骤；掌握决策的基本类型以及制订步骤。

【案例导入】

阿斯旺水坝

规模在世界上数得着的埃及阿斯旺水坝在20世纪70年代初竣工了。从表面上看，这座水坝给埃及人带来了廉价的电力，控制了水旱灾害，灌溉了农田。然而，实际上它却破坏了尼罗河流域的生态平衡，造成了一系列灾难：由于尼罗河的泥沙和有机质沉积到水库底部，使尼罗河两岸的绿洲失去了肥源——几亿吨淤泥，土壤日益盐碱化；由于尼罗河河口供沙不足，河口三角洲平原内陆收缩，使工厂、港口、国防工事有跌入地中海的危险；由于缺乏来自陆地的盐分和有机物，致使沙丁鱼的年收获量减少1.8万吨；由于大坝阻隔，使尼罗河下游的活水变成相对静止的“湖泊”，使血吸虫病流行。埃及造此大坝所带来的灾难性后果，使人们深深地感叹：一失足成千古恨！

资料来源：改编自曾国屏．当代自然辩证法教程．北京：清华大学出版社，2005．

启发思考：

1．阿斯旺水坝的决策属于何种类型？

2．埃及建造阿斯旺水坝的决策给我们的决策活动什么样的启示？

计划是其他各项职能的基础，在整个管理活动中占据至关重要的位置。计划工作的任务是为组织设立目标，并将组织在一定时期内的活动任务分解到各个部门、团队和个人，从而为部门、团队和个人在一段时期的工作提供了具体依据，为组织目标的实现奠定了基础。本章将介绍计划职能的基础知识、目标管理的内涵与过程、决策与决策制定的步骤以及计划相关的方法与技术等内容。

第一节 计划概述

一、计划的概念

组织的存在是为了达到某些特定的目。管理者为了达成各种各样的目的，必须针对目标作出一系列的安排，以保证各项任务能够顺利完成，这就是管理的计划职能。计划是未来行动的蓝图，是为实现组织目标而对未来行动所做的统筹安排，它是组织未来活动的指导性活动，描述从当前通往未来目标的路线。具体而言，计划是指包括定义组织的目标、拟订全局战略以及开发一组广泛的相关具体计划以整合和协调组织的工作。从计划的定义可知，计划工作需要有意识地思考、决定组织的发展方向。它既需要确定组织当前的目标，也需要考虑组织未来的发展；既需要考虑组织长期的使命和发展战略，也需要考虑具体的业务开展计划；既关系到结果，也关系到手段。

作为管理的一项基本职能，计划工作相对于组织、领导和控制来说，处于先行位置，其他各项职能都必须以计划为基础。同时，计划工作还具有普遍性，是所有管理人员都必须承担的一项职能。当然，由于不同管理人员在组织中的层次和地位不同，其所承担计划工作的层次、内容和重要性程度也有所差异。

管理故事

田忌赛马

战国时期，齐国有位贵族叫田忌，常与齐威王赛车跑马。每次比赛跑三场，以往比赛田忌总是输给齐威王，所以他不敢下大赌注。后来，孙膑看了之后，对田忌说："下次比赛我包你赢，只管多下注。"到了下次比赛时，田忌对齐王说："每次赛马，老是我输，这回我要好好跟大王赌个输赢，每场下注一千两金子，三场三千两。"齐王答应了。

到比赛那天，齐王的赶车的驾着头等马出来，孙膑叫田忌的赶车的出去比赛。头一场下来，田忌输了一千两金子，齐王哈哈大笑。接着第二场跑下来，田忌赢了。第三场跑下来，齐王又输了。最后，田忌还赢了一千两金子。齐王不明白为什么连输两场，田忌禀告说："今天我能赢，不是因为我的马好，而是孙先生的计策好。孙先生让我的三等马与大王的头等马比赛，头一场当然我输，第二场用我的头等马与大王的二等马比赛，第三场用我的二等马与大王的三等马比赛，这两场我就全赢了。"

田忌赛马的故事中，"孙先生的计策"便是管理中的计划。同时，该故事还告诉管理者：只有前期制订好了详细的计划，才能保证管理活动的有效实施，达成组织目标。

二、计划的类型

从不同的角度出发，计划可以分为多种类型，常见的分类标准包括计划的层次、时间界限、内容和重复性等。但是依据不同分类标准进行划分，所得到的计划类型并不是相互独立的，而是密切联系的。

（1）按计划的层次划分，可分为战略计划、战术计划和作业计划。战略计划（strategic plans）是为了实现组织战略目标而制定的计划，更准确地说，战略计划是为实现战略目标而制定的指导资源配置、优先次序和决定行动步骤的计划。其作用在于确立组织的全局目标，寻求组织在环境中的定位，决定组织的基本目标和基本政策。战略计划往往由组织的高层管理者做出，趋向于覆盖较长的时期，并涉及整个组织，往往是方向性的一次性计划。与战略计划不同，战术计划（tactical plans）具体规定实现全局目标的细节。战术计划以时间为中心，将战略计划中的基本目标和基本政策转化为确定的目标和具体的政策，规定达到各种目标的具体时间，进一步确定计划期的具体指标，明确工作流程，分配任务和资源，确定权力和责任等。战术计划往往由组织中层管理人员做出，覆盖较短的时期，往往是具体性的、持续的计划。作业计划（operational plans）关注如何实施战术计划以及完成作业目标，它由基层管理人员制定，时间跨度很短，范围相对集中，并且作业计划处理的活动数量相对较少。

（2）按计划的时间界限，可分为长期计划、短期计划和中期计划。长期计划（long-term plans）描述了组织在较长时期的发展方向，规定了组织的各个部门在较长时期内从事某种活动应达到的目标和要求，绘制了组织长期发展的蓝图。短期计划（short-term plans）具体地规定了组织的各个部门在目前到未来的各个较短的时期阶段，特别是最近的时段中，应该从事何种活动，从事该种活动应达到何种要求，为各组织成员在近期内的行动提供依据。通常将超过 5 年期的计划界定为长期计划，1 年期或者短于 1 年期的计划界定为短期计划，介于二者之间的计划可称为中期计划。但这样的划分不是绝对的，组织应该根据计划的目的来规定计划的时间期限。

拓展学习

我国是从 1953 年开始以 5 年为一个时间段来制定国家的中短期规划的，第一个“五年计划”，我们就简称为“一五”，然后以此类推。“十三五”规划的全称是：中华人民共和国国民经济和社会发展第十三个五年规划纲要。“十三五”规划的起止时间为 2016—2020 年。规划编制工作大体包括前期调研、编制起草、论证衔接、审批发布 4 个阶段。“五年规划”是我国国民经济计划的一部分，主要是对全国重大建设项目、生产力分布和国民经济重要比例关系等作出规划，为国民经济发展远景规定目标和方向。

未来 5 年，中国将开启经济与社会的双重转型，以转变发展方式和调整经济结构为主线，部署中国经济社会从外需向内需、从高碳向低碳、从强国向富民的三大转型。

（3）根据计划的内容，可分为方向性计划和具体性计划。方向性计划（directional plans）设立了达到目标的指导原则，但并不会详细规定达到目标的具体活动、行动步骤、进展速度等。这使得方向性计划具有更大的灵活性，易于应对不可预见的环境变化。但是很显然，方向性计划要以丧失一定的清晰性为代价。具体性计划（specific plans）是清晰定义的、解释余地少的计划，它具体地陈述了目标，不存在模糊性，不存在理解上的歧义。例如一个企业的销售部门管理者试图在未来 1 年中提高其产品的销售额，目标是比上一年度提高 10%，那么他需要给出具体的做法，包括具体的程序和步骤，如何招聘和分配员工、提出预算，以及活动的进度计划，以达到其目标。当环境的不确定性较大时，具体计划所要求的清晰性和可预见性就缺乏必要的条件。此时，计划需要具有更大的灵活性，而这恰恰是方向性计划的优势。

（4）根据计划的重复性维度，可分为经常使用的程序性计划（standing plans）和不重复使用的非程序性计划（single-use plans）。程序性计划主要用于处理经常性发生的重复事件，包括政策、程序以及规则等；非程序性计划是为特定目的制定的，而且可能不会以相同的形式被再次使用，为处理非重复事件而做出的规划和预算都属于一次性计划。

三、计划工作的目的和意义

计划工作的开展有利于有效使用组织的资源，把握未来的发展，提高组织的绩效。计划工作的目的包括以下几个方面：明确方向、降低风险、减少浪费以及设立控制的标准。

（1）明确方向，指导组织成员的工作。组织是一个复杂系统，包括各种子系统和各类人员，并且处于不确定的环境中。如果没有统一的目标，各个子系统和不同成员就可能在相互冲突的目标下工作，这势必会降低组织在实现目标过程中的效率。因此要求组织的各个子系统和不同的组织成员都明确组织的方向以及自己如何行动对达成目标有利，保持组织行动的协调，而这正是计划工作的功能。计划给出了组织所要达到的目标，明确了其成员（包括管理者和非管理者）努力的方向。

（2）减少环境变化的冲击，降低风险。任何组织都不可能完全消除环境中未来发展的不确定性。但是，科学的计划工作有助于管理者具有前瞻性，使组织较早预见未来的变化，降低不确定性。管理者通过预测变化，考虑这些变化的冲击，可以制定适当的措施来应对变化，从而大大降低组织面临的风险。①

（3）减少浪费和重复，提高效率。组织确定了目标之后，还需要明确实现目标的路径，而达到目标的途径有多种，必须进行甄别和选择。通过计划工作，组织可以寻找出尽可能好的或者最合适的方法，从而将时间和资源的浪费以及冗余降到最低的程度，以最低的耗费取得预期的结果；计划强调组织各个部门或子系统的协调，将无效或者低效率的活动减到最少，以提高组织的效率。

（4）设立控制的标准，保障目标的实现。一般来讲，控制就是保障组织的活动按照计划进行，计划工作所建立的目标可用于控制，作为控制的标准。而通过控制，将实际的绩效与计划所设立的目标相比较，可以发现存在的差异，并采取必要的行动进行纠正。因此，计划先于控制，没有计划，就很难进行控制。

总体来说，计划工作对于组织绩效的影响是积极的。正式的计划工作通常能带来较高的绩效，但这也并不绝对，计划工作的质量以及实现计划的适当措施对绩效也有较强影响。此外，外部环境和时间因素也会影响计划工作的效果。

四、计划工作的步骤

计划的种类有很多，并且不同组织、不同行业的计划内容千差万别，但是管理人员在编制任何完整计划的时候，实质上都遵循基本类似的步骤，如图 3-1 所示。

（一）识别机会

识别机会是编制计划的真正起点。管理人员应当首先评价组织内部的优势和劣势，识别外部环境中存在的机会和威胁，审视未来可能出现的组织内部和外部的机会并清楚全面地了

① 刘志坚，徐北妮．管理学——原理与案例．广州：华南理工大学出版社，2002：89.

解这些机会，发现可能出现的各种问题，并明确期望得到的产出，这样才能够确立切实可行的目标。

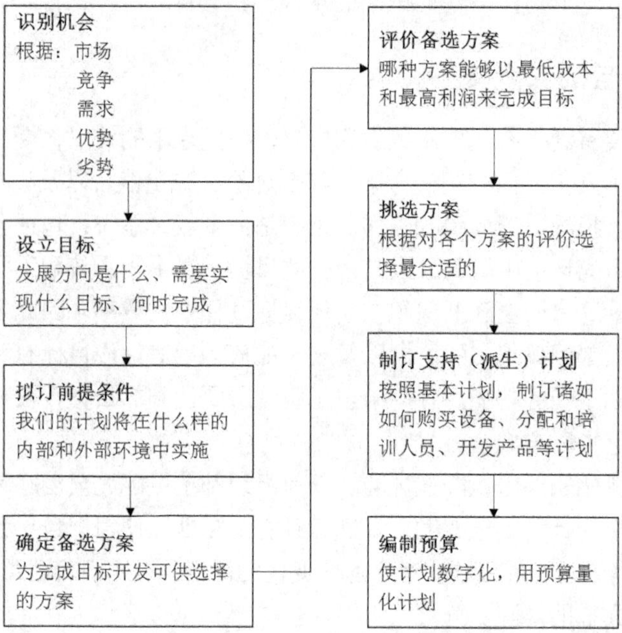

图 3-1　计划工作的步骤

资料来源：[美]哈罗德·孔茨，海因茨·韦里克. 管理学（精要版第 9 版）. 北京：中国人民大学出版社，2014：80.

（二）设立目标

制订计划的第二个步骤是确立组织的目标。首先需要确立整个组织的目标，然后通过一定的方式将组织目标向下承接或分解，依次确定每个下属部门的目标。在一个组织中，不同层级的各类目标实际上构成一个目标体系，各个部门之间的目标要相互协调，同时应为实现整个组织的总体目标服务。目标又可细分为长期目标和短期目标，其作用在于指明组织的发展方向、规定预期产出、说明要去做哪些工作。

目标设立的方法包括传统目标设立方法和目标管理法。传统目标设立方法的中心是首先设立组织的最高层目标（组织的总体目标），然后将其分解为每一个组织层次的子目标。例如，一个制造企业的最高层将目标设立为改善企业的绩效，提高利润；然后，通知负责生产的部门将其产品的生产成本控制在一定的水平上，通知销售部门，未来一段时间的销售水平应达到什么程度；接下来，生产部门和销售部门会进一步分解目标，直至到达企业的每一个员工。一旦组织各个层次的目标被清晰定义，就形成了一个目标网络，或称之为手段-目的链，下一层的目标称为实现上一层目标的手段，以此类推。这就是传统的目标设立过程。传统的目标设立过程中存在的问题是：如果最高层的管理者所设定的组织目标过于宽泛，不够明确，那么目标对组织中的成员来说是模糊的，例如获取足够的利润、提高行业领导地位等。目标的执行需要将其具体化，因而需要将目标层层分解，但是组织每个层次的管理者在制定具体目标时都是依据自己对组织目标的理解甚至偏见来制定的，所以最终可能会使得各级目标失去一致性，从而难以实现最高层制定的目标。许多组织采用目标管理法来设立目标系统，这些内容将在“目标管理”一节详细介绍。

（三）拟订前提条件

计划编制的第三个步骤是拟订计划实现的前提条件，并在组织内取得一致的意见。前提条件是关于待实现计划环境的假设，这些假设条件非常重要，需要管理人员取得共识。

预测对于前提条件的判断和确定具有重要作用：未来的市场情况如何？销售量会有多大？价格水平和产品需求情况如何？需要哪些技术开发？成本和工资率如何？政治和社会经济环境怎么样？长期发展趋势将会怎么样？

管理人员可以利用相关机构发表的大量信息进行预测。统计局、信息中心、发改委等机构会定期发布关于经济运行和行业发展情况的报告，一些商业期刊也会发布相关的信息。此外，管理人员还可以运用一定的预测方法进行预测。需要注意的是，环境复杂并且具有不确定性，要对一个计划在将来实施过程中所处环境的所有细节都做出预测和假设是不现实的，也是不必要的。拟定前提条件需要集中于那些对于计划实施来讲是关键性的或者具有战略意义的条件，或者说那些最影响计划贯彻实施的变量和假设条件。

（四）确定备选方案

确立了目标，分析了计划实施的假设条件之后，接下来的工作就是在此基础上拟订实现目标的行动方案。确定备选方案时，首先要全面，特别是不要放过那些不是特别吸引人的行动方案，有时一个不引人注目的方案，效果却往往是最佳的。在全面的基础上，更常见的问题不是搜寻可供选择的方案，而是减少备选方案的数量，以便分析出最佳方案。

（五）评价备选方案

确定了可供选择的方案后，接下来的工作就是根据前提条件和目标，对各个方案的优缺点、可行性等进行评估，以选择最为合适的方案。方案评估往往要综合考虑多个方面的因素，从多个指标进行评价，如预期收益、风险程度、需要的现金投入等。环境的不确定性也是在评价时无法忽略的一个因素。

（六）挑选方案

对可供选择的方案进行了评估后，接下来最关键的步骤就是选择方案，从多个方案中选择最为合适的一个。方案的选择是真正意义上的决策。

（七）制订支持（派生）计划

选择了实现目标的最适合的行动方案之后，就需要为行动方案的具体实施创造必要的条件，这就需要编制支持性的派生计划。例如人员的招聘或者培训、设备的采购、原材料的采购等。

（八）编制预算

方案及相应的支持计划确定之后，就要编制预算，使计划数字化。组织对计划的全面预算能够体现收入和支出的总额、预计所获得的利润或者盈余，以及主要资产负债表项目的预算，如现金支出与资本支出等方面。组织中每个部门或项目都会有预算，这些预算最终汇合出总的预算，又可以反映出组织的计划。通过编制预算还可以制定衡量计划过程的标准，为控制提供依据。

第二节 目标管理

一、目标管理的内涵

目标管理（management by objectives，MBO）是 1954 年由美国著名的管理学家彼得·德鲁克在《管理的实践》一书中提出的。德鲁克认为，古典管理学派偏重于以工作为中心，忽视人性的一面，行为科学又偏重于以人为中心，忽视了人同工作相结合。而目标管理则综合了人对工作的兴趣以及工作中人的价值，在工作中满足人的社会需求，企业的目标也同时得以实现，这样就把工作和人的需要统一起来了。

德鲁克认为，目标管理的具体形式多种多样，但其基本内容是一致的，即先有了目标之后，才根据目标确定每个人的工作，而不是有了工作才有目标。组织的使命和任务都必须转化为具体目标，而组织目标只有通过分解变成多个更小的目标后才能够实现，或者说只有拥有工作目标的领域在管理实践中才不会被忽视。他还指出“目标管理和自我控制”最大的优点在于：以目标给人带来的自我控制力取代来自他人的支配式的管理控制方式，从而激发人的最大潜力，把事情办好。

从某种意义上说，目标管理是德鲁克提出的最重要、最有影响的概念。德鲁克认为，所谓目标管理，是一种程序或过程，它使组织中的上下级一起协商，根据组织的使命确定一定时期内组织的总目标，由此决定上下级的责任和分目标，并把这些目标作为组织经营、评估和奖励的标准。

拓展学习

目标管理自 1954 年提出之后，于 20 世纪 70 年代左右传入我国，并在国内很多企业生根发芽，很大程度上促进了国内企业管理效率的提高、绩效目标的达成。推荐读者使用优酷搜索并观看郭伦德老师讲授“目标管理”课程的视频，可以帮助读者加深对目标管理这一工具的理解。

二、目标管理的特点

德鲁克提出的目标管理，与我们一般意义上的目标分解、落实、执行、监督、检查、激励、惩罚等有着原则性的区别。德鲁克提出目标管理具有三个重要的特点。

（1）目标管理是一种基本原则。目标管理更确切地说应该是“目标管理和自我控制”，可以说这是一种基本原则，即通过将管理者和员工的注意力及努力引向一个共同的目标，来实现管理效率和效果的提升。通过有效的管理，保证各个层级的管理者和全体员工明白需要达到的结果是什么，同时确保上级充分了解每个下级管理者的期望，从而建立起协作关系，将“要我做”变成“我要做”，把个人的潜力和责任心充分发挥出来，激励每个管理者和员工朝着正确的方向做出最大限度的努力。

（2）目标管理是一种责任。德鲁克认为，目标应该从“我们的事业是什么？我们的事业将是什么？我们的事业应该是什么？”三个问题中获得，体现组织发展的方向，是组织最根本的策略；同时，目标还是一种承诺，是实现未来的手段，也是用来衡量组织绩效的标准。因此，德鲁克的目标管理表现为一种责任意识。关于责任，德鲁克曾经做了如下诠释：“责任既是外在的也是内在的。对外而言，它意味着组织或组织内其他人能够通过自己达到特定要求的绩效表现。对内而言，它意味着一种承诺，即一个负责任的人不仅对具体结果负责，他也有权为产生这些结果采取一切必需的行动；还有他尽力去取得这些结果，并把它看作是个人的成就。”也正是通过这种“责任”，在组织内部推行自我管理的方式，推动实现个人目标、部门目标和组织目标的统一。

（3）目标管理是一种管理哲学。德鲁克认为，目标管理和自我控制可以合法地被称为管理的“哲学”。目标管理之所以可以称作一种管理哲学，突出表现在它适用于所有管理者，不受其职位和职责差异的影响，也适用于任何类型的组织，不管组织性质和规模如何。目标管理通过将人类行动、人类行为和人类动机等基本概念与管理工作实践相结合，体现了管理实践的一种基本趋向；也通过将组织目标转化为个人目标，充分激发出员工的内在动力，使组织绩效得到了保障。可以说目标管理是在探索管理哲学的基本问题（管理是什么、为什么和怎么做）的基础上发展起来的系统管理理论。

三、目标管理的过程

目标管理包括以下两方面的重要内容：第一，必须与每一位员工共同制订一套便于衡量的工作目标；第二，定期与员工讨论他的目标完成情况。具体来说，目标管理的实施过程主要有计划目标、实施目标、评价结果、反馈结果四个步骤。

（1）计划目标。计划目标就是建立每位被评价者所应达到的目标。这一过程是通过目标分解来实现的，通常是评价者与被评价者共同制订目标。在此需要明确的是：本部门的员工如何才能为部门目标的实现作出贡献。通过计划过程可以明确期望达到的结果，以及为达到这一结果所应采取的方式、方法及所需的资源。同时，还要明确时间框架，即当他们为这一目标努力时，了解自己目前在做什么，已经做了什么和下一步还将要做什么，以及合理安排时间。

（2）实施目标。实施目标就是对计划实施的监控，是保证制订的计划按预想的步骤进行，掌握计划进度，及时发现问题，如成果不及预期，应及时采取适当的矫正行动，如有必要还可对计划进行修改。同时通过监控，也可使管理者注意到组织环境对下属工作表现产生的影响，从而帮助被评价者克服这些他们无法控制的客观环境。

（3）评价结果。评价结果是将实际达到的目标与预先设定的目标相比较。这样做的目的是使评价者能够找出未能达到目标，或实际达到的目标远远超出了预先设定的目标的原因，有助于管理者做出合理的决策。

（4）反馈结果。反馈结果就是管理者与员工一起回顾整个周期，对预期目标的达成和进度进行讨论，从而为制订下一绩效周期的目标及战略调整做好准备。反馈结果中对整个周期的回顾可以作为下一个阶段计划目标的参照。

目标管理观念特别重视员工对组织的贡献。在目标管理的过程中，员工同他们的部门主管一起建立目标，然后在如何达到目标方面，管理者给予员工一定的自由度。参与目标建立使得员工成为该过程的一部分。在评价后期，员工和部门主管需要举行一次评价面谈。部门主管首先审查目标的实现程度，然后审查解决遗留问题需要采取的措施。在目标管理下，管理者们在整个评价期要保持联系渠道公开。在评价会见期间，解决问题的讨论仅仅是另一种形式的反馈面谈，其目的在于根据计划帮助员工进步。与此同时，就可以为下一个评价期建立新的目标，并且开始重复评价过程。

四、目标管理的优点和缺点

目标管理作为一种有效的计划工具，提出后不久就迅速风靡全球，推动了企业管理实践的发展，并涌现出许多成功的案例，但由于它对人性的假设过于乐观，同时管理过程成本较高，也遭受了一定的质疑。

（一）目标管理的优点

（1）重视激发员工内在潜力。目标管理重视人的因素，强调“目标管理和自我控制”。在工作中实行自我控制，通过让下属参与、由上级和下属经过协商共同确定绩效目标，来激发员工的工作兴趣和价值，满足员工自我实现的需要。实施目标管理还可以提高个人的能力，由于目标管理所制订的目标是以个人能力为基础，要达成这个目标，必须经过一番努力，因此，员工实现目标的过程也是其不断挖掘自身潜力和提高个人能力的过程。

（2）有利于组织目标的实现。目标管理可以帮助管理者理清思路，有利于组织目标的顺利实现。目标管理通过专门的过程，使组织各级管理者及所有员工都明确了组织的目标、组织的结构体系、组织的分工与合作及各自的任务。在目标制订的过程中，通过明确权力和责任，将个人的需求和组织目标结合起来，有利于目标实施过程中的相互配合和既定目标的顺利实现。目标管理还迫使管理者仔细思考实现目标所应采取的方式、方法、所需的时间和资源以及行动计划的效果和可能遇到的问题等，从而可以确保行动计划的切实可行。许多着手实施目标管理的组织，通常在目标管理实施的过程中会发现组织体系存在的缺陷，从而帮助组织对自己的管理实践进行改造。

（3）有利于改进管理方式和改善组织氛围。有效实施目标管理，还能改进管理方式和改善组织氛围。目标管理以目标制订为起点，以目标完成情况的评价为重点，以评价结果反馈为终点，其中工作结果是评价工作绩效的最主要依据。这样使得在实施目标管理的过程中，监督的成分较少，而控制目标实现的能力却大大增强。由于目标的制订和执行过程中，强调上下级充分沟通，能够有效地改善人际关系和营造良好的组织氛围；再加上重视员工激励，可以使员工的向心力大为提高。

（二）目标管理的缺点

（1）对目标管理人性假设的质疑。目标管理假定人们对成就动机、能力与自治有强烈的需求，员工愿意接受有挑战性的目标，因此，允许员工制订自己的目标与绩效标准。但是，组织中的员工并非都具有高成就动机和愿意参与决策和承担挑战性任务，它忽视了组织中的本位主义及员工的惰性和成熟程度，对人性的假设过于乐观，使目标管理的效果在实施过程中大打折扣。正是基于这个原因，当今许多组织将目标管理的应用范围仅局限于中高层管理者或技术人员。

（2）实施目标管理的成本过高。目标管理实施过程中，上下级为目标制订和统一思想，必须进行的反复沟通，需要耗费大量的时间和成本。罗伯特·斯科法（Robert Schaffer）指出："值得嘲讽的是目标管理经常制造的是纸片风景，计划变得越来越长，文件越来越厚，焦点散漫，质量因目标标准过多而混乱，能力都花在机制上而不是结果上。"这容易使得目标管理流于形式。

（3）目标及绩效标准难以确定。目标管理过分强调通过量化指标来衡量绩效，然而组织中的许多工作却是难以量化的，并且绩效标准也因人而异，因而采用目标管理的组织无法提供一个相互比较的平台。目标管理的公平性因此受到质疑。

（4）容易导致短视行为。目标管理实施过程中，强调考核压力使得员工倾向于选择短期目标，即更加注重在评价周期内必须衡量的目标，从而导致组织内部员工为了达到短期目标而牺牲长期目标。这最终会导致组织长期利益受到忽视，不利于组织的可持续发展。

第三节　决策与决策制定

决策（decision making），是指做出决定或选择。可以说，决策贯穿于管理活动的始终，任何管理问题都需要通过制定决策来得以解决，西蒙曾提出"提出了管理即是决策"的观点。正因为决策在管理活动中的普遍性和重要性，人们对决策概念的界定也多种多样，未形成统一的看法。归纳起来，基本有以下三种理解：一是把决策看作一个包括提出问题、确立目标、设计和选择方案的过程，这是广义的理解。二是把决策看作从几种备选的行动方案中做出最终抉择，是决策者的拍板定案，这是狭义的理解。三是认为决策是对不确定条件下发生的偶发事件所做的处理决定。这类事件既无先例，又没有可遵循的规律，做出选择要冒一定的风险。也就是说，只有冒一定的风险的选择才是决策。这是对决策概念最狭义的理解。一般而言，我们倾向于采用广义的决策定义，即决策是一个做出决定的过程。当然，决策并不是管理者的专利，人们日常生活中的任何活动，如选购一种商品或选择一条道路，都包含了决策制定的过程。

尽管决策行为自古有之，但决策的科学化在20世纪初才开始形成。第二次世界大战以后，决策研究在吸收了行为科学、系统理论、运筹学、计算机科学等多门科学成果的基础上，结合决策实践，到60年代形成了一门专门研究和探索人们做出正确决策规律的科学——决策学。决策学研究决策的范畴、概念、结构以及决策原则、决策程序、决策方法、决策组织等，并探索这些理论与方法的应用规律。随着决策理论与方法研究的深入与发展，决策渗透到社会、经济、生活的各个领域，当应用在企业经营活动中，就出现了经营管理决策。

一、决策的基本类型

组织活动非常复杂，因此管理者的决策也多种多样。根据不同的分类方法，可以划分出不同的决策类型。

（一）按决策的作用和层次分类

（1）战略决策，是指直接关系到组织的生存和发展，涉及组织全局的长远性的、方向性的决策。战略决策所需解决的问题复杂，环境变动较大，并不过分依赖数学模式和技术，定性与定量并重，对决策者的洞察力和判断力要求较高，一般需要较长时间才可看出决策结果正确与否。这种与企业的发展方向有关的重大全局决策，往往由高层管理人员做出。

（2）管理决策，又称战术决策，是为保证组织总体战略目标的实现而解决局部问题的重要决策，属于战略决策过程的具体决策。尽管这种类型的决策不会直接决定组织命运，但会影响组织目标的实现和工作效率的高低，一般由中层管理人员做出。

（3）业务决策，又称执行性决策，是指基层管理人员为解决日常工作和作业任务中的问题所做的决策。业务决策的目的是为了提高工作效率，因此这种类型的决策涉及范围小，只对局部产生影响，往往由基层管理者做出。

（二）按决策的性质分类

（1）结构化决策，是指对某一决策过程的环境及规则，能用确定的模型或语言加以描述，以适当的算法产生决策方案，并能从多种方案中选择最优解的决策。结构化决策问题相对比较简单、直接，其决策过程和决策方法有固定的规律可以遵循，能用明确的语言和模型加以描述，并可依据一定的通用模型和决策规则实现决策过程的基本自动化。早期的多数管理信息系统能够求解这类问题，例如应用解析方法、运筹学方法等求解资源优化问题。现如今，结构化决策完全可以通过计算机语言来编制相应的程序，如此一来，就可以在计算机上处理相关信息。

（2）非结构化决策，是指决策过程复杂，不能用确定的模型或语言来描述决策过程，更无所谓最优解的决策。非结构化决策的决策过程和决策方法没有固定的规律可以遵循，没有固定的决策规则和通用模型可依，决策者的主观行为（学识、经验、直觉、判断力、洞察力、个人偏好和决策风格等）对各阶段的决策效果有相当影响。往往是决策者根据掌握的情况和数据临时做出决定。

（3）半结构化决策，是介于以上二者之间的决策，这类决策可以建立适当的算法产生决策方案，从决策方案中得到较优的解。在决策过程中所涉及的数据不确定或不完整，虽有一定的决策准则，也可以建立适当的模型来产生决策方案，但决策准则因决策者的不同而不同，不能从这些决策方案中得到最优化的解，只能得到相对优化的解。

（三）按决策问题的条件分类

（1）确定性决策，是指决策者对供决策选择的各种备选方案所处的客观条件完全了解，每一个备选方案只有一种结果，比较其结果的优劣就可做出决策。总的来说，就是指未来状况完全确定时的决策。确定性决策一般具有以下几个条件：第一，存在决策者期望达到的一个决策目标；第二，未来的状况，只存在一个确定的自然状态；第三，存在两个或两个以上的备选方案，供决策者选择；第四，每一个备选方案在确定状态下的损益值可以计算出来。

（2）风险性决策，是指可供选择的方案不止一种，管理者无法确定未来情况的变化，但是可以估算每种情形所发生概率的大小。这种决策是在可能出现的结果不能做出充分肯定的情况下，根据各种可能结果的客观概率做出的。决策者对此要承担一定的风险。风险性问题具有决策者期望达到的明确标准，存在两个以上的可供选择方案和决策者无法控制的两种以上的未来可能情况，并且在不同自然状态下不同方案的损益值可以计算出来，对于未来发生何种情况，决策者虽然不能做出确定回答，但能大致估计出其发生的概率值。

（3）不确定性决策，指在可供选择的方案中存在两种或两种以上的未来可能，而且这些未来的情况产生的结果的概率是无法估计的。不确定性决策所处的条件和状态都与风险性决策相似，不同之处在于不确定性决策中各种方案在未来将出现哪一种结果的概率不能预测，因而结果不确定。

二、决策制定模型

根据决策的具体过程，学者们提出了不同的决策制定模型，概括起来主要有理性模型、有限理性模型和政治模型三种。具体在实践中应用哪种模型，主要取决于决策的环境、决策的风险性以及决策者的个人偏好。

（一）理性模型

理性模型（rational model）指的是个体或团队为了增加自身决策的逻辑性和做出最佳选择的可能性，而应该遵循的一系列流程。一个理性决策可以使决策者在有限的情境中最好地完成目标。理性模型通常集中于手段，即怎样才能更好地完成一个或多个目标。理性模型的基本假设是[①]：

（1）决策者所要实现的目标是已经明确的并已达成共识，问题已被精确地阐明或详细地界定。

（2）决策者努力收集完整的信息，力求确定性；所有方案的所有潜在结果都已经考虑到了。

（3）备选方案的评价标准是已知的，决策者选择使组织实现经济回报最大的方案。

（4）决策者是理性的，并运用逻辑来确定价值、安排优先顺序、评价方案，做出使组织目标的实现概率最大化的决策。

（二）有限理性模型

西蒙认为，传统理性决策模型的“最优化”准则是一种超于现实的理想境界，他主张用“令人满意的准则”替代传统的“最优化原则”。由于组织处于不断变动的外界环境影响之下，搜集到决策所需要的全部资料是非常困难的，而要列出所有可能的行动方案就更加困难，况且人的知识和能力也是有限的，所以在制定决策时，很难求得最佳方案。出于经济方面的考虑，人们也往往不去追求它，而是根据“令人满意的准则”进行决策，这就是有限理性模型（bounded rationality model）。具体地说，有限理性模型就是制定出一套令人满意的标准，只要达到或超过了这个标准，就是可行方案。这种看法揭示了决策作为环境与人的认识能力交互作用的结果的复杂性。该模型的假设与理性模型不同，它强调影响个人决策的组织因素，

① [美]理查德 · L · 达夫特. 管理学（第 9 版）. 北京：清华大学出版社，2012：235.

具体包括①：

（1）决策目标往往是模糊的和互相矛盾的，缺乏管理者之间的共识。管理者常常没有意识到组织里存在的问题或机会。

（2）并非总是运用理性分析步骤解决问题，即使使用，也往往过分简单地看待问题，并没有理解组织内实际问题的复杂性。

（3）由于人力、信息以及资源等方面的局限，管理者对备选方案的搜索是有限的。

（4）大多数管理者满足于满意而非最优的解决方案。其中一部分原因是管理者掌握的信息有限，还有一部分原因是对于最优方案的构成要素，他们仅有的评价标准也很模糊。

拓展学习

在进行决策的时候，除了有“最优化原则”和“令人满意的准则”之外，要实现科学决策，其实还要遵从目标性等原则。扫描二维码，阅读《科学决策的7个原则》一文，可以对同学们在进行决策时起指导作用。

（三）政治模型

政治模型（political model）认为，决策是根据强有力的外部和内部利益相关者的利益与目标对决策结果进行博弈的过程。在政治模型中，当各种利益相关者对于问题的来源和性质有不同的理解时，冲突就会出现，外部和内部的利益相关者总是试图根据自己的利益来确定问题。在这种情况下，势力较强或者谈判水平较高的一方往往是决策制定过程的主导者，而其他利益相关者也会在此过程中尽量争取自身利益，最终结果将会在各种力量相互博弈之后产生。政治模型的基本假设是②：

（1）组织由具有不同利益、目标和价值观的群体组成。管理者对问题的轻重缓急看法不一，因而可能不会理解和共享其他管理者的目标和利益。

（2）信息是含糊的、不完整的。保持理性的努力是有限度的，其原因在于众多问题的复杂性和个人及组织自身的缺陷。

（3）管理者没有时间、资源或者能力去识别问题的各个维度并处理所有的相关信息。为了收集信息并减少含混性，管理者需要相互沟通、交换意见。

（4）为了确定目标和探讨方案，管理者要参加辩论的“拔河比赛”。决策是联盟成员之间讨价还价和辩论的结果。

（四）不同决策模型的比较

理性模型、有限理性模型以及政治模型的关键内容如表3-1所示。最近在决策程序方面的研究发现，在稳定的环境中，理性的决策程序与高水平的组织绩效相联系；但在不稳定的环境中，必须做出决策的情况下，由于决策是在更艰难的条件下做出的，因而高绩效水平往往与有限理性模型、政治模型以及决策者的直觉相联系。

① [美]理查德·L·达夫特. 管理学（第9版）. 北京：清华大学出版社，2012：237.

② 参见上书，239.

表 3-1 理性模型、有限理性模型和政治模型的区别

理性模型	有限理性模型	政治模型
清晰的问题与目标	含糊的问题与目标	多元性、矛盾的目标
充满确定性的条件	充满不确定性的条件	充满不确定性和含混性的条件
关于方案及其结果的完整信息	关于方案及其结果的有限信息	不一致的观点，含混的信息
追求结果最大化而进行理性抉择	利用直觉解决问题的满意性抉择	通过联盟成员之间讨价还价和辩论作出决策

资料来源：理查德 · L · 达夫特. 管理学（第 9 版）. 北京：清华大学出版社. 2012：240.

三、决策制定的基本步骤

科学决策的制定过程包括 6 个基本步骤。科学决策始于问题，从识别决策问题出发，终止于对决策结果的评价，是一个连续的过程。

（一）识别和界定问题

决策的第一步就是识别和界定问题，它是搜集、处理和分析信息的阶段。它经常开始于发现问题症状，例如绩效低下或者机会产生的征兆。这个阶段的计划目标是通过分析症状，查明组织目前的真实状况，从而对其进行准确评估。

最初界定问题的方式将对问题的最终解决产生重要影响。真正的问题常常为众多的表象所掩盖，需要经过深入的分析，才能找到真正的问题所在。问题不清，无从决策；问题找错，则一错百错。因此认识和分析问题是决策过程中最为重要也是最为困难的环节。另外，问题的识别常常带有主观性，一个管理者认为是问题，其他管理者不一定有同样看法。三种常见的错误会导致计划的低效或无效。第一种错误是关注症状而忽视症状产生的原因。症状是问题存在的指示器，但是症状并不是问题本身，因此必须要对症状背后所存在问题的真实原因进行深入剖析。第二种错误是对问题的界定过于宽泛或狭窄，管理者应该界定好问题，以便在一个最合适的范围内选择计划。第三种错误是选择错误的问题进行处理，管理者应该设定优先顺序，并首先制定与处理最重要问题相关的计划。

那么管理者应如何识别问题的存在呢？这就需要注意以下两点：首先比较现状与期望状态之间的差异。管理者需要意识到差异和矛盾，但也要有采取措施的压力，否则会使问题被延迟。其次，管理者要拥有采取行动的资源，如果管理者感到不具有职权、预算或者其他采取行动的必要资源，他就不太可能将某些事情作为问题，而只会认为是把不切实际的期望强加在他们头上。

（二）确定决策标准

确定决策标准，也就是确定哪些因素与制定决策有关。一旦确定了需要解决的问题，则确定决策标准就非常重要了。每个决策者都会有某些标准来指导其决策。在决策制定过程中，决定“什么不作为标准”和“什么作为标准”同样重要。当然，为了更有效地进行决策，仅仅得出决策标准还远远不够，还要为决策标准分配权重，即明确哪些标准需要优先考虑、哪些要次要考虑。因为对于决策而言，并不是所有标准都同等重要，可以用定量化的权重予以区分。

（三）拟定和评价备选行动方案

一旦界定好了问题，就可以根据决策标准拟定一个或几个可行的方案。在这个阶段，管理者需要收集更多的信息，分析数据，并识别可供选择方案的优缺点。为了最大限度地收集信息并更好地完成任务，员工在这个阶段的参与是非常重要的。在这一步骤中，计划的好坏是由所拟定的备选解决方案的质量高低所决定的，备选方案越好，就越可能得到好的解决方法。

在这一步骤中，评价方案最基本的方法就是成本效益分析（cost-benefit analysis），即将备选方案的实施成本与对应的预期收益进行比较。至少，倾向于采用的选择方案应当产生高于投入成本的收益。成本收益分析中的典型评价标准包括效益、成本、时间、可行性、公平性等。

（四）选择一种行动方案

权衡各种备选方案后最终必须做出选择，决策所要达到的目标会对选择产生影响。尽管对各种备选方案进行了详细的评价，但决策者可能还是难以做出决定，因为他们面对的决策常常很复杂，包含着不明确的因素。人力资源决策往往是最不明确的，因为要精确预测人们的行为很困难。在这一阶段，最容易犯的错误就是承诺升级（commitment escalating），即尽管已经证明先前的决策是错误的，但还是继续投入更多的努力或者更多的资源。在这种情况下，管理者被局势发展的困境所困扰，他们不能决定停止或者放弃这一计划，即使经验告诉他们这是最正确的做法。

（五）实施方案

把决策付诸实践。在一个决策实施之前，它还不完全是一个真正的决策。观察一项决策的执行情况，是评价其优缺点的有效途径。选择了解决问题的方案，就应该制订行动计划并全面实施该计划，这就是指最终明确组织的方向并采取行动解决问题的阶段。除非依照计划采取行动，否则就不能或者不会产生任何新的变化。管理者不仅需要有制定计划的决心和创造力，还需要有实施计划的能力和意愿。这个阶段经常由于缺乏必要人员的支持和充分参与，而使计划实施面临困难。能够正确运用参与政策的管理者从一开始就会选择恰当的人参与制订决策和解决问题，这样，计划就可能迅速、平稳地实施，并令大家都感到满意。

（六）评价结果

直到对结果进行评价，决策才算完成。在评价阶段，要对业绩目标进行比较。如果预期结果没有实现，就要从头开始决策，并采取矫正措施和行动。如果选择的方案是不恰当的，就需要退回到以前的步骤，修订计划或制订新计划。如果原有的计划包含可衡量的目标和工作进度表，那么评价结果就会比较容易。

第四节　计划的方法与技术

随着管理理论和实践的不断发展，已经创造出许多科学的计划的方法和技术。归纳起来大致可以分为两类：一类是定性的方法与技术，另一类是定量的方法与技术。计划制订者应当根据计划的性质与特点，权变地应用各种方法与技术，优势互补，提高计划制订的水平。

一、定性计划方法与技术

（一）专家会议法

管理者不可能对所有领域的问题都有深入的研究或者了解。对于管理者要解决的许多问题，有时咨询相关领域内专家的看法和意见是极为有益的。

专家会议法就是通过某个领域专家的创造性思维来研究问题或者进行预测的一种定性预测方法。通过组织专家会议，对某一问题进行讨论和交流，从而相互启发，产生“思维共振”，获取更多更有价值的信息以达到解决问题或者预测的目的。

组织专家会议首先要选择专家。专家的选择一定要根据目标和所要解决的问题来确定，所选择的专家要与目标相一致。同时，选择专家还要考虑能力的组合，以求新的视角和观点，以及严密的逻辑推理。另外，需要注意的是，被挑选的专家最好彼此不认识，如果专家彼此认识，最好在同一层次中挑选（权威、名望等不相上下）。总而言之，要让专家们感觉到会议参加人员一律平等，从而能够无顾虑地充分发表意见；要创造良好的环境条件，让与会者没有思想包袱。此外，会议主持者也非常重要。会议主持者在会议开始时要组织有较高水平和有诱发性的发言，以启发专家们的创造性思维，在专家会议进行的过程中，要能够起到引导的作用。

专家会议法的缺点是明显的：创造让所有专家感到无拘束的、无顾虑的会议环境不是一件容易的事，专家可能会受权威或领导人意见的影响，而在公开场合未能表达真实想法。这对于组织者获得真正有益于问题解决的信息是不利的。

（二）德尔菲法

德尔菲法（Delphi method）是美国管理学家海尔默（O.Helmer）和莱斯切尔（N.Rescher）等提出的，在兰德公司首先应用。这种方法也是通过专家的讨论来解决问题，但它弥补了专家会议法的缺点。德尔菲法依据系统的程序，征询专家的意见，专家之间采用匿名发表意见的方式，即专家之间不得互相讨论，不发生横向联系，只能与调查人员发生关系，通过多轮次调查专家对问卷所提问题的看法，经过反复征询、归纳、修改，最后汇总成专家基本一致的看法，作为预测的结果。这种方法具有广泛的代表性，较为可靠。其过程如下：

第一步，针对预测内容，选择和确定一批对所研究的问题业务熟悉、经验丰富并且愿意回答问题的代表性专家。例如，要对某地区的某种农作物产量进行预测，可以请本地区农业局有关人员、气象部门人员、此种农作物主要经营者等作为专家。

第二步，以调查表或者个别征询意见的方式请专家对有关的问题填写调查表或发表意见，调查者需要提供相关信息资料。

第三步，调查者收到专家意见后进行综合和分析，然后把归纳后的意见和分歧以匿名方式通知所有专家，即不说明具体意见的提出者是哪位专家，也可以提供补充资料，请专家重新考虑和修改自己的意见。

第四步，重复第三步，直到多数人的意见趋向一致。经过多次的综合和对分歧的研究，专家们的意见会趋向一致，最后得到预测的结果。

拓展学习

兰德公司是美国最重要的以军事为主的综合性战略研究机构。它先以研究军事尖端科学技术和重大军事战略而著称于世，继而又扩展到内外政策各方面，逐渐发展成为一个研究政治、军事、经济、科技、社会等各方面的综合性思想库，被誉为现代智囊的“大脑集中营”“超级军事学院”，以及世界智囊团的开创者和代言人。它可以说是当今美国乃至世界最负盛名的决策咨询机构。朝鲜战争前夕，兰德公司组织大批专家对朝鲜战争进行评估，并对“中国是否出兵朝鲜”进行预测，得出的结论只有一句话：“中国将出兵朝鲜。”当时，兰德公司欲以 500 万美元将研究报告转让给五角大楼。但美国军界高层对兰德的报告不屑一顾。在他们看来，当时的新中国无论从人力还是财力上讲都不具备出兵的可能性。然而，战争的发展和结局却被兰德准确言中。这一事件让美国政界、军界乃至全世界都对兰德公司刮目相看，战后，五角大楼花 200 万美元收购了这份过期的报告。扫描右侧二维码可以看到有关该事件的视频。

（三）名义小组法

在集体决策中，如果对问题的性质不完全了解且意见分歧严重，则可采用名义小组法。在这种方法下，小组仅仅是名义上的，成员之间互不通气，也不在一起讨论、协商。名义上的小组可以有效地激发个人的创造力和想象力。

采用名义小组法时，管理者先选择一些对要解决的问题有研究或者有经验的人作为小组成员，并向他们提供与决策问题相关的信息。小组成员各自先不通气，请他们独立思考，要求每个人尽可能把自己的备选方案和意见写下来。然后小组成员再按次序一个接一个地陈述自己的方案和意见。在此基础上，由小组成员对提出的全部备选方案进行投票，根据投票结果，赞成人数最多的备选方案即为所要的方案，当然，管理者最后仍有权决定是接受还是拒绝这一方案。

二、定量计划方法与技术

随着统计信息技术的日益发展，很多定量的方法被应用于计划的过程中，涉及计划的各个方面，对科学计划起到了很好的支持作用。

（一）网络计划技术

网络计划技术于 20 世纪 50 年代产生于美国，在工程项目中有非常广泛的运用。网络计划技术利用网络图表达计划任务的进度安排及其中各项工作或工序之间的相互关系；在此基础上进行网络分析，计算网络时间，确定关键工序和关键线路；并利用和分析时间差，不断地改善网络计划，求得工期、资源与成本的优化方案。在计划执行过程中，通过信息反馈进行监督和控制，以保证达到预定的计划目标。一般而言，网络计划技术包括以下基本内容。

（1）网络图。网络图是指网络计划技术的图解模型，反映整个工程任务的分解和合成。分解，是指对工程任务的划分；合成，是指解决各项工作的协作与配合。分解和合成将各项工作合理划分，并按一定的逻辑关系有机组合在一起。绘制网络图是网络计划技术的基础工作。

（2）时间参数。在实现整个工程任务的过程中，存在各种形式的运动状态，包括人、事、物的运动状态。这种运动状态都是通过转化为时间函数来反映的。反映人、事、物运动状态的时间参数包括：各项工作的作业时间、开工与完工的时间、工作之间的衔接时间、完成任务的机动时间及工程范围和总工期等。

（3）关键路线。通过计算网络图中的时间参数，求出工程工期并找出关键路线。在关键路线上的作业称为关键作业，这些作业完成的速度直接影响着整个计划的工期。在计划执行过程中关键作业是管理的重点，在时间和费用方面要严格控制。

（4）网络优化。网络优化，是指根据关键路线法，通过利用时差，不断改善网络计划的初始方案，在满足一定的约束条件下，寻求管理目标最优化的计划方案。网络优化是网络计划技术的主要内容之一，也是网络计划技术较其他计划方法优越的主要方面。

（二）资源分配和活动安排的简单排程技术

管理者在对大型项目进行计划和活动安排时，网络计划技术是合适的方法。如果要安排的活动数量较少并且相互独立，就可以采用比较简便的排程技术，如甘特图和负荷图。

甘特图（Gantt chart）是 20 世纪初期由亨利·甘特（Henry Gantt）所开发的，是一种样条图，用于活动的时间安排。其横向为时间坐标，纵向为活动坐标，用样条表示整个期间上的产出（活动进展），包括计划的和实际的进展情况。它可以直观地表明任务应开始的时间，并把计划过程与实际过程进行比较。图 3-2 给出了一个简单的图书生产过程的甘特图。

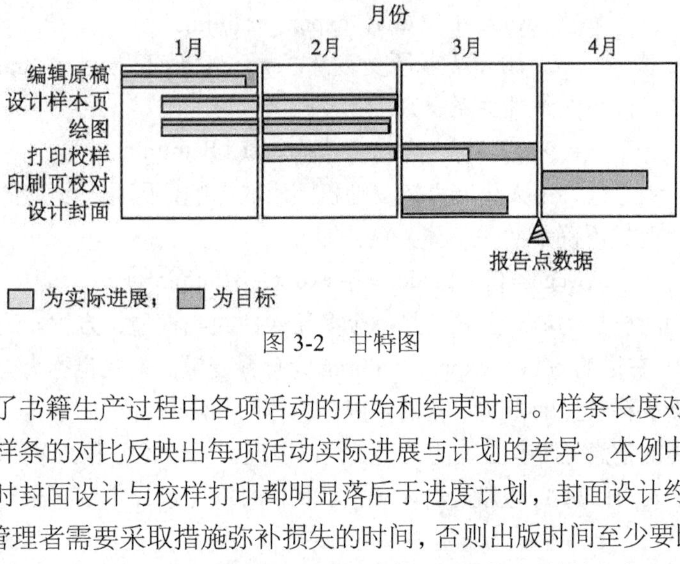

图 3-2　甘特图

图 3-2 给出了书籍生产过程中各项活动的开始和结束时间。样条长度对应活动的时间框架。浅色与深色样条的对比反映出每项活动实际进展与计划的差异。本例中，报告的时间点在 3 月份末，此时封面设计与校样打印都明显落后于进度计划，封面设计约落后 3 周，校样打印落后 2 周。管理者需要采取措施弥补损失的时间，否则出版时间至少要比计划推迟 2 周。

负荷图（load chart）与甘特图类似，但它在纵轴上列出的不是活动，而是全部部门或者特定的资源，如人力资源，可以使管理者计划和控制资源或者能力的使用。图 3-3 给出了某出版社 6 名编辑的负荷图，每个编辑都负责几本书。

根据图 3-3，管理着 6 名编辑的执行编辑可以看到哪个人什么时候有空闲从事其他书的编辑活动。可以看出，只有安东尼奥和莫里斯是满负荷的，其他编辑都在某段时间处于空闲状态，可以接受新的项目，或者支援其他编辑的工作。如果每个人的日程安排都是满负荷的，执行编辑可能会决定不再接受新的项目，或者接受新的项目但推迟已经在进行的某个项目，抑或安排编辑加班，再或安排新的编辑。

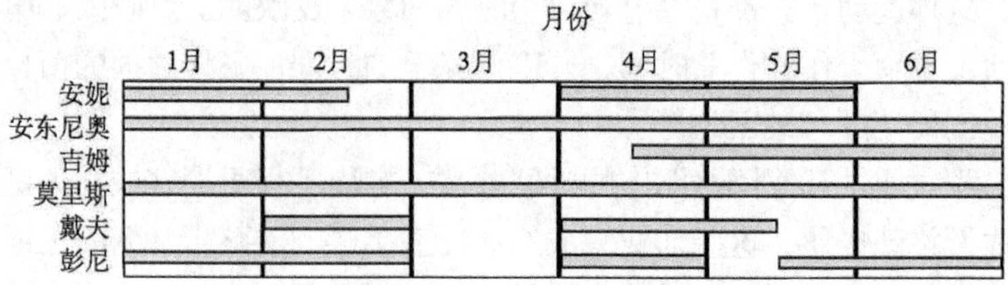

图 3-3　负荷图

（三）预测技术

预测技术中，最为常用的方法包括回归预测方法、时间序列的平滑与分解方法和时间序列的博克斯-金肯斯方法，本章仅就回归预测的基本内容进行简单介绍。

回归分析（regression analysis）是研究变量之间的依赖关系并进行预测的常用方法，这种方法用于经济问题研究和经济预测，就是计量经济方法。例如，我们要分析工作培训对工人的生产力的影响，或者分析首席执行官的薪水和净资产回报率的关系①，就可以采用这样的方法建立模型进行研究。

以工作培训对工人的生产力的影响为例，我们知道工人的生产力受多种因素影响，这些因素包括工作培训、所受的教育、工作经历等，用工人的工资来度量其生产力，可以建立如下模型：

$$wage=f(educ, exper, training)$$

上式中，wage 表示工资，educ 表示所受教育，exper 表示工作经历，training 表示工作培训。假设模型形式是简单的线性关系，则

$$wage = \beta_0 + \beta_1 educ + \beta_2 exper + \beta_3 training$$

除了这三个因素之外，工人生产力还受随机因素的影响，因此，上述的模型形式不是确定性的函数关系，而是不确定性的统计关系，即

$$wage = \beta_0 + \beta_1 educ + \beta_2 exper + \beta_3 training + \mu$$

上式中，μ 为随机扰动项。上式就是一个多元线性回归模型，方程左边的 wage 为因变量（被解释变量），右边的 educ、exper、training 为解释变量。上式也称为总体回归函数，要研究解释变量对被解释变量的影响，就需要确定总体回归函数的具体形式。但是，我们无法得到所有关于总体的信息（所有工人的工资、教育情况、工作经历等），而只能取得其中的一部分信息（部分工人的信息），也就是样本信息。我们可以通过样本信息来对总体回归函数的形式作出推断。

简单地说，回归分析是利用样本信息得到样本回归函数，进一步对总体回归函数进行推断的一种方法。

（四）运筹学方法

运筹学方法（operational research method）目前在管理学中得到了广泛的应用，能够解决

① J. M. 伍德里奇. 计量经济学导论：现代观点（第 5 版）. 北方：清华大学出版社，2014：4.

相当广泛的资源分配问题。就内容讲，运筹学又是一种分析的、实验的和定量的科学方法，用于研究在物质条件（人、财、物）既定的情况下，为了达到一定的目的，如何统筹兼顾整个活动所有各个环节之间的关系，为选择一个最好的方案提供数量上的依据，以便能为最经济、最有效地使用人、财、物做出综合性的合理安排，取得最好的效果。如运输费用最低问题、资源最佳配置问题等，都可以通过运筹学方法进行处理。运筹学方法包括的范围很广，如线性规划、非线性规划、整数规划、多目标规划、图论、排队论等，限于篇幅，本书不再一一介绍，有兴趣的读者可以参阅相关文献。

本章小结

计划是指包括定义组织的目标、制定全局战略以及开发一组广泛的相关计划以整合和协调组织的工作。作为管理的一项基本职能之一，计划工作相对于组织、领导和控制来说，处于先行位置，其他各项职能都必须以计划为基础。从不同的角度出发，计划可以分为多种类型。计划工作是一个连续的过程，具体包括识别机会、设立目标、拟定前提条件、确定可供选择的方案、评价可供选择的方案、挑选方案、制定派生计划和编制预算几个步骤。

目标管理是一个全面的管理系统，它用系统的方法，使许多关键管理活动结合起来，有意识地瞄准组织目标和个人目标并有效果和高效率地实现它们。目标管理强调业绩评价，注重激励。其过程可以分为计划目标、实施目标、评价结果、反馈4个步骤。

决策是一个做出决定的过程。根据决策制定的不同情况，学者们归纳出了理性模型、有限理性模型以及政治模型等几种主要形式，模型在目标、假设条件以及决策形成过程等方面都存在差异。科学决策过程的步骤包括识别和界定问题、确定决策标准、拟定和评价备选行动方案、选择一种行动方案、实施方案和评价结果几个环节。

计划工作常用的方法和技术，可分为两大类：定性计划方法和定量计划方法。定性方法主要包括专家会议法、德尔菲法和层次分析法，定量方法主要有网络计划技术、资源分配和活动安排的简单排程技术、预测技术和运筹学方法。

复习思考题

一、名词解释题

计划　战略计划　非程序性计划　预算　目标管理（MBO）　决策　战略决策　非结构化决策　风险性决策　理性模型　有限理性模型　政治模型　德尔菲法　网络计划技术

二、单项选择题

1．将计划分为战略计划、战术计划和作业计划，是按照计划的（　　）划分的。

A．时间界限　　B．内容　　C．层次　　D．重复性维度

2．目标管理的提出者是（　　）。

A．泰勒　　B．德鲁克　　C．梅奥　　D．西蒙

3．目标管理中，管理者对员工人性的判断是基于（　　）。

A．X理论　　B．Y理论　　C．经济人　　D．复杂人

4．西蒙认为，有限理性模型的决策准则是（　　）。

A．"令人满意的准则"　　B．"最优化原则"

C．"博弈原则"　　D．"合理化原则"

5．可供选择的方案不止一种，管理者无法确定未来情况的变化，但是可以估算每种情形所发生概率的大小。这种决策是（　　）。

A．非结构化决策　B．不确定性决策　　C．确定性决策　　D．风险性决策

三、简答与论述题

1．简述计划的目的和意义。

2．简述计划工作的步骤。

3．简述目标管理的过程及优缺点。

4．简述并比较几种主要决策模型。

5．简述科学决策的过程。

6．计划工作面临的问题主要有哪些？

7．定性计划方法主要有哪些？

8．定量计划方法主要有哪些？

四、案例分析题

珠海机场投资决策失误

当初专为"珠海国际航展"而修建的珠海机场，现在经营已经陷入困境。1995年开始兴建的珠海机场是全国唯一一个纯地方政府投资的机场，投资总额达60多亿元，被珠海市委、市政府列为一号政绩工程，并提出要兴建全国最大、最先进的机场，与国际接轨。建成后，珠海市国际航展搞得轰轰烈烈，确实引起了很多关注，但没想到从建成那一天起，珠海机场就与接踵而来的债主打上了交道，珠海方面原本计划用经营收入来还债，但"经营效果并不理想"。据报道，珠海机场每天航班不超过15个，每月客流量4万～5万人次，只相当于白云机场一天的客流量。机场设计客流量是1200万人次/年，而近年只有57万人次左右，不到设计量的1/20。

究其原因，有专家指出，主要是在兴建之始就一味贪大求洋，在缺乏科学论证的前提下，有关方面就提出要把珠海机场建成全国"最大、最先进"的机场，而完全没有考虑在这样一个城市是否会有这样大的客流量与之匹配。试想，这边有近在咫尺、非常漂亮的广州白云机场，那边有非常现代的深圳机场，还有附近的香港机场，珠海机场几乎在夹缝中，年年亏损就不难理解了。

资料来源：赵继新，吴永林．管理学．北京：清华大学出版社、北京交通大学出版社，2006．

根据案例内容，回答以下问题：

1．本案决策失误的主要原因是什么？

2．环境分析在决策中的地位是什么？

3．本案给我们的启示是什么？

第四章　战略管理

【学习目标】

了解战略管理的意义；理解战略管理的概念以及战略形成的主要流派；掌握战略管理的过程及其主要内容；掌握组织战略的类型。

【案例导入】

万达收购 AMC

万达用 31 亿美元拿下了美国排名第二的 AMC 影院公司的全部股权和部分债务。交易完成后，万达将成为全球规模最大的电影院线运营商。AMC 作为世界排名第二的院线集团，旗下拥有 347 家影院，5000 多块银幕，2011 年票房收入为 25 亿美元。与其相比，万达明显“稚嫩”很多。截至 2011 年底，万达拥有的影城数目和银幕数分别为 86 家和约 730 块，票房收入是 22.2 亿元人民币。

单就这笔收购而言，的确还有很多令人不解之处。比如，AMC 作为一家处于成熟期的公司，其上座率正在下降。截至 2011 年底，其净亏损 8270 万美元。对此，王健林的解释是，AMC 过去几年一直亏损的主要原因是负债率太高，而并非管理团队有问题，“所以，我们后续投入的 5 亿美元资金主要是帮助其偿还欠款，升级影院”。

虽然万达看似短期从这次收购中很难得到好处，但另外一些潜在价值不容忽略。艺恩咨询研究经理刘翠萍就分析指出，虽然万达院线在国内处于第一位，但其营收主要依靠票房收入，收购美国院线公司，有利于引入新的商业模式，改变过度依赖票房收入的境况。同时也利于万达开拓海外发行业务，完成其产业链上下游布局。收购 AMC 也将为万达院线眼下正在推进的上市争取更多的话语权。

尽管商业地产公司在 2011 年收入贡献为 953 亿元（在总收入中占比约 91%），但万达投资的重心正在从竞争日益剧烈的商业地产向文化旅游两个领域转移。从 2005 年开始，万达大规模投资文化产业，目前已进入中央文化区、大型舞台演艺、电影制作放映、连锁文化娱乐、中国字画收藏 5 个行业，总投资额已超 100 亿元，投资回报率超过 10%，年收入接近 200 亿元。

其旗下的万达电影院线是亚洲排名第一的院线。2011 年收入 22.2 亿元，占有全国约 15% 的市场份额，亦是国内首家年收入超过 20 亿元的文化企业。2011 年 5 月，万达又投资 5 亿元，正式成立万达影视制作公司，这意味着万达在电影领域的布局涉足全产业链业务。此外，万达在旅游方面的投入亦不遗余力。2012 年万达将联合 3 家民营企业成立万海文化旅游投资股份有限公司，注册资本 100 亿元。王健林在内部的说法是“要把旅游打造成和商业地产并驾齐驱的集团核心支柱产业”。

王健林称，以后万达每年将追加200亿元发展旅游，几十亿元扩大文化产业，实现收益转型。“2020 年万达商业地产的收入比重将降到 50%以下，彻底实现转型”，在万达内部会议上，王健林曾如此解释转型旅游和文化产业的原因：“中国这么大，10 年之内总会出现几家有一定竞争能力的商业地产商，那时就会对万达的业务造成冲击。所以现在就要考虑，在保持原有竞争优势之外，为今后 20 年储备新的核心竞争优势，做文化和旅游就是要创造新的竞争优势。”

而正在筹建中的武汉中央文化区和长白山国际度假区正成为万达此方面的操作标本。即将商业地产、旅游度假等产业结合发展，不同行业之间相互依托，互为支持，产生综合效应。王健林认为随着这类项目的建成和全面开业，万达将在新的竞争中占据高度。“这类项目投资非常大，门槛非常高，一个项目投资几百亿元，一般民营企业做不起；央企有实力，但不敢做。这好比跳高，一般人最多跳一米多，世界纪录是两米四，万达相当于把门槛提到两米五，门槛这么高人就不敢跳了。这种高度就成为了万达新的竞争优势。”

资料来源：李娟．万达并购 Amc 意在转型[J]．中国品牌，2012（7）.

启发思考：

1．试分析万达集团目前的内外环境。

2．万达集团的战略是什么？

战略管理是组织面对激烈变化、严峻挑战的经营环境，对组织发展目标，达到目标的途径和手段的总体规划。战略管理是一个动态管理的过程，包括规定组织的经营范围、成长方向和竞争对策，合理地调整组织结构和配置组织的资源等，其核心问题是使组织发展与环境相适应，求得组织的长期生存与发展。本章将主要介绍战略管理的概念、战略管理的过程与方法及组织战略的类型。

第一节　战略与战略管理概述

一、战略及其相关概念

随着市场竞争的日益激烈、顾客需求的不断变化及科学技术的迅速发展，企业的生存与发展正面临着越来越严峻的挑战。大量理论研究和实践探索表明，企业在复杂多变的经营环境中生存、发展、持续增长越来越需要关注战略与战略管理。“战略”（strategy）一词来自希腊语中的军事术语 strategos，指的是在一场战争或者战斗背后所隐含的筹划、谋略与构想。人类的利益对抗活动远不止于军事上的战争，随着产业革命和经济的发展，“战略”这一军事用语被移植于企业的经营管理之中，企业战略理论和方法也应运而生。具体而言，企业战略是企业在激烈的市场竞争环境中，在充分总结、了解企业内外所面临的一系列复杂环境并根据环境在科学地预测未来的基础上，为谋求生存和发展而做出的长远的、全局性的谋划或方案。作为多层次的概念体系，与战略有关的概念还包括使命、愿景以及目标等。

（一）使命

所谓使命（mission），根据德鲁克的观点，就是企业存在的根本理由，即回答“我们的企业是什么”的问题。使命是组织存在的根本价值和追求的终极目标，回答了“组织为人类作出什么样的贡献和创造什么样的价值”这一首要问题。使命是一个简明的、重点清晰的内部陈述，应该说明组织希望如何创造并向客户传递价值。使命及伴随它的核心价值观在一段时间内是保持相对稳定的。使命是核心经营理念的一部分，它反映了人们在组织中从事工作的理想动力，能够指导和激励员工。任何现代企业都是在社会大系统中寻找生存和发展的机会，该系统包括该企业的供应商、分销商、最终顾客、企业的战略伙伴、所在社区以及其他利益相关者。企业要获得可持续性的发展，就必须找到自身存在和发展的理由，即要明确企业能够为其供应商、分销商、顾客、战略伙伴等一系列的相关利益群体创造什么样的价值。企业只有在持续不断地为它们创造价值，使各利益相关者都离不开自身的基础上，才能够获得可持续成长和发展的机会。因此，战略和目标随着时间的发展有可能实现，但是使命却无法完全实现，它永远指引着组织全体成员不断前进。有效的使命陈述必须简单明了，具有长期性，能够激发变革并且易于理解和沟通。如美国红十字会的使命是：改善人们的生活质量；提高自力更生的能力和对别人的关心程度；帮助人们避免意外事故，为意外事件做好充分的准备，以及处理好意外事故。丽思卡尔顿酒店的使命是：在丽思卡尔顿酒店，为客人提供真正的照料和舒适，承诺为客人提供最精致优雅的个人服务和设施；在丽思卡尔顿酒店，客人将拥有一个温暖、轻松且高雅的环境。

（二）愿景

按照彼得·圣吉在《第五项修炼》中的阐述，所谓愿景（vision），就是组织内人们“发自内心的意愿”，是企业渴求的未来状态，即回答“企业在未来将成为什么样的企业”的问题，愿景勾画了组织的发展蓝图和期望实现的中长期目标，是组织内人们发自内心的意愿。它阐明了组织的方向并帮助个人理解他们为什么及如何支持组织。愿景陈述通常包括期望经营的活动、组织在利益相关者（客户、员工、供应商、监管者等）眼中的形象、具有领先地位或出众能力的领域以及坚定不移的核心价值观等要素。人们刚开始时可能只是被一个想法所激发，然而一旦发展成感召一群人的支持时，它就不再是一个抽象的东西，人们开始把它看成是具体存在的。在人类群体活动中，很少有像愿景这样的能激发出如此强大力量的东西。当前，越来越多的组织开始着手建立自己组织的愿景规划。组织的愿景规划一般包括两个组成部分：一是企业在未来的10～30年要实现的远大目标；二是对组织在实现这些目标后将会是什么样子的生动描述。远大目标应该是清楚明确而且引人入胜的，它是一个共同努力的目标，是团队精神的催化剂。它有着自己明确的标准线，因此，组织能够知道什么时候自己达到了目标。而生动描述是用一种形象鲜明、引人入胜和具体明确的描述，来说明实现远大目标后是什么样子的。如麦当劳公司的愿景是占领全球的食品服务业，在全球范围内处于统治地位以及在建立客户满意度标准的同时，通过执行其“服务便利、增加价值、履行承诺”战略，提高市场占有率和盈利率。英特尔公司的愿景是在全世界范围内达到拥有数十亿互联的电脑、数百万的服务器和数万亿的电子商务资金。

管理故事

胆大包天的目标

1907年，43岁的亨利·福特宣布："要为老百姓生产一种汽车——这种汽车价格低廉，所有收入不丰的人都有能力拥有一辆，驾驶着它，和家人一起享受在广阔天地里驰骋的快乐。"

1990年，山姆·沃尔顿为沃尔玛2000年制订的销售目标是1250亿美元，但是当时全球最大的零售商的年销售额仅为300亿美元。这个销售目标无疑是大胆的。事实上，2000年沃尔玛做到了，当年的销售额是1650亿美元。

这些胆大包天的目标最后都实现了！这便是愿景的力量！

（三）目标

使命和愿景为组织指明了总体定位和发展方向。它们帮助股东、客户和员工理解组织和组织期望实现什么。但是这些陈述不能指导企业日常行动和资源分配决策。只有当公司使命和愿景转化为可实现的目标时，才变得更具可操作性。具体而言，目标是指组织希望取得的中短期成就，它反映了组织的使命、愿景是如何被付诸实施的。将公司的战略愿景和业务使命转换成明确具体的业绩目标，能够精确评价企业和员工的业绩表现。一般来说，组织的目标最为人们所熟知的是财务目标，它关注提高财务业绩，如年产值、销售额、每股收益平均年增长率、股东权益回报率、营运资金回报率等。但除财务目标外，组织还需注重提高长期的、有竞争力的商业地位，如提高公司市场占有率，在质量、服务或产品性能方面超越主要竞争对手，与竞争对手相比总成本更低，提高公司在顾客心目中的形象，在市场上获得更稳固的立足点，形成技术上的优势，成为产品革新方面的领导者，抓住有利的增长机会等。

二、战略管理理论的发展演变

战略管理的启蒙思想可以追溯到20世纪初，亨利·法约尔提出管理有五大职能：计划、组织、指挥、协调和控制，其中计划职能是企业管理的首要职能，这可以说是最早出现的企业战略管理思想。到20世纪30年代，美国经济学家切斯特·巴纳德在其所著《经理人员的职能》一书中首次使用了战略概念，认为管理工作的重点在于创造组织的效率，并应使企业组织与环境相适应。这种关于组织与环境相适应的主张成为现代企业战略分析方法的基础。1962年，美国管理学家艾尔弗雷德·钱德勒出版了《战略与结构》一书，第一次从大型企业成长史的角度，研究了企业战略与结构的相互关系，正式开始了企业战略问题的研究。与此同时，伊戈尔·安索夫提出了成功战略的范式，同时提出了安索夫矩阵，指出企业可以选择四种不同的成长战略来达到增收目的。哈佛商学院教授肯尼思·安德鲁斯提出并系统论述了SWOT分析法，把公司战略提升为管理咨询业中的一个专业领域。70年代，布鲁斯·亨德森提出了波士顿矩阵，为战略咨询领域的发展奠定了基础。进入80年代，迈克尔·波特对战略理论的发展起到了重要的推动作用，他的贡献在于他对企业、整个行业和国家层次的竞争优势进行分析，并提出了"五力模型"和三种基本竞争战略思想。日本学者大前研一研究了日本式竞争战略的特点，提出了有别于波特的竞争战略的4种新的战略方法，并首创了"战略三角”（战略 3C）的概念。自 80 年代末到 90 年代以后，随着世界经济环境中竞争的加剧、产业结构调整与变化加快以及影响经济发展因素的不确定性加大，世界各国企业都在认真研究和思考如何能使企业获取稳定、持续增长的能力。在这期间，出现了很多较有影响的企业战略管理理论，其中最具影响力的是核心竞争力理论（the core competence theory），该理论与以往理论的切入点不同，开始从企业内部寻求问题的答案。核心竞争力理论以普拉哈拉德和加里·哈默尔为代表，他们在对世界上优秀公司的经验进行研究的基础上提出，竞争优势的真正源泉在于企业的核心竞争力，即“组织的积累性学识，是能够提供给消费者特殊价值的一系列技能和技术的组合”,因此战略管理的主要因素是培植企业对自身拥有的战略资源的独特的运用能力，通过一系列的组合和整合形成自己独特的，不易被人模仿、替代和占有的核心能力，获得持续的竞争优势。正是受到核心竞争力理论的影响，波特在后来的理论研究中提出了价值链分析工具，试图从企业内部的价值过程中来寻求竞争优势的来源，并弥补其以往对企业内部因素重视不够的缺陷。

总之，战略管理理论经历了从重视战略制定过程到重视战略本身的内容，从重视组织外部环境到重视组织内部优势，从被动适应环境到主动培育组织的核心竞争力的转变。综合起来，战略管理（strategic management）是一组管理决策和行动，是外部竞争策略和内部管理优化的组合。对外而言，战略是确定并实施产业选择、产品和业务选择、定位和关键竞争方式的方法；对内而言，战略是选择并实施组织最优经营管理的方法。战略管理的最终目的是使企业面临竞争环境，取得长远发展。

三、战略管理的意义

战略管理日益受到越来越多企业的关注和重视，对于企业而言，它有着积极的意义，主要体现在以下几个方面。

（一）有效整合资源

随着企业之间竞争的加剧，竞争形式和内容也发生了深刻的变化，更多地表现为企业之间在综合实力、交叉领域等的竞争。因此，单一有效的市场开拓和销售能力的竞争或企业产品、品牌的竞争已经很难长期维系企业的持续健康发展。战略管理不能再零散地从单一层面和方式上寻求如何打败竞争对手，迅速攫取利润，而应该考虑更多的是从企业整个系统和战略的高度来规划、引导企业的经营和成长。

（二）引导组织发展

战略管理的目的是根据当前所处的环境勾勒企业未来健康发展的清晰途径，解决好“做正确的事”的根本性问题，防止发生方向性偏差。战略管理具有全局性、计划性、长期性、指导性等特征，是企业核心资源和能力配置的指导性方案，是增强企业竞争力、引领企业持续发展的思想和行动纲领，担负着企业使命、经营理念、愿景、战略目标实现的重责，也是企业员工、股东长期利益保障的重要机制。通过制定符合企业自身资源和能力特点、符合产业竞争特点、符合消费者利益的战略，能够有效地引导企业的投资、经营决策和企业内部的治理与管理机制的完善，从而更为有效地引导企业各职能部门的工作方向。

（三）适应环境变化

经济全球化的发展、科学技术的进步使得组织所在的环境发生了巨大的变化，也使得组织面临激烈的竞争和挑战，只有通过动态的战略管理过程，才能及时调整组织的经营范围、成长方向和竞争对策，合理地调整组织结构和配置组织资源等，使组织与环境相适应，求得组织的长期生存与发展。

第二节　战略管理的过程与方法

一、战略管理的过程

战略管理是指企业确定其使命，根据组织外部环境和内部条件设定企业的战略目标，为保证目标的正确落实和实现进行谋划，并依靠企业内部能力将这种谋划和决策付诸实施，以及在实施过程中进行控制的一个动态管理过程。从其定义可知，战略管理是对企业的生产经营活动实行的总体性管理，是企业制定和实施战略的一系列管理决策与行为。其核心问题是使企业自身条件与环境相适应，求得企业的长期生存与发展。具体而言，战略管理过程主要包括战略分析、战略制定、战略实施、战略评估和控制等几个步骤。

（一）战略分析

战略分析（strategy analysis）指根据企业的使命、愿景和目标，通过对外部机会与威胁以及内部优势与劣势的分析来决定企业的战略方向。根据定义，战略分析主要包括外部分析和内部分析两部分。外部分析（external analysis）是指通过对组织的运营环境进行考察，分析组织所面临的各种战略机会以及所受到的各种战略威胁。一般来说，组织的外部环境可以分为三个层次：总体环境、产业环境和竞争环境。而内部分析（internal analysis）主要是分析组织的核心竞争力。如前文所述，核心竞争力是能给组织创造价值，特别是给组织带来竞争优势的特定资源和能力。

（二）战略制定

战略制定（strategy formulation）指战略主体在了解、分析了外部环境和内部环境，确定了本身所有的优势和劣势以及面临的机会和威胁后，应拟订并设计赖以生存和发展的经营战略方案，对经营战略方案进行评价，做出最终决策。同时，围绕经营战略的要求阐明经营战略的政策，为经营战略实施提供条件。根据战略的不同层次，公司需要在组织层面、事业层面和职能层面分别建立相应的战略。

（三）战略实施

战略实施（strategy implementation）是战略管理的行动阶段，是使既定的战略转化为实际行动并取得成果的过程。它是指通过一系列行政、经济、法律的手段，为达到战略目标所采取的一切行动。战略制定的关键在于其正确性，而战略实施的关键在于其有效性。战略实施的成败取决于能否把实施战略所必需的组织、资金、人员、技术等资源及各项管理功能有效地调动起来加以合理配置。它包括建立对公司战略起着支持作用的政策和运作系统，将公司的资源分配给对公司战略起着关键性作用的活动，营造一种有利于战略实施和执行的公司文化，建立公司的信息系统、交流系统和运作系统，设计组织结构，分配资源，确保组织获得高技能的员工，制定能够使员工行为与组织战略目标保持一致的报酬系统等。需要指出的是，战略制定和实施这两个阶段并非总是按照上面的这种一前一后的顺序发生的，战略管理过程往往包含着信息与决策之间的持续循环。

（四）战略评估和控制

制定、执行和实施战略的任务很难一次就完全实现。如果说战略的制定过程属于主观认识范畴，那么其真正的价值只有经过实践才能得到验证。在战略实施过程中进行战略评估（strategy evaluation）和控制将进一步印证对外界环境的分析是否正确，所制定的战略途径和手段是否有效等，从而发现问题和差距，分析产生偏差的原因，根据变化的环境对组织战略进行适当调整，并在必要时采取矫正性措施，使战略行动更好地与环境及所要达到的目标相协调。

二、战略分析的方法与工具

战略分析是战略管理的首要环节，也是决定战略定位是否准确的关键环节。在战略管理发展的过程中，一些学者和咨询机构对战略分析的内容与方法进行了研究，并开发出一些卓有成效的分析工具，常见的战略分析方法与工具包括 SWOT 分析法、PEST 分析法、五力模型及波士顿矩阵等。需要注意的是，这几种方法与工具的运用场合和条件并不相同，在下一节内容中会有进一步的介绍。

（一）SWOT 分析法

SWOT 分析法是一种对企业外部环境中存在的机会、威胁和企业内部条件的优势、劣势进行综合分析，据此对备选的战略方案做出系统的评价，最终选择出最佳的竞争战略的方法。SWOT 中的 S 是指企业内部的优势（strengths），W 是指企业内部的劣势（weaknesses），O 是指企业外部环境中的机会（opportunities），T 是指企业外部环境中的威胁（threats）。

企业内部的优势和劣势是相对于竞争对手而言的，一般表现在企业的资金、技术设备、员工素质、产品、市场成就、管理技能等方面。判断企业内部的优势和劣势一般有两项标准：一是单项的优势和劣势。例如，企业资金雄厚，则在资金上占优势；市场占有率低，则在市场上占劣势。二是综合的优势和劣势。为了评估企业的综合优势和劣势，应选定一些重要因素，加以评价打分，然后根据其重要程度按加权确定。

企业外部的机会是指环境中对企业有利的因素，如政府支持、有吸引力的市场上进入障碍正在降低、市场需求增长势头强劲等。企业外部的威胁是指环境中对企业不利的因素，如新竞争对手的出现、市场增长率低、购买者和供应者讨价还价能力增强、不利的人口特征的变动等，是影响企业当前竞争地位或影响企业未来竞争地位的主要障碍。通过 SWOT 分析，能够帮助企业确定战略能力，继而在此基础上，选择所要采取的战略，如图 4-1 所示。

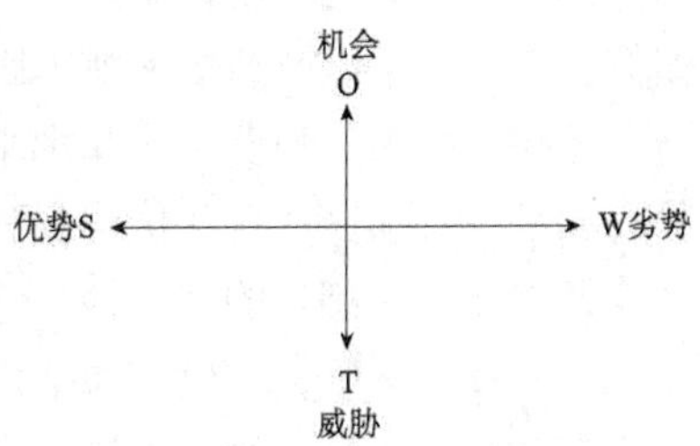

图 4-1　SWOT 分析模型

（二）PEST 分析法

安索夫认为，战略行为是企业对外部环境的适应以及由此而导致的企业内部结构化的过程。因此，企业制定战略首先是评价外部环境。PEST 分析法是战略外部环境分析的基本工具，如图 4-2 所示，它通过对政治、经济、社会和技术等四个方面的因素分析从总体上把握宏观环境，并评价这些因素对企业战略目标和战略制定的影响，辨识企业长期的变化驱动力及外部各环境要素对企业的不同作用，从而确定关键环境因素，并以此制定企业战略，调整组织结构，使企业与环境相适应。

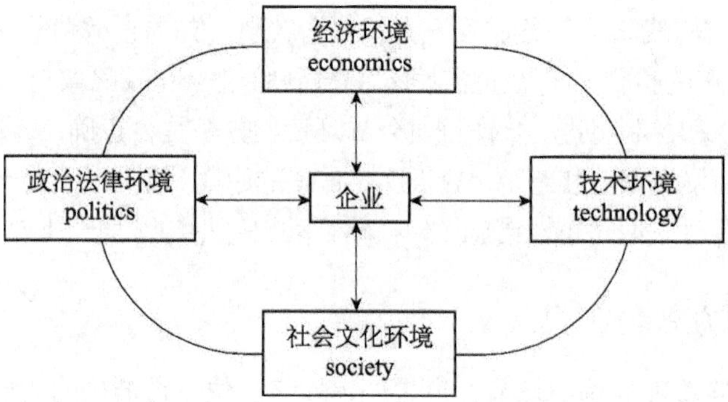

图 4-2　PEST 分析

（1）政治法律环境，是指对组织经营活动具有实际与潜在影响的政治力量和有关的法律、法规等因素。当政治制度与体制、政府对组织所经营业务的态度发生变化时，当政府发布了对企业经营具有约束力的法律、法规时，企业的经营战略必须随之做出调整。法律环境主要包括政府制定的对企业经营具有约束力的法律、法规，如反不正当竞争法、税法、环境保护法以及外贸法规等。政治法律环境实际上是和经济环境密不可分的一组因素。处于竞争中的企业必须仔细研究一个政府与商业有关的政策和思路，如研究国家的税法、反垄断法以及取消某些管制的趋势，同时了解与企业相关的一些国际贸易规则、知识产权法规、劳动保护和社会保障等。这些相关的法律和政策能够影响各个行业的运作和利润。

（2）经济环境，是指一个国家的经济制度、经济结构、产业布局、资源状况、经济发展水平以及未来的经济走势等。构成经济环境的关键要素包括 GDP 的变化发展趋势、利率水平、通货膨胀程度及趋势、失业率、居民可支配收入水平、汇率水平、能源供给成本、市场机制的完善程度、市场需求状况等。由于企业是处于宏观大环境中的微观个体，经济环境决定和影响其自身战略的制定，经济全球化还带来了国家之间经济上的相互依赖性，企业在各种战略的决策过程中还需要关注、搜索、监测、预测和评估本国以外其他国家的经济状况。

（3）社会文化环境，是指组织所在社会中成员的民族特征、文化传统、价值观念、宗教信仰、教育水平以及风俗习惯等因素。构成社会环境的要素包括人口规模、年龄结构、种族结构、收入分布、消费结构和水平、人口流动性等。每一个社会都有其核心文化，它们常常具有高度的持续性，这些价值观和文化传统是历史的积淀，通过家庭繁衍和社会教育而传播延续，因此具有相当的稳定性，企业发展必须与其所处的社会文化相适应。

（4）技术环境，不仅仅包括那些引起革命性变化的发明，还包括与企业生产有关的新技术、新工艺、新材料的出现和发展趋势以及应用前景。在过去的半个世纪里，最迅速的变化就发生在技术领域，像微软、苹果、谷歌等高技术公司的崛起改变着世界和人类的生活方式。同样，技术领先的医院、大学等非营利性组织，也比没有采用先进技术的同类组织具有更强的竞争力。

随着全球化和经济一体化的到来，当今企业所面临的环境比以往任何时候都更加复杂，除了上述几个主要环境外，自然环境、道德环境、全球环境等也逐渐被扩展引入到外部环境的评估框架中来。总之，组织在制定战略之前，首先必须对外部环境中各种相关因素进行全面分析，以确保组织发展战略能够与环境相匹配。

（三）五力模型

与总体环境相比，产业环境对企业的影响更直接。一个产业的竞争程度和产业利润潜力可以由五个方面的竞争力量反映并决定。五力模型是哈佛大学商学院的迈克尔·尤金·波特于 1979 年创立的用于产业分析和商业战略研究的理论模型。

人物谱

迈克尔·尤金·波特（Michael Eugene Porter，1947—），美国著名管理学家和经济学家，竞争战略、国民经济发展、竞争力方面的权威，被誉为“竞争战略之父”，出生在密歇根州的安娜堡（Ann Arbor）。1969 年获得普林斯顿大学（Princeton University）机械和航空工程学士学位，后又于 1971 年与 1973 年获得哈佛大学工商管理硕士与企业经济学博士学位，1982 年成为哈佛大学终身教授。波特是美国摩立特咨询公司（Monitor Group）的创始人之一，开创了企业竞争战略理论，曾在 1983 年被里根总统任命为美国的产业竞争委员会主席，并 6 次获得麦肯锡奖。他也是当今世界上竞争战略和竞争力方面公认的第一权威，其代表作为“竞争三部曲”，即 1980 年出版的《竞争战略：分析行业和竞争者的技术》（*Competitive Strategy：Techniques for Analyzing Industries and Competitors*）、1985 年出版的《竞争优势：创造和保持优良表现》（*Competitive Advantage：Creating and Sustaining Superior Performance*）与 1990 年出版的《国家竞争优势》（*The Competitive Advantage of Nations*）。

五力模型在产业组织经济学基础上推导出决定行业竞争强度和市场吸引力的五种力量。这里的市场吸引力可理解为行业总体利润水平。缺少吸引力意味着前述五种力量的组合会降低行业整体利润水平；而一个非常缺少吸引力的行业则意味着该行业接近于完全竞争市场，该行业中的厂商利润率趋近于零。这五种力量如图 4-3 所示。

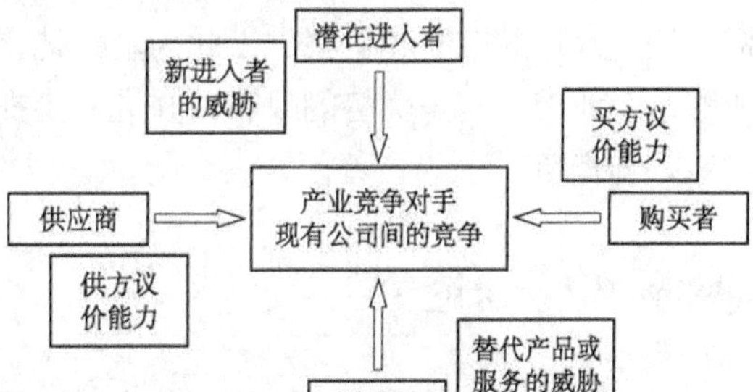

图 4-3　产业竞争驱动力量

资料来源：迈克尔·尤金. 波特. 竞争战略. 北京：华夏出版社，2005：4.

（1）新进入者的威胁。行业必须针对新竞争者做出竞争性的反应，这就会不可避免地消耗自身的部分资源，因此会降低利润率。对于一个产业来讲，进入威胁的大小取决于所呈现的进入壁垒，加上准备进入者可能遇到的现存守成者的反击。如果壁垒高筑或新进入者认为严阵以待的守成者会坚决地报复，则这种威胁就会较小。新进入者进入一个产业的难易程度由规模经济性、品牌忠诚度、资本规模、预期的报复措施等因素决定。新进入者越容易进入，则产业竞争越激烈。

（2）替代产品或服务的威胁。替代品指那些来自不同产业的产品和服务，但这些产品和服务的功能与该产业相同或相近。转换成本、价格、质量、购买者忠诚度等因素决定了顾客对购买替代品的偏好程度。广义地看，一个产业的所有公司都与生产替代品的产业竞争。替代品设置了产业中可谋取利润的定价上限，从而限制了一个产业的潜在收益。替代品所提供的价格-性能选择越有吸引力，产业利润的“上盖”压得就越紧。如果行业的产品或服务在市场上有可行的替代品，那么产品的价格就会受到影响，从而降低利润率。

（3）买方议价能力。买方的产业竞争手段是压低价格、要求较高的产品质量或索取更多的服务项目，并且从竞争者彼此对立的状态中获利，所有这些都是以产业利润作为代价的。产业的主要买方集团每一成员的上述能力的强弱取决于众多市场情况的特征，同时取决于这种购买对于买主整个业务的相对重要性。购买者在产业中的影响程度受顾客数量、顾客掌握的信息、替代品的可获得性等因素的影响。如果买方具有较强的议价能力，它就会压低价格、要求高质量的产品或服务，使得行业的盈利率降低。

（4）供方议价能力。供应商可能会通过提高价格或降低产品的质量来对产业内的竞争企业显示自己的力量。供应商在产业中的影响力由供应商的集中度、替代投入的可获得性等因素决定。供方压力可以迫使一个产业因无法使价格跟上成本的增长而失去利润。供方实力的强弱是与买方相互消长的。如果供应商的实力强，它就会提高价格、降低产品或服务的质量，使行业的产品价格无法跟上成本的增长而失去利润。

（5）现有公司间的竞争。如果行业内现有竞争者间的竞争激烈，他们就会采取各种手段来争夺市场地位。一方面，有些竞争手段如价格竞争等会使产品价格降低从而使行业利润降低；另一方面，有些竞争手段如广告战、产品引进、增加顾客服务等有可能扩大需求或提高产品差异化水平从而使整个行业受益。产业增长率、需求变化、产品的差异等因素决定了产业中现有企业之间的竞争程度。

管理者需要对这五种力量进行评估，结合对其他环境因素，如工会、政府的力量等的分析，确定存在的威胁和机会，以此为基础选择适合的竞争战略。波特指出，管理者应该选择能够给企业带来竞争优势的战略，并进一步提出，竞争优势或者是比竞争对手更低的成本，或者是与竞争对手的显著差异。

课堂讨论

智能手机市场现在进入白热化竞争

2016年，国内智能手机市场进入白热化竞争。随着这种市场节奏的变化，加之“双11”逐渐临近，国内各大智能手机品牌最近也趁势迎来了新一波发机狂潮。智能手机行业近一两年的喧嚣与浮躁，几乎在最近一周推向了最高潮。一边是上游供应商破产消息频传，另一边终端厂商密集新品发布，并展开营销大战，整个行业的节奏正在“碎步式”

加快。同时临近年尾，迎来了厂商业绩冲刺高峰期，而即将到来的“双 11”无疑是最大的诱饵，手机厂商更加卖力吆喝，准备迎接这场“硬战”。手机厂商的“十月围城”背后也迎来行业的洗牌。扫描右侧二维码，可以参看《智能手机市场现在进入白热化竞争》一文。

试问：如何运用波特的“五力模型”分析国内某一你熟悉的手机品牌的竞争环境？

（四）波士顿矩阵

多数公司同时经营多项业务，为了使公司的发展能够与千变万化的市场机会相适应，就必须合理地在各项业务之间分配资源。在此过程中不能仅凭印象，认为哪项业务有前途，就将资源投向哪里，而是应该根据潜在利润分析各项业务在企业中所处的地位来决定，波士顿矩阵法（BCG matrix）就是一种著名的用于评估公司投资组合的有效模式。它在一个特定的公司中，测量所有经营的市场增长率和企业当前的市场份额。这个矩阵的假设是：具有更高市场份额和增长速度的业务是获利更多、更值得发展的业务。

波士顿矩阵中纵轴市场增长率表示该业务的销售量或销售额的年增长率，用数字 0～20%表示，并认为市场增长率超过 10%就是高速增长。横轴企业当前的市场份额表示该业务相对于最大竞争对手的市场份额，用于衡量企业在相关市场上的实力。公司业务划分为现金牛产品、瘦狗产品、问题产品和明星产品，如图 4-4 所示。

（1）现金牛产品（cash cow），是指市场占有率高，但增长率低的产品。它可以产生大量的现金，以供厂商发展新产品，并培养成明日之星，可说是厂商的“金库”。

（2）瘦狗产品（dogs），也称衰退类产品，是指市场占有率低，增长率也低的产品。瘦狗产品账面上也能产生利润，但是这个利润必须用于这些产品再投资以维持其市场占有率。行销人员必须认清真相，不要因为感情因素，而将资金继续浪费在没有明天的产品上，除非产品本身仍有可为。所有的产品最终要么转变成现金牛产品，要么转变成瘦狗产品，一个产品是否有价值在于能否在其增长减缓之前就得到该产品的主要份额。

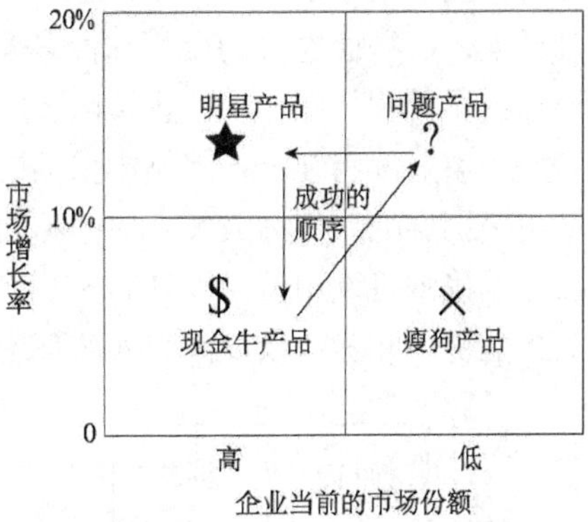

图 4-4　波士顿矩阵

（3）问题产品（question marks），是指市场占有率低，但增长率高的产品。这类产品需要比它们所产生的多得多的资金来进行投资。如果没有再投入资金，问题产品就会逐渐失去竞争力直至消失。因此管理者应该仔细考虑，是要花费更多的资金来提高市场占有率，以开创更美好的明天，还是缩小经营规模，甚至完全退出市场。

（4）明星产品（stars），是指市场占有率高，增长率也高的产品，需要加大投资以支持其迅速发展。明星产品最终也将变成现金牛产品，它能带来高销量、高利润，有着良好的稳定性及安全性，能产生大量的资金，可以再投资到其他产品上去。

波士顿矩阵能够帮助企业思考采取何种投资组合和服务，帮助它们以前瞻性的眼光看问题，更深刻地理解公司各项业务活动之间的联系，因此很快流行开来。几乎每一个称职的首席执行官都学会了用“现金牛”“瘦狗”“问题”和“明星”来将自己公司的业务进行分类，并决定其取舍。

第三节　组织战略的类型

组织战略的类型与组织的层次之间联系密切，按照组织层次，可将其分为公司层战略（corporate-level strategy）、事业层战略（business-level strategy）和职能层战略（functional-level strategy），如图 4-5 所示。不同组织层次的战略分析所用的工具也不相同。公司层战略分析常用的工具有 SWOT 矩阵和 BCG 矩阵，事业层战略常用的是波特的通用竞争战略分析。

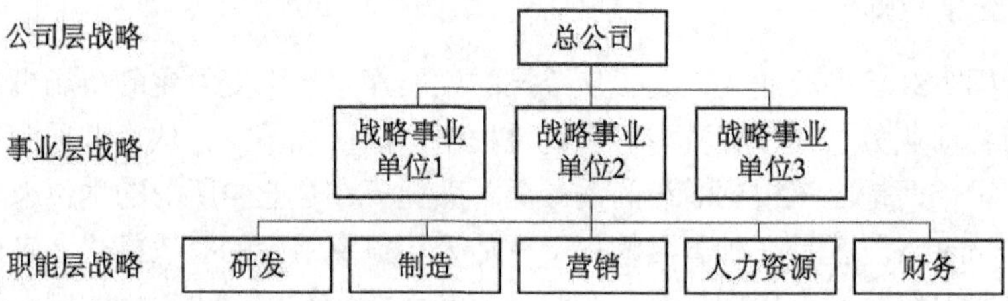

图 4-5　组织战略类型

一、公司层战略

每个公司都要决定自己的成长方向，要解决类似这样的问题：扩张、收缩还是维持现有业务不变？集中于当前产业，还是通过多元化进入其他产业？如果要成长、扩张，是采取内部开发，还是通过收购合并或合资等手段从外部获取？公司层战略正是回答了上述问题，即明晰公司希望从事什么事业，以及应该从事什么事业。公司层战略决定了组织的方向，以及每一个事业部将在公司战略中扮演的角色。

公司层战略根据成长方向的不同可以分为三类：增长战略、稳定战略和收缩战略。方向战略的确定可以用前面提到的 SWOT 矩阵来协助分析。SWOT 矩阵是在综合分析组织内部所具备的优势和劣势以及组织外部环境中存在的机会和威胁的基础上，做出恰如其分的综合判断，决定组织发展方向的方法。组织的方向战略与 SWOT 矩阵分析可以表示为如图 4-6 所示的结构。

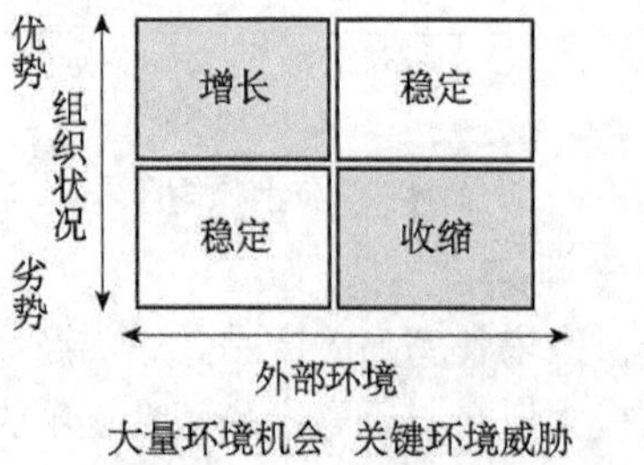

图 4-6　SWOT 分析与组织的方向战略

（一）增长战略

增长战略（growth strategy）实施的条件是组织内部与其他同类组织相比，具有宝贵的优势，同时外部环境也存在大量有利于组织发展的机会。在这样的情况下，组织可采用的策略是增长战略，即扩展公司的业务活动和范围，寻求扩大组织的经营规模。组织的增长可以用一些定量的指标来体现，如企业市场份额的增加、销售收入的提高等。增长战略又可以分为集中战略和多元化战略。集中战略是指组织在扩大规模时集中于一个产业或者一类产品，不会跨行业。多元化战略是指组织在扩张时进入与原来所在的产业不同的产业，或者经营与原有产品类型不同的产品，例如，原来经营食品的企业，扩张时进入房地产行业。

1. 集中战略

集中战略是在组织经营的当前业务或者当前产品确实有足够的增长潜力时实施，如果当前产品或者业务潜力较大，则把组织的资源集中于这些产品或业务就有助于实现较快的增长。集中战略有两种基本的类型：纵向一体化和横向一体化。

纵向一体化是在同一个业务链或者产业链上进行业务扩展，实现增长，也就是替代以前由供应商或者分销商承担的职能，前者称为“后向一体化”，后者称为“前向一体化”。通过后向一体化，公司可以使资源采购成本和低效率运营最小化，同时更好地控制质量，从而维持和提高竞争地位。例如，奶产品生产企业通过控制奶牛饲养，从而更好地控制原料的质量，获取竞争优势。通过前向一体化，公司可以控制分销渠道。例如，石油公司同时开设加油站。实际上，后向一体化可以使公司基于自己的独特能力获得更大的竞争优势，因而后向一体化通常比前向一体化更可能盈利，但可能降低公司的战略灵活性——由于拥有那些难以出售的昂贵资产，给公司带来退出壁垒，不能随意离开已进入的产业。

横向一体化指组织在现有行业内的发展，这种拓展并没有改变组织在产业价值链上所处的位置。横向一体化的优势是，通过横向一体化，公司把产品扩展到其他地方或者向当前市场提供更多、更广泛的产品和服务，从而实现增长。例如，某家食品公司合并了另一家位于不同城市的食品公司，从而向更广阔的空间范围、更多的客户提供产品。横向一体化由于会降低一个产业的竞争水平，往往受到有关政府部门的干预。如美国联邦贸易委员会要评估合并行动的影响，任何横向一体化的合并都要获得批准。

纵向一体化和横向一体化的实现方式都有内部实现和外部实现两种。内部实现通过组织内部投资于新的产品或者劳务来完成；外部实现则通过合并、并购和战略联盟等手段来完成。

2. 多元化战略

多元化战略往往用于组织当前的产品或者业务不具备较大的增长潜力时，此时管理层会选择多元化经营，以获得新的增长点。多元化战略可以分为同心多元化（又称为相关多元化）和离心多元化（又称为不相关多元化）。

同心多元化（相关多元化）是指公司通过合并或收购相关产业不同业务的公司而实现增长。例如，生产农用机械的企业，通过收购生产农产品加工机械的企业实现增长。相关多元化增长是进入一个相关产业的好办法。当公司在产业内具有很强的竞争地位，而该产业吸引力低时，这是一个合适的策略。通过集中于那些给公司带来独特能力的特性，公司可以运用这些优势作为多元化的基础。这样，公司可以在新产业内高效运用原有产业的产品知识、制造能力与营销技能，以确保战略匹配。相关多元化增长的战略使得组织的产品拥有一些共同点，即寻求“协同”——两种业务一起运营产生的利润大于其各自运营时产生的利润之和。其共同点既可以是技术相近、用户相同，也可以是营销渠道、管理技能与产品方面的相似性。

离心多元化（不相关多元化）是指组织通过收购和兼并不同产业、不同业务领域的公司而实现增长。如生产农用机械的公司通过收购生产食品、饮料的公司实现增长。这些产品是不相关的。当管理层意识到当前产业没有吸引力，同时公司也没有超长的能力与技能可以很方便地转移到相关产业的其他产品或服务上时，最可能的战略选择就是离心多元化——进入与当前产业不相关的产业。离心多元化战略强调的是财务问题，而不是像同心多元化那样考虑产品与市场方面的融合。离心多元化可以发生在一个现金充裕但是所在产业成长机会少的公司，借此进入一个机会多但现金稀缺的产业；另一种情况是，公司经营具有季节性，现金流不均匀，所以进入另一个不相关产业季节性能够互补的公司，以平衡现金流。

管理案例

多元化布局——许家印启动恒大第七个“3 年计划”

在相继完成足球、农牧、健康、文化和金融等多元化战略布局之后，恒大集团董事局主席许家印在 2016 年 6 月 26 日恒大集团成立 20 周年庆典上透露，恒大将正式进入第七个“3 年计划”阶段，即从“规模+品牌”进入“多元+规模+品牌”的发展战略阶段。当天，来自全球的 1800 位重磅嘉宾现场见证了这一战略的发布。这家起步于 100 平方米平房、从零开始的多元化房地产企业，第七个“3 年计划”将如何进行？或许，手中握着的六家境内外上市公司和已经完成的地产、金融、互联网、健康旅游、文化体育和农牧等 6 大布局是其最大的王牌。

扫描右侧二维码，可以详细了解恒大集团的多元化战略布局。

（二）稳定战略

稳定战略（stability strategy）的特征是在战略上没有重大改变，继续维持当前方向。在预期良好的环境中成功运营的公司采用稳定战略是合适的。稳定战略在短期内运用非常有效，但不适宜长期实施。有三类最基本的稳定战略：暂停战略、无变战略和利润战略。暂停战略是继续成长或退出战略中的休息间隙。它让组织有充分的时间来实现资源的优化配置，对于那些在未来不确定的产业中迅速成长的公司来说是合适的，是一种公司巩固资源的临时性战略，可以直到环境好转，或者公司在经历长时间快速成长后巩固资源为止。1993 年，戴尔计算机公司在长期实施成长战略之后采用了这种战略，当时公司已经成长到无法控制的地步。CEO 迈克 · 戴尔解释说：“我们两年时间增长了 285%，已经患了快速膨胀病。”通过邮购销售 PC 使戴尔的产品价格比 COMPAQ 与 IBM 都低，但是此时它无法管理 20 亿美元的销售额以及在 95 个国家销售 PC 的 5600 名员工。戴尔不是放弃原来的成长战略，只是临时过渡一下，直到公司招聘到新的管理人员，改进组织结构，建立新的机构并运行起来。

无变战略是选择继续当前的运营和政策，以实现在可预见的未来提供同样的产品或者服务，保持市场份额等。其成功取决于公司面临的环境没有重大变化。此时，公司所在产业几乎没有成长的空间，公司在产业内的竞争地位也相对稳定，只需要针对销售额和利润目标作很小的浮动调整。公司既没有面临明显的机会和威胁，也没有出现大的优势与劣势；几乎没有进攻性的新竞争者进入公司所在产业；而且，公司具有合理的盈利，产品占据稳定的市场空间。除非所在产业发生巨大变化，否则，在这种情况下，公司处境舒适，地位适当，管理层就会采用无变战略，公司的未来就是当前状况的延续。

利润战略又称维持利润战略，即在公司销售额不断下降时，试图通过减少投资，削减一些可控费用，人为地维持利润。管理层不向股东和投资机构通报公司的不利处境，而是选择这一具有诱惑性的战略，这样做的目的通常是为了保全自身利益，达到监管部门要求的盈利水平，以便维持持续融资能力。这种战略在我国的上市公司中也能看到，上市公司的财务报告总是把公司问题归结为环境不利（政府政策、监管法规调整、不道德的竞争者、挑剔的顾客、贪婪的借贷方），因而推迟投资或缩减费用（研究开发费用、广告费、差旅费等），以在一定时期维持住能令人接受的盈利水平，有时为了达到目的甚至会完全出售某一个生产线、控股子公司股权等。维持利润战略只能帮助公司渡过临时困境。要注意的是，这种战略极具诱惑性，但如果维持时间过长，会导致公司的竞争地位严重恶化。它是管理层被动地、短期地、为了保全自身利益而对环境变化做出的反应。

（三）收缩战略

收缩战略（shrinking strategy）通常是组织在面对劣势时使用，此时组织在某些产品或服务上的竞争处于劣势，导致业绩下降，销售额下降，由盈利变为亏损。在组织面临困境时，收缩战略有利于使之保持稳定经营，以激活组织的资源和重新恢复竞争力。收缩通常包括扭转、成为俘虏公司、出售或剥离、破产或清算等几种可采取的战略。扭转战略强调改进运营效率，当公司的问题已经普遍深入但还不到公司崩溃的地步时，这一战略比较合适。这一战略通常包括收缩和巩固两个阶段。收缩是全面缩减规模和成本的阶段，巩固是要稳定收缩后的公司，保持住组织的有利资源，如公司的骨干员工。成为俘虏公司就是做另一个公司的独家或最大的供应商或分销商，以取得该公司的长期合同，公司实际上是用独立换取安全。竞争处于劣势地位的公司也许更愿意成为某个大客户的俘虏公司，通过长期合同确保公司持续生存。在扭转无望，又没有机会成为俘虏公司的情况下，可以采取出售或剥离的策略。出售是把整个公司卖掉，彻底离开所在产业；剥离是出售公司多种业务中的一个或多个事业部中的一个。当公司发现自己处于最恶劣的环境，在产业内的竞争地位也最差，几乎没有前景时，前三种战略都不可能或者都不能令人满意，没有人有兴趣购买一个处于没有吸引力产业的弱势公司，那么公司只能选择破产或清算。

公司层战略的分类如图 4-7 所示。

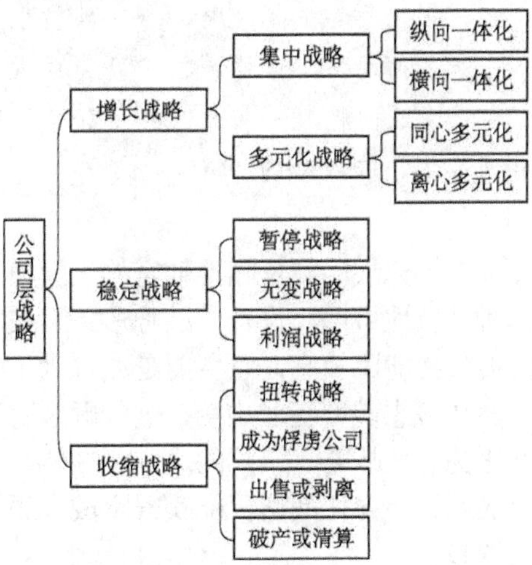

图 4-7　公司层战略分类

二、事业层战略

事业层战略寻求决定组织如何在每一项事业上展开竞争。事业层战略决定如何具体展开竞争，获取竞争优势。所谓竞争优势，是指使组织有别于竞争对手的与众不同的特色，例如，沃尔玛先进的信息系统、低廉的价格，戴尔快速响应顾客需求的服务，耐克公司的品牌，等等。竞争优势来自组织的核心能力，即组织能够做到其他竞争对手做不到的事情，或者能比其他竞争对手做得更好。

（一）波特的研究

竞争战略主要通过产业分析，选择适当的战略获取竞争优势。其中一个重要的工具就是前面提及的波特的五力模型。同时，每个企业都会有许多优点或缺点，任何优点或缺点都会对相对成本优势和相对差异化产生作用。成本优势和差异化都是企业比竞争对手更擅长应对五种竞争力的结果。将这两种基本的竞争优势与企业相应的活动相结合，就可导出让企业获得较好竞争位置的三种一般性战略：成本领先战略（cost leadership strategy）、差异化战略（differentiation strategy）及聚焦战略（focus strategy）。其中聚焦战略又可以分为成本聚焦和

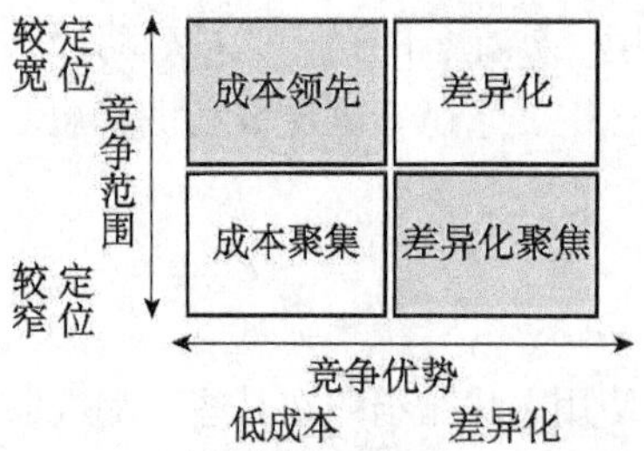

图 4-8　三种基本竞争战略

差异化聚焦。三种基本战略如图 4-8 所示。

成本领先战略就是瞄准较宽的大规模市场的低成本战略。这种战略要求建立高效大规模生产设施，通过经验曲线和严格的成本与费用控制努力寻求成本的降低，在研发、服务、营销等方面实现成本最小化。因为成本更低，成本领先者可以使产品价格更低，往往可以获取比较满意的利润。低成本意味着更低的价格，低价格构建起进入壁垒，极少有新进入者能够与领先者的成本优势相比；低成本意味着更高的市场占有率，这就意味着在供应商那里有更大的讨价还价能力。因此成本领先者可能获得高于平均水平的投资收益。

管理案例

降低内耗——丰田成本战略“突围”

成本领先战略又称低成本战略，其战略思想是企业通过各种努力来降低成本，使企业的总成本水平低于竞争对手，从而获得持久的竞争优势。日本丰田汽车公司是推行低成本战略的一家典型企业。那么丰田汽车在推行低成本战略中是如何克服上述困境，并获得巨大战略回报的呢？扫描右侧二维码，阅读《降低内耗——丰田成本战略“突围”》一文，有助于理解丰田是如何实现成本领先战略的。

差异化战略就是瞄准较宽的大规模市场，生产在整个产业看来都比较独特的产品或服务。这种独特性可以与设计、品牌形象、技术、性能、代理商网络或客户服务有关。产品或服务的要价可能比较高，它主要是通过满足特定客户的需求，给客户带来特殊价值来实现，因此它靠顾客忠诚度获取成功，这些顾客对于价格不是那么敏感。它是使特定业务超过平均收益水平的有效战略。增加的成本往往转嫁给购买者。购买者忠诚也是一个很强的进入壁垒。研究表明，差异化战略可能获得比成本领先战略更高的利润，因为差异化设置了一个更高的进入壁垒。

成本聚焦战略针对某一购买群体或区域市场采用低成本战略，只服务于这一市场空隙（细分市场）。采用成本聚焦战略的公司或事业部在目标市场中寻求成本优势。那些认为自己集中努力能够比竞争对手在目标细分市场做得更好的公司或者事业部采用成本聚焦战略更有价值。成本聚焦战略要求在市场占有率与盈利性之间能够较好平衡。

差异化聚焦战略就是针对某一购买群、产品细分市场或区域市场采用差异化战略。采用差异化聚焦战略时，公司或事业部在目标细分市场寻求差异化。那些认为自己集中努力能够比竞争对手更有效地满足目标市场中特殊需求的公司或事业部采用差异化聚焦战略更有价值。

需要注意的是，任何战略都不可能确保一定获得成功，而且有些已经成功实施波特竞争战略的公司发现无法使战略持续下去。每一种战略都有风险。成本领先战略能够被竞争对手模仿，特别是在发生技术转换时。差异化也能够被竞争对手模仿，特别是在差异化的基础对购买者的重要性降低时。采用差异化战略的公司必须保证，它为更高质量索取的更高价格没有比竞争对手高一大截，以及不能让顾客觉得额外质量不值得额外花费。市场定位较窄者，也许可以在细分市场中获得更好的差异化或更低的成本，但当细分市场的特殊性逐渐丧失或需求消失时，它很可能败给定位较宽的企业。

（二）卡普兰和诺顿的研究

卡普兰和诺顿从客户的角度出发，运用客户价值主张的概念来定义竞争战略，他们在前人研究的基础上总结出了四种通用的客户价值主张，分别为总成本最低、产品领先、全面客户解决方案以及系统锁定。客户价值主张定义了组织的战略，从而形成与竞争对手之间的差异化，因此客户价值主张的选择是战略确定的核心关节。其中前三者来自迈克尔·特里西（Michael Treacy）和弗雷德·威瑟姆（Fred Wiersema）的贡献。1995 年，特里西和威瑟姆在《The Discipline of Market Leaders》一书中指出，根据对 40 家公司的研究发现，这些公司专注于三种价值原则中的一种，这三种价值原则分别是：运营卓越、贴近客户、产品领先。第四种通用战略得益于阿诺德·海克斯（Arnoldo Hax）和迪安·怀尔德（Dean Wilde）的研究。他们在 2001 年出版的《The Delta Project》一书中提出了锁定战略。为了更为直观地理解四种客户价值主张的内涵及相互间的区别，可以通过表 4-1 来对它们进行比较。

表 4-1　四种通用的客户价值主张

类型 项目	总成本最低	产品领先	全面客户解决方案	系统锁定
价值定位	为客户提供可靠、及时、低成本、有限选择的产品和服务	为客户提供高品质、领先、选择多样化的产品和服务	为客户提供全面、定制化的产品和周到、持续性的服务	为客户提供难以转换、标准化的产品、服务或交流平台
差异化因素	关注价格、时间、质量、功能和品牌	关注时间、功能和品牌	关注服务、伙伴关系和品牌	关注功能、服务、伙伴关系和品牌
代表性企业	丰田、松下电器、西南航空、戴尔、麦当劳、沃尔玛	宝马、奔驰、耐克、索尼、英特尔	IBM、高盛公司、美孚石油公司	微软、思科、eBay、黄页、美国运通、Visa、万事达
基本要求	具有很强的成本控制能力，对大众消费口味的调查很在行	具有很强的创新能力和产品研发能力，能够快速地将产品投入市场	对客户关系管理十分在行，强调同客户建立长期的友好关系	拥有专利、许可协议或专有知识，能够创建行业标准并持续创新

特定的客户价值主张定义了组织的战略，战略的本质在于选择。因此，组织应当在综合分析环境因素以及自身情况的基础上选择一种合适的客户价值主张，并将它转化为特定的目标、指标、目标值和行动方案，以便组织成员更深入地认识、更准确地把握体现差异化的战略要素，从而把客户价值主张落实到每个人的具体工作中去。

三、职能层战略

职能层战略的目的是决定如何支持事业层的竞争战略。职能层包括诸如制造、营销、人力资源、研究与开发、财务等部门，它们的战略需要支持事业层的战略，围绕事业层战略制订具体的行动计划。职能层战略一般可分为生产运营型职能战略、资源保障型职能战略和战略支持型职能战略。

（1）生产运营型职能战略是企业或业务单元的基础性职能战略，从企业或业务运营的基本职能上为总体战略或业务战略提供支持，包括研发战略、筹供战略、生产战略、质量战略、营销战略、物流战略等。

（2）资源保障型职能战略是为总体战略或业务战略提供资源保障和支持的职能战略，包括财务战略、人力资源战略、信息化战略、知识管理战略、技术战略等。

（3）战略支持型职能战略是从企业全局上为总体战略和业务战略提供支持的战略，包括组织结构战略、企业文化战略、公共关系战略等。

职能战略描述了在执行公司战略和经营单位战略的过程中，企业中的每一职能部门所采用的方法和手段。职能战略在几个方面不同于公司战略和经营单位战略：首先，职能战略的时间跨度要较公司战略短得多。其次，职能战略要较公司战略更具体和专门化，且具有行动导向性。公司战略只是给出公司发展的一般方向，而职能战略必须指明比较具体的方向。最后，职能战略的制定需要较低层管理人员的积极参与。事实上，在制定阶段吸收较低层管理人员的意见，对成功地实施职能战略是非常重要的。

本章小结

战略是企业在激烈的市场竞争环境中，在充分总结、了解企业内外所面临的一系列复杂环境并根据环境在科学地预测未来的基础上，为谋求生存和发展而做出的长远、全局性的谋划或方案。作为多层次的概念体系，与战略有关的概念还包括使命、愿景以及目标等。战略管理是一个动态管理的过程，它是对企业的生产经营活动实行的总体性管理，是企业制定和实施战略的一系列管理决策与行为。

战略管理的一般过程，包括战略分析、战略制定、战略实施、战略评估和控制等几个主要步骤。一些学者和咨询机构对战略分析的内容与方法进行了研究，并开发出一些卓有成效的分析工具，常见的战略分析方法与工具包括 SWOT 分析法、PEST 分析法、五力模型及波士顿矩阵等。

组织的战略类型与组织的层次之间联系密切，按照组织层次，可将其分为公司层战略、事业层战略和职能层战略。公司层战略根据成长方向的不同可以分为三类：增长战略、稳定战略和收缩战略。事业层战略寻求决定组织如何在每一项事业上展开竞争。事业层战略决定如何具体展开竞争，获取竞争优势。职能层战略的目的是决定如何支持事业层的竞争战略，要围绕事业层战略制订具体的行动计划。

复习思考题

一、名词解释题

战略　战略管理　使命　愿景　目标　战略分析　SWOT 分析法　PEST 分析法　五力模型　波士顿矩阵　多元化战略　成本领先战略　差异化战略　聚焦战略　系统锁定

二、单项选择题

1．战略管理被视为一种具体计划类型，属于（　　）范畴。

A．长期计划　　B．中期计划　　C．短期计划　　D．程序性计划

2．战略与结构关系的基本原则是组织结构要服从于（　　）。

A．战略目标　　B．组织战略　　C．战略创新　　D．战略控制

3．宏观环境分析常用的方法与工具是（　　）。

A．SWOT 分析法 B．PEST 分析法　　C．五力模型　　D．波士顿矩阵

4．（　　）关心的问题是：公司的事业（业务）是什么？公司应拥有什么样的事业（业务）组合？

A．公司层战略　　B．职能层战略　　C．战略管理　　D．事业层战略

5．称霸酒业多年的五粮液已先后进入服装、电子、制药等行业，而且正准备择机大步踏入汽车业，这说明它在实施（　　）战略。

A．利润战略　　B．暂停战略　　C．同心多元化　　D．离心多元化

三、简答与论述题

1．简述战略、使命、愿景和目标的内涵以及相互之间的关系。

2．战略管理是指什么？其目的和意义是什么？

3．简述战略管理的一般过程。

4．简述战略分析的方法与工具。

5．组织战略包括哪几个层次？分别进行阐述。

6．公司层战略主要有哪几类？

7．简述波特关于竞争战略的主要思想。

8．比较 4 种通用的客户价值主张。

9．简述职能层战略及其主要类型。

四、案例分析题

春秋航空公司的低成本运营模式

2010 年 7 月 28 日，春秋航空有限公司（简称“春秋航空”）正式开通上海浦东—日本茨城包机航班，成为国内首家飞出国门的民营航空公司。而在此之前，其不仅度过了 2008 年爆发的世界金融危机带来的行业严冬，更以稳定的 95%以上的客座率在市场上站稳了脚跟。这些成绩的背后，是春秋航空在国内首家奉行的低成本运营模式。那么，在春秋航空飞出国门之后，这种低成本模式会否被国内其他航空公司所复制，又会否带动国内航空公司朝着差异化经营的方向前进一步，格外引人关注。

春秋航空并不是我国第一家民营航空公司，在其成立的 2005 年，奥凯航空有限公司（简称“奥凯航空”）、东星航空有限公司（简称“东星航空”）、鹰联航空、上海吉祥航空有限公司（简称“吉祥航空”）等民营航空公司也相继起航，但经历 2008—2009 年的世界金融危机的低谷后，民营航空公司的阵营只剩下春秋和吉祥、奥凯三家。其中，吉祥航空主打的商务人群，与三大航空争取的客户群体基本一致，是通过提供更舒适的座位和更优质的服务来切入市场；奥凯航空虽大旗不倒，但几经波折，市场开拓还处于需要继续发力的阶段；而春秋航空主打的低成本战略，虽在国内前无古人，但靠着这种差异化定位的思路，开发出了自身的一片“蓝海”。

取消头等舱，尽最大可能安排座位，航班延误不赔偿，机上售卖食品……春秋航空借鉴

国外低成本航空公司经验推出的这一系列举措，屡屡引起争议，却未使其客源有所流失。据介绍，其销售机票的主要渠道官网是需要通过手机注册的，而现今其官网注册用户数已超过300万，其中更有30%是活跃用户，相比传统网站的不到5%的比例，成效明显。此举拉近了春秋航空与直接客户——旅客的“感情”，同时也为春秋航空省下了分销成本。

尽管其在节约成本方面挖空心思，但有业内人士还是认为，春秋航空成功的最大因素并非低成本，而是有春秋国旅的支撑，因为旅行社能够为航空公司组织客源，这保证了春秋航空的上座率，进而使得其不亏损。

该人士解释说，在国内做低成本航空公司与国外不同，飞机、航油、飞行员这些占据航空公司大头的运行成本，是没办法省下来的，而所有可控成本可能只占20%多一点，还是有限的可控，不能降到没有。

此外，像春秋航空此次飞往的日本茨城机场，是一家靠近东京的低成本机场，而国内尚没有低成本机场，这意味着国内的低成本航空公司在国内飞，一方面要承担更多的地面服务的成本，另一方面也是在与现有的传统型航空公司争夺有限的资源。

尽管低成本航空发展要冀望于解决飞机航材进口、低成本机场提供等方面的限制性因素后才会有大的飞跃，但也要看到普罗大众对航空出行的需求越来越多，低成本航空这种运营模式，既能早日圆他们的飞天梦，更能为民航发展注入新鲜血液，春秋航空能在这条路上开花结果，其他航空公司不妨也播下些种子，静候秋天。

资料来源：冯国珍．管理学（第二版）．上海：复旦大学出版社，2011．

根据案例内容，回答以下问题：

1．在节约成本方面，你认为春秋航空做得最成功的是哪几点？

2．春秋航空的低成本运营模式为什么能成功？结合相关战略管理理论进行全面分析。

第三部分　组织职能

第五章　组织结构与组织设计

【学习目标】

了解组织结构与组织设计的基本概念和主要内容；理解影响组织结构设计的权变因素；掌握组织结构设计的关键要素；掌握组织结构的主要类型及其优缺点。

【案例导入】

总裁的困惑

K 公司是一家成立于 2010 年的生产经营日用清洁用品的公司，由于其新颖的产品、别具一格的销售方式和优质的服务，其产品备受消费者的青睐。该公司在公司总裁的带领下发展迅速。然而，随着公司的发展，公司总裁逐渐发现，一向运行良好的组织结构，现在已经不能适应该公司内外环境变化的需要。

公司原先是根据职能来设计组织结构的，财务、营销、生产、人事、采购、研究与开发等构成了公司的各个职能部门。随着公司的壮大发展，产品已从洗发水扩展到护发素、沐浴露、乳液、防晒霜、护手霜、洗手液等诸多日化用品上。产品的多样性对公司的组织结构提出了新的要求。旧的组织结构严重阻碍了公司的发展，职能部门之间矛盾重重。

2015 年，总裁做出决定，即根据产品种类将公司分成 6 个独立经营的分公司，每一个分公司对各自经营的产品负有全部责任，在营利的前提下，分公司的具体运作自行决定，总公司不再干涉。但是没过多久，重组后的公司又涌现出许多新的问题。各分公司经理常常不顾总公司的方针、政策，各自为政；而且分公司在采购、人事等职能方面也出现了大量重复。在总裁面前逐步显示出，公司正在瓦解成一些独立部门。在此情况下，总裁意识到自己在分权的道路上走得太远了。

于是，总裁又下令收回分公司经理的一些职权，强调以后总裁拥有下列决策权：超过 30 万元的资本支出；新产品的研发；发展战略的制定；关键人员的任命等。然而，职权被收回后，分公司经理纷纷抱怨公司的方针摇摆不定，甚至有人提出辞职。总裁意识到了这一举措大大地挫伤了分公司经理的积极性和工作热情。但他感到十分无奈，因为他实在想不出更好的办法。

启发思考：

1．案例公司组织结构调整前后分别是什么类型的组织结构?

2．分权和集权要注意哪些因素？

组织为了实现高效的运行，需要拥有合适的、有序的组织结构。合理的组织结构能够使组织中人员得以有序地分工合作，使资源得以共享、机制得以完善，从而产生协同效应，实现组织目标。合理有效的组织结构通过一系列的组织设计活动来实现。本章主要介绍组织结构与组织设计的相关内容，重点介绍组织结构设计的关键要素、组织结构类型以及影响组织结构设计的重要因素。

第一节　组织结构与组织设计概述

一、组织

组织是一切管理活动的载体，管理不能脱离组织而单独存在。所谓组织（organization），是指由人员组成的、具有明确目的和系统性结构的实体。组织是由人及其相互之间的关系构成的，管理者精心地组合和协调组织的资源以实现组织的目标。对组织理论的全面理解，有助于管理者们设计出更加有效运作的组织。组织究竟是什么？可以用不同的视角和方法来思考组织及其运作，其中两个重要的视角就是开放系统和组织构型框架。①

（一）开放系统

早期的管理思想大多将研究重点放在组织内部系统上，将环境视为想当然的，认定组织一定会通过内部设计而变得更加有效。现如今的环境变化快速且莫测，组织与外部环境的联系越来越紧密，因而必须把组织看作一个开放系统。

开放系统（open system）是一组相互作用的集合体，从环境中获得投入，经过转换再向外部环境输出。输入和输出反映了系统对环境的依赖性，因而组织作为开放系统不能将自己同外界隔绝，而是要不断地变革和适应环境。

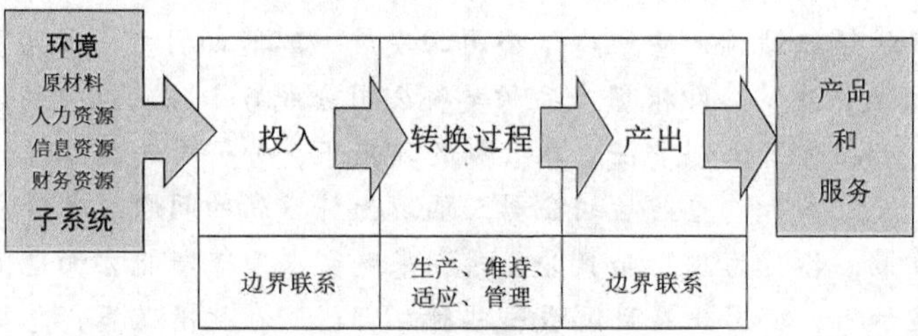

图 5-1　开放系统及其子系统

资料来源：[美]理查德·L·达夫特．组织理论与设计（第 9 版）．北京：清华大学出版社，2012：17。

图 5-1 展现的就是组织的开放系统，组织系统的输入端包括员工、原材料和其他有形资源、信息和财务资源。转化过程中，通过对资源的合理分配与利用而转变出有价值、能够重新输出到环境中的资源。最后输出端包括能够供给顾客的特定产品和服务，可能也会包括员

① [美]理查德·L·达夫特．组织理论与设计（第 9 版）．北京：清华大学出版社，2012：16-18。

工的成长，污染等转化过程中的副产品。图 5-1 除了展示组织投入—转换—产出的过程外，同时展现了组织的子系统。生产子系统负责生产组织的输出——产品和服务，边界子系统负责与外界环境的交换，维持子系统负责保持组织的顺畅运行以及人力财力等资源的维护，适应子系统负责组织的变革和调整，管理子系统为独特的子系统，负责协调与指挥其他子系统。

（二）组织的构型

明茨伯格提出的组织架构理论认为，任何一个组织都有 5 个基本组成部分，如图 5-2 所示，分别是技术核心、高层管理、中层管理、技术支持和管理支持。组织的各个构成部分是为了落实图 5-1 中各个关键子系统的功能。

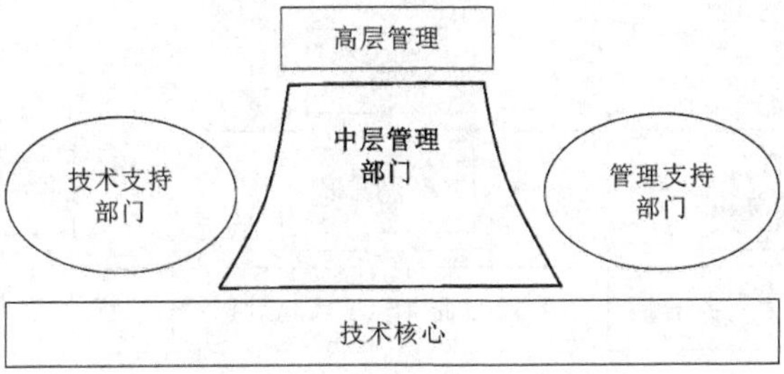

图 5-2　组织的 5 个基本构成部分

资料来源：[美]理查德・L・达夫特．组织理论与设计（第 9 版）．北京：清华大学出版社，2012：17．

组织中 5 个构成部分的规模和重要性可能并不相同，因为它们受到了组织环境、技术以及其他因素的影响。技术核心部门包括从事组织基本活动的员工，主要执行生产子系统的功能，负责生产组织的产品和服务。例如，医院中的医疗部门、制造企业中的生产部门就是技术核心。技术支持部门帮助组织适应环境。例如工程师、研究人员等在制造企业中就是负责审视环境，探寻问题、机会和技术发展动向的技术核心，他们促进技术核心的创新，有助于组织的变革和适应。管理支持部门负责保持组织的顺畅运行以及物力人力在内的组织资源的维护，具体包括人员招聘、培训、薪酬等人力资源活动以及组织设备维修保养等维护活动。管理是一个独特的子系统，负责指挥与协调其他部分。具体为：高层管理负责组织战略制定，中层管理负责部门层次的计划和执行，在传统组织中，由中层管理者在高层管理和技术核心之间充当媒介。

在现实的组织中，组织的 5 个构成要素往往相互交织，并常常承担不止一个子系统的功能。例如管理者主要负责协调和指挥，但也有可能参与到管理支持或者技术支持的活动中，有时还承担边界联系的功能。

二、组织结构

组织结构（organizational structure）是指组织中正式确定的使工作任务得以分解、组合和协调的框架体系。组织结构定义有三个关键要素。[①]

（1）组织结构决定正式的报告关系，包括管理跨度和管理层次。

① [美]理查德・L・达夫特．组织理论与设计（第 9 版）．北京：清华大学出版社，2012：106．

（2）组织结构确定如何由个体组成部门，再由部门组合成整个组织。

（3）组织结构包含保证部门间的有效沟通、合作与整合的系统设计。

组织结构的三个要素包含于组织过程的横纵两个方面：前两个要素是结构性框架，属于纵向科层内容；第三个要素则是关于组织成员之间的横向相互作用类型，一个理想的组织结构应该鼓励其成员在组织需要的时候提供横向信息、进行横向协调。

组织结构可以通过组织结构图来反映。组织结构图是对一个组织的一整套基本活动和流程的可视化描述。图 5-3 是一个组织结构图的例子。组织结构图对于理解组织的运作十分有用，它标示出了组织的各个不同部分，说明这些部分之间是何种关系，以及每个职位和部门如何来适应整体。

图 5-3　组织结构图（示例）

三、组织设计

组织设计（organizational design）是以组织结构为核心的组织系统设计活动，是组织能够有效实施管理职能的重要前提。组织设计分为静态的组织设计和动态的组织设计。静态的组织设计主要研究组织的职权结构、部门结构以及规章制度等，古典组织理论对此做了大量的研究；动态的组织设计则在静态组织设计的基础上，加入了人的因素，并研究了组织结构设计完成后运行中的各种问题，如协调、控制、信息联系、激励等，现代的组织理论对此做了大量的研究，并仍在继续发展和完善。

组织设计理论是指有关组织结构与组织关系的系统设想。在管理的历史长河中，最有代表性的组织设计理论有：古典组织设计理论、行为组织设计理论和权变组织设计理论。

古典组织设计理论以法约尔、韦伯等人的行政组织设计理论为代表。法约尔根据自己长期的实践经验提出了包括劳动分工、权力与责任、统一指挥、统一领导在内的一般管理的 14 项原则；韦伯提出了一种理想的组织模式——“官僚组织”，从而发展了权威的结构与关系理论，即权力结构理论，它强调以工作为中心，依靠权力来维系组织内部之间的关系。古典组织理论侧重于强调组织的刚性设计，强调组织结构具有明晰的劳动分工、正式的规则和法规，按等级组织职位，并具有明确的命令链。20 世纪中叶以前，这种组织模式一直是组织设计的主导模式。

行为组织设计理论产生于 20 世纪 30 年代，与古典组织理论不同，这一时期的组织理论引入行为主义的研究方法，把人的行为和人际关系作为研究组织的出发点，揭示组织的社会心理特征及其本质。美国行为科学家伦西斯·利克特等人通过对群体与个体行为的研究，提出了“参与型”组织模式。这种模式打破了过去组织理论中一人一个职位，各部门严格界限的观念；强调管理人员不能只完成本职的固定工作，还要在各部门之间、个人与个人之间起联结作用，特别是企业的中层管理人员，不但需要与同层次部门或单位保持联系，还要在上下层次之间起联结作用。

人物谱

马克思·韦伯（Max Weber，1864—1920），德国著名社会学家、政治经济学家和公共行政学最重要的创始人之一，与泰勒、法约尔并称为西方古典管理理论的3位先驱，被尊称为"组织理论之父"。韦伯出生于德国的埃尔福特（Erfurt），1882年考入海德堡大学（University of Heidelberg）的法律系，随后又转学到柏林大学（University of Berlin），并在读书期间到军队服役，对德国的军事生活及组织制度有相当深入的了解。1891年，韦伯获得柏林大学的博士学位，并在此开始自己的执教生涯。1903年，韦伯与德国著名的社会学家威纳尔·桑巴特（Werner Sombart）等人一同创办了《社会科学与社会政策文库杂志》（*Archives for Social Science and Social Welfare*）。1904年，他的名著《新教伦理和资本主义精神》（*The Protestant Ethic and the Spirit of Capitalism*）出版。

19世纪后期的德国，尽管工业化过程相当迅速，但由于封建势力的强大与制度的落后，发展还是受到严重束缚。韦伯注意到，在这个过程中，不论在政府、军队，还是教会、企业都产生了越来越多的大型组织，这就迫切需要新的严密、高效、稳定的管理办法与组织制度与之相适应。在经过广泛的调研与系统的思考后，韦伯提出了一种新的管理体制：官僚制（与汉语中带有贬义的官僚制不同）。这种新的制度要求组织通过职务或者职位，而不是通过个人或者世袭地位来进行管理。

古典组织设计理论从静态的角度出发，以效率为目标来组织内部结构，而行为组织设计理论从动态的角度出发，以建立良好的人际关系为目标来构建符合人际关系原则的组织结构。二者最大的区别在于对组织中人的地位的看法不同。前者认为，组织设计最重要的是要建立一个分工明确、非人格化的组织结构，在这样的观念指导下，只要有符合职位需求的人按照明确的职责履职即可；后者则强调组织设计必须考虑到人的因素，即人与人的关系以及人的发展和能力的发挥，以期实现其共同的目标。在20世纪60年代以前，组织设计基本上是在上述两种模式中进行选择。

20世纪60年代以后，系统论、控制论和信息论的成果被引入组织理论，推动了组织理论的研究进入一个新的发展阶段，权变组织设计理论应运而生。权变组织观的中心思想是，在承认系统论关于组织与环境以及各个分系统之间存在相互联系、互动作用和一致性的基础上，制定特定条件下组织的最有效的管理方式。权变组织设计理论认为不存在普遍适用的、一成不变的组织模式，不能生搬硬套某种在特定环境中适用的组织模式和方法。它强调组织的部分、部分之间的相互影响、部分之和组成的整体的重要性，强调组织对环境的影响和环境对组织的影响，把组织看成一个相互联系的、动态的、开放的系统，同时在组织管理领域中不再寻求最好的模式，而是从正规性、标准化转向灵活性和多样性。

第二节　组织结构设计的关键要素

组织结构设计是一个涉及6个方面关键要素的过程，这些要素分别是工作专门化、部门化、命令链、管理跨度、集权与分权和正规化，如表5-1所示。本节将针对这几个要素分别加以介绍。

表5-1　为了设计恰当的组织结构，管理者需要面对的六个问题

关键问题	由谁回答
1. 把任务分解成相互独立的工作单元时，应细化到什么程度？	工作专门化
2. 对工作单元进行合并和组合的基础是什么？	部门化
3. 员工个人和群体向谁汇报工作？	命令链
4. 一名管理者可以有效指导多少员工？	管理跨度
5. 决策权应放在哪一级？	集权与分权
6. 规章制度在多大程度上可以指导员工和管理者的行为？	正规化

资料来源：[美]斯蒂芬·P·罗宾斯．组织行为学（第14版）．北京：中国人民大学．2012：418.

一、工作专门化

亚当·斯密于19世纪后期首次提出了劳动分工的思想，并指出分工有利于提高工作效率。他所说的分工，即是将整体功能划分为若干功能单位，分别由相应的人专门从事一项或少数几项功能单位，从而使得个人专项技能得以强化，组织整体绩效得以提高。亨利·福特将这一思想引入其汽车装配工厂，利用生产线作业管理方法，给生产线上的每一个员工分配特定的、重复性的工作。通过把工作划分为较小的、标准化的任务，使工人能够反复地进行同一种操作，从而提高了生产效率。

后来，人们用工作专门化（job specialization）描述组织中任务被划分成各项专门工作的程度。具体而言，工作专门化是通过动作和时间研究，将工作分解为若干很小的单一化、标准化及专业化的操作内容与操作程序，以达到提高生产效率的目的。工作专门化的实质不是将整项任务交由某个人承担，而是将其细分为若干步骤，每一步骤由不同的人单独完成。换言之，个人仅是专门从事活动的一部分，而不是全部活动。

20世纪中叶之前，工业化国家大多数生产领域的工作都是通过工作专门化来完成的。大多数管理人员认为，这是一种最高效的利用员工技能的方式。不可否认，工作专门化具备很多优点：首先，它使得组织的分工明晰，有助于员工对业务性质、自己所从事工作的职责、所从事工作能获得的收益等有一个明晰的认识，员工可根据明晰的责权利关系来从事企业中程序化的工作，而不必处于盲目状态；其次，从组织角度来看，实行工作专门化，有利于提高组织的培训效率，挑选并训练从事具体的、重复性的工作的员工比较容易，成本也较低；最后，员工长期在单一领域内工作，对该领域非常熟悉，这样能够鼓励员工在自己熟知的领域有所突破，进行持续创新。

通过实施工作专门化，确实使企业在一段时期内的生产效率得以提高。但是进入20世纪60年代以后，随着管理实践的发展，工作专门化带来的负面效应也逐渐显现出来。尤其是在

某些工作领域出现了这样一个拐点：由工作专门化带来的员工非经济性（表现为员工的厌烦情绪、疲劳感、压力感、低生产率、低质量、缺勤率和人员流失率上升等）超过了经济性带来的优势，如图 5-4 所示。

当今大多数管理者已经认识到，工作专门化虽然是一个重要的组织方式，但不是一个能够无止境提高生产率的方法。他们在看到工作专门化可以为某些类型的工作带来经济性的同时，也认识到过度专门化会导致非经济性的产生。为了避免工作专门化带来的负面影响，首先应该把握好工作专门化的程度，同时通过如工作轮换、工作扩大化、工作丰富化等方式丰富员工的工作内容，从而提升员工的工作满意度和生产率。

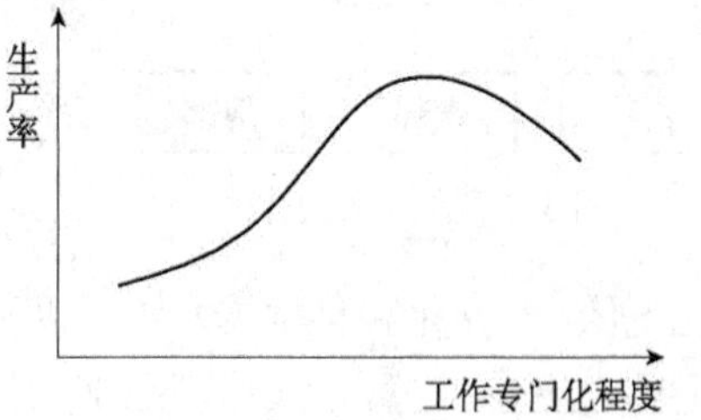

图 5-4　工作专门化程度对生产率的影响

二、部门化

部门化（departmentalization）是将整个管理系统进行分解，并把若干职位组合成一些相互依存的基本管理单位的过程。这些基本管理单位就是部门，它既是一个特定的工作领域，又是一个特定的权力领域。每一个组织都可以有其划定部门的独特方式，划分部门的方式通常有以下几种。

（一）职能部门化

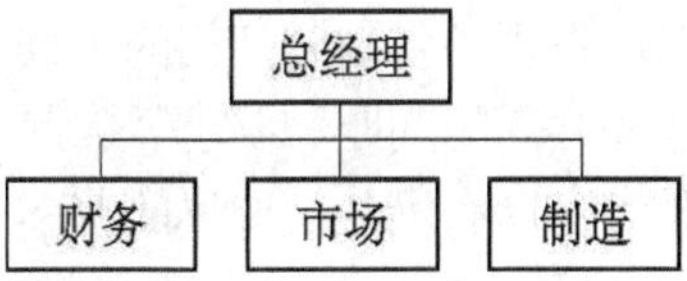

图 5-5　职能部门化

职能部门化（functional departmentalization）是根据业务活动的相似性来划定部门。判断某些活动是否相似的标准是活动的业务性质是否相近，从事活动所需的业务技能是否相同，活动的进行对同一目标的实现是否有密切相关的作用。如财务、市场、制造等都是企业的基本职能，如图 5-5 所示。

职能部门化将相同专业的专家和拥有相同技能、知识与观念的人员组合在一起，利于本专业领域内部的协调，从而增加管理的专业化程度，提高效率。但是，由于各部门长期只从事本专业的业务，可能会造成与其他职能部门的沟通不良。此外，这种方式使得管理人员只关注本领域，不利于高级管理人才的培养。

（二）产品部门化

产品部门化（product departmentalization）是根据组织生产的主要产品类型来划定部门。在这种方式下，每一主要产品领域都划归一位主管的管辖之下，该主管人员不仅是所分管产品线的专家，而且对本部门所开展的一切活动负责，如图 5-6 所示。

产品部门化有利于促进特定产品或服务的专门化经营，更加贴近顾客,使各部门的负责人员成为某产品领域的专家。但是，各产品的职能部门独立会造成职能的重复配置和资源配置的浪费，而且由于各部门只关注本产品领域的活动，可能导致缺乏对组织整体目标的认识。

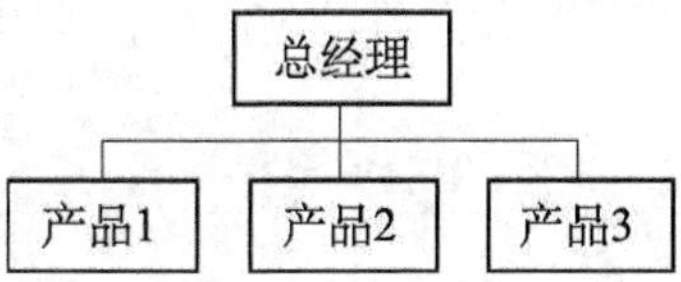

图 5-6　产品部门化

（三）区域部门化

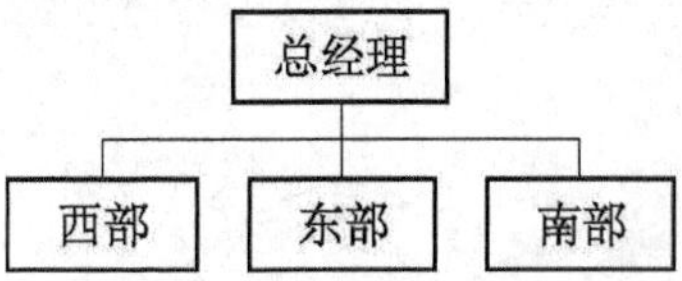

图 5-7　区域部门化

区域部门化（geographic departmentalization）是根据地理因素来设立部门，把不同区域的业务和职责划归不同的部门负责，如图 5-7 所示。

区域部门化对于一个地域分布较广或业务涉及区域较广的组织来说是十分必要的，这种方式适应了不同地区的政治经济形势、文化和科学技术水平以及对业务的不同需求，可以更有效地处理特定区域产生的问题。但是，这种方式与产品部门化一样，会导致职能的重复配置，同时会使区域部门之间存在隔离感，高层管理者对各部门的协调难度较大。

（四）流程部门化

图 5-8　流程部门化

流程部门化（process departmentalization）是按照提供产品或服务的流程来划定部门，使各项工作活动沿着处理产品或提供服务的工艺流程来组织，如图 5-8 所示。

流程部门化在生产程序复杂、要求严格的情况下是必要的，它有利于加强工艺管理，提高工艺水平。该方式同样适用于针对某些顾客的服务。其局限性是仅限于某些类别的产品和服务。

（五）顾客部门化

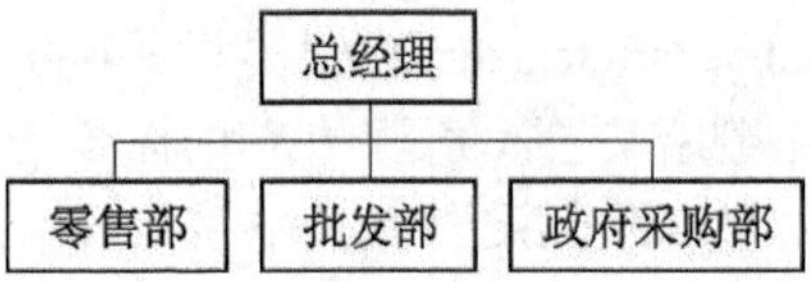

图 5-9　顾客部门化

顾客部门化（customer departmentalization）是根据顾客的类型来划定部门。根据顾客划分部门的依据是，同一类型的顾客存在着共同的问题和要求，因此通过为他们分别配置相关专家以满足其需要，如图 5-9 所示。

顾客部门化可以及时满足顾客的需求和处理顾客的问题。但是该方式使得高层管理者对部门的协调难度加大，各部门对组织整体的目标缺乏认识。

一个组织究竟采用何种方式划定部门，应视具体情况而定，尤其是对于大型组织而言，这些部门化方式往往是综合使用的。如企业职能或参谋机构一般按职能划分，生产部门可按程序或业务划分，销售部门则根据实际需要按地区或客户划分。

进入 20 世纪 90 年代以来，部门化出现了两个比较普遍化的趋势：第一，顾客部门化越来越受到重视，这种方式被认为能够更好地了解顾客的需求，并对顾客需求的变化做出更快、更好的反应；第二，越来越多僵化的职能部门被跨职能团队（cross-function teams）所取代，跨职能团队是一种将各专业领域的专家组合在一起协同工作的方式。跨职能团队对外能快速响应客户与市场的需求，对内能凝聚智慧，通过团队成员的信息交流与知识经验共享，充分发挥集体思维的创造性，寻求解决问题的最佳方案。

课堂讨论

权力部门化

在近些年的反腐浪潮中，出现一种新的腐败现象——权力部门化。

概念：权力部门化是指行政部门偏离公共利益导向，利用拥有的公共权力资源谋求部门局部利益，置大局于不顾，把部门利益凌驾于党、国家与人民之上，变相实现小团体或少数领导个人的利益。

表现：利用掌握的国家立法资源，在起草国家法律、行政法规时过于强调本部门的权力（如审批、收费、处罚等）而弱化相应的责任；利用行政执罚权获取收益；向管理对象拉赞助搞摊派获取收益；行政部门与中介机构明脱暗不脱，从中获取利益；截留、套取、侵占财政资金获取收益等。

典型案例：郑筱萸案。原国家药监局局长郑筱萸，以及该局数位司长的涉案，说明了国家赋予的药品监管权力如何蜕变为部门权力，部门权力又蜕变成少数人权力的生动过程。由于药品监管机构内部监控机制不完善，外部缺乏公开透明的审批流程，使药监系统出现腐败窝案，轰动一时。

试问：如何规避权力部门化的现象？

三、命令链

命令链（chain of command）是指从组织高层延伸到基层的一条持续的职权线，它界定了谁向谁报告工作。它帮助员工回答“我遇到问题时向谁请示”或“我对谁负责”等问题。要更好地理解命令链的概念，必须首先弄清以下几个概念。

（一）职责与职权

职权（authority）是指管理职位所固有的发布命令和希望命令得以执行的一种权力。职权是基于组织中的职位，它与任职者没有任何关系。职责（responsibility）与职权具有对等的重要性，它是指对应职权应承担的相应责任。

按照古典学者的划分，职权可以分为直线职权（line authority）和参谋职权（staff authority）两种类型。

（1）直线职权。直线职权是指给予一位管理者指挥其直接下属工作的权力。正是这种上级-下级职权关系从组织的最高层贯穿到组织的最低层，进而形成一条命令链。在命令链的每个链节处，拥有直线职权的管理者均有权指挥下属人员的工作，无须征得他人意见而做出某些决策。同样，每一位管理者也都要接受其上级主管的指挥。

（2）参谋职权。参谋职权是指为直线职权服务的顾问性质的职权。一般来说，在没有得到授权的情况下，拥有参谋职权的人是不能直接发布命令的，但在实际操作中，参谋人员有时可能有意或无意地变参谋职权为直线职权，对下属甚至不是下属的人员行使直接指挥权，这样会导致组织管理混乱和缺乏效率。

除了以上两种形式的职权，还存在一种职权，被称为职能职权（functional authority）。职能职权指的是授予个人或部门的权力，以控制规定的工作进程、实践、方针或其他与别的部门人员承担的活动有关的事项。职能职权是管理人员将原本属于自己的某些权力授予有关的参谋部门或参谋人员行使，从而使参谋人员不仅具有参谋职权，而且还有一定的直接指挥和控制的权力。

职责可分最终职责与执行职责两类。最终职责是管理者应对他授予执行职责的下属人员的行动最终负责，所以最终的责任永远不能下授；执行职责是指管理者应当下授与所授职权相等的执行责任，不过职责的另一方面（它最终的要素）应当保留。由此可见，执行职责可以向下授予，但最终职责是不可下授的。这就是说，管理者应对其授权负最终责任而不管具体执行人是谁。

对组织来说，一定的职权应该与一定的职责相一致，也就是要权责对等。职权大于职责会导致滥用职权而忽视职权的运作绩效；职权小于职责会导致指挥失灵而难以发挥作用。

（二）命令统一原则

命令统一原则（unity of command），又称统一指挥原则，是法约尔提出的 14 项管理原则之一，即应该能使组织保持一条持续的职权线，每个下属应当而且只能向一个上级主管直接负责。它包括两方面的意思：一是一个下属只能接受一个上级的指挥；二是一个下属只能向一个上级汇报工作。

应该说，命令统一原则对于保证组织目标的实现和绩效的提高有很大的作用。只有在组织设计的过程中贯穿这条原则，才有可能最大限度地防止政出多门、遇事互相推诿，保证有效地统一和协调各方面的力量、各部门的活动。

早期的管理理论家（法约尔、韦伯、泰勒等）特别推崇命令链、职权、职责、统一指挥思想。但随着信息技术的发展及对员工授权的扩大，命令链、职权、职责、统一指挥这些概念在当今不再那么重要了。因为遍布整个组织的员工可以在几秒钟内取得原来只有高层管理者才能获得的信息；利用信息技术，员工可以不通过正式的渠道（也就是命令链），与组织中其他人员进行沟通；随着员工被授权可以制定原本只有管理者才有权做出的决策，以及随着越来越多的自我管理的跨职能团队的出现及“多头领导”体制的引入，职权、职责、统一指挥这些传统的思想正变得越来越不被关注，需要更加辩证地看待。

四、管理跨度

管理跨度（span of control），又称管理幅度，是指一个管理人员所能有效地直接领导和控制的实际人员数。管理层次（management level）是指组织内纵向管理的等级数。一般而言，对一个特定组织来说，管理层次与管理跨度成反比，即管理跨度越宽，对应的管理层次则越少；管理跨度越窄，对应的管理层次就越多。管理层次与管理跨度决定了两种基本的组织结构形态：扁平结构（flat structure）与高耸结构（tall structure）。扁平结构是指管理层次少而管理跨度大的一种组织结构形态。与之对应，高耸结构是指管理层次多而管理跨度小的一种组织结构形态。如图 5-10 所示，图中左侧的组织结构属于高耸型，而右侧的组织结构属于扁平型。假设它们的作业人员都为 4096 人。如果前一个组织的管理跨度各层次均为 4，而后一个组织的跨度为 8，那么前一个组织就相对多出 2 个管理层次（前者为 7 个，后者为 5 个）。

（一）宽管理跨度与窄管理跨度的优缺点比较

如果单从成本的角度看，宽管理跨度无疑是值得推崇的。如图 5-10 所示，前一个组织有管理人员（层次 1～6）1365 人，而后一个组织的管理人员（层次 1～4）为 585 人，两者相差大约 800 人，假如管理人员的平均年薪为 20 万元，那么加宽跨度后将使组织在管理人员工资上每年节省超过 1.5 亿元。但是，扁平化也存在着弊端，如果管理跨度过大，管理者会因下属过多而没有足够时间对其进行指导，会影响到员工乃至组织的绩效。因此，扁平组织与高耸组织各有优缺点，哈罗德 · 孔茨与海因茨 · 韦里克对两者的优缺点进行了比较，本书整理如表 5-2 所示。

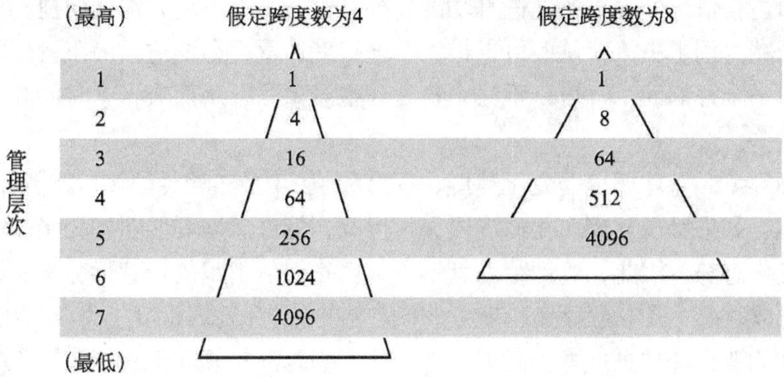

图 5-10　管理跨度对比

资料来源：[美]斯蒂芬·P·罗宾斯．组织行为学（第 14 版）．北京：中国人民大学出版社，2012：422.

表 5-2　宽管理跨度与窄管理跨度的优缺点比较

项目	窄管理跨度	宽管理跨度
优点	• 严密的监控 • 严密的控制 • 上下级之间联络迅速	• 迫使上级授权 • 必须制定明确的政策 • 必须谨慎地选择下级人员
缺点	• 上级往往过多地参与下级的工作 • 管理的多层次 • 多层次引起高费用 • 最低层与最高层之间距离过长	• 上级负担过重，容易成为决策的“瓶颈” • 上级有失控的危险 • 要求管理人员具备特殊的素质

资料来源：[美]哈罗德·孔茨，海因茨·韦里克．管理学（第 10 版）．北京：经济科学出版社，2003：160.

（二）影响管理跨度的因素

管理跨度的现代观点认为，多种因素影响着管理者能既有效率又有效果地管理下属人员的合适数量。一般而言，管理跨度取决于管理者的时间和偏好、管理者及下属人员的素质和能力以及所要完成的工作的特性等。我们可将影响管理跨度的主要因素大体上分为四类。

（1）管理者及下属人员的素质。如果管理者的综合能力、理解能力和表达能力很强，能够抓住关键，迅速解析问题，明确指示，并保证下属人员能够理解及迅速有效地执行，那么管理跨度就可宽些；否则就要适当缩小管理跨度。而如果下属人员的工作能力强，受过系统培训，经验丰富，可以很好地理解和执行上级的命令，这样，管理跨度也可以宽些。

（2）管理工作的性质。管理工作性质的不同，会导致管理跨度也有所不同。对于高层管理者来说，他们往往面对的是对组织有重大意义的复杂问题，因此，他们直接领导的人数应该少而精，以便集中最优秀的人才处理最复杂、最重要的问题；基层管理者主要是处理一些重复或相似的例行性工作，其下属在职能上有很高的相似性，他们管理的人可以多些。

（3）管理条件。管理条件包括管理标准化程度、信息处理的效率以及助手的配备状况等。第一，就管理标准化程度而言，如果作业方法及作业程序标准化程度较高，管理跨度就可扩大；如果标准化程度较低，事事要重新研究，管理跨度就要小一些。第二，如果信息传递的方式和渠道恰当，信息处理设备先进且功能发挥充分，则上下左右沟通便捷，协调充分，领导者可将主要精力用于决策，从而可以扩大管理跨度；反之则要适当缩小管理跨度。第三，如果管理者有一个好的助手，可以不必亲自处理很多事务，从而节省了时间和精力，管理跨度则可以放宽些。

（4）管理环境。管理环境的变化速度、程度和组织的外部经营形势等无疑对管理跨度也有一定的影响。如果管理环境变化速度快、程度高，管理者则需要花费较多的时间及精力来应付和处理变化态势，因此，管理跨度就不可能很宽。从组织的经营形势来看，当组织经营形势困难的时候，为了集中力量渡过难关，则需要集权，在管理跨度上也要做出相应的调整。

随着环境的变化和信息技术的发展，如今的组织越来越倾向于实行扁平化的组织结构，这种方式具有成本低、决策快、组织灵活性高、更加接近顾客等多种优势，相比高耸式的组织结构而言，这种方式更能适应当今竞争环境的需要。与此同时，组织也在尽可能克服扁平化带来的不足。

五、集权与分权

集权与分权所要确定的是决策权应该放在组织的哪一层级上。集权（centralization）是指决策权在组织系统中较高层级上一定程度的集中。与此对应，分权（decentralization）是指决策权在组织系统中较低层级上一定程度的分散。[①]集权与分权是一个相对的概念，组织既不可能是绝对集权的，即所有的决策权都集中于某一高层领导者团体，也不可能是绝对分权的，即把所有的决策权都授予基层员工。

集权与分权的程度是随着条件的变化而变化的。对其有影响的因素主要有以下几个。

（1）决策的代价。决策付出代价的多少，是决定分权程度的主要因素之一。如果决策失误所付出的代价很大，对组织运营或组织信誉、士气等无形标准影响较大，那么这种决策就不适宜交给下级人员处理。高层主管对待此类重要决策很谨慎，往往是亲自负责而不会轻易授权给下级。

（2）组织的规模。组织规模扩大以后，集权管理不如分权管理有效而经济。组织规模扩大，组织的层次和部门会因管理跨度的限制而不断增加。层次增多会使上下沟通的速度减缓，造成信息延误和失真，并意味着今后彼此间的配合工作也会迅速增多。因此，为了加快决策速度、减少失误，使最高主管能够集中精力处理重要决策，也需要向下级分权。

（3）组织的生命周期。从组织的生命周期来看，组织总是处于不同的生长阶段。通常在组织的成立初期需要采取和维持一种高度集权的管理方式。随着组织的逐渐壮大，管理方式由集权逐渐过渡为分权。

（4）组织中人员的数量和素质。人员的数量少，素质不高，会直接限制组织的分权。而如果管理人员数量充足、经验丰富、训练有素、管理能力强，则可有较多的分权。

（5）控制的可能性。分权不可失去有效的控制。最高主管在将决策权下授时，必须同时保持对下属的工作和绩效的控制。许多管理人员之所以不愿意向下分权，就是因为他们对下属的工作和绩效没有把握，担心分权之后下属无法胜任工作而承担连带责任，认为与其花更

① 周三多，陈传明，鲁鸣泓．管理学——原理与方法（第5版）．上海：复旦大学出版社．2009：311．

多的时间去纠正错误，不如多花一些时间自己去完成这项工作。因此，要有效实施分权，就必须同时解决如何控制的问题。

近年来，分权化决策的趋势比较明显，这与使组织更加灵活和主动地做出反应的管理思想是一致的。在企业中，基层管理人员更贴近生产实际，对有关问题的了解比高层管理人员更翔实。因此，他们对自己管辖范围内的问题的反应远远快于公司总部的高级主管，处理方式也会更得当。

拓展学习

分权管理通常适用于规模较大、产品品种多、市场变化快、地区分布较分散的产业。分权的对称是集权，集权和分权主要是一个相对的概念，是一对矛盾统一体。

六、正规化

正规化（formalization）是指组织中各项工作标准化以及员工行为受规则和程序约束的程度。如果一项工作的正规化程度较高，就意味着从事该项工作的人对工作内容、工作时间、工作手段没有多大的选择自主权，员工被要求以完全相同的方式处理同样的投入，因而能够产生一致的、统一的产出。

在高度正规化的组织中，各项工作有明确的职务说明，有明确的工作程序和详细的规章制度；而正规化程度较低的工作，工作行为具有非结构化的特点，各项规定没有那么具体僵硬，员工对工作的处理有较多的自主权。

在不同的组织中，正规化程度有很大的差别。有些组织仅以很少的规范准则运作，而另一些组织，即使规模不大，却具有各种规定指示员工可以做什么和不可以做什么。即便在同一组织中，由于部门工作性质的不同，正规化程度也可能不同。

第三节　组织结构的类型

根据组织的复杂化程度、组织的正规化程度和组织的集权化程度，可以将企业的组织结构简单地划分为机械式组织（mechanistic organization）和有机式组织（organic organization）两大类，这两种组织形式是组织设计中的两种理想而又极端化的组织结构模式。所谓机械式组织，也称官僚行政组织，是综合使用传统组织设计原则的产物，其特点是高度复杂化、高度正规化和高度集权化。有机式组织，也称适应性组织或柔性组织，与机械式组织形成鲜明的对照，它是低复杂化、低正规化和分权化的，是一种松散的结构，能根据需要迅速做出调整。对两者的比较如表 5-3 所示。

在现实的组织中，很少有纯粹的机械式或有机式组织。相反，有许多组织结构设计既可以是机械式的，也可以是有机式的。现实中大致有以下几种典型而实际的组织结构类型：直线制组织结构、职能制组织结构、直线职能制组织结构、事业部制组织结构、矩阵式组织结构、基于团队的结构和虚拟组织。

表 5-3　机械式组织与有机式组织的比较

机械式	有机式
1. 任务被分解成专门化的、独立的各个部分	1. 员工对部门的共同任务做出贡献
2. 任务被严格地界定	2. 任务通过员工团队重新调整和界定
3. 存在着严格的权力和控制层级，制定有许多规章	3. 权力和控制的层级较少，规章较少
4. 知识和任务的控制集中于组织的高层管理部门	4. 知识和任务的控制分散在组织的各个地方
5. 沟通是纵向的	5. 沟通是横向的

一、直线制组织结构

直线制组织结构（line structure）是最早使用也是最为简单的一种结构，是一种低部门化、宽管理跨度、集权式的组织结构形式。其特点是：组织中各职位按照垂直系统直线排列，各级行政领导人执行统一指挥和管理职能，不设专门的机构。直线制组织结构如图 5-11 所示。

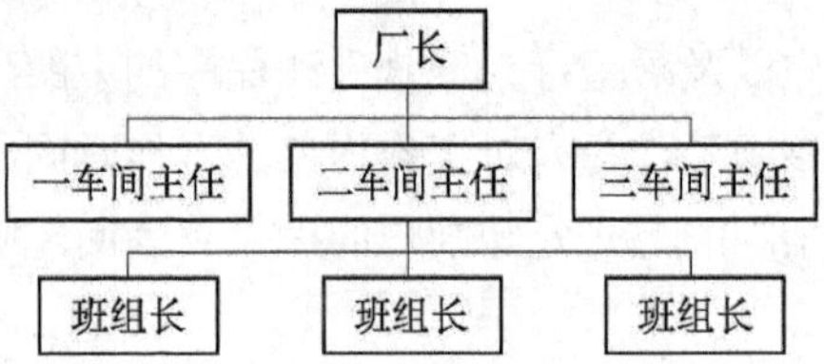

图 5-11　直线制组织结构

这种组织结构设置简单、职责分明、沟通方便、反应敏捷，便于统一指挥和集中管理。它的主要缺点是缺乏横向的协调关系，高度集权导致信息积滞在高层，难以适应组织的扩展需要。另外，依靠个人决策具有风险性，领导者需要决定方方面面的事务，决策失误可能会对这种组织造成非常沉重的打击。

因此，这种组织结构只有在企业规模不大、员工人数不多、生产和管理工作都比较简单的情况下才适用。一般在组织规模扩大以后，组织结构会做出改变，倾向于更具专门化和正规化的特征。

二、职能制组织结构

职能制组织结构（functional structure），又称 U 形结构，是一种以工作为中心进行组织分解的结构，组织从上至下按照相同的工作方法和技能将各种人员与活动组织起来。职能制组织结构的特点是：通过工作专门化，制定非常正规的制度和规则；以职能部门划分工作任务；实行集权式决策，管理跨度狭窄；通过命令链进行决策，来维持组织经营活动的顺利运转。职能制组织结构如图 5-12 所示。

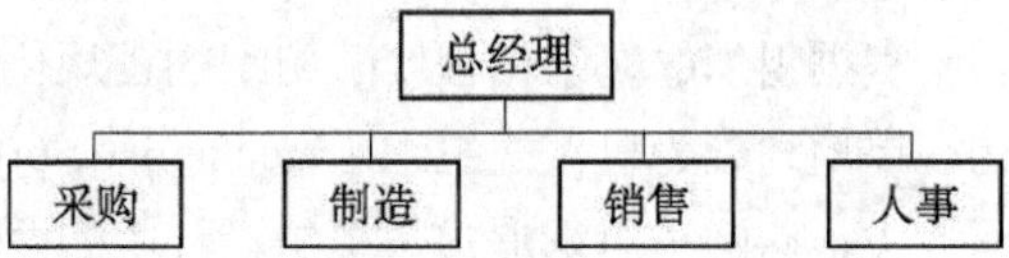

图 5-12　职能制组织结构

职能制组织结构的优点在于：

（1）它使得相同专业的员工一起工作，共享设施，有利于促进部门内部规模经济，避免人力资源和物质资源的重复配置。

（2）通过职能制组织结构，员工被安排从事一系列部门内部的职能活动，从而使其知识和技能都得到巩固和提高，有利于为组织提供更有价值深度的知识。

（3）该结构有利于员工发挥自己的职能专长，对员工具有一定的激励作用。

其主要不足在于：

（1）这种结构使得决策堆积于高层，高层管理者不能快速做出反应，部门间的横向协调也比较困难，从而导致企业对外界环境的变化反应太慢，不利于企业满足迅速变化的顾客需求。

（2）各部门由于过分追求职能目标从而对组织目标认识有限，不利于培养全面的管理人才。

这种结构通常在只有单一型产品或少数几类产品，面临相对稳定的市场环境的企业中采用。

三、直线职能制组织结构

直线职能制组织结构（line-functional structure）是把直线制和职能制结合起来形成的。这种结构的特点是，以直线制为基础，在各级行政负责人之下设置相应的职能部门，分别从事专业管理，作为该级领导者的参谋，实行主管统一指挥与职能部门参谋、指导相结合的组织结构形式。职能部门拟订的计划、方案以及有关指令，统一由直线领导者批准下达，职能部门无权直接下达命令或进行指挥，只起业务指导作用；各级行政领导人逐级负责，高度集权。直线职能制组织结构如图 5-13 所示。

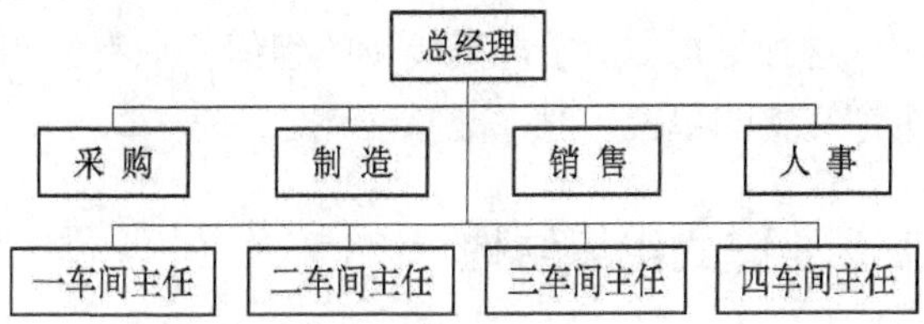

图 5-13 直线职能制组织结构

直线职能制组织结构的优点在于，它既保持了直线制的集中统一指挥，又吸取了职能制发挥专业管理的长处，从而提高了管理工作的效率。其缺点是：

（1）权力集中于最高管理层，下级缺乏必要的自主权。

（2）各参谋部门与指挥部门之间的目标不统一，各职能部门之间的横向联系较差。

（3）信息传递路线较长，反馈较慢，适应环境变化较难，实际上是典型的“集权”管理的组织结构。

这种结构适用于规模不大、经营单一、外部环境比较稳定的组织。目前，我国很多组织都采用这种组织结构形式。

四、事业部制组织结构

事业部制组织结构（divisional structure），又称 M 形结构，以产生目标和结果为基准来进行部门的划分和组合，是一种分权的组织形式。采用这种结构形式的组织，可以针对单个产品或服务、产品组合、主要工程或项目、地理分布、商务或利润中心等来组织事业部。事业部制是西方经济从自由资本主义过渡到垄断资本主义以后，在企业规模大型化、企业经营多元化、市场竞争激烈化的条件下出现的。事业部制组织结构的主要特点是“集中决策，分散经营”，即在集权领导下实行分权管理，每个事业部都是独立核算单位，在经营管理和战略决策上拥有很大的自主权，各事业部经理对部门绩效全面负责。总公司只保留预算、人事任免和重大问题的决策等权力，并运用利润等指标对事业部进行控制。事业部制组织结构如图 5-14 所示。

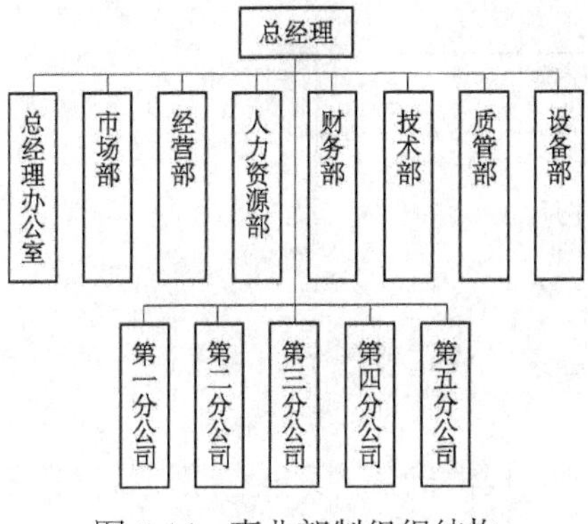

图 5-14 事业部制组织结构

这种组织结构的优点在于：

（1）能够适应不稳定的、高速变化的外部环境，通过清晰的产品责任和明确的顾客关系及时满足顾客的需求。

（2）各部门因具有统一的目标而便于协调和统一指挥，又因为具有经营上的自主权从而能调动各部门的积极性和主动性。

（3）各部门分权决策有利于总部高层管理人员摆脱日常行政事务的负担，集中力量来研究和制定公司的长远战略规划，也有利于培养具有整体观的高层经理人员。

它的缺点是：

（1）该结构中的活动和资源配置重复，容易失去职能部门内规模经济效益，导致组织总成本的上升和效率的下降。

（2）各事业部之间人员调动和技术交流不够顺畅，各部门常常是从本部门利益出发，容易滋长本位主义和分散主义。

（3）由于这种结构不是按职能专业来分配的，因此失去了技术专门化带来的深度竞争力。

这种结构不适于规模较小的组织，只有当组织规模较大，并且其下属单位够得上成为一个“完整的单位”时才能够应用。

五、矩阵式组织结构

矩阵式组织结构（matrix structure）就是把一个以项目或者产品为中心构成的组织叠加到传统的、以职能来构成的纵向组织之上。该结构中有两套管理系统，一套是为完成某一任务的横向项目系统，另一套是纵向的职能领导系统。矩阵式结构最主要的特点是：能使产品事业部制结构和职能制结构同时得到实现，创造了双重命令链。因此，组织中的人员也具有双重性：其一，他们仍然需要对其原属的职能部门负责，职能部门的主管仍是他们的上级，这是和纵向的职能领导系统相吻合的；其二，他们又必须对项目经理负责，项目经理对他们拥有项目职权，这又是由横向的项目系统决定的。矩阵式组织结构如图 5-15 所示。

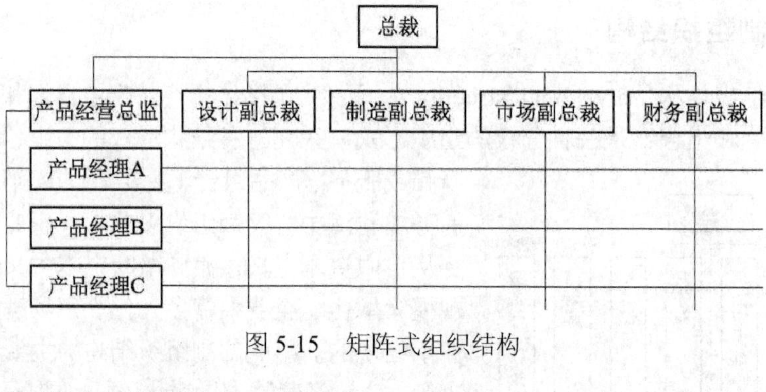

图 5-15　矩阵式组织结构

矩阵式组织结构的优点是：

（1）双重的权力结构便于沟通与协调，可在短期内迅速完成重要任务，可以适应不确定环境下复杂的决策和经常性的变革。

（2）它既保持各部门职能的独立，为职能和生产的改进提供机会，又能有效地将来自各个部门的人员组织起来，实现部门间人力资源的共享。

（3）这种结构给员工提供了获得职能技能和一般管理技能两方面技能的机会。

它的缺点是：

（1）在双重权力系统之中，权力的平衡很难维持，容易造成争议和冲突，甚至争权夺利。从员工的角度来看，理解和适应这种模式很困难，在双重领导下可能会感到无所适从。

（2）员工需要具备良好的人际关系技能和全面的培训。

（3）矩阵式结构想要使横向团队和纵向科层一样正式化，但在实际中这显然很困难。

（4）资源管理存在复杂性。

这种组织结构适合在下述条件下使用①：

（1）产品线之间存在着共享稀缺资源的压力。该类组织通常是中等规模，拥有中等数量的产品线，组织在不同产品之间共享和灵活使用人员与设备方面存在巨大压力，但是组织规模还没有大到能为每一条产品线配备专门的人员和设备。

（2）存在着需要提供两种或更多的重要产出的环境压力，例如深化发展技术知识（职能制结构）和不断更新新产品（事业部制结构）的压力。这种双重压力意味着在组织的职能和产品之间需要一种权力的平衡，为了保持这种平衡就需要一种双重职权的结构。

（3）组织的环境条件复杂且不确定。频繁的外部变化和部门之间的高度依存，要求无论在纵向还是横向方面都要有大量的协调和信息处理，对环境做出迅速而一致的反应。

六、基于团队的结构

团队是指一种为了实现某一目标而由相互协作的个体组成的正式群体。当管理人员使用团队作为协调组织活动的主要方式时，其活动结构即为基于团队的结构（team-based structure）。这种结构形式的主要特点是：它打破了部门界限，能够实现迅速组合、重组和解散，促进员工之间的合作，提高决策速度和工作绩效，使管理层有时间进行战略性思考。

这种结构具有明显的优点：团队内部每个成员始终都了解团队的工作并为之负责；团队具有很大的适应性，能接受新的思想和新的工作方法。但该结构也具有明显的缺陷：如果小组的领导人不提出明确要求，团队就缺乏明确性；它的稳定性不好，经济性也差；团队必须持续不断地注意管理；团队成员虽然了解共同任务，但不一定对自己的具体任务非常了解，甚至可能因为对别人的工作过于感兴趣，而忽略了自己的工作。此外，该结构在培养高级管理者或检验工作成绩方面也存在劣势。

基于团队的结构一般作为典型的官僚结构的补充，在一些大型组织中，基于团队的结构通常会与职能制结构或事业部制结构相结合，这促使组织在获得行政式机构的效率性的同时，又具有了团队结构形式的灵活性。

七、虚拟组织

虚拟组织（virtual organization）是一种只有很小规模的核心组织，以合同为基础，依靠其他商业职能组织进行制造、分销、营销或其他关键业务的经营活动的结构。虚拟组织虽然规模较小，但这种组织的决策高度集中，其部门化程度很低，甚至没有下属部门，能发挥主要职能。

① [美]理查德·L·达夫特．组织理论与设计（第9版）．北京：清华大学出版社，2012：125.

虚拟组织与传统的组织结构有根本的区别，传统的组织结构具有多层次的垂直管理体系，有各自划分的职能部门，研究开发在自己的实验室内进行，产品制造在本企业下属制造厂里实施，有自己的销售网络。传统组织为保证企业的有效运作，必须雇用大批财会、销售、后勤、人力资源管理等人员。虚拟组织则不同，它要到组织外部去寻找这些资源，把各种日常业务部门推到组织外部去，把制造部门、销售网点、广告宣传等交给其他企业，跟这些企业建立伙伴关系，自己则集中精力于自己擅长的业务上。这种组织往往只负责产品设计、营销战略、产品质量和标准等重大问题，因此它有很大的灵活性和反应的敏捷性。

图 5-16 是一幅虚拟组织图，从图中可见，管理人员把企业的基本职能都已交给了外部力量，组织的核心是一个小规模的经理小组，他们的工作是，直接监督企业内部的经营活动，并协调为本企业进行生产、销售及其他重要职能活动的各组织之间的关系。图中的箭头表示与这些企业之间的契约关系，核心组织的主管人员大部分时间都通过计算机网络协调和控制与外部企业的关系。

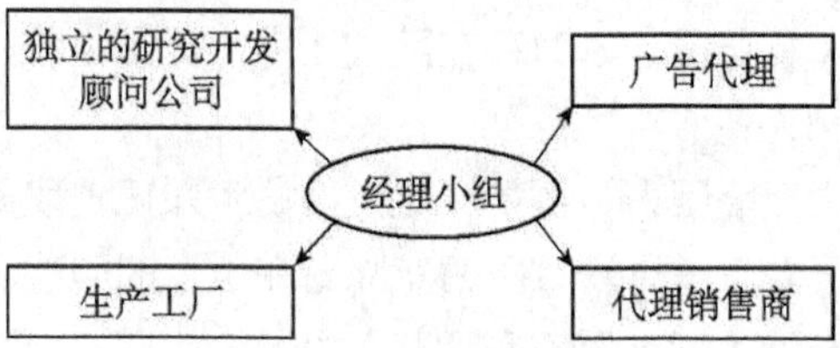

图 5-16　虚拟组织（示例）

概括起来，虚拟组织有下述特点。

（1）通过计算机网络与中间商、承包商以及合作伙伴保持联络。

（2）可以把每个伙伴的优势集中起来，设计、制造和销售最好的产品。

（3）各企业为了应付市场的竞争可紧密捆绑在一起，一旦市场发生变化又可松绑，重新组合，具有很大的灵活性、机动性和反应的灵敏性。

（4）要求各企业之间彼此信任，这种信任是建立在共同利益基础上的。

（5）各企业之间很难确定边界，组织的边界不是隔离的、封闭的，而是互相渗透的，合作的伙伴可以通过计算机网络互相沟通、共享信息、交流经验。

第四节　影响组织结构设计的权变因素

影响组织结构设计的权变因素较多，其中最重要的几项分别是组织所面临的环境、组织战略、组织规模、组织生命周期、组织技术以及组织内人员的素质，下面将逐一分析这些因素的影响。

一、组织环境

组织所处的环境可分为具体环境和一般环境。具体环境是指与组织相互作用以及对组织实现目标的能力有直接影响的环境组成部分；而一般环境包括可能影响组织的广泛的经济与技术、政治与法律、社会与文化、人口与地理等领域的因素。通俗地说，可以将具体环境理解为影响组织的具体的小环境，而一般环境则是相对的大环境和大背景。

组织所处环境的不确定性，对组织结构设计有着重要的影响。环境的不确定性影响着组织对环境的信息需求和从环境中获取资源的需求，从而直接影响着组织结构的设计。环境的不确定性包括复杂性和稳定性两方面。环境的复杂性指与组织经营有关的外部因素的异质性和不相似性。在一个复杂的环境中，许多不同的外部因素影响着组织；而在简单的环境中，组织只受几个简单的、相似的因素影响。环境的稳定性指环境因素的变动程度，一个环境领域在一段时期保持不变就是稳定的；反之，如果影响企业经营的因素会突然发生变化，这就是不稳定的环境。

环境不确定性程度直接影响企业组织结构的设计，具体表现在对职位和部门、差别与整合、组织内部正规化程度以及计划和预测等方面的影响。

（1）职位和部门。当外部环境的复杂性增加时，组织中的职位和部门也会相应增加，从而增加了内部的复杂性。当外部环境迅速变化时，组织的各部门在处理外部环境中的不确定性方面变得高度专业化，要求每一部门具备更专业的知识、技能和行为。

（2）差别与整合。美国哈佛大学的经济管理教授保罗·劳伦斯和杰伊·洛希在《组织与环境》一书中论述了外部环境和组织结构之间的关系。他们认为，组织结构的特点就是差别化和整合化。差别化就是把组织系统划分为各种分系统，每个分系统根据与它相适应的外部环境所提出的要求，发展其特有的性质。整合化是努力使各个分系统在完成组织任务时达到统一的过程。他们的研究表明，当组织的差别和整合水平与环境的不确定性相匹配时，组织运行会更好。在不确定性环境中，运行良好的组织会具有较高的差别性和整合水平；反之，那些处于较低的不确定性中的运行良好的组织则具有较低的差别性和整合水平。

（3）组织内部正规化程度。环境的不确定性也影响组织内部的正规化程度。汤姆·伯恩斯（Tom Burns）和斯托克（G.M.Stalker）观察了英国的20家厂商，发现外部环境是与内部管理结构相联系的。当外部环境较为稳定时，内部组织为了提高组织运行的效率，往往需要制定明确的规章制度、工作程序和权力层级，组织的正规化、集权化程度比较高，其组织结构的设计可以采用机械式的层级结构形式；而在环境较为不确定时，内部组织比较松散，决策权力分散并下移，权力层级不明确，组织结构设计可以采用柔性灵活的有机式结构形式。随着环境不确定性的增加，组织内部趋于更具有有机性。

（4）计划和预测。当环境稳定时，组织能够集中精力解决当前的经营和日常效率问题。而随着环境不确定性的增加，计划和预测变得必要。计划能够减少外部环境变化的负面影响。具有不稳定环境的组织通常会建立一个计划部门，用以审视环境因素并分析其他组织的潜在行动和对策。

管理案例

乐百氏集团组织结构的改革

乐百氏集团于1989年在广东中山市的一个小镇上创立。据乐百氏集团一位高层人员介绍，创业初期，公司创建人等与公司的每个员工都保持一种很深的交情，甚至同住、同吃、同玩，使大家都感觉到，乐百氏集团就像一个大家庭。公司提倡“有福同享，有难同当”的经营管理理念，使得公司有很强的凝聚力。这时公司所采用的是直线职能制的组织结构管理模式，使得乐百氏集团在创业初期得到快速且稳定的发展。然而，随着乐百氏集团日渐壮大，达能集团这个欧洲第三大食品集团对其开展一系列收购行动。乐百氏集团原有的组织结构模式明显跟不上现有环境的变化需要，改革势在必行，必须采用与现代环境相适应的组织结构，公司才能生存下去。改革后，乐百氏集团的组织结构已经由过去的直线式转变成较扁平化的组织结构模式，使得企业继续发展壮大下去。

由乐百氏集团的例子可以看出，企业组织结构其实是多个环境因素共同作用的结果。因此，企业的组织结构必须能够适应、跟上环境的变化需求，这样才能在激烈的市场竞争中保持活力。

资料来源：田虹，杨絮飞．管理学．厦门：厦门大学出版社，2012：240．

二、组织战略

战略是实现组织目标的各种行动方案、方针和方向选择的总称。为实现同一目标，组织可选择不同的战略。而战略类型不同，组织活动的重点不同，组织结构的选择也不同。

（一）经营战略

对于战略和组织结构关系的研究由来已久，最早也是最著名的是美国学者艾尔弗雷德·钱德勒 1962 年的著作《战略与结构》，书中他根据对美国 70 多家大企业的调查研究，对环境、战略和组织结构之间的相互关系进行了论述，提出了“结构跟随战略”的观点。他指出，从企业经营领域的宽窄来分，企业经营战略可区分为单一经营战略及多种经营战略，不同的经营战略要求不同的组织结构，如表 5-4 所示。

表 5-4　经营战略对组织结构的影响

经营战略	组织结构
单一经营	职能制
相关多元化	财务控制性的职能制
横向一体化	事业部制
纵向一体化	混合制
非相关多元化	母子公司制

（1）单一经营战略。与这种战略相适应的组织结构是通常的集权的职能制，一方面是由于经营的产品品种单一，管理比较简单；另一方面实行集权的职能制，比实行事业部制及矩阵式等结构形式更有利于减少管理人员，降低成本。

（2）相关多元化战略。采取这种战略的企业看上去已形成多种经营，但其经营重心仍是原来的主业，副产品的生产经营不过是附属性的。所以它所采用的组织结构同单一经营很相似，也是相当集权的职能制。不同的是企业对副产品的生产经营应当有单独的经济核算，以便体现副产品生产经营对公司的经济效益。

（3）横向一体化战略。实行这种战略的企业宜采用分权的事业部制。当然分权并不是彻底的，在公司一级仍有颇为庞大的行政队伍，许多诸如市场营销、研发等工作，可能仍由公司一级的职能部门来负责进行。

（4）纵向一体化战略。这种战略介于横向一体化和非相关多元化之间，比较适宜采用混合型组织结构。这类企业的经营部门往往受到总公司较多的制约；有些经营部门比较独立，实行母子公司制；还有些经营部门，可联合为一组，设立联合的管理机构。

（5）非相关多元化战略。非相关多元化，又称非相关型多种经营、多角化经营。企业进行多元化经营的目的是分散经营风险，保持均衡的投资利润率。对于这类企业，在组织结构上应实行较为彻底的分权，实行母子公司制，即总公司对各经营部门只起一个持股公司的作用，子公司具有独立的法人地位。总公司一级的行政机构十分精干。从事各项生产经营职能的部门都放在子公司，以保证子公司有足够的独立性，根据本行业的特点来从事经营管理。

（二）防守型战略、进攻型战略以及分析型战略

美国管理学家雷蒙德·迈尔斯（Raymond E.Miles）和查尔斯·斯诺（Chares C.Snow），根据对既定产品或经营项目进行竞争的方式和态度，将战略区分为防守型战略、进攻型战略和分析型战略三种类型。他们在《组织的战略、结构和过程》一书中指出，针对不同的战略类型，需要采用不同的组织结构与之相适应，如表 5-5 所示。

表 5-5　战略影响组织结构的观点

战略	目标	环境	组织结构特征
防守型战略	追求稳定和效益	相对稳定	严格控制，专业化分工程度高，规范化程度高，规章制度多，集权程度高
进攻型战略	追求快速、灵活反应	动荡、复杂	松散型结构，劳动分工程度低，规范程度低，规章制度少，分权化
分析型战略	追求稳定、效益和灵活反应相结合	变化的	适度集权控制，对现有的活动实行严格控制，但对一部分部门采用让其分权或相对自主独立的方式，组织结构采用一部分有机式，一部分机械式

采取防守型战略的企业所处的环境相对稳定，其战略目标为致力于保持该产品已取得的市场份额，因此，采取该战略的企业，以保持生产经营的稳定和提高效益为主要任务，在组织结构设计上强调提高生产和管理的规范化程度，用严格的控制来保证生产和工作的效率。选择进攻型战略的企业所处环境复杂多变，企业必须不断开发新产品，开拓新市场，以应对市场的快速变化。为了满足组织不断开拓和创新的需要，组织设计上就应以保证企业的创新需要和部门间的协调为目标，因而，这类组织常常采用规范性较低、分权化的组织结构设计。分析型战略介于前两者之间，它力求在两者之间保持适当的平衡，所以其组织结构的设计采取适当的集权控制，组织结构兼具有机式与机械式的特征。

三、组织规模

研究表明，组织的规模明显影响着组织的结构。早在 20 世纪 60 年代初，英国学者琼·伍德沃德等就对英国南部的 100 多个企业进行了深入的调查研究。他们发现，一个组织的组织结构设计与其本身规模的关系大体为：① 组织规模越大，工作就越专业化；② 组织规模越大，标准化操作程序和制度就越健全；③ 组织规模越大，分权的程度就越高。美国组织学者马歇尔·迈耶（Marshall W.Meyer）的研究也得出了相似的结论。后继很多学者的大多数研究表明，规模较大的组织与规模较小的组织在组织结构上有以下几方面的不同。

（一）正规化程度

研究表明，大型组织可以通过制定和实施严格的规章制度，并按照一定的工作程序来控制和实现标准化作业，员工和部门的业绩也容易考核，因而组织的正规化程度比较高；相反，小型组织可以凭借管理者的能力来对组织进行控制，组织显得比较松散而富有活力，因而正

规化程度比较低。

（二）集权与分权

一般而言，在小型组织中，绝大多数决策都是由那些完全具有控制权的高层管理者做出的，组织的集权化程度较高。但是随着组织规模的扩大，会出现越来越多的部门和人员，高层管理者不堪重负，决策难以传导到高层。因此，组织规模越大，就越需要分权。

（三）复杂性

复杂性是指组织的分化程度，与组织中的层级数目（纵向复杂性）以及部门和工种的数量（横向复杂性）有关。很显然，大型组织与小型组织相比，无论是在纵向还是横向上，都显示了明显的复杂性特征。

（四）人员比率

这里的人员比率主要是指管理人员、办事人员和专业支持人员等的构成比率。随着组织规模的增大，管理人员的比率下降，这是由组织规模扩大而获得的管理经济性所致；专业人员的比率提高，这是由于复杂的组织中，对专业化技能的需求增加；办事人员的比率上升，这是由于组织规模扩大所必需的沟通和汇报要求也随之增加；整个过程将导致生产人员的百分比随之下降。

美国组织学家彼得·布劳（Peter Blau）在分析总结组织规模对组织结构的影响时指出："规模是影响组织结构最重要的因素，但是在组织初期，组织规模对组织结构的影响要大于当组织规模达到一定程度后再扩大规模对组织结构的影响程度。"这是容易理解的，比如一个拥有 3000 名员工的大型组织，如果再增加 500 名员工，并不会对它原本已经机械式的结构产生多大的影响。而对于一个只拥有 500 名员工的小型组织来说，如果增加 500 名员工，就很可能使其转化为机械式的结构。

四、组织生命周期

组织的演化成长呈现出明显的生命周期特征，因此，组织结构、内部控制系统以及管理目标在各个阶段都可能是不相同的。

格雷纳（Larry E.Greiner）最早提出企业生命周期理论，他认为企业的成长如同生物的成长一样要经过诞生、成长和衰退等几个过程。奎因（Robert E. Quinn）和卡梅隆（Kim Cameron）把组织的生命周期细划为 4 个阶段：创业阶段、集合阶段、正规化阶段和精细阶段。他们认为，企业的成长是一个由非正式到正式、由低级到高级、由简单到复杂、由幼稚到成熟的阶段性发展过程。具体来讲，每个阶段都由两个时期组成：一个是组织的稳态发展时期，组织在这个时期的结构与活动都比较稳定，内外条件较为吻合；另一个是组织的变革时期，即当组织进一步发展时，就会从内部产生一些新的矛盾和问题，使组织结构与活动不相适应，此时必须通过变革使结构适应内外环境的变化，使组织保持适应性。组织就是在如此循环往复的过程中不断得以发展、成长的。

（一）创业阶段

在初创阶段，组织是小规模的、非官僚制的和非正规化的。高层管理者制定组织结构框架并控制整个运行系统，组织的精力放在生存和单一产品的生产及服务上。随着组织的成长，组织需要及时调整产品的结构，这就必然会产生调整组织结构和调换更具能力的高层管理者的压力。

（二）集合阶段

这是组织发展的成长期。一般情况下，组织在调换了高层主管之后便会明确新的目标和方向，此时便进入了迅速成长期，员工受到不断激励之后也开始与组织的使命保持一致，尽管某些职能部门已经建立或调整，可能也已开始程序化工作，但组织结构可能仍然不是很正规和合理。一个突出的矛盾是，高层主管往往居功自傲，迟迟不愿放权，组织面临的任务是如何使基层的管理者更好地开展工作，如何在放权之后协调和控制好各部门的工作。

（三）正规化阶段

组织进入成熟期之后就会出现官僚制特征。组织可能会大量增加人员，并通过建构清晰的层级制和专业化劳动分工进行正规化、程序化工作。组织的主要目标是提高内部的稳定性和扩大市场。组织往往会通过建立独立的研究和开发部门来实现创新，这又使得创新的范围受到了限制。因此，高层管理者不仅要懂得如何通过授权调动各个层级管理者的积极性，还要能够不失控制。

（四）精细阶段

成熟的组织往往显得规模巨大和官僚化，继续演化可能会使组织步入僵化的衰退期。这时，组织管理者可能会尝试跨越部门界限组建团队来提高组织的效率，阻止进一步的官僚化。如果绩效仍不明显，必须考虑更换高层管理者并进行组织重构以重塑组织的形象，否则，组织的发展将会受到很大的限制。

五、组织技术

组织的活动需要利用一定的技术和反映一定技术水平的物质手段来进行。技术以及技术设备的水平不仅影响组织活动的效果和效率，而且会作用于组织活动的内容划分、职位的设置和对工作人员的素质要求；而信息处理的计算机化必将改变组织中的会计、文书、档案等部门的工作形式和性质。对于组织技术影响组织结构的研究主要有以下几个方面。

（一）生产技术的影响

琼·伍德沃德等于 20 世纪 60 年代对工业生产技术与组织结构的关系进行了研究，该研究又称南埃塞克斯郡研究（South Essex study）。研究结果表明企业的生产技术与组织结构之间有着系统的联系。

按照组织的“工艺技术连续性”程度，伍德沃德将生产技术分为三种类型：第一类是单件生产（unit production），代表的是单件或小批量的生产；第二类是大批量生产（mass production），这类生产企业的特征是长期生产标准的产品和零部件；第三类也是技术最复杂的一类，是连续生产（process production），又称流水作业，反映连续流程的生产。这三种类型反映三种不同的技术，它们在技术复杂程度上渐次提高，势必对组织结构产生相应的影响，如表 5-6 所示。

表 5-6 技术类型与组织结构特征间的相互关系

组织结构特征	技术类型		
	单件生产	大批量生产	连续生产
管理层次数目	3	4	6
高层领导的管理跨度	4	7	10
基层领导的管理跨度	23	48	15
基本工人与辅助工人的比例	9：1	4：1	1：1
大学毕业的管理人员所占比重	低	中等	高
经理人员与全体职员的比例	低	中等	高
技术工人的数量	高	低	高
正规化的程序	少	多	少
集权程度	低	高	低
口头沟通的数量	高	低	低
书面沟通的数量	低	高	低
整体结构类型	有机式	机械式	有机式

随着技术复杂程度的提高，企业组织结构的复杂程度也相应提高，管理层次数目、经理人员与全体职员的比例、大学毕业的管理人员所占比重以及高层领导的管理跨度也随之增加。这表明复杂的技术需要强化管理，并且需要专业分工进一步细化和增加部门。

伍德沃德的研究说明了企业的生产技术是影响组织设计的一个重要变量，不同生产技术特点的企业需要不同的组织设计、采取不同的组织结构和具有不同的管理特征。但是，伍德沃德的研究主要关注规模较小的企业，存在着一定的局限性。比如后来的一些研究表明，在一些企业中，由于连续生产较之大批量生产的复杂性程度更高，通常其标准化、程序化的程度不是低了，而是更高。但其大部分观点还是被后继学者的研究所证明，一般而言，技术越是常规化的，结构就越显示出标准化的机械式特征；技术越是非常规化的，就越可能实施有机式结构。

（二）部门技术的影响

查尔斯·佩罗（Charles Perrow）打破了只在制造业内研究技术与组织之间关系的局限性，提出了从部门层次上研究技术与结构之间的关系框架，这是对组织理论研究的一大贡献。佩罗提出，组织中每一个部门都是由专门技术组成的集合体。技术受两个方面的影响，即工作的多变性与可分析性。工作的多变性，是指技术在工作过程中发生意外变化的概率情况。工作的可分析性，是指技术在工作过程中可被分析的难易程度。根据工作的多变性与可分析性两项维度标准，就可以将技术划分为四种不同的类型：常规型技术、工艺型技术、工程型技术和非常规型技术，如图 5-17 所示。

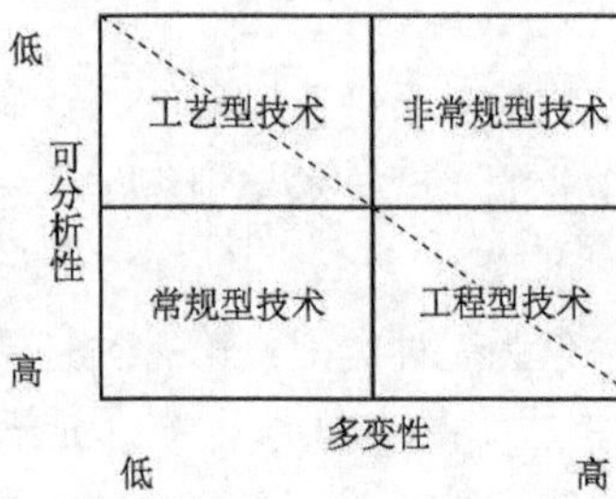

图 5-17 部门技术的类型

（1）常规型技术，是指工作的多变性较低而可分析性较高，工作的标准化、规范化程度都较高的部门技术，例如汽车装配部门的装配技术、银行出纳部门的出纳技术等。

（2）工艺型技术，是指工作的多变性与可分析性都较低，工作必须依靠直觉、经验判断灵活处理的部门技术，例如服装业的设计技术、烹饪师的烹调技术等。

（3）工程型技术，是指工作的多变性与可分析性都较高，工作需要凭借知识和能力并按照公式化、程序化方式操作的部门技术，例如工程设计技术、会计做账技术等。

（4）非常规型技术，是指工作的多变性较高而可分析性较低，工作需要凭借丰富的知识和经验，运用综合性、创造性的方法来解决问题的部门技术，例如战略计划的制订等。

佩罗认为，组织的协调和控制方法应该视组织的部门技术类型不同而有所区分。组织内部门技术越是常规化，组织正规化、集权化程度就越高，采用机械式组织结构的效率也就越高；组织内部门技术越是非常规化，组织正规化、集权化程度就越低，采用柔性有机式组织结构的效率也就越高。

（三）信息技术的影响

随着计算机革命和信息技术的发展，制造业技术有了质的飞跃。包括机器人、计算机数控（CNC）、计算机辅助制造（CAM）、计算机辅助设计（CAD）、管理自动化等技术在内的计算机集成制造系统（CIMS）或柔性制造系统（FMS）的运用，使得生产部门能够以较低的成本、在较短的时间内大量生产出高质量的各种定制产品来，从而改变了伍德沃德所描述的大批量生产技术无法实现定制生产的传统格局。信息技术对组织方面的影响如同计算机一体化技术对生产的影响，提高了企业的生产效率和管理效率；它也同样需要新型的组织结构来与之相适应。信息技术对于组织结构的影响主要有以下几点。

（1）信息技术使组织呈现扁平化的趋势。

（2）信息技术可能对集权化和分权化带来双重影响。一方面集权化的管理者能够运用先进技术获取更多的信息从而做出更多的决策；另一方面，管理者也能够向下属分散信息，并且增强其参与性与自主性。

（3）信息技术能加强或改善企业内部各部门间以及各部门内工作人员之间的协调。

（4）信息技术的进步要求给下属以较大的工作自主权。在信息技术很发达的情况下，很少有管理工作将服从严格的政策限定和工作描述。

（5）综合信息系统的实施意味着员工必须受到高度的职业培训以经营和维持该系统，专业人员的比率将会提高，而很多非技能的员工将会被新技术所代替。

六、人员素质

组织中人员的素质包括各类员工（特别是领导层）的价值观念、思想水平、工作作风、业务知识、管理技能、工作经验以及年龄结构等。组织的运行，需要人的管理和维持，不同素质的人员对组织结构具有不同的影响，因此，在组织结构设计中，应给予重视。

（一）人员素质对组织结构的主要影响

（1）集权与分权。如果企业中层管理人员专业水平高，管理知识全面，经验丰富，有良好的职业道德，那么管理权力就可较多下放；反之，责权应较多集中。

（2）管理跨度大小。如果管理者的专业水平、领导经验、组织能力较强，那么就可以适当扩大管理跨度；反之，则应缩小管理跨度，以保证管理的有效性。

（3）部门设置的形式。如实行事业部制，需要具有比较全面的领导能力的人担任事业部经理，而实行矩阵式结构则需要项目经理具有较高的威信和良好的人际关系，以适应矩阵式结构责多权少的特点。

（4）定编人数。如果人员素质高，一人可兼多职，则可减少编制，提高效率；反之则需要将复杂的工作分解，交付多人完成。

（5）协调机制。适当的组织结构形式和有效的联系方式，固然对有效协调有着重要作用，但人员的思想水平、工作作风和业务素质对组织内部的协调也有重要影响。良好的协作风格可以某种程度上弥补协调机制设计上的缺陷；反之，如果人员的本位主义严重，又缺乏现代管理知识的培训，缺乏从企业经营全局看待本职工作的修养，则部门间必然扯皮不断，推诿拖沓，效率低下。

（二）因事设人与因人设事

应该因事设人还是因人设事，这是一个在实践中令人困惑的组织理论问题。因人设事常常被作为一种对现实的妥协而遭受批评，因事设人则备受推崇，被认为是组织结构设计的原理。实际上两者不能绝对化，不同的企业在不同的发展阶段应以一种原则为主进行设计。新企业刚成立，或企业处于快速发展的时期，应根据发展需要招募人员，充分体现因事设人原则。但是企业发展平稳，或者发生收购兼并时，如果遇到具有战略意义的人才，因人设事也是必要的。多数情况下的组织设计，大多数职位还是由现有人员充任的，将现有人员置之不理是不现实的，而且因事设人也不一定能找到合适的人，因事设人具有较强的理想主义色彩。

与欧美企业强调因事设人相比，日本企业更强调因人设事，尤其是中低层管理人员常常没有严格的工作说明，并不将工作设计独立于员工本身的兴趣和能力，而是根据个人的发展需要设计工作内容，这样的做法被认为对日本企业追赶美国企业起到了重要作用。从盖洛普公司 30 多年的调研结果看，让员工有机会做自己最擅长的事是成就卓越企业的重要理念，而因事设人，难以充分发挥现有人员的优势，企业的业绩、员工满意度、工作效率等均处于一般水平。吉姆·柯林斯同样支持先人后事的观点，他在《从优秀到卓越》一书中指出，成立一个有卓越的创造能力的企业首先是决定让什么样的人上车，然后才是决定去什么方向。所以，管理者首先应该清楚自己手下有什么样的人才和人才之间的结构状况，从而为人员的调配、授权与分权、职位的任命和团队的组织提供依据。

组织设计应将因事设人与因人设事相结合，一方面，组织设计的根本目的是保证组织目标的实现，使目标活动的每项内容都落实到具体的岗位和部门，使“事事有人做”，这就要求因事设职，保证工作的完成；另一方面，在组织设计的过程中要保证人尽其才，使有能力的人有机会去做他们真正胜任的工作，因此必须考虑到人与事的有机结合。组织设计不是一蹴而就的，要经过几个反复。一般来说，第一步是因事设人，按照理性的要求，来确定完成既定职务应当具备的人员素质和编制；第二步是拿设计要求同现实条件作对照，根据实际情况对原定的设计和编制做出适当的修正。

本章小结

组织的有效运行需要合理的组织结构支撑。组织结构是指组织中正式确定的使工作任务得以分解、组合和协调的框架体系。组织设计是以组织结构为核心的组织系统设计活动，包括静态的组织设计和动态的组织设计。

组织设计是一个涉及6方面关键要素的过程，这些要素分别是：工作专门化、部门化、命令链、管理跨度、集权与分权和正规化。工作专门化描述组织中任务被划分成各项专门工作的程度。部门化是将整个管理系统进行分解，并把若干职位组合成一些相互依存的基本管理单位的过程。命令链是指从组织高层延伸到基层的一条持续的职权线，它界定了谁向谁报告工作。管理跨度是指一个管理人员所能有效地直接领导和控制的实际人员数，而管理层次是指组织内纵向管理的等级数。集权与分权所要确定的是决策权应该放在组织的哪一层级上。集权是指决策权在组织系统中较高层级上一定程度的集中；与此对应，分权是指决策权在组织系统中较低层级上一定程度的分散。正规化是指组织中各项工作标准化以及员工行为受规则和程序约束的程度。

根据组织的复杂化、正规化和集权化程度，可以将企业的组织结构简单地划分为机械式组织和有机式组织两大类。实践中组织结构主要有直线制组织结构、职能制组织结构、直线职能制组织结构、事业部制组织结构、矩阵式组织结构、基于团队的结构和虚拟组织几种。影响组织结构设计的权变因素较多，其中最重要的几项分别是组织所面临的环境、组织战略、组织规模、组织生命周期、组织技术以及组织内人员的素质。

复习思考题

一、名词解释题

组织设计　组织结构　工作专门化　部门化　命令链　管理跨度　扁平结构　高耸结构　集权与分权　正规化　直线制　职能制　直线职能制　事业部制　矩阵式　虚拟组织

二、单项选择题

1．部门化的目的在于确定组织中各项任务的分配与责任的归属，以求（　　），从而有效地达到组织的目标。

A．机构合理　　B．分工合理、职责明确

C．沟通渠道畅通　　D．提高组织的灵活性

2．管理跨度与管理层次之间是一种（　　）关系。

A．正比　　B．反比　　C．平衡　　D．上下

3．组织中较低管理层次做出决策的数目或者频度越大，则分权程度（　　）。

A．越低　　B．不变　　C．越高　　D．不一定

4.(　　)组织结构，又称M形结构，以产生目标和结果为基准来进行部门的划分和组合，是一种分权的组织形式。

A．直线制　　B．职能制　　C．矩阵式　　D．事业部制

5．提出“结构跟随战略”的观点的管理学家是（　　）。

A．德鲁克　　B．钱德勒　　C．安索夫　　D．安德鲁斯

三、简答与论述题

1.什么是组织结构？什么是组织设计？组织设计的原则有哪些？组织结构无效性的特征有哪些？

2．工作专门化有哪些优点，又存在哪些弊端？如何进行改进？

3．什么是部门化？划分部门的方式有哪几种？各有什么优点和缺点？

4．什么是命令链？在当今的环境下，命令链是否必要和有效？

5．什么是职权？职权有哪几种形式，分别如何定义？什么是职责？职责包括几种形式？责权一致对组织的意义是什么？

6.什么是管理跨度与管理层次？什么是扁平结构和高耸结构？它们各有什么优缺点？有关管理跨度的发展趋势是什么？

7.什么是集权与分权？影响集权与分权的因素有哪些？有关集权与分权的发展趋势是什么？

8．比较直线制组织结构、职能制组织结构、直线职能制组织结构、事业部制组织结构和矩阵式组织结构，其优缺点各是什么？

9．影响组织结构设计的权变因素有哪些？这些因素分别如何影响组织结构的设计？

10．对组织来说，“因事设人”和“因人设事”，哪种方式更为合理？

四、案例分析题

巴恩斯医院

10月的一天，戴安娜给医院院长戴维斯打来电话，要求立即做出新的人事安排。从戴安娜急切的声音中，戴维斯能够感觉到发生了什么事。他让戴安娜马上过去见他。大约5分钟后，戴安娜走进了戴维斯的办公室，递给他一封辞职信。

“院长，我再也干不下去了，”她开始申诉道：“我在产科当护士长已经4个月了，但我有两个上司，每个人都有不同的要求，都要求优先处理。要知道，我只是一个凡人。我已经尽最大努力适应这种工作，但看来是不可能的。我举个例子吧，请相信我，像这样的事，每天都在发生。昨天早上7：45我来到办公室，发现桌上放了一张字条，是杰克逊（医院的主任护士，负责全院护士工作）给我的。她告诉我，她上午10点钟需要一份床位利用情况，供她下午向董事会报告时使用。我知道，这样一份报告至少需要一个半小时才能写出来。30分钟后，乔伊斯（戴安娜的直接主管，基层护士监督员）走进来问我为什么我的两位护士不在班上。我告诉她，雷诺次医生（外科主任）从我这里要走了她们两位，说是急诊外科手术正缺人手，需要借用一下。我告诉她，我也反对过，但雷诺次坚持说只能这么办，你猜，乔伊斯说什么？她叫我立即让这些护士回到产科部。她还说，一个半小时以后，她会回来检查我是否把这件事办好了！我跟你说，院长，这种事情每天都会发生好几次的。一家医院只能这样

运作吗？”

资料来源：王凤彬等：管理学教学案例精选．上海：复旦大学出版社，2009．

根据案例内容，回答以下问题：

1．这家医院的正式指挥链是怎样的？试画图说明。

2．在本案例中，有人越权行事了吗？

3．院长应当怎样改进现状？

4．如果你是戴安娜，你将如何处理不同的、甚至于相互冲突的要求？

5．你是否同意“这家医院的组织结构并没有问题。问题在于，戴安娜不是一个有效的监管者，不胜任自己的工作”的说法？并说明理由。

第六章　人力资源管理

【学习目标】

了解人力资源管理的发展历程；理解战略性人力资源管理的基本框架；了解平衡计分卡的主要内容以及特点；掌握人力资源管理各个职能的主要内容；掌握人力资源管理各个职能的实施要点。

【案例导入】

“同命运、共患难”怎么就这么难！

M 公司是王立于 2000 年在北京创办的一家民营企业，主要为银行提供金融电子产品及服务。企业的创立者王立以前在一家大型企业中从事技术开发工作，后辞职创办了自己做法人代表的 M 公司。王立带领亲戚与好友务实苦干，共同打拼。为了奖励这些与自己一同创业的亲戚与朋友，也因为信任他们，王立将这些人多安排在公司的中高层关键岗位上。在中国金融市场快速发展的大环境下，凭借王立等对市场的敏感性，M 公司也在不断成长壮大，成立时不足 10 人的企业，2010 年已经有员工近百人。

在公司快速发展的过程中，经常出现人员不足的问题，尤其是技术人员和销售人员严重不足。为此，每逢急需用人时，M 公司就会从人才市场或是招聘网站招聘员工。新招聘来的员工进入企业时，会安排老员工带领新员工熟悉工作岗位，其他的培训基本没有。由于新进人员需要一段时间才能适应工作需要，这在一定程度上耽误了产品的开发与销售。公司也有人力资源管理部门，从事一些人力资源管理工作，如招聘新员工和组织对员工进行考核等。“基本工资+奖金”是公司的基本薪酬模式。基本工资是每月员工都能拿到的与所任职务级别、资历等有关的劳动报酬，奖金是在年底考核后一次性发放。公司的考核机制规定，每年年末由上级对下级员工进行考核，考核的指标由“德、能、勤、绩”这 4 个一级指标构成。其中，每个员工的奖金数额由企业当年的效益和对该员工考核的结果所决定。这样，公司效益好时，所有员工都能多发奖金，效益最好时员工的奖金可达到基本工资的四五倍。但近年来由于金融市场的动荡和 M 公司自身管理的问题，使公司效益呈现下滑的趋势。当公司效益下降时，员工奖金很少，甚至没有。这导致员工不满情绪加重，不少人辞职离开。

王立当初设计的让员工与企业“同命运、共患难”的激励机制并不总是有效。而人员流动率的大幅提高，又增加了企业的人力资源管理成本。M 公司开始陷入一种恶性循环中。

资料来源：作者自己整理。

启发思考：

1．M 公司的人力资源管理工作存在哪些问题？

2．王立该如何完善其人力资源管理系统？

随着竞争环境的日趋激烈，企业传统上所具备的任何竞争优势，例如，资金优势、规模经济、地方政府垄断等都只能是一时的、短暂的，企业之间的竞争已转向知识和科技的竞争，而这种竞争从根本上讲是人才的竞争。快速构筑自身的人力资源竞争力，是企业维持生存并促进持续发展的保证。不仅仅是企业，政府等其他组织的发展归根结底也要依靠人才。因此，人力资源管理被提升到战略高度。本章以战略性人力资源管理为框架，着重介绍人力资源管理比较重要的几项职能。

第一节　人力资源管理概述

一、人力资源管理的发展演变

自 1954 年彼得·德鲁克提出人力资源（human resource，HR）概念后，1958 年社会学家怀特·巴克（E.Wight Bakke）将人力资源管理（human resource management，HRM）视为企业的一种普通的管理职能，从而第一次提出了人力资源管理的概念。其后，众多学者从目的、过程、主体等方面阐释人力资源管理，并未形成最终一致的概念。本书将人力资源管理定义为组织通过各种政策、制度和管理实践，对人力资源进行合理配置、有效开发和科学管理，充分挖掘人力资源的潜力，调动人的积极性，提高工作效率，从而实现组织目标的管理活动。

纵观其发展历程，人力资源管理经历了三个不同阶段：人事管理阶段、人力资源管理阶段以及战略性人力资源管理阶段。

人事管理是伴随着组织的出现而产生的。现代意义上的人事管理是随着工业革命的产生而发展起来的。19 世纪出现的工业革命产生了大机器的生产方式，规模化大生产和装配线的出现加强了人与机器的联系，大工厂的建立使雇用员工的数量急剧增加。工业革命在提高了劳动专业化水平和生产力水平的同时，也对生产过程的管理，尤其是对生产中员工的管理提出了更高的要求，从而出现了专门的管理人员，负责对员工的生产进行监督和对与员工有关的事务进行管理。从这一时期开始，人事管理被组织尤其是企业所接受，人事管理作为一种管理活动也正式进入了企业的管理活动范畴。许多学者把这一时期看作现代人事管理的开端。19 世纪末到 20 世纪初的人事管理奠定了现代人事管理的基本职能，如人员招聘、工资和福利等事务性管理。

20 世纪 50 年代以后，随着人力资源与人力资源管理概念的提出，以及人事管理理论和实践与后工业化时代中员工管理的不相适应，人事管理开始向人力资源管理转变。这种转变正如彼得·德鲁克在其著作中所说的："传统的人事管理正在成为过去，一场新的以人力资源开发为主调的人事革命正在到来。"在此期间，虽然"人力资源管理"一词已广为学界所熟知，但并没有将人力资源管理的定义与人事管理所做的工作完全区分开来。直到 70 年代中期，人力资源管理理论才真正成熟起来，在管理的观念、模式、内容、方法等各方面都发生了很大的转变。

战略性人力资源管理理念的真正提出是在20世纪80年代左右，它的出现很大程度上归功于战略管理领域以资源为基础的观点被采纳和引入到人力资源管理领域。美国人沃克（Walker）于1978年在《将人力资源规划与战略规划联系起来》一文中，初步提出将战略规划与人力资源规划联系起来，这是战略性人力资源管理思想的萌芽。德瓦纳（Devanna）、弗布鲁姆（Fombrum）和蒂奇（Tichy）等人的《人力资源管理：一个战略观》是战略性人力资源管理产生的标志性文章，在这篇文章里，作者深刻分析了企业战略与人力资源的关系。其后众多学者都对战略性人力资源管理的研究做出了重要贡献。战略性人力资源管理定位于在支持企业的战略中人力资源的作用和角色，它和人事管理/人力资源管理的根本区别在于人力资源管理活动计划的制定必须和组织的总体战略计划相联系。战略性人力资源管理的提出，为组织中关于"人"的管理提供了一种新视野。

这三个阶段是既有联系又有区别的。表6-1概括了三者之间的一些不同，从中我们可以看出人力资源管理经历了一个不断发展和完善的过程。

表6-1　人事管理、人力资源管理、战略性人力资源管理间的区别

关于"人"的管理维度	人事管理	人力资源管理	战略性人力资源管理
理念	"人"是一种工具性资源，服务于其他资源	人力资源是组织的一种重要资源	人力资源是组织最重要的资源，是一种战略资产
与战略的关系	很少涉及组织战略决策，与战略规划的联系是一种行政联系或单向执行联系，即扮演执行者单一角色	是组织战略决策的重要辅助者、信息提供者，与战略规划的联系是一种双向联系，即扮演辅助者和战略执行者双重角色	是组织战略决策的关键参与者、制定者，与战略规划的联系是一体化联系，即扮演决策制定者、变革推动者和战略执行者多重角色
职能	参谋职能、行政事务性工作、被动的工作方式	直线职能、辅助决策、战略执行、行政事务性工作、灵活的工作方式	直线职能、决策制定、战略执行、几乎没有行政事务性工作、主动的工作方式
绩效	• 部门绩效导向 • 短期绩效导向	• 部门绩效与组织绩效兼顾导向 • 较长期绩效导向	• 部门绩效与组织绩效一体化导向 • 长期绩效导向 • 竞争优势导向

（1）关于人力资源的理念。就理念或人力资源的重要性而言，人事管理认为"人"仅是一种工具性资源，服务于其他资源；人力资源管理已将人力资源看成组织内有别于其他资源的一种重要资源；而战略性人力资源管理认为人力资源是组织的一种战略资产，是组织获取竞争优势的最重要的资源，是组织技术资源、管理资源及其他相关资源的获取源。

（2）与战略的关系。就与战略的关系而言，人力资源管理与战略的关系日益紧密，在战略制定和实施中的作用也越来越大。人力资源职能直接融入企业的战略形成和战略执行过程之中，由过去的执行者转化为关键参与者、倡导者、推动者及执行者多重角色。因此，人力资源管理部门也更加受到重视，人力资源管理部门的经理成为组织高层领导中的重要成员。

（3）管理的职能。就其职能而言，人力资源管理的核心职能是参与组织的战略决策，根据内外部环境需要倡导并推动变革，进行组织整体的人力资源规划，并实践相应的人力资源管理活动。而战略性人力资源管理将组织的注意力集中于：改变结构和文化，提高组织效率和业绩，开发特殊能力，以及管理变革。它的目的是通过确保组织获取具有良好技能和能够有效激励的员工，使组织获得持续的竞争优势，依靠员工实现战略目标和依靠核心人力资源去建立竞争优势。因此，尽管战略性人力资源管理同人力资源管理一样，也行使其直线职能，参与战略的制定和执行，但它更加偏重于组织层次的决策、规划与实践活动，而非具体执行性事务。

（4）绩效关注焦点。就绩效关注焦点而言，战略性人力资源管理着重于更长期的绩效。所以，其关注焦点集中在组织绩效和持续竞争优势的获取上。并且，战略性人力资源管理更加关注员工目标与组织目标的一致性问题，更加强调人力资源管理各项实践活动间的匹配性及捆绑性问题，即强调一系列人力资源管理活动的协同效用。

二、战略性人力资源管理

战略性人力资源管理是一个系统的概念，它强调通过人力资源的战略规划、政策及管理实践达到能获得竞争优势的人力资源配置的目的，强调人力资源与组织战略的匹配，强调通过人力资源管理活动实现组织战略的灵活性，强调人力资源管理活动的目的是实现组织目标。战略性人力资源管理把人力资源管理提升到战略的地位，系统地将人与组织联系起来，建立统一性和适应性相结合的人力资源管理。

拓展学习

战略性人力资源管理是人力资源管理的最新发展阶段。推荐读者在爱奇艺网搜索并观看中国人民大学劳动人事学院许玉林教授讲授的“战略性人力资源管理”课程视频。

战略性人力资源管理系统的构建始于对组织使命、核心价值观、愿景及战略的明晰。组织的使命、核心价值观是组织所信奉的核心理念，愿景是组织所期望的美好未来，这些因素直接影响并引导组织战略的制定与执行，是构建有效的战略性人力资源管理系统的重要前提。一个较为完整的战略性人力资源管理系统通常由组织架构设计、工作设计及工作分析、招聘与甄选、职业生涯管理、培训与开发、员工流动管理、劳动关系管理、薪酬管理以及绩效管理等职能活动组成。这些职能活动都受组织文化和员工激励政策的影响，并且各项职能活动相互联系、相互影响，共同为组织的人力资源战略与规划提供支撑。图 6-1 描述了一个战略性人力资源管理系统模型，全面展示了战略性人力资源管理的主要职能及其关系，将战略性人力资源管理活动与相关运作情境结合起来，从战略的角度诠释了人力资源管理的实质。

从图 6-1 中可以看出，该系统包含了影响战略性人力资源管理系统构建的主要变量，包括企业所处的环境、企业的使命、核心价值观、愿景、战略以及组织文化等。企业的环境分为一般环境和具体环境，一般环境是指企业当前所处的整个经济环境和行业环境；具体环境是指与企业关系紧密的、对企业影响较大的局部环境，如企业主要产品市场的情况、企业原材料供应商的情况等。其中，组织文化作为企业内部环境的一部分，对人力资源管理活动有着十分重要的影响。使命和核心价值观都是组织必须长期坚持的，是组织的动力源泉和根本信条，也是组织愿景和战略的指引和方向。在目前这个环境日益多变和竞争日益激烈的时代，组织比以往任何时候都更需要明确自身的使命，这样才能使组织的工作变得更有意义，更能吸引、激励和留住杰出的人才。核心价值观是促使组织长盛不衰的根本信条，不能将其与特定的文化或作业方法混为一谈，也不能为了经济利益或短期权益而自毁立场。愿景反映的是人们发自内心的对组织的美好愿望和宏伟蓝图，具体包括宏大的目标和对目标的生动表述两部分。其中，生动描述要求用激情、情感和信念等形式，生动描述愿景，吸引并激发组织的员工，鼓舞他们为实现美好的愿景而不懈努力。另外，组织的战略选择对人力资源战略有决定性的影响，决定了人力资源战略规划以及“选、用、育、留”等具体的人力资源管理政策和实践。

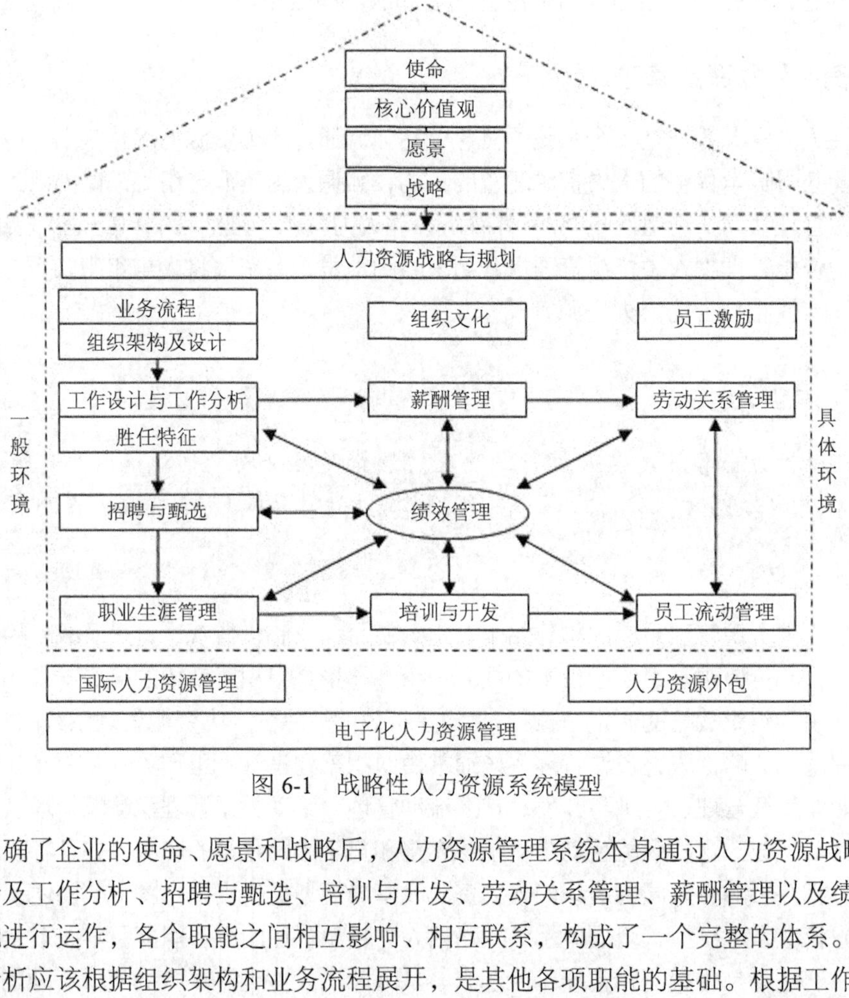

图 6-1　战略性人力资源系统模型

在明确了企业的使命、愿景和战略后，人力资源管理系统本身通过人力资源战略与规划、工作设计及工作分析、招聘与甄选、培训与开发、劳动关系管理、薪酬管理以及绩效管理等基本职能进行运作，各个职能之间相互影响、相互联系，构成了一个完整的体系。工作设计和工作分析应该根据组织架构和业务流程展开，是其他各项职能的基础。根据工作设计与工作分析的结果，可以预测出组织所需的人力资源数量、质量以及结构。人力资源的净需求量确定以后，据此制订招聘计划，然后选取合适的方法或手段进行招聘。人员招聘结束，经过甄选后确定出合适的人选，对其经过培训后，配置于相应的岗位。培训与开发对员工的发展具有重要的意义。通过培训开发，可以提高员工的相关能力，并使其借此获得晋升或加薪。薪酬管理的一项重要内容就是确定员工薪酬的支付依据，其中基本薪酬的确定主要是根据员工的职位或能力，是建立在工作评价或能力评价的基础上的，而工作分析又是工作评价和能力评价的前提，还有一部分薪酬则取决于员工的绩效水平，属于绩效管理的内容。

绩效管理在人力资源管理系统中处于核心的地位，它与人力资源管理系统中的其他职能之间存在着非常密切的关系。首先，工作设计与工作分析的结果是设计绩效管理系统时的重要依据，绩效管理的结果也能反映出工作设计中存在的问题，可以通过修正、重新界定有关岗位的工作职责，从而达到提高绩效水平的目的。招聘与绩效管理也有一定的关系，通过对来自不同渠道的员工的绩效进行比较，从中得出经验性的结论，从而实现招聘渠道的优化。绩效管理与甄选之间的关系是双向的，通过对员工的绩效评价可以检测甄选手段的效度；而通过甄选获得的高质量员工，能够在工作中表现出高绩效水平，从而绩效管理的负担也将大大减轻。绩效管理与培训开发之间也是相互作用的，通过绩效管理能够发现员工工作中存在的种种不足，对其进行分析后可以确定出培训需求；培训开发通过提升员工的能力和素质提升其绩效，有助于实现绩效管理的目标。绩效管理的结果是劳动关系存续的依据之一，绩效管理能确定出员工与职位是否匹配，发现员工在所在职位上的优势与不足，依此进行职位调动，对于实在无法胜任工作的员工，可采取解雇的手段。最后，绩效管理与薪酬管理的关系是最为直接的，员工总薪酬中一般都要包含一部分绩效薪酬，这部分薪酬是与员工绩效考核的结果直接挂钩的，这样可以调动员工的工作积极性，使其通过努力可以获得更多的回报，同时达到提高组织绩效的目的。

第二节　工作设计与工作分析

一、工作设计

工作设计（job design）是根据组织的战略目标及员工的个人需要来规定某个职位的工作任务、工作责任及工作关系的过程。因此，进行工作设计时，既要考虑员工个人的素质、能力等各个方面的因素，也要考虑整个组织的管理方式、劳动条件、工作环境以及政策机制等因素。工作设计主要有以下几种方法。

（一）工作专门化

工作专门化是指通过动作和时间研究，将工作分解为若干很小的单一化、标准化及专业化的操作内容与操作程序，如图 6-2 所示。员工通过操作单一的工作或程序，增加其熟练程度，从而达到提高生产效率的目的。

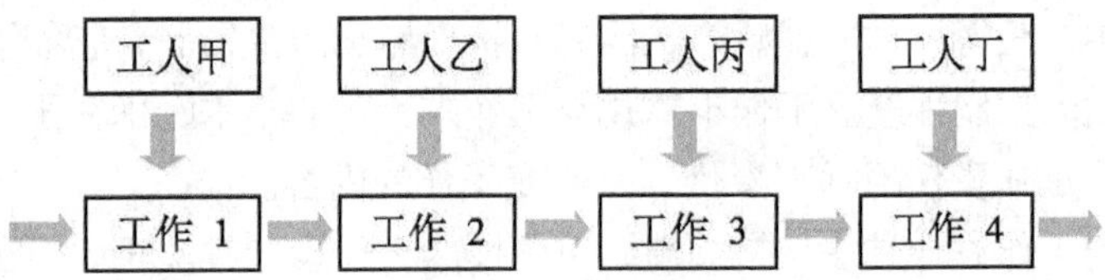

图 6-2　工作专门化

（二）工作轮换

工作轮换（job rotation）是指为减轻对工作的厌烦感而把员工从一个岗位换到另一个岗位。工作轮换通常是指横向的轮换，即在同一水平上工作的变化，如图 6-3 所示。轮换可依据具体情况和要求来进行。比如当前的工作不再具有挑战性时，可让员工转向另一项工作，也可以使员工一直处于轮换的状态中。许多大型组织在实施开发管理才能的规划中也使用了工作轮换的方法，这可能包括直线职位和参谋职位人员之间的轮换，通常也允许没有充分发挥潜力的员工去向经验丰富的员工学习。

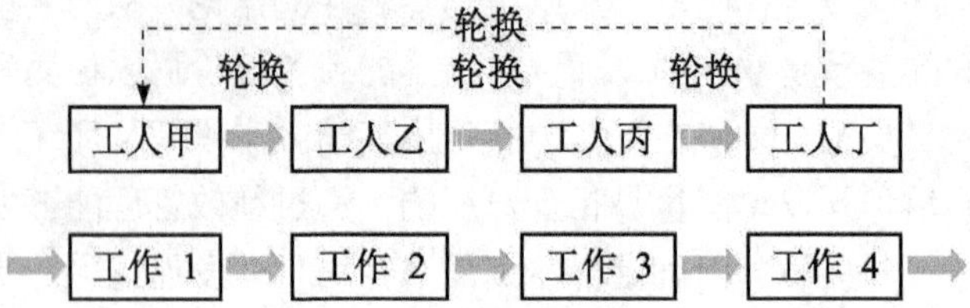

图 6-3　工作轮换

（三）工作扩大化

工作扩大化（job enlargement）是指使员工承担更多的工作任务，是工作任务的水平扩展。这种工作设计由于节省了产品从一个人手中传给另一个人的时间，并且通过增加某一工作的工作内容，减少从事一项单一工作而产生的厌烦感，使员工通过学习和培训掌握更多的知识和技能，提高了工作兴趣，如图 6-4 所示。

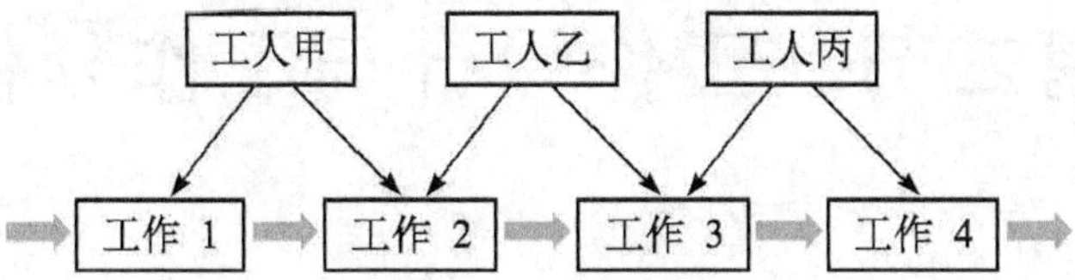

图 6-4　工作扩大化

一些研究证明，工作扩大化增加了员工的工作满意度，提高了工作质量。IBM 公司则报告工作扩大化导致工资支出和设备检查费用的增加，但因质量改进、员工满意度提高而抵消了这些费用；美国美泰克公司（Maytag）声称通过实行工作扩大化提高了产品质量，降低了劳务成本，工人满意度提高，生产管理变得更具灵活性。

（四）工作丰富化

工作丰富化（job enrichment）是对工作内容和责任层次的改变，是指对工作内容的纵向扩展和对工作责任的垂直深化，旨在向员工提供更具挑战性的工作。工作丰富化使得员工在完成工作的过程中，获得一种成就感、认同感、责任感和自身发展，它能够增强员工对工作计划的执行和评估的控制程度。工作丰富化与工作扩大化的根本区别在于，后者是扩大工作的范围，而前者是工作责任的垂直深化，以改变工作的内容。

工作丰富化的工作设计方法与常规性、单一性的工作设计方法相比，虽然要增加一定的培训费用、更高的工资以及完善或扩充工作设施的费用，但却提高了对员工的激励和工作满意程度，进而对提高员工生产效率与产品质量，以及降低员工离职率和缺勤率形成积极的影响。

（五）工作特征模型

工作特征模型（job characteristics model）提供了这样一种框架：它确定了五种工作特征，分析了它们之间的关系以及对员工生产率、工作动力和满意感的影响，如图 6-5 所示。

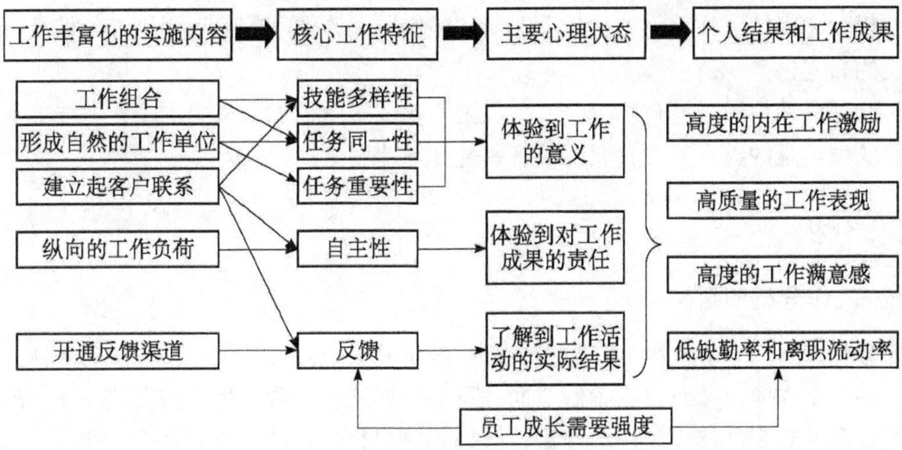

图 6-5　工作特征模型

首先，任何工作都可以从几个核心维度进行描述，称为核心工作特征。它们分别是：技能多样性（skill variety），指工作中要求员工使用各种技术和才能从事多种不同活动的程度；任务同一性（task identity），指工作中要求完成一项完整的和具有同一性的任务的程度；任务重要性（task important），指工作中要求完成的具有重要意义的任务的程度；自主性（autonomy），指工作给予任职者在安排工作进度和决定从事工作所使用的方法方面，提供实质性自由、独立和自主的程度；反馈（feedback），指个人从事职务所要求的工作活动时，获得的关于其绩效信息直接以及清晰的程度。

其中，前三个维度（技能多样化、任务同一性和任务重要性）共同创造出有意义的工作。拥有自主性的工作则会给任职者带来一种对工作结果的个人责任感，而如果能提供反馈，员工就会知道他所进行工作的效果如何。核心工作特征可以综合为一项单一的指标——激励潜力得分（MPS），其计算公式为：

激励潜力得分=（“技能多样性”＋“任务同一性”＋“任务重要性”）/3×自主性×反馈

工作特征模型指出，工作越是具备技能多样性、任务同一性和任务重要性这三个条件，员工的动机、绩效和满意感就越强，而缺勤和离职的可能性就越小。同时，核心工作特征与结果度量之间的关系，会受到个人成长需要强度（员工对自尊和自我实现的需要强度）的中和与调整。具有高度成长需要的员工，面对核心维度特征高的工作，会比那些低度成长需要的员工做出更为积极的反应。

工作特征模型为管理者从事工作设计提供了具体的指导，工作设计中的一些变化可能导致上述五个核心工作特征的改善。

（1）工作组合。管理者应将现有的过细分割的任务组合起来，形成一项新的、内容广泛的工作，这将使技能多样性和任务同一性得到提高。

（2）形成自然的工作单位。管理者应当将任务设计成完整的、具有同一性的、有意义的工作，这可以使员工产生这项工作“归属于我”的感觉，鼓励员工将他们的工作视为意义重大的，而不是无关紧要甚至是令人生厌的。

（3）建立起客户联系。顾客是员工所做出的业务或服务的使用者，管理者应当尽可能建立起员工与他们的客户之间的直接联系，这可增加员工的技能多样性、自主性和绩效反馈。

（4）纵向的工作负荷。纵向扩展工作可使员工产生责任感，并掌握以往保留在管理者手中的控制权，它将使一项工作的“作业”与“控制”两方面间的分离得以部分地结合，从而增大员工的自主性。

（5）开通反馈渠道。通过增进反馈，员工不仅能了解他们所从事的工作做得如何，还能知道他们的绩效是改善、降低还是保持在一定水平上。

二、工作分析

（一）工作分析的含义

工作分析（job analysis），也叫职位分析，是研究组织内每一个职位包括的具体工作内容和责任，并对工作内容及有关因素做全面、系统的描述和记载，指明担任这一职位的工作人员所必须具备的知识和能力。简单地讲，就是解决“某一职位应该做什么”和“什么样的人来做最适合”的问题。工作分析是人力资源管理的基础，是获得有关职位工作信息和界定某一职位工作与其他职位工作差异的过程，通过工作分析得到的信息可以用来制作职位说明书。

（二）工作分析的步骤

工作分析是一个细致而全面的评价过程，它由准备、调查、分析和完成四个阶段构成。

（1）准备阶段。此阶段的主要任务是明确工作分析的目的、范围、时间、费用和执行者；明确各相关人员的职责、权限并组成工作分析小组；确定所需信息的来源，选择工作分析的方法，建立工作分析的程序；确定调查分析的对象，并考虑调查分析对象的代表性。

（2）调查阶段。此阶段的主要任务是收集工作的背景资料及工作信息。其中背景资料包括组织的组织结构图、工作流程图以及国家的职位分类标准；而工作信息主要包括工作活动、工作背景、工作中使用的设备、工作绩效标准以及工作对人的要求等。

在进行资料信息收集之前，首先应该根据工作分析的目的选择合适的工作分析方法。工作分析方法主要有定性和定量两种，其中定性方法包括观察法、访谈法、问卷调查法、工作日志法等，而定量方法主要有美国公务员委员会工作分析方法、美国劳工部工作分析方法、职位分析问卷法以及职能性工作分析法等。

工作信息的来源包括工作执行者、管理者、工作分析专家等多个渠道。在调查过程中应保持严谨客观的态度，科学地选取有代表性的样本，并控制工作信息的准确性。

（3）分析阶段。此阶段的主要任务是整理调查结果，运用科学的方法发现有关工作的关键点，归纳、总结出工作分析的必需材料和要素，找出各个职位的主要成分和关键要素。这个过程要遵循几个原则：第一，对工作活动是分析而不是罗列；第二，针对的对象是职位而不是人；第三，分析要以当前的工作为依据。

（4）完成阶段。此阶段的主要任务就是根据规范和信息编制“工作说明书”，并对整个工作分析过程进行总结。

（三）工作说明书

工作说明书包括工作描述和工作规范两方面的内容。工作描述反映了职位的工作情况，是关于职位所从事或承担的任务、职责以及责任的目录清单；工作规范反映了职位对承担这些工作活动的人的要求，是人们承担这些工作活动所必须具备的知识、技能、能力和其他特征的目录清单。一般来说，一个内容比较完整的工作说明书要包括以下项目。

（1）职位标识：包括职位编号、名称、类别、所属部门、直接上级、所辖下级、制作日期、职位薪点等。

（2）职位概要：用一句或几句简练的话来说明这一职位的主要工作职责。

（3）履行职责：描述该职位承担的职责以及每项职责的具体内容。

（4）业绩标准：是指该职位每项职责的工作业绩衡量要素和衡量标准，其中衡量要素指对于每项职责应该从哪些方面来进行衡量，而衡量标准则是指这些要素应该达到的最低要求。

（5）工作关系：该职位在正常工作的情况下，主要与组织内部及组织外部的哪些部门、职位或人员产生工作关系。

（6）使用设备：该职位的人员在工作过程中需要使用的主要设备、仪器和工具等。

（7）工作环境和工作条件：包括工作时间、工作地点（室内、室外）以及工作的物理环境条件等。

（8）任职资格：承担这一职位工作的人员所应具备的最低要求，通常包括所学专业、学历水平、资格证书、工作经验、必备的知识和技能等。

（9）其他信息：属于备注性质的栏目，如主要挑战、决策与规划等。

管理故事

谁来清扫地板？

一个机床操作工把大量的液体洒在他机床周围的地板上，车间主任让操作工把洒在地板上的液体打扫干净，操作工拒绝执行，理由是任职说明书里并没有包括清扫的条文。车间主任顾不上去查任职说明书上的原文，就找来一名服务工来做清扫工作。但服务工同样拒绝，他的理由是任职说明书里同样也没有包括这一类工作，这个工作应该由勤杂工来完成，因为勤杂工的责任之一是做好清扫工作。车间主任威胁服务工说要解雇他，因为，这种服务工是分配到车间来做杂务的临时工。服务工勉强同意，但是干完以后立即向公司投诉，公司有关人员看了投诉以后，审阅了机床操作工、服务工和勤杂工这三类人员的任职说明书。机床操作工的任职说明书上规定：操作工有责任保持机床的清洁，使之处于可操作的状态，但并未提及清扫地板。服务工的任职说明书上规定：服务工有责任以各种方式协助操作工，如领取原料和工具，随叫随到，即时服务，但也没有包括清扫工作。勤杂工的任职说明书确实包括各种形式的清扫工作，但他的工作时间是从正常工人下班以后开始。

第三节　招聘与甄选

完成工作分析与工作设计后，接下来要进行人员的招聘与甄选。招聘与甄选是组织人力资源管理工作的一项重要的基础性工作，它对于人力资源的合理形成、管理和开发有至关重要的作用。

一、招聘

招聘（recruit）是指组织以发现和吸引潜在员工为目的而采取的所有行动的总称。有效人员招聘的目标是使个人的特点（能力、经验等）与工作要求相匹配。如果人员选择不当，员工的工作绩效和满意度都会受到不利影响，影响组织绩效和员工发展。招聘的渠道总地来说有两种：内部招聘和外部招聘。

（一）内部招聘

内部招聘是指组织的岗位空缺由企业内那些已经被确认为接近提升线的人员或平级调动的人员来补充。用于吸引和确定将担任更高职务或有更高技能水平的现有人员的方法，主要有主管推荐、布告招标、利用技术档案的信息等。

（1）主管推荐。主管推荐是指由本组织主管根据组织的需要推荐其熟悉的、可以胜任某项工作的员工供人事部门考核。这种方法的有效性在于推荐者本人对组织比较熟悉，对空缺职位的要求比较了解，对申请者的能力也有相当的考虑，因此成功的可能性较大。

（2）布告招标。这是最常用的一种内部招聘办法，它是指通过向员工通告现有的工作空缺，从而吸引相关人员来申请这些空缺职位。布告中应包括空缺职位的各种信息，如工作内容、资格要求、工作时间以及薪资等级等。

（3）利用技术档案的信息。在企业的人力资源部，一般都有员工的个人资料档案，从中可以了解到员工在教育、培训、经验、技能以及绩效等方面的信息，通过这些信息，企业的高层和人力资源部门就可以确定出符合空缺职位要求的人员。使用这种方法，要保证档案的资料信息真实可靠、全面详细和及时更新，并且在人选确定时，应当征求本人意见。

（二）外部招聘

外部招聘是指在组织外部吸收申请人，可以采用多种形式。比较普遍采用的方法有推荐招聘、广告招聘、职业介绍机构介绍、猎头公司推荐、校园招聘、网络招聘等。

（1）推荐招聘。推荐招聘是指通过企业的员工、客户或合作伙伴的推荐来进行招聘的一种方法。这种方法的好处在于其成本低廉，并且推荐人对应聘人员比较了解。但是选择的范围比较有限。

（2）广告招聘。广告招聘是企业进行外部招聘时最常用的办法，是指通过广播、报纸、电视和行业出版物等媒介向公众传递组织的人员需求信息。使用该方法时，要考虑到广告媒体的形式和广告内容的构思，以便吸引到企业需要的目标群体。

（3）职业介绍机构介绍。职业介绍机构（employment agency）是指帮助组织招聘员工，同时又尽力帮助个人找到工作的一种组织。职业介绍机构一般有公立和私立之分。在国外，公共职业介绍机构主要为蓝领工人服务，有时兼管失业救济金的发放，而私人职业介绍机构针对的对象主要是办公室职员、白领雇员和管理人员。

（4）猎头公司推荐。猎头公司（head hunter）是一种专门为企业寻找和推荐高级管理人才与专业技术人才的服务机构，它与职业介绍机构类似，但由于其特殊的运作方式和服务对象，经常被看作一种独立的招聘渠道。这类机构只向企业客户收费，并且一般中介费用不菲。很多大公司都通过猎头公司来寻找高级人才。

（5）校园招聘。校园招聘针对的对象主要是在校的毕业生群体。大学校园是潜在专业人员、技术人员以及管理人员的重要来源，而中等专业学校、技工学校和普通中学则是基层员工的重要来源。目前，越来越多的组织选择进入校园进行招聘，发掘潜在的人才，同时借此机会树立自身形象。

（6）网络招聘。网络招聘是随着互联网发展起来的一种新型的招聘方式。企业可以利用互联网络发布招聘广告，也可以利用求职人员输入计算机的资料进行搜寻。网络招聘已经成为很多企业使用的一种手段，同时也有越来越多的求职者去网上搜寻就业机会。我国目前就有多家网站提供各种形式的人才招聘服务。

管理故事

古木与雁

一天，庄子和他的学生在山上看见山中有一棵参天古木因为高大无用而免遭于砍伐，于是庄子感叹说："这棵树恰好因为它不成材而能享有天年。"晚上，庄子和他的学生又到他的一位朋友家中做客。主人殷勤好客，便吩咐家里的仆人说："家里有两只雁，一只会叫，一只不会叫，将那一只不会叫的雁杀了来招待我们的客人。"庄子的学生听了很疑惑，向庄子问道："老师，山里的巨木因为无用而保存了下来，家里养的雁却因不会叫而丧失性命，我们该采取什么样的态度来对待这繁杂无序的社会呢？"庄子回答说："还是选择有用和无用之间吧，虽然这之间的分寸太难掌握了，而且也不符合人生的规律，但已经可以避免许多争端而足以应付人世了。"

世间并没有一成不变的准则。面对不同的事物，我们需要不同的评判标准。对于人才的管理尤其明显。一个对其他企业相当有用的人对自己来说不一定有用，而把一个看似无用的人摆正地方也许就能为你创造出意想不到的收益。聪明的领导者应该学会发现人才的优点，使得人尽其才，尽量避免人才浪费。审慎选择适当人选是非常重要的，而这必须靠平日不断地观察，留意每个人的发展动态。在检视的过程中，不仅要发掘能干的部属，并且还要剔除办事不力的员工。

二、甄选

甄选（selection）是组织通过运用一定的工具和手段对候选人进行鉴别和考察，区分他们的人格特点与知识技能水平，预测他们未来的工作绩效，从而最终挑选出组织所需要的、恰当的职位空缺填补者的过程。这项活动涉及组织具体如何选择其组成人员，从而影响组织的生存能力、适应能力和发展能力。任何组织都应对员工的甄选工作予以高度重视。

甄选的方法与技术主要有工作申请表与简历筛选、笔试、测评、工作样本技术、评价中心技术、面试以及体检等。

（一）工作申请表与简历筛选

工作申请表与简历筛选一般应用于甄选工作的开始阶段。通过工作申请表和简历等相关材料，企业可以对应聘者的教育背景、工作偏好、工作经验等有一个初步的了解。对于不符合要求的应聘者，就可以筛掉，而符合要求者，可进入下一轮，但仍要核实其材料的真实性。

（二）笔试

笔试是对求职者的基本知识、专业知识、管理知识以及综合分析能力、文字表达能力的一种测试。笔试是使用频率较高的一种人才甄选方法，它对衡量求职者的知识、技能等具有一定的效度和信度，但不能考察求职者的全面素质，因此常被作为初步筛选的方法，是其他甄选方式的补充。

（三）测评

测评是心理测量技术在人力资源管理领域的应用。它以心理测量为基础，通过标准化和客观化的测量方法对求职者的人格特质、职业的适应性和能力倾向进行测量。由于这些特质具有相对的稳定性，所以容易通过测评结果对人员进行选拔，并能够预测求职者未来的工作绩效。尽管有些人对测评的信度和效度有所怀疑，但这种方式仍是很多组织所采用的甄选手段之一。常见的测评包括认知能力测验、运动和身体能力测验、个性和兴趣测验、成就测试和诚实度测试等。

（四）工作样本技术

工作样本技术（work sampling technique）是要求应聘者完成职位中的一项或若干项工作任务，根据任务的完成情况做出评价。这种方法可直接测量应聘者的工作绩效，具有较高的预测效度，但实施起来成本较高，甄选时间也比较长。

（五）评价中心技术

评价中心技术（assessment center technique）是基于多种信息对个体行为进行标准化的评估。通常通过把候选人置于相对隔离的一系列模拟情境中，采用一定的测评技术和方法，观察和分析候选人在模拟情境压力下的心理、行为、表现以及工作绩效，以测量候选人的管理技术、管理能力和潜能等的一个综合、全面的测评系统。通常采用的测评技术和方法包括无领导小组讨论、公文筐测验、管理游戏、小组问题解决、演讲辩论、案例分析等。下面对无领导小组讨论、公文筐测验进行简单介绍。

（1）无领导小组讨论。无领导小组讨论就是把几个应聘者组成一组（一般 5～8 人），给他们提供一个议题，事先不指定主持人，让他们通过小组讨论的方式在限定的时间内给出一个决策，评委们则在旁边观察所有应聘者的行为表现并做出评价。通过这种方法，可以对应聘者的语言表达能力、分析归纳能力、说服能力、协调组织能力以及集体意识等做出判断。

（2）公文筐测验。公文筐测验多是针对管理职位实施的一种方法。首先假设应聘者已经从事了某一职位，然后给他提供事先准备好的资料，这些资料是该组织所发生的实际业务和管理环境信息，如备忘录、信件、电报、电话记录、报告等，让其在规定的时间和条件下进行处理，做出报告，并说明理由和原因。通过这种方法，可以对应聘者的规划能力、决策能力以及分析判断能力等做出评价。

（六）面试

面试（interview）是企业甄选人员最常用的方法，它是指面试者与应聘者直接见面，通过对话、提问等方式，对应聘者的性格和能力等做出评价和判断。根据面试的结构化程度，面试可以分为结构化面试（structured interview）、非结构化面试（non-structured interview）和半结构化面试（semi-structured interview）。结构化面试是指按照事先设计好的问题和程序进行提问的面试；非结构化面试指的是根据面试中的具体情况随机进行提问的面试；半结构化面试是将前面两种方法相结合。

（七）体检

体检是为了检查应试者的身体状况是否健康，检查的内容要与工作的要求相适应。体检一般在求职者通过其他测试后、正式就职前进行；但对于在身体素质方面有特殊要求的工作，体检应提前进行。

第四节　培训与开发

一、培训与开发的含义

培训与开发（training & development）是指一个组织通过相应的项目来改进员工能力水平和组织绩效的一种有计划的、连续的工作。培训的主要目的是使员工获得目前工作所需的知识和能力，帮助员工完成好当前的工作；而开发的主要目的是使员工获得未来工作所需的知识和能力，帮助员工胜任组织中其他职位的工作需要。由于开发是以未来为导向的，因此在开发过程中学习的内容并不一定与员工当前所从事的工作有关。随着培训与开发的战略地位日益凸显，培训与开发的界限也日益模糊。

培训与开发是现代组织人力资源管理的重要组成部分。现代组织的管理注重人力资源的合理使用和培养，要提高组织的应变能力就需要不断地提高人员素质，使组织及其成员能够适应外界的变化并为新的发展创造条件。培训与开发是一个系统化的行为改变过程，最终目的就是通过工作能力、知识水平的提高以及个人潜能的发挥，提高员工的工作绩效。

二、培训与开发的步骤

要想有效地做好培训工作，应该把培训视为一项系统工程，即采用一种系统设计的方法，使培训活动能符合企业的目标，同时让其中的每一环节都能实现员工个人、工作及组织本身三方面的优化。图 6-6 所示的人力资源培训与开发模型便显示了这样一个系统，它代表了由五个环节构成的一个循环过程。

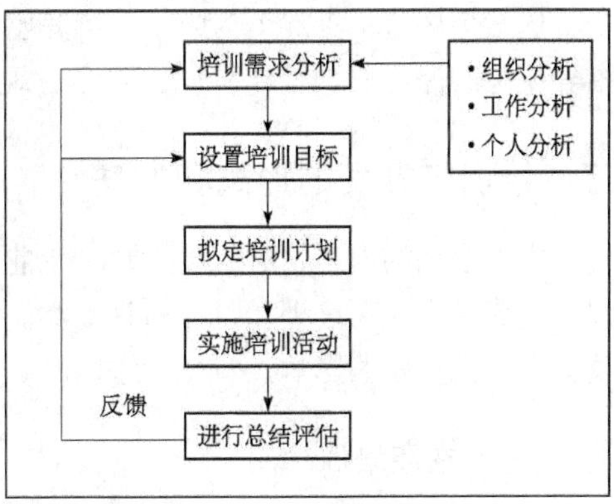

图 6-6　人力资源培训与开发模型

（一）通过需求分析，确定培训的内容

培训需求分析，是增强培训效果的重要基础。只有明确了培训需求，才能保证培训内容和培训方法的针对性，实现培训目的。然而，有关调查表明，大多数企业的培训内容缺乏科学的依据，

多凭主观判断，没有经过科学的培训需求分析。

培训需求分析要从三个层次上进行：① 组织分析。主要根据组织的发展目标、目前资源配置情况等确定本组织未来对人力资源素质的要求。② 工作分析。主要了解的是某一工作岗位所要求的绩效标准是什么，即希望人们怎样有效地完成某项工作。③ 个人分析。该分析是在具体的员工个人水平上进行的，主要了解造成员工个人绩效不佳的原因是哪些。

（二）设置培训目标

设置培训目标将为培训计划提供明确的方向和遵循的构架。有了目标，才能确定培训对象、内容、时间、教师、方法等具体内容，并可在培训之后，对照此目标进行效果评估。培训目标可分为若干层次，从某一培训活动的总体目标到某项学科直至每堂课的具体目标，越往下越具体。设置培训目标要注意与组织目标的一致性，要现实可行，要用书面语明确陈述，其培训结果应是可以测评的。

（三）拟定培训计划

这其实就是培训目标的具体化与可操作化，即根据既定目标，具体确定培训项目的形式、学制、课程设置方案、课程大纲、教科书与参考教材、任课教师、教学方法、考核方式、辅助培训器材与设施等。制订正确的培训计划必须兼顾许多具体的情境因素，权衡培训计划的现实性、操作性和经济性。

（四）实施培训活动

培训目标的实现要依靠精心的组织和实施，培训活动的实施需要组织者、培训者和受训者三方的密切配合。因此，在实施培训项目之前要有相应的宣传；实施过程中要进行必要和及时的检查，保证培训项目顺利、有效地完成。

（五）总结评估及反馈

与管理中的控制功能相似，在培训的某一项目或某门课程结束后，一般要对培训效果进行一次总结性的评估或检查，找出受训者究竟有哪些收获与提高。这一步骤是该次培训的收尾环节，同时，通过总结评估可以找出培训的不足，归纳出经验与教训，发现新的培训需要，所以又是下一轮培训的重要依据，使培训活动不断循环。

这五个环节（步骤）构成了一个完整的培训系统模型，也为企业实际的培训工作提供了指导，可以保证培训工作科学、有序、规范地进行，从而取得预期的良好效果。

三、培训与开发的形式和方法

由于培训的内容、对象、人数、专业以及组织具体情况的不同，培训的形式与方法也不同，一般分为在职培训和脱产培训两类。培训方法选择适当与否对于培训的实施以及培训效果具有非常重要的影响。

（一）在职培训

在职培训是指员工不离开自己的工作岗位，而是在实际的工作岗位通过做某项工作而学会做该项工作。它通常包括学徒培训、辅导培训、实习培训和工作轮换四种形式。

（1）学徒培训。这是一种向新员工提供工作所需技能的理论和实践方面的综合培训，由管理人员或富有经验的老员工给予指导和传授经验，形象地说就是“师傅带徒弟”。某些企业将这种方式称为导师制。

（2）辅导培训。这是一种在管理人员或指定培训师的指引下按照工作的逻辑顺序分步骤教授受训者的培训方法，受训者以一对一的方式向其学习。

（3）实习培训。实习培训是大专院校与各类公司机构合作的结果，而且对双方都有利，主要针对的是即将毕业的学生。一方面，通过实习，学生能深入接触社会，近距离地了解企业与雇主；另一方面，公司也可因学生创新的理念与思维、旺盛的精力而得到新的活力，并可考察学生能力，为将来的招聘做必要的准备。

（4）工作轮换。这是指通过调动员工工作职位的方式来进行培训，在这一过程中员工可以在企业的不同部门学习并实践几种不同的工作技能。在工作轮换过程中，员工不可能深入了解每个职位的详细内容，因而此方法更适用于对通用型管理人员的培训，而不适合专家型人员。

（二）脱产培训

这种方法是指让员工离开工作岗位，专职学习一段时间。脱产培训有的在组织内进行，有的则送到国内外专门的教育或培训学校进行。

（1）课堂讲授。课堂讲授指教师通过语言表达，系统地向受训者传授知识，期望受训者能记住其中的特定知识和重要观念。这是最为普遍也最为基本的一种培训方法。

（2）案例研究。案例研究是指围绕一定的培训目的，把真实的情景典型化处理，形成供受训者思考分析和决断的案例，让受训者根据人、环境和规则等来对案例进行分析，并与其他受训者一起讨论，从而提出对问题的解决办法。

（3）角色扮演。角色扮演指给受训人员提供一个特定的场景或情境，让他们在其中分别扮演不同的角色，做出他们认为适合每一种角色的行为。在扮演过程中培训者随时加以指导，在结束后组织大家讨论，就对所扮演角色的看法各自发表意见。在人力资源开发中，角色扮演可以使受训者经历许多工作中的问题，比如领导、授权、人际关系处理和态度改变等，受训者通过尝试各种不同的方法，确定哪种方法更成功以及为什么成功等。

（4）情景模拟。情景模拟指利用受训者在工作过程中实际使用的设备或者模拟设备以及实际面临的环境来对他们进行培训的一种方法。这种方法能让受训者看到自己的决策在一种人工的、没有风险的环境中所可能产生的影响，因而既可被用来向受训者传授生产与加工方面的技能，也可被用来向受训者传授管理与沟通方面的技能。

（5）网络培训。网络培训指通过互联网或组织内部网来传递、通过浏览器来展示培训内容的一种培训方法。利用网络进行培训，突破了传统培训中面对面的固有模式，打破了培训的时间和空间限制，也可为其他培训方式提供支持。

除了以上方法外，还有自我学习指导、商业游戏、行为塑造、行动学习等很多方法。不同的方法具有不同的优势和特点，培训实施者可根据具体的条件进行选择和实施。

第五节 绩效管理

一、绩效

（一）绩效的概念及内涵

绩效一词来源于英文单词 performance，其一般意义是指工作的效果和效率。组织内的行为主体按照层次不同可以分为组织、群体（主要包含部门和团队两类）和个人三个层次，因此，按照被衡量行为主体的多样性，绩效可以划分为组织绩效、群体绩效和个人绩效三个层次。组织绩效就是组织的整体绩效，指的是组织任务在数量、质量及效率等方面完成的情况；群体绩效是组织中以团队或部门为单位的绩效，是群体任务在数量、质量及效率等方面完成的情况；个人绩效是个体所表现出的、能够被评价的、与组织及群体目标相关的工作行为及其结果。综合众多学者的研究成果，我们认为绩效是指组织及个人的履职表现和工作任务完成情况，是组织期望的为实现其目标而展现在组织不同层面上的工作行为及其结果，它是组织的使命、核心价值观、愿景及战略的重要表现形式。

（二）绩效的特点

（1）多因性。从组织层面上说，绩效的多因性是指组织绩效的优劣并不由单一因素决定，而是受组织内部和外部因素共同作用的影响。影响绩效的内部因素主要包括组织战略、组织文化、组织架构、技术水平以及管理者领导风格等；外部因素主要包括社会环境、经济环境、国家法规政策以及同行业其他组织的发展情况等。

从个人绩效角度说，绩效的多因性是指一个个人绩效的优劣并不是取决于单一因素，而是受制于主、客观的多种因素。绩效的影响因素主要包括技能、激励、环境以及机会四类：

$$P=F(S,M,E,O)$$

即

$$绩效=F(技能，激励，环境，机会)$$

式中，P 为绩效（performance）；S 为技能（skill），指个人的工作技巧和能力水平；M 为激励（motivation），指个人的工作积极性；O 为机会（opportunity），指个人在工作过程中遇到的偶然因素；E 为环境（environment），指影响工作绩效的外部因素；而 F 表示的则是绩效与影响因素之间的一种函数关系。

（2）多维性。绩效的多维性指的是评价主体需要多维度、多角度地去分析和评价绩效。对于组织绩效，布雷德拉普（Bredrup）认为组织绩效应当包括三个方面，即有效性、效率和变革性。有效性指达成预期目的的程度；效率指组织使用资源的投入产出状况；而变革性则指组织应付将来变革的准备程度。这三个方面相互结合，最终决定一个组织的竞争力。在对个人绩效进行评价时，通常需要综合考虑个人的工作结果和工作态度两个方面。对于工作结果，可以通过对工作完成的数量、质量、效率以及成本等指标进行评价。对于工作态度，可以通过全局意识、纪律意识、服从意识以及协作精神等评价指标来衡量。根据评价结果的不同用途，可以选择不同的评价维度和评价指标，并根据期望目标与实际值之间的绩效差距设定具体的目标值和相应的权重。

（3）动态性。绩效的第三个特征是动态性。由于环境的动态性和复杂性就造成了员工的绩效会随着时间的推移而发生变化；原来较差的绩效有可能好转，而原来较好的绩效也可能变差。因此，在确定绩效评价和绩效管理的周期时，应充分考虑到绩效的动态性特征，具体情况具体分析。此外，在不同的环境下，组织对绩效的不同内容关注的程度不同，有时侧重于效率，有时侧重于效果，有时则统筹兼顾多个方面。无论是组织还是个人，都必须以系统和发展的眼光来认识和理解绩效。

二、绩效管理

（一）绩效管理的含义

从绩效管理的本质含义出发，综合学者们的观点和研究成果，笔者认为绩效管理是指组织及其管理者在组织的使命、核心价值观的指引下，为达成愿景和战略目标而进行的绩效计划、绩效监控、绩效评价以及绩效反馈的循环过程。其目的是为了确保组织成员的工作行为和工作结果与组织期望的目标保持一致，通过持续提升个人、部门以及组织的绩效水平，最终实现组织的战略目标。

对于绩效管理，在实际应用中存在着很多错误的看法，尤其是将绩效管理片面地理解为绩效评价。这种观点显然是不可取的，事实上，绩效评价只是绩效管理的一个环节。图 6-7 展示了一个完整的绩效管理体系，它由三个目的、4 个环节和 3 个关键决策构成。具体而言，绩效管理是组织为实现其战略目的、管理目的和开发目的而建立的一个完整系统，由计划绩效、监控绩效、评价绩效和反馈绩效四个环节形成一个闭合循环，评价内容、评价主体、评价方法、评价周期和结果应用这五个关键决策始终贯穿于四个环节之中，它们对绩效管理的实施效果起着决定性的作用。

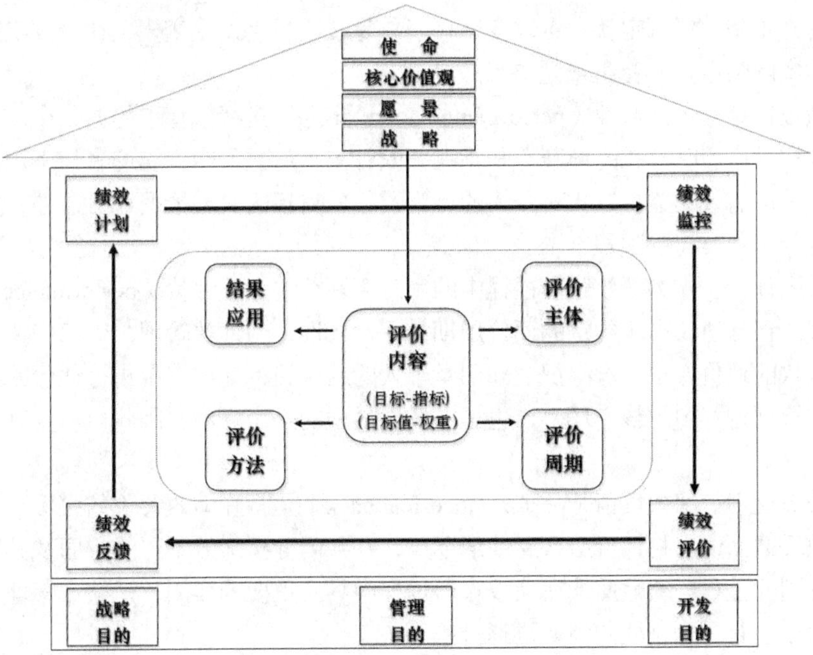

图 6-7　战略性绩效管理系统模型

（二）绩效管理的目的

绩效管理的目的是设计战略性绩效管理系统的出发点和基础，是检验一个组织绩效管理系统设计和实施有效性的指南。归纳起来，战略性绩效管理的目的包括战略目的、管理目的和开发目的3个目的。

（1）战略目的。绩效管理与组织的战略密切相关。组织战略的实现离不开绩效管理系统，而绩效管理系统也必须与组织的战略目标密切联系才具有实际意义。战略性绩效管理系统能够将个人具体的工作活动与组织的战略目标联系起来，使个人的努力与组织的战略保持高度一致，促使组织战略的顺利实现。

（2）管理目的。绩效管理的管理目的主要是指通过评价员工的绩效表现并给予相应的奖惩，以激励和引导员工不断提高自身的工作绩效，从而最大限度地实现组织目标。组织的各项管理决策都离不开及时准确的绩效信息，绩效评价结果是组织作出培训、调薪、晋升、保留、解雇等人力资源管理决策的重要依据。

（3）开发目的。绩效管理的开发目的主要是指管理者通过绩效管理过程来发现员工存在的不足，以便对其进行有针对性的培训，从而使员工能够更加有效地完成工作，促进员工个人的发展和实现组织绩效管理的开发目的。

（三）绩效管理的环节

管理者在进行绩效管理时，需要严格遵循绩效计划、绩效监控、绩效评价和绩效反馈四个环节开展工作，并且4个环节缺一不可。

（1）绩效计划。绩效计划（performance planning）作为绩效管理系统闭循环中的第一个环节，是指当新的绩效周期开始时，管理者和下属依据组织的战略规划和年度工作计划，通过绩效计划面谈，共同确定组织、部门以及个人的工作任务，并签订绩效目标协议的过程。但绩效计划并不是一经制定就不可改变，环境总是在不断地发生变化，在计划实施过程中往往需要根据实际情况及时修正或调整绩效计划。

（2）绩效监控。绩效监控（performance monitoring）是绩效管理的第二个重要环节，也是整个绩效周期中历时最长的环节，是指在绩效计划实施过程中，管理者与下属通过持续的绩效沟通，采取有效的监控方式对个人的行为及绩效目标的实施情况进行监控，并提供必要的工作指导与工作支持的过程。

（3）绩效评价。作为绩效管理过程中的第三个环节，绩效评价（performance appraisal）是指根据绩效目标协议书所约定的评价周期和评价标准，由绩效管理主管部门选定的评价主体，采用有效的评价方法，对组织、部门及个人的绩效目标完成情况进行评价的过程。绩效评价是绩效管理过程中的核心环节，也是技术性最强的一个环节，因此，需要对评价环节给予特别的关注。

（4）绩效反馈。绩效反馈（performance feedback）是指在绩效评价结束后，管理者与下属通过绩效反馈面谈，将评价结果反馈给下属，并共同分析绩效不佳的方面及其原因，制订绩效改进计划的过程。绩效反馈在绩效管理过程中具有重要的作用，是绩效管理过程中的一个重要环节，也是一个正式的绩效沟通过程。

课堂讨论

小白的跳槽

小白大学毕业后被一家中日合资企业聘为销售员。工作的头两年，他的销售业绩确实不敢让人恭维。但是，随着对业务逐渐熟练，又跟那些零售客户搞熟了，他的销售额就开始逐渐上升。到第三年年底，他根据与同事们的接触，估计自己当属全公司销售员的冠军。不过，公司的政策是不公布每人的销售额，也不鼓励互相比较，所以小白还不能肯定。去年，小白干得特别出色，到9月底就完成了全年的销售额，但是经理对此却没有任何反应。

尽管工作上非常顺利，但是小白总是觉得自己的心情不舒畅。最令他烦恼的是，公司从来不告诉大家干得好坏，也从来没有人关注销售员的销售额。他听说本市另外两家中美合资的化妆品制造企业都在搞销售竞赛和奖励活动，公司内部还有通讯之类的小报，对销售员的业绩做出评价，让人人都知道每个销售员的销售情况，并且要表扬每季和年度的最佳销售员。想到自己所在公司的做法，小白十分恼火。上星期，小白主动找到日方的经理，谈了他的想法。不料，日本上司说这是既定政策，而且也正是本公司的文化特色，从而拒绝了他的建议。几天后，令公司领导吃惊的是，小白辞职而去，听说是被挖到另外一家竞争对手那去了。而他辞职的理由也很简单：自己的贡献没有被给予充分的重视，没有得到相应的回报。

正是由于缺乏有效、正规的考核，这家公司无法对小白做出评价并且给予相应的奖励，才使公司失去了一名优秀的员工。

试问：该公司对小白的绩效评价存在什么问题？如果你是销售负责人，你将如何制定销售人员的绩效评价方法？

（四）绩效管理的关键决策

为了实现三个目的，组织在实施绩效管理四个环节时，必须把握评价内容、评价主体、评价周期、评价方法以及结果应用五项关键决策。

（1）评价内容。所谓“评价内容”，即“评价什么”，就是指如何确定绩效评价所需的评价指标、指标权重及其目标值。为了确保组织战略目标的实现，需要在绩效管理过程中，将组织的战略目标转化为确定周期内的绩效目标，再将绩效目标转化为可以衡量的绩效评价指标，从而将组织战略目标的实现具体落实到各个部门和每个员工。

（2）评价主体。所谓“评价主体”，即“谁来评价”，就是指对评价对象做出评价的人。通常，评价主体可分为组织内部的评价者和组织外部的评价者。内部评价者包括上级、同级、下级；外部评价者包括客户、供应商、分销商等利益相关者。在设计绩效评价体系时，选择正确的评价主体，确保评价主体与评价内容相匹配是一个非常重要的原则，即根据所要衡量的绩效目标以及具体的评价指标来选择评价主体。

（3）评价周期。评价周期所要回答的问题是“多长时间评价一次”。评价周期的设置应尽量合理，既不宜过长，也不能过短。如果评价周期太长，评价结果就会出现严重的“近因效应”，这样会导致绩效评价信息的失真并且不利于员工个人绩效的改善；而如果评价周期太短，一方面许多工作的绩效情况可能还没有体现出来，另一方面过度频繁的绩效评价也会造成评价主体的工作量过大。一般来说，评价周期与评价指标、组织所在行业特征、职位等级和类别以及绩效实施的时间等诸多因素有关。

（4）评价方法。所谓“评价方法”，就是判断个人工作绩效时所使用的具体方法。正确地选择绩效评价方法对于得到公正、客观的绩效评价结果有着重要的意义。各种不同的评价方法都是管理实践积累的宝贵财富。通常，评价方法可以划分为三大类：比较法、量表法和描述法。每种方法都各具特点，并无绝对优劣之分，组织应根据所要评价的指标特点，权衡各种评价方法的优缺点加以综合使用，以适应不同发展阶段对绩效评价的不同需要。

（5）结果应用。绩效管理是人力资源管理职能系统中的核心模块，而绩效评价结果能否被有效利用，关系到整个绩效管理系统的成败，也关系到人力资源系统运行有效性的高低。绩效评价结果主要用于两个方面：一是通过分析绩效评价结果，诊断员工存在的绩效差距，找出产生绩效差距的原因，制定相应的绩效改进计划，以提高员工的工作绩效；二是将绩效评价结果作为各种人力资源管理决策的依据，如培训开发、职位晋升和薪酬福利等。

第六节　薪 酬 管 理

一、薪酬的概念

（一）薪酬

在了解薪酬（compensation）之前，首先介绍一下报酬的概念。所谓报酬（rewards），是指员工从组织那里得到的作为个人贡献回报的他认为有价值的各种东西，一般分为内在报酬（intrinsic rewards）和外在报酬（extrinsic rewards）。内在报酬通常指员工由工作本身所获得的心理满足和心理收益，如决策的参与、工作的自主权、个人的发展、活动的多元化以及挑战性的工作等。外在报酬通常指员工所得到的各种货币收入和实物，包括财务报酬（financial rewards）和非财务报酬（non-financial rewards）两种类型。非财务报酬包括宽大的办公室、动听的头衔以及特定的停车位等。财务报酬又可以分为两类：一是直接报酬（direct rewards），如工资、绩效奖金、股票期权和利润分享等；二是间接报酬（indirect rewards），如保险、带薪休假和住房补贴等福利。

薪酬（compensation）是报酬体系的一部分，是指员工因雇佣关系的存在，而从雇主那里获得的所有各种形式的经济收入、有形服务以及福利。薪酬主要包括基本工资、绩效工资、奖金和奖励以及福利与服务四种形式。

（二）薪酬的构成

薪酬通常包括三种形式：基本薪酬、绩效薪酬以及福利。

（1）基本薪酬。基本薪酬是指一个组织根据员工所承担或完成的工作本身或者是员工所具备的完成工作的技能或能力而向员工支付的相对稳定的报酬。基本薪酬属于薪酬总额中不变的部分，根据支付的依据不同，基本薪酬包括职位薪酬、技能薪酬、知识薪酬等。

（2）绩效薪酬。绩效薪酬是将员工的薪酬收入与员工、团队或组织的绩效结合起来的一种薪酬支付方式。在这种薪酬体系下，员工个人或群体的绩效水平是支付薪酬的依据。绩效加薪（merit pay）与绩效奖金（merit bonus）虽然都是在基本薪酬体系的基础上，根据员工绩效考核结果来调整薪酬水平的薪酬制度，但二者是相互区分的两个概念。绩效加薪是指根据员工绩效评价的结果，相应调整员工未来薪酬的基本水平的一种薪酬管理方案。绩效奖金则是在基本薪酬之外，根据员工绩效水平给予的一次性奖励，虽然它也与员工的绩效水平相关，但它不改变基本的薪酬水平。

（3）福利。福利（benefit）是企业支付给员工的间接薪酬。福利的形式多种多样，既有货币形式，也有实物形式，不同企业的福利的项目和内容也往往有所差别，常见的福利包括社会保险、津贴和带薪休假等。传统的福利管理向所有员工提供单一、固定的福利组合，但是由于每位员工在福利的需求上是不同的，传统的方式在应用上会大打折扣。从 20 世纪 90 年代开始，弹性福利计划开始在欧美一些国家兴起，并取得了很好的效果。弹性福利计划（flexible benefit plan），又称自助餐式福利计划（cafeteria benefit plan），是指在国家法定福利项目必选的基础上，根据员工的特点和具体需求，列出一些福利项目，在一定的金额限制内，员工按照自己的需求和偏好自由选择和组合。这种方式区别于传统的整齐划一的福利计划，具有很强的灵活性、可选性，不仅可以满足员工多样化的需要，增强其工作满意度，还有利于企业控制成本、吸引人才、激励员工。

二、薪酬管理

（一）薪酬管理的定义

薪酬管理（compensation management）是指组织在综合考虑各种内外部因素影响的情况下，根据组织的战略和发展规划，结合员工提供的服务来确定他们应得的薪酬总额、薪酬结构以及薪酬形式的过程。在这一过程中，组织必须就薪酬水平、薪酬体系、薪酬结构以及特殊员工群体的薪酬等做出决策。

（二）薪酬管理决策的内容

为达到薪酬管理的目标，组织在薪酬管理的过程中必须做出一些重要的决策，主要包括薪酬体系、薪酬水平、薪酬等级结构、薪酬构成以及薪酬管理政策五项重大决策。

（1）薪酬体系。薪酬体系决策的主要任务是确定组织中员工基本薪酬的基础是什么。目前比较通用的薪酬体系是职位薪酬体系和能力薪酬（又分为技能薪酬、知识薪酬和胜任力薪酬）体系，其中以职位薪酬体系的运用最为广泛。

（2）薪酬水平。薪酬水平是指组织中各职位、各部门以及整个组织的平均薪酬水平，薪酬水平决定了组织薪酬的外部竞争力。对组织的薪酬水平决策产生影响的主要因素包括：同行业或地区中竞争对手支付的薪酬水平、组织的支付能力和薪酬战略、社会生活成本指数以及在集体谈判情况下的工会薪酬政策等。薪酬水平政策包括领先市场、追随市场和低于市场水平三种。

（3）薪酬等级结构。薪酬等级结构指的是同一组织内部的薪酬等级数量以及不同薪酬等级之间的薪酬差距大小。典型的两种薪酬结构的设计是窄带薪酬和宽带薪酬。窄带薪酬等级多，每一个等级的薪酬幅度相对较小，员工往往只能通过职位的提升来增加薪酬；宽带薪酬的等级少，每一个等级的薪酬幅度大，员工不需要为了薪酬的增长而去斤斤计较职位的晋升，只要注意发展企业所需要的技术和能力就可以获得相应的报酬。

课堂讨论

上海重新调整最低工资标准

上海4月1日起最低工资标准涨至1820元，仍为中国内地最高。据新华网2014年3月28日报道，上海市从2014年4月1日起，劳动者月最低工资标准将从目前的1620元调整为1820元，增加200元。下列项目不作为月最低工资的组成部分，单位应按规定另行支付：（1）延长法定工作时间的工资；（2）中班、夜班、高温、低温、井下、有毒有害等特殊工作环境、条件下的津贴；（3）个人依法缴纳的社会保险费和住房公积金，伙食补贴（饭补）、上下班交通费补贴、住房补贴。月最低工资标准适用于全日制就业劳动者。

小时最低工资标准从14元调整为17元。小时最低工资不包括个人和单位依法缴纳的社会保险费，相关社会保险费由单位按规定另行支付。小时最低工资标准适用于非全日制就业劳动者。

这是上海自1993年建立最低工资制度以来，第21次提高最低工资标准。有关方面解释，上海月最低工资标准不含劳动者个人依法缴纳的社会保险费和住房公积金，用人单位应按规定另行支付。如果加上个人最低缴纳的社会保险费和住房公积金，按同口径比较，上海市劳动者的月最低工资标准为中国内地最高。

试问：地方政府制定最低工资标准有何意义？最低工资标准的制定又受哪些因素影响？

（4）薪酬构成。薪酬构成是指在员工和组织的总体薪酬中，不同类型的薪酬的组合方式。通常情况下，薪酬被划分为直接薪酬和间接薪酬。前者是直接以货币形式支付给员工并且与员工所提供的工作时间和业绩、质量有关的薪酬；后者则包括福利、服务等一些有经济价值但是以非货币形式提供给员工的报酬，往往与员工的工作时间、业绩、质量等没有直接关系。

（5）薪酬管理政策。所谓薪酬管理政策主要涉及企业的薪酬成本与预算控制方式，组织的薪酬制度、薪酬规定以及员工的薪酬水平是否保密等问题。薪酬管理政策必须确保员工对于薪酬系统的公平性看法，必须有助于组织以及员工个人目标的实现。

本章小结

纵观其发展历史，人力资源管理经历了人事管理、人力资源管理以及战略性人力资源管理三个阶段。战略性人力资源管理将人力资源管理与组织的战略连接起来，它受企业所处的环境（包括一般环境和具体环境）、企业的使命、核心价值观、愿景、战略以及组织文化等方面的影响，其系统本身通常是由工作设计及工作分析、工作评价及能力评价、招聘及选拔录用、培训与开发、职位变动、解雇、薪酬管理以及绩效管理等构件组成。

工作设计是根据组织的战略目标及员工的个人需要来规定某个职位的工作任务、工作责任及工作关系的过程。工作分析是研究组织内每一个职位包括的具体工作内容和责任，并对工作内容及有关因素做全面、系统的描述和记载，指明担任这一职位的工作人员所必须具备的知识和能力。

招聘与甄选是人力资源管理的一项基础性工作。招聘是指组织以发现和吸引潜在员工为目的而采取的所有行动的总称；而甄选是组织通过运用一定的工具和手段对已经招募到的求职者进行鉴别和考察，区分他们的人格特点与知识技能水平，预测他们未来的工作绩效，从而最终挑选出组织所需要的、恰当的职位空缺填补者的过程。

培训与开发是指一个组织通过相应的项目来改进员工能力水平和组织绩效的一种有计划的、连续的工作。培训的主要目的是使员工获得目前工作所需的知识和能力，帮助员工完成好当前的工作；而开发的主要目的是使员工获得未来工作所需的知识和能力，帮助员工胜任组织中其他职位的工作需要。

绩效是指组织及个人的履职表现和工作任务完成情况，是组织期望的为实现其目标而展现在组织不同层面上的工作行为及其结果，它是组织的使命、核心价值观、愿景及战略的重要表现形式。绩效的特点为多因性、多维性和动态性。绩效管理是组织在使命、核心价值观的指引下，为达成愿景和战略目标而进行的绩效计划、绩效监控、绩效评价以及绩效反馈的循环过程。绩效管理体系由3个目的、4个环节和5个关键决策构成。

薪酬是报酬体系的一部分，是指员工从企业那里得到的各种直接的和间接的经济收入，通常包括基本薪酬、绩效薪酬以及福利三种形式。企业在薪酬管理的过程中必须做出一些重要的决策，主要包括薪酬体系、薪酬水平、薪酬等级结构、薪酬构成以及薪酬管理政策五项重大决策。

复习思考题

一、名词解释题

战略性人力资源管理　工作设计　工作特征模型　工作分析　工作说明书　内部招聘　外部招聘　甄选　培训与开发　工作轮换　绩效管理　薪酬管理

二、单项选择题

1．“人力资源”一词是由（　　）提出的。

A．泰罗　　B．甘特　　C．德鲁克　　D．梅奥

2．下面哪一项不属于工作说明书的基本内容？（　　）

A．职位概要　　B．工作环境　　C．工作关系　　D．工作中晋升

3．企业内部招募的主要方法不包括（　　）。

A．主管推荐　　B．布告发布

C．利用技术档案的信息　　D．校园招聘

4.利用受训者在工作过程中实际使用的设备或者模拟设备以及实际面临的环境来对他们进行培训的一种方法是（ ）。

A．辅导培训　B．角色扮演　C．情境模拟　D．工作轮换

5．战略性绩效管理的目的不包括（ ）。

A．战略目的　B．评价目的　C．管理目的　D．开发目的

三、简答与论述题

1．人力资源管理大概经历了哪几个阶段，每个阶段的特点是什么？

2．谈谈你对战略性人力资源管理系统模型的理解。

3．工作设计有哪些基本方式？

4．简述工作分析内涵与过程。工作说明书包括哪些内容？

5．招聘的渠道有哪些？甄选有哪些主要方式？

6．培训与开发应该由哪些步骤构成？其形式和方法有哪些？

7．薪酬管理要进行哪些方面的重要决策？

8．简述绩效的内涵及基本特点。

9．简述对战略性绩效管理系统模型的理解。

四、案例分析题

水浒传中的人力资源管理

“梁山泊集团”从一个区域性公司发展成为天下共知的知名企业，是在王伦、晁盖和宋江三位董事长手里相继完成的，最终在第三任董事长宋江手里被某大型垄断国企兼并。在这个过程中，人才生发、聚集、离散、凋零，令人感叹唏嘘之余，也留给我们许多关于用人的思考。

1．王伦时代：保守的用人策略

王伦较早地进入这个行业，当时市场竞争还不太激烈，先发优势让王老板很快占据了地利——水泊梁山，并逐渐建立起在局部市场的优势地位。这个状态基本上达到了王老板的想象极限，因其很清楚自己的驾驭能力。虽然没有表现出来，但小富即安、忙里偷闲倒是真的。也正是在这种思维和心态支配下，企业人才结构基本上维持着初创期的状态，多年没什么变化。王伦和几位亲信维持着山东市场老大的位置，眼下的小日子过得还算滋润。

但市场竞争的残酷性就在于不进则退，市场容不得躺在原地的享乐者。问题很快就出现了：某大型集团的技术总监林冲因为和上司严重不和，转而投奔梁山泊集团。有高级人才加盟，看似是好事，却引发了梁山泊领导层之间小小的波澜。王伦起初不肯接纳林冲，他的算盘很简单：“我没十分本事，杜迁、宋万武艺也只平常。如今争添了这个人，他是京师禁军教头，必然好武艺。倘着被他识破我们手段，他须占强，我们如何迎敌？不若只是一怪，推却事故，发付他下山去便了，免致后患。”在杜迁、宋万、朱贵的劝说之下，王伦也只好暂且收起叶公好龙的本相，勉强接纳，但心里总是担心着水大漫过桥。

树欲静而风不止，另一个更强有力的新生代力量晁盖团队强力要求加盟梁山泊。话说这个晁盖早年带了一帮弟兄自主创业，挑战市场老大却惨遭围攻，导致落荒而逃，加盟梁山泊也是不得已的选择。重组方案谈了几轮，在王伦心里根本容不下晁盖团队，可晁盖却紧紧盯

上了梁山泊的地利，于是就和林冲达成了协议，双方联手发难，最终王伦被迫交出了企业控制权。

2. 晁盖时代：奠定人才优势

早年自主创业的晁盖志向远大、野心勃勃、作风强悍，眼睛里盯的都是大生意。也正是凭着这股初生牛犊不怕虎的胆识，身边集聚起一群死党。在这个团队里，晁盖是领导核心，吴用是 COO（首席运营官），阮氏兄弟在产品研发、营销和生产上各抓一摊。正是依靠这个班底，晁盖团队赚得第一桶金，尽管之后输得血本无归，却能够在闪转腾挪之间促成王伦团队倒戈，一举获得梁山泊的控制权。

入主梁山泊之后，晁盖很快赢得了梁山泊集团管理层和员工的信任，确立了绝对的核心地位。晁盖没有因为第一次创业失败而受挫，反而因为顺利控股梁山泊而更为激进。很快，集团高层草拟出一个扩张战略：首先要打垮山东市场的其他竞争对手，全面开拓祝家庄、青州、曾头市等周边市场，而后则是更大胆的全国扩张计划。

晁盖在人才引进和使用上较王伦更为大胆。除了早期从石碣村出来的一群兄弟，在企业发展中还有大量人才慕名而来。可以说，梁山泊一百单八将中的95%以上都是在晁盖时代引进的，梁山泊的人才优势基本上也是在晁天王手中奠定的。究其原因，这在很大程度上来自晁盖人格魅力的感召。

可惜天不假年，晁盖功未成、身先灭，企业核心人员的意外离世是对组织的一次重大挑战。追随晁盖的早期创业者二号人物吴用发挥了关键作用，他力推宋江做了梁山之主。吴用心思缜密、协调力强，是当之无愧的军师，更难能可贵的是他能功成不居。

而在晁盖去世之前确定继任人选方式是活捉史文恭者为继任。这种选拔标准实际上片面地强调了武功，而忽视了战略规划和组织管理能力。这在一定程度上暴露出晁盖自身的意识错位，后来若不是吴用在关键时刻巧妙周旋，在继任人选问题上恐怕要生出些变故来，这自是后话。

3. 宋江时代：战略引领与组织规范

宋江接下梁山泊一把手的位子，看似实至名归、风光无限，但实际上那几年国进民退风头正紧，朝廷的几个大型直属企业早就觊觎梁山泊的山东市场，几年来围绕山东市场的争夺一直不断。而地方政府的保护和多年来积累的地利发挥了作用，朝廷的国有企业虽然实力雄厚，但硬吞下山东市场也没有那么容易。宋江就是在这个背景下悄然地调整了梁山泊的战略，接受朝廷并购、成为国家队，求得品牌和团队的延续和相对独立，背靠大树拓展全国市场。

谈判是需要筹码的。宋江延续了晁盖的扩张策略，这里要特别指出的是，晁盖的扩张是目的，而宋江的扩张则成为手段。

不管怎样，扩张需要大量的高素质人才。宋江将这一点提到空前的高度。卢俊义、呼延灼等人才的加盟大壮梁山声威，成为当年行业内的大事件，这场惊心动魄的猎头挖墙脚行动堪称经典。

首先是明确目标，宋江等人一眼就盯上了这位“一身好武艺，棍棒天下无对”的河北玉麒麟；其次是高层亲自操刀，一把手宋江决策、二把手吴用提写反诗；再次是无所不用其极，其中故事就不再赘述，但挖墙脚挖到这种程度也算是极致。最后的结果当然是玉麒麟加盟，大大提高了梁山泊的声势和地位。宋江也对卢俊义仁至义尽，力保其坐上了第二把交椅。

在宋江的一手经营下，梁山泊最终形成了三十六天罡、七十二地煞，盛况空前。同时，梁山泊组织正规化建设也不断推进，最终在宣和二年四月梁山泊大聚会时颁布了组织改革和人员调整方案《分调人员告示》，任命了梁山泊总兵都头领二员、掌管机密军师二员、一同参赞军务头领、掌管钱粮头领二员、马军五虎将五员、马军八骠骑兼先锋使八员、马军小彪将兼远探出哨头领一十六员、步军头领一十员等，建立起完备的组织体系。

悄然之间，梁山泊已然不复之前偏居一隅的格局，完全可以与朝廷企业决一高下。但是囿于既定的战略方向，在握有较多谈判筹码的情况下，宋江还是选择了兼并重组的道路。

4. 挽歌：企业兼并用人难在信任和度量

被兼并企业的管理团队很难得到公平对待，除非是重组方气量宏大、眼光高远。梁山泊集团被兼并后，朝廷企业因为激烈的市场竞争环境，并没有立即采取调整措施。而是当另一个竞争对手方腊集团破产之后，其全面整编才得以进行：一是将梁山泊集团主要领导人员集中到总部所在地东京汴梁，完全脱离了具体的业务和人员；二是对梁山泊集团所有人员进行了重新任命，分散到全国各分公司工作；三是即使如此仍然不能安心，还要加强监视。这“掰开了、揉碎了”的种种用心，不外乎担心梁山泊的老人不好驾驭，依然保持利益集团。反过来看，这种缺乏信任的处理方式，虽然避免了最担心的问题，但也让朝廷企业丧失了一支高效团队。

资料来源：改编自朱国成，向梁山泊集团取点“人才经”[J]. 人力资源，2015（3）.

结合案例内容，回答以下问题：

1. 本案例中梁山泊在不同阶段的人力资源政策分别是怎样的？

2. 不同阶段的不同人力资源政策对于整个梁山泊的发展有何种影响？

第七章　组织文化

【学习目标】

了解组织文化的结构和类型；了解组织文化的功能；了解国外经典的文化测量模型和工具；理解组织文化的定义；理解组织文化的形成过程；掌握组织文化建设的主要内容。

【案例导入】

任正非致新员工书

华为公司共同的价值体系，就是要建立一个共同为世界、为社会、为祖国作出贡献的企业文化。这个文化是开放的、包容的，不断吸纳世界上好的优良文化和管理的。如果把这个文化封闭起来，以狭隘的自尊心、狭隘的自豪感为主导，排斥别的先进文化，那么华为一定会失败的。这个企业文化黏合全体员工团结合作，走群体奋斗的道路。有了这个平台，您的聪明才智方能很好发挥，并有所成就。没有责任心，缺乏自我批判精神，不善于合作，不能群体奋斗的人，等于丧失了在华为进步的机会，那样您会空耗了宝贵的光阴。

公司管理是一个矩阵系统，运作起来就是一个求助网。希望您们成为这个大系统中一个开放的子系统，积极、有效地既求助于他人，同时又给予他人支援，这样您就能充分地利用公司资源，您就能借助别人提供的基础，吸取别人的经验，很快进入角色，很快进步。求助没有什么不光彩的，做不好事才不光彩，求助是参与群体奋斗的最好形式。

我们呼唤英雄，不让雷锋吃亏，本身就是创造让各路英雄脱颖而出的条件。雷锋精神与英雄行为的核心本质就是奋斗和奉献。雷锋和英雄都不是超纯的人，也没有固定的标准，其标准是随时代变化的。在华为，一丝不苟地做好本职工作就是奉献，就是英雄行为，就是雷锋精神。

实践改造了，也造就了一代华为人。“您想做专家吗？一律从基层做起”，已经在公司深入人心。一切凭实际能力与责任心定位，对您个人的评价以及应得到的回报主要取决于您的贡献度。在华为，您给公司添上一块砖，公司给您提供走向成功的阶梯。希望您接受命运的挑战，不屈不挠地前进，您也许会碰得头破血流，但不经磨难，何以成才！在华为改变自己命运的方法，只有两个：一、努力奋斗；二、做出良好的贡献。

公司要求每一个员工，要热爱自己的祖国，热爱我们这个刚刚开始振兴的民族。只有背负着民族的希望，才能进行艰苦的搏击，而无怨无悔。我们总有一天，会在世界舞台上占据一席之地。但无论任何时候、无论任何地点都不要做对不起祖国、对不起民族的事情。不要做对不起家人、对不起同事、对不起您奋斗的事业的人。要模范遵守所在国家法规和社会公德，要严格遵守公司的各项制度与管理规范。对不合理的制度，只有修改以后才可以不遵守。任何人不能超越法律与制度，不贪污、不盗窃、不腐化。严于律己，帮助别人。

您有时会感到公司没有您想像的公平。真正绝对的公平是没有的，您不能对这方面期望太高。但在努力者面前，机会总是均等的，要承受得起做好事反受委屈。“烧不死的鸟就是凤凰”，这是华为人对待委屈和挫折的态度和挑选干部的准则。没有一定的承受能力，今后如何能做大梁？其实一个人的命运，就掌握在自己手上。生活的评价是会有误差的，但决不至于黑白颠倒，差之千里。要深信，是太阳总会升起，哪怕暂时还在地平线下。您有可能不理解公司而暂时离开，我们欢迎您回来。

世上有许多“欲速则不达”的案例，希望您丢掉速成的幻想，学习日本人踏踏实实、德国人一丝不苟的敬业精神。现实生活中能把某一项业务精通是十分难的，您不必面面俱到的去努力，那样更难。干一行，爱一行，行行出状元。您想提高效益、待遇，只有把精力集中在一个有限的工作面上，不然就很难熟能生巧。您什么都想会、什么都想做，就意味着什么都不精通，做任何一件事对您都是一个学习和提高的机会，都不是多余的，努力钻进去兴趣自然在。我们要造就一批业精于勤、行成于思，有真正动手能力和管理能力的干部。机遇偏爱踏踏实实的工作者。

公司永远不会提拔一个没有基层经验的人做高层管理者。遵循循序渐进的原则，每一个环节对您的人生都有巨大的意义，您要十分认真地去对待现在手中的任何一件工作，十分认真地走好职业生涯的每一个台阶。您要尊重您的直接领导，尽管您也有能力，甚至更强，否则将来您的部下也不会尊重您。长江后浪总在推前浪。要有系统、有分析地提出您的建议，您是一个有文化者，草率的提议，对您是不负责任，也浪费了别人的时间。特别是新来者，不要下车伊始，动不动就哇啦哇啦。要深入、透彻地分析，找出一个环节的问题，找到解决的办法，踏踏实实地一点一点地去做，不要哗众取宠。

为帮助员工不断超越自我，公司建立了各种培训中心，培训很重要，它是贯彻公司战略意图、推动管理进步和培训干部的重要手段，是华为公司通向未来、通向明天的重要阶梯。您们要充分利用这个“大平台”，努力学习先进的科学技术、管理技能、科学的思维方法和工作方法，培训也是您们走向成功的阶梯。当然您想获得培训，并不是没有条件的。

物质资源终会枯竭，唯有文化才能生生不息。一个高新技术企业，不能没有文化，只有文化才能支撑她持续发展，华为的文化就是奋斗文化，它的所有文化的内涵，都来自世界的、来自各民族的、伙伴的……，甚至竞争对手的先进合理的部分。若说华为有没有自己的核心文化，那就剩下奋斗与牺牲精神算我们自己的吧！其实奋斗与牺牲也是从别人那里抄来的。有人问我，您形象地描述一下华为文化是什么。我也不能形象地描述什么叫华为文化，我看了“可可西里”的电影，以及残疾人表演的“千手观音”后，我想他们的精神就叫华为文化吧！对于一个新员工来说，要融入华为文化需要一个艰苦过程，每一位员工都要积极主动、脚踏实地地在做实的过程中不断去领悟华为文化的核心价值，从而认同直至消化接纳华为的价值观，使自己成为一个既认同华为文化，又能创造价值的华为人；只有每一批新员工都能尽早地接纳和弘扬华为的文化，才能使华为文化生生不息。

华为文化的特征就是服务文化，谁为谁服务的问题一定要解决。服务的含义是很广的，总的是为用户服务，但具体来讲，下一道工序就是用户，就是您的“上帝”。您必须认真地对待每一道工序和每一个用户。任何时间，任何地点，华为都意味着高品质。希望您时刻牢记。

华为多年来铸就的成就只有两个字——诚信，诚信是生存之本、发展之源，诚信文化是公司最重要的无形资产。诚信也是每一个员工最宝贵的财富。

业余时间可安排一些休闲，但还是要有计划地读些书，不要搞不正当的娱乐活动，为了您成为一个高尚的人，望您自律。

希望您加速磨炼，茁壮成长，我们将一起去托起明天的太阳。

资料来源：伍正非．华为人报（第 293 期）．2014-12-19．略有删减．

启发思考：

1．华为的组织文化的精髓是什么？

2．华为的组织文化是如何维系和传承的？

3．为何这种组织文化能够帮助华为取得成功？

组织文化在一个组织长期发展过程中积淀下来，一旦形成便不容易发生变化，因此它在一定程度上代表着组织的灵魂，是组织彰显自身形象的有效载体。今天的组织在规范管理规章制度的同时，都在强调自身的文化建设，以发挥文化的“软约束”作用，弥补规章制度等“硬性管理”的不足。本章将着重介绍组织文化的有关内容，包括组织文化的内涵、组织文化的形成以及组织文化的变革等。

第一节　组织文化概述

一、组织文化的内涵

（一）组织文化的定义

企业文化概念的提出和研究源自 20 世纪七八十年代日本企业的崛起，以及日本经济实力的强大对美国乃至西欧经济形成的威胁和挑战。人们注意到日美企业管理模式以及文化的不同对企业管理和经营业绩的影响，进而发现了社会文化与组织管理融合的产物——组织文化。佩蒂格鲁（Pettigrew）于 1979 年在《关于组织文化研究》一文中首次提出“组织文化”（organizational culture）的概念，它犹如一根导火索，引燃了组织心理学有史以来影响最广泛的一场“运动”。1980 年，美国的《商业周刊》《哈佛商业评论》等权威杂志以突出篇幅对“组织文化”问题进行了讨论，这代表了企业界和学术界对这一场“运动”的强烈回应。之后在美国连续出版了几本关于组织文化的著作——日裔美国学者威廉·大内的《Z 理论》、帕斯卡尔和阿索斯的《日本的管理艺术》、迪尔（Deal）和肯尼迪（Kennedy）的《企业文化》、彼得斯和沃特曼的《追求卓越》，这四部著作奏响了这场“运动”的最强音，被称为组织文化的“新潮四重奏”。

对于组织文化的定义有很多，如：① 群体规范，在一个企业中的工作群体内部形成的规范；② 主导性价值观，包括类似于产品质量、价格领导者等组织中所信奉的核心价值观；③ 游戏规则，为了在组织中生存而学习的游戏规则，例如一个新成员必须学会这种规则才能被接受；④ 组织氛围，组织成员在与外部人员进行接触过程中所传达的组织内部的风气和感情；⑤ 思维习惯、心智模式、语言模式，包括组织成员共享的思维框架。但是沙因认为这些关于组织文化的讨论都没有涉及文化的本质，以上所列举的文化不过是更加深层的文化的表象，真正的文化则是隐含在组织成员中的潜意识。组织文化应该是一个特定组织在处理外部适应和内部整合问题中所学习到的，由组织自身所发明和创造并且发展起来的一些基本假设，这些基本假设能够发挥很好的作用，并被认为是有效的，因此被新成员所接受，作为理解、思考和感觉那些难题的正确方法。在《组织文化与领导力》一书中，沙因对组织文化的内涵进行了深刻的阐述。沙因认为：

（1）把组织文化看成是组织的价值观、共享的信念、群体规范等都反映了组织文化的内容，但都不是组织文化的本质。“文化”这个词应该包含为组织的成员所共同拥有的更深层次的基本假设和信念，它们无意识地产生作用，并且用一种基本的“认为是理所当然”的方式来解释组织自身的目的和环境。

（2）这些假设和信念是通过学习获得的，是对组织在外部环境中的生存问题和内部整合问题的反应，随着获得新的经历而发展。并且，如果了解了学习过程的动力，组织还可以改变自己的文化。

（3）这些深层的假设应与“人为事物”和“价值观”区别开来，“人为事物”和“价值观”只是文化的表现形式或表面层次，这些深层的假设才是文化的本质。沙因认为这些基本假设涉及人与自然的关系、现实和真理的关系、人性的本质、人际关系的本质、时间与空间的本质五个方面。

人物谱

埃德加·亨利·沙因（Edgar Henry Schein，1928—），美国社会心理学家、著名职业指导专家、组织心理学和组织文化领域的创始人之一，出生在瑞士的苏黎世（Zurich）。1947 年获得芝加哥大学教育学学士学位，1949 年在斯坦福大学获得社会心理学硕士学位，1952 年在哈佛大学获得博士学位，毕业后到军队服役。1956 年，沙因受道格拉斯·麦格雷戈之邀到麻省理工学院的斯隆商学院工作，现在是斯隆商学院的名誉退休教授。他是国际上享有盛誉的实战派管理咨询专家，“企业文化”一词被公认为是由他发明的。其代表作有 1965 年出版的《组织心理学》（Organizational Psychology）、1985 年出版的《职业锚：发现你的真正价值》（Career Anchors：Discovering Your Real Values）与 1985 年出版的《组织文化与领导力》（Organizational Culture and Leadership）。

（二）组织文化的特征

组织文化是组织在长期的生存和发展中所形成的为组织所特有的且为组织多数成员共同遵循的最高目标价值标准、基本信念和行为规范等的总和及其在组织中的反映，它具有以下几点主要特征。

（1）独特性。组织文化具有鲜明的个性和特色，具有相对独立性，每个组织都有其独特的文化积淀，这是由组织的生产经营管理特色、组织的传统、组织目标、员工素质以及内外环境不同所决定的。

（2）意识性。大多数情况下，组织文化是组织内一种群体的意识现象，是一种意念性的行为取向和精神观念，但这种文化的意识性特征并不否认它总是可以被概括性地表述出来，因此组织文化属于抽象的意识范畴，它作为组织内部的一种资源，应属于组织的无形资产之列。

（3）系统性。组织文化由共享价值观、团队精神、行为规范等一系列内容构成一个系统，各要素之间相互依存、相互联系。因此，组织文化具有系统性。同时，组织文化总是以一定的社会环境为基础的，是社会文化影响渗透的结果，并随社会文化的进步和发展而不断地调整。

（4）凝聚性。组织文化可以向人们展示某种信仰与态度，影响着组织成员的处世哲学和世界观，同时也影响着人们的思维方式。良好的组织文化能够起到“黏合剂”的作用，它能够激发组织成员的士气，有助于增强群体凝聚力。

（5）导向性。组织文化界定了组织内部人们的行为准则与价值取向，对各种行为有着持久而深刻的影响力。因此，组织文化具有导向性，可以昭示组织内提倡什么样的行为，反对什么样的行为，使自己的行为与组织目标的要求相互匹配。

（6）可塑性。组织文化并不是生来具有的，而是在组织生存和发展过程中逐渐总结、培育和积累而形成的。组织文化是可以通过人为的后天努力加以培育和塑造的，已形成的组织文化也并非一成不变，是会随组织内外环境的变化而加以调整的。

（7）长期性。长期性指组织文化的塑造和重塑的过程需要相当长的时间，而且是一个极其复杂的过程，组织的共享价值观、共同精神取向和群体意识的形成不可能在短期内完成，在这一创造过程中，涉及调节组织与其外界环境相适应的问题，也需要在组织内部的各个成员之间达成共识。

（三）组织文化的结构

关于组织文化的结构，国内外学者提出了许多观点，但最为经典的是组织文化结构二层次论——冰山模型和沙因的组织文化结构三层次论——睡莲模型。

1. 冰山模型

组织文化研究者将组织文化比喻为大海中的冰山，将其称为“冰山模型”（iceberg model），如图 7-1 所示。“冰山模型”将文化的分析层次区分为显现的、可观察到的层次和隐藏的、无法观察到的层次，这两个层次各自的内涵如下：

（1）隐藏的、无法观察到的文化层次，指那些位于底层的基本假设，它是组织文化的本质，如信仰、认知、情感和行为规范等。这些基本假设虽然是文化的真正内容，但它们是为人们所默许的且无法被直接观察到的。

（2）显现的、可以观察到的文化层次，被喻为凸显出来的冰山一角，它位于总体文化的表层，主要包括团体的人工制品（例如，建筑物、装饰品、物质性产品）、用语言表达的行为（例如，故事、演讲及笑话）、非语言表达的行为（例如，互动、仪式及典礼）。这些可观察到的文化符号都是文化基本假设的展现或表达工具，而非文化实体本身的构成要素。

2. 睡莲模型

沙因将组织文化分为三个层次，如图 7-2 所示，也就是所谓的“睡莲模型”（water lily model），并对其进行了详尽的分析。

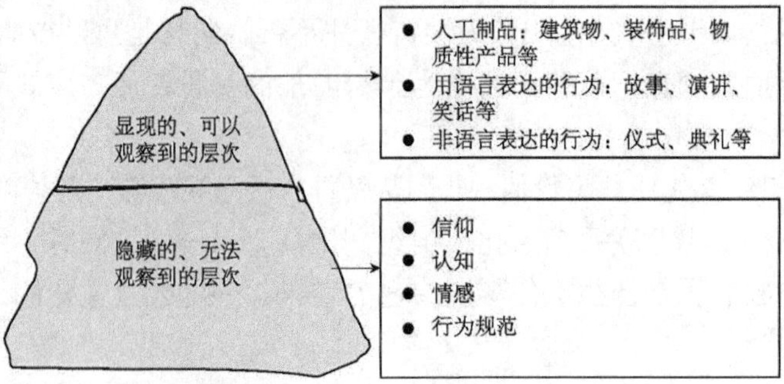

图 7-1　组织文化结构的冰山模型

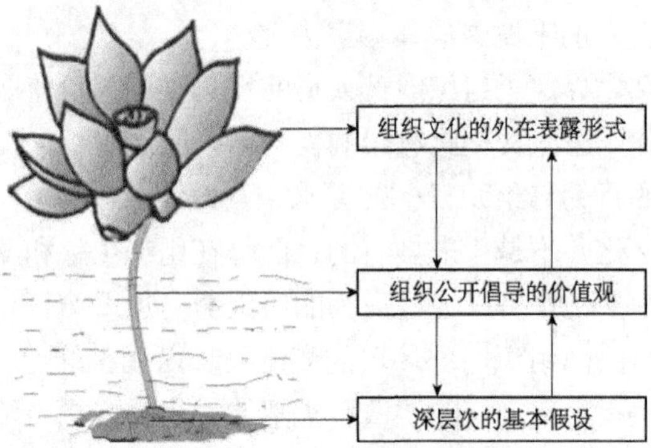

图 7-2　组织文化结构的睡莲模型

睡莲模型的第一个层次如同睡莲浮在水面上的花朵和叶子。它是组织文化的外在表露形式，是人们所能接触到和感知到的组织文化，包括组织的架构和各种制度、程序等。它通过组织成员书面或口头表达的语言、公开的行为、物品陈设等直观的信息交流表现出来，人们可以通过它们形成对组织最直接的认识。

睡莲模型的第二个层次是睡莲垂直生长在水中的枝和梗。它是组织公开倡导的价值观，这些价值观渗透在组织的使命、愿景、行为规范里面，并把“是什么”和“应当是什么”区分开来。它是组织成员在生产经营活动、人际交往活动中产生的文化，是组织文化的中间连接层次，人们或许可以透过“水面”看见这一层次，但它始终是模糊的，也是容易被忽视的部分，它的健康程度直接关系到上一层次和下一层次之间的传递。

睡莲模型的第三个层次是睡莲扎根在土壤中的根系。它包括各种被视为当然的、下意识的信念、观念和知觉，是对某一特定情境中适宜行为与反应的无意识的基本假设。它是最深层次的，虽然不为人们所关注，但它却是组织文化中最重要的基础。这种潜在的但实际上对人的行为起指导作用的假设，告诉群体成员怎样观察、思考和感受事物。它作为“根系”为组织文化提供了源源不断的营养和牢固的支持。

如同花和叶、枝和梗以及根构成睡莲这一有机体一样，组织文化的外在表露形式、组织公开倡导的价值观以及组织深层次的基本假设三个层面的要素经过整合，形成了有机统一的组织文化。

二、组织文化的功能

组织文化的功能是指组织文化发挥作用，对组织的生产、经营、管理等活动产生影响。

组织文化的功能具有双重性，可以分为正功能和负功能。组织文化的正功能能够提高组织承诺，增强组织成员行为的一致性，引导组织的成长、进步，进而提升组织的效能。但同时也需注意，在特定背景下，组织文化会对组织发展产生束缚和限制等负面效应。

（一）组织文化的正功能

组织文化的正功能可以概括为内塑成员，外塑形象。具体来说，组织文化具有以下五个方面的正功能。

（1）导向功能。组织文化能对组织整体和组织的每个成员的价值取向与行为取向起引导作用。通过外显的层面（企业的文化设施、技术教育和娱乐培训等）以及内隐的层面（组织的价值标准、道德规范、行为准则以及生活观念），组织文化可以使组织成员的思想、价值观、行为与组织的目标保持一致，从而确保组织目标的实现。正因为如此，许多组织都在通过文化的导向功能来塑造新成员。

（2）凝聚功能。组织文化是一种黏合剂，它通过为组织成员提供言行举止的恰当标准，把整个组织聚合起来。组织文化把成员的个人目标同化于组织的目标，通过共享的价值观、行为准则和道德规范使成员固守在组织之内，并与组织紧密地联系在一起。当组织成员对组织产生了强烈的“认同感”，组织就成为一个具有共同的价值观念、精神状态和理想追求的统一体，此时成员更加忠诚，组织具有更强的凝聚力和向心力。

（3）约束功能。组织文化对组织成员的思想、心理和行为具有约束和规范作用。组织文化的约束不是一种制度化的硬约束，而是一种软约束，这种约束产生于组织的文化氛围、群体行为准则和道德规范。组织可以发挥文化的这一功能来减少那些起消极作用的“破坏分子”，从而维持组织的良好秩序。

（4）激励功能。激励功能是指最大限度地激发员工的积极性和首创精神。积极向上的价值观念和行为准则会促使员工形成强烈的使命感、持久的驱动力，从而引导员工自我激励。同时，组织文化能够满足员工的多重需要，并对不合理的需要予以约束，使组织成员从内心产生高昂的情绪和奋发进取的精神。

（5）树立组织形象。组织文化是组织的个性，具有鲜明的特征，因此它起着划分界限的作用，使组织和其他组织区分开来，如迪士尼公司的“微笑文化”、微软的“精英文化”。一个在文化上具有鲜明个性特征的组织更容易在社会公众面前树立自己的形象，提高组织的知名度。

（二）组织文化的负功能

尽管组织文化存在上述正功能，但是我们也应该注意到，组织文化同时还可能成为组织变革和发展的潜在障碍。这些障碍主要表现在以下三个方面。

（1）变革创新的障碍。组织文化往往需要经过多年的建设和沉淀才能形成，一旦形成，便具有长期的稳定性。当组织面对的环境比较稳定时，组织文化便会成为一种资本；而当组织面对动态的环境时，组织共享的价值观就可能会与进一步提高组织效率的要求发生冲突，从而成为组织发展的束缚。当今社会已经进入了一个飞速发展的阶段，新技术和新思想使组织面临的环境更加动荡不安，现代组织需要不断对自身的结构和战略进行调整与变革，从而对环境的变迁做出快速的反应，以便在竞争中保持优势。而面对变革和调整时，组织内部根深蒂固的文化就可能变成一种可怕的惯性，束缚组织的手脚和成员的思想，使其不敢或不愿创新或对组织进行变革，使组织难以适应变幻莫测的环境。

（2）多样化的障碍。组织在聘用新成员时会面临两难境地，一方面，管理层要求这些新成员能够与组织文化相匹配，希望他们接受组织的核心价值观，与组织其他成员的行为和组织的形象保持一致，否则这些新成员就难以融入组织或不被组织所接受；另一方面，在面对变化的环境时，管理层也希望通过新成员所带来的差异来激活整个组织，给组织注入新鲜血液，促进组织的创新和发展，因此管理层又会公开认可和支持这些差异与变化。组织希望通过聘用各具特色、存在差异的不同员工来获得多元化优势。但组织的强文化对成员有着明显的遵从压力，它们限定了组织可以接受的价值观和行为准则。一旦新成员试图融入强文化之中，这些多元化的行为和优势就可能丧失。因此当组织文化——特别是强文化——大大削弱了来自不同背景的人带给组织的独特优势时，它就成了组织发展的障碍。

（3）兼并和收购的障碍。不同组织的个性分明的组织文化，可能使得本可以整合的利益关系变得不可能。以前，管理人员在进行兼并或收购决策时，所考虑的关键因素是融资优势或产品协同性。而近来文化的融合性成为他们主要的关注对象，虽然收购对象在财务和生产方面是否有利可图是必须加以考虑的因素，但收购对象与本公司的文化是否相容，更是一个不可忽视的重要方面。如德国戴姆勒-奔驰汽车公司和美国三大汽车巨头之一的克莱斯勒汽车公司合并后，由于两家公司组织文化的隔阂，导致这桩跨国并购最终失败。

三、组织文化与组织氛围

组织文化与组织氛围既有区别又有相似之处。组织文化和组织氛围从概念上密切相关，都是指组织成员对环境的理解方式，都表现为构成行为基础的共同内涵，它们的结构更为相近。两者具有一定的相似之处，具体表现在：

（1）两者都关注组织的总体工作氛围。

（2）它们都涉及组织的社会背景，都会影响组织成员的行为。

（3）在理论基础上，文化研究的根源来自社会构成，氛围研究的根源来自勒温的“场”理论。近期出现的大量研究开始对二者的理论基础进行交叉尝试。

由于组织文化和组织氛围有上述的相似之处，容易混淆，因此区分组织文化和组织氛围就变得十分重要。二者之间的区别有以下几点。

（1）从理论根源和学科基础上来看，组织氛围以应用心理学为背景，而组织文化以人类学和社会学为背景。

（2）在研究范式上，组织氛围研究采用唯理论的演绎式方法来了解知识，采取逻辑实证的分析态度，注重量化研究，即从一定的理论观点出发，构建组织氛围的框架，然后编制量表进行测量，通过统计分析寻找组织氛围类型，探寻氛围与组织绩效和个体行为之间的关系；而组织文化研究更多地采用自然论的做法，运用整体的个案研究，不再偏执于分解式的变量、解析和推此及彼的企图，而是全面深入地分析某一特定组织成员共享的规范、价值体系、意义系统以及基本假设等。

（3）从定义上看，组织氛围包含结构性与主观性的知觉，即成员心理互动的主观意识。有些学者采用文化取向来说明氛围的形成，他们认为氛围是经由一群有着共有组织文化的个体，在互动后对周围环境所产生的知觉与解释。因此对组织氛围的定义着重于组织成员对于组织环境的知觉，组织文化的定义则聚集于成员间共享的价值观，而知觉与价值观是不同的概念，组织文化比组织氛围在概念上更为普遍。

（4）在深度上，组织氛围关注的是组织的表层现象，而与组织氛围相比，组织文化更注重深层的组织价值观以及建立在这些组织价值观基础上的假设。

（5）在广度上，组织文化更关注组织发展，而组织氛围关注某一时间段内的组织。

（6）从研究取向上看，组织文化研究是对一个组织的特征进行描述，而组织氛围研究是通过组织间的对比来进行研究的。

“组织文化”作为一个研究概念或范畴，与工业和组织心理学中的“组织氛围”研究有历史逻辑上的连接。尽管组织文化研究和组织氛围研究存在区别，但正如丹尼森所说的那样，“组织氛围和组织文化的争论不在于研究什么，而在于如何研究”。

对组织氛围的研究有助于在实践中发挥组织文化的功能。我们可以借鉴霍夫斯泰德的观点：氛围比文化在个人的动机与行为的联结上更为贴近，而文化则归属于组织整体的层次。因此，对于企业组织的管理者来说，如果希望通过组织文化的创建与发展来带动整体组织效益的发展，应该首先从改善组织氛围着手，从表层上解决员工对工作环境的共同心理知觉问题，使员工感知到组织文化的表面层，从而在短期内调动员工的工作动机和行为。之后则是通过组织氛围的全面改善，使员工接触到组织文化的价值观，最后再将影响力延伸至组织文化的基础假设。[①]

第二节　组织文化的描述与测量

组织文化传递的信息与组织发展战略和经营管理理念密不可分，并且直接影响到企业中人的行为。基于此，了解组织文化以及文化如何影响企业经营业绩变得十分重要。国外已经有了一些相对成熟的对于企业文化的测量与定量分析研究方法，由此开发了一些组织文化的描述模型，并扩展出一些组织文化测量工具。组织文化的量化研究采用了社会学功能主义学派的观点，其特点是认为组织文化是由集体的行为表现出来的，该学派认为组织文化是组织的属性，可通过测量与其他组织现象区别开来，能够用来预测组织或员工的有效性。由于研究者的训练背景、关心的主题与使用的方法各异，因此组织文化的量化测量形成了多元化的格局。其中比较有影响的组织文化测量模型有如下几种。

一、库克等人的模型

库克等人通过测量组织成员共享的信念以及价值观相关的行为规范来探讨和评估组织文化，并且以“规范性信念”及“共享的行为预期”为核心概念，发展出了完整的组织文化量表（organizational culture inventory，OCI）。OCI 测量了 12 项可能会影响组织成员的思想、行为、动机、绩效、满意度以及压力感的“规范性信念”和“共享的行为预期”，库克等人认

① 王庆燕，石金涛．组织气氛与组织文化的研究脉络与异同[J]．中国软科学．2005（9）．

为它们代表 12 种文化形式[1]，并对它们做了如下描述。

（1）人性化（humanistic-helpful culture）：这种文化的特征是组织以人为中心，鼓励员工参与，组织希望成员之间能够进行开放的、支持的、建设性的互动。例如帮助他人成长和发展，花时间与他人相处等。

（2）友好（affiliative culture）：这种文化的特征是组织高度重视成员之间的建设性的人际关系，组织希望成员对其所属的工作团体能有相当的认同、友善的态度、开放的心胸与强烈的满足感。例如成员之间友好相处，能分享彼此的想法和感受。

（3）赞同（approval culture）：具有这种文化特点的组织强调避免冲突，保持令人愉快的人际关系，组织成员认为自己应该支持他人的意见，这样也可换取他人对自己的支持。例如确保别人能够接纳自己，和他人保持一致。

（4）常规（conventional culture）：具有这种文化特点的组织保守，尊重传统，层级节制，严密控制，组织希望成员顺从决策，以便给他人留下好印象。例如按照惯例和既有的规则行事，循规蹈矩。

（5）依赖（dependent culture）：处于这种文化中的组织决策集权，层级节制，成员缺乏参与，组织要求成员只需清楚上级的指示，并按照指示去做。例如尊重权威，并努力达到他们的期望。

（6）回避（avoidance culture）：具有这种文化特点的组织不会对成功进行奖励，但会对错误做出惩罚，这种负面的奖罚体系使组织成员总是设法将责任转移给他人，不愿意承担任何责任，尽量避免自己受到责备。例如等待他人行动后再去尝试，即使失去机会也在所不惜。

（7）反对（oppositional culture）：在具有这种文化特点的组织中，持反对意见的成员往往会受到组织的奖励，并获得地位与影响力，组织成员习惯为了反对而反对他人的意见，这样做出的决定比较保险可靠（但却是不切实际的）。例如指出他人的错误和缺陷，即使受到压力也不屈服。

（8）权力（power culture）：这类组织重视职位所赋予的权威而不注重成员的参与，组织成员相信只要履行好职责，管理好下属，并对上级的期望积极响应，就能得到奖励。例如建立个人的权威基础，通过各种形式激励下属。

（9）竞争（competitive culture）：具有这种文化特点的组织认为成员只有赢得胜利、表现突出才能获得奖励和重视。在这种“非赢即输”的环境里，组织成员彼此之间相互竞争，不愿合作。例如将工作视为一种竞赛，决不轻易放弃。

（10）完美主义（perfectionistic culture）：在这种文化中，那些追求完美、坚强而固执并努力工作的成员会受到组织的奖励和重视。组织成员认为他们要避免犯任何错误，对一切事物保持高度敏感。例如把事情做得至善至美。

（11）成就（achievement culture）：具有这种文化特点的组织，要求把事情做到最好，那些设定并完成目标的组织成员会受到组织的奖励和重视。这类组织的成员设定现实的、具有挑战性的目标，为完成目标而制定计划，并积极采取行动。例如组织成员追求卓越的标准，公开地表露自己的热情。

（12）自我实现（self-actualizing culture）：具有这种文化特点的组织重视创造性，强调质

① R.A.Cooke, J.L.Szumal. Measuring Normative Beliefs and Shared Behavioral Expectations in Organizations:The Reliahicity and valiclity of the Organizationcd culture Inventory[J].Psychological Reports,1993（3）：1299-1330.

量重于数量，兼顾工作的完成与个人的成长。组织鼓励成员享受工作带来的乐趣，发展自我，以新颖有趣的方式进行工作。例如强调以独特的方式独立思考，即使是简单的工作也要做好。

库克等人在进一步研究的基础上将组织文化划分为建设性文化、进攻性文化和防御性文化，并对上述 12 种文化形式进行了整理，见表 7-1。

表 7-1 库克等人的组织文化类型表

文化类型	建设性文化	进攻性文化	防御性文化
组织文化子维度	• 人性化 • 友好 • 成就 • 自我实现	• 反对 • 权力 • 竞争 • 完美主义	• 赞同 • 常规 • 依赖 • 回避

（1）建设性文化（constructive culture）：组织成员乐于与人互动，增进满足度的文化。

（2）进攻性文化（aggressive culture）：组织成员以强而有力的方式处理工作，以保护自身的地位和职务的文化。

（3）防御性文化（passive culture）：组织成员以不威胁自身安全的防御方式与他人互动的文化。

OCI 是一种应用非常广泛的组织文化诊断工具，可以用它来诊断组织文化中需要变革的领域，评价组织变革的效果以及管理多元化等。

二、奎因和卡梅隆的研究

奎因和卡梅隆认为组织文化可以通过组织所信奉的价值观、主导性的领导方式、语言和符号、过程和惯例以及成功的定义方式来得到反映。他们在竞争价值观框架（competing values framework，CVF）的基础上构建了组织文化评价量表（organizational culture assessment instrument，OCAI）。该模型把组织文化指标按照“灵活性-稳定性”和“关注内部-关注外部”两个维度进行分类，最后形成四个基本的价值模式，分别被命名为层级型、宗族型、市场型和活力型，如图 7-3 所示。

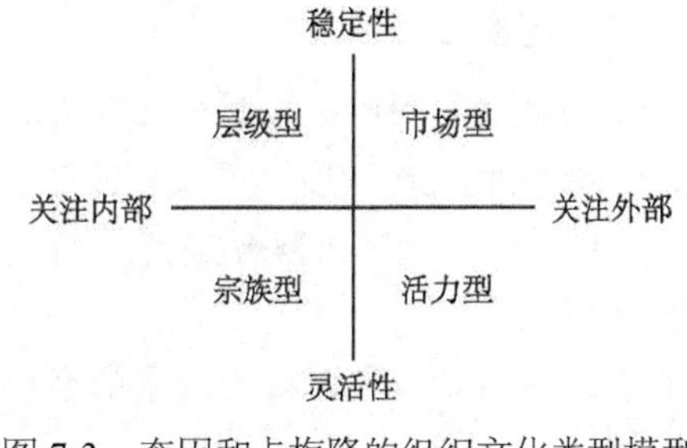

图 7-3 奎因和卡梅隆的组织文化类型模型

（1）层级型文化：强调规则至上，凡事皆有规章可循，组织重视结构化与正规化，稳定与恒久是重要的观念，领导者以组织有良好的协调和效率为荣。

（2）宗族型文化：强调人际关系，组织就像一个大家庭，彼此帮忙，忠诚和传统是重要的价值观，重视人力资源开发所带来的长期利益、士气和凝聚力。

（3）市场型文化：强调工作导向及目标完成，重视市场及产品，对市场有敏锐的洞察力。

（4）活力型文化：强调创新与创业，组织比较松弛、非规范化，强调不断的成长和创新，鼓励个人主动创新并自由发挥。

奎因和卡梅隆等人通过大量的文献回顾和实证研究发现，组织中的主导文化、领导风格、管理角色、人力资源管理、质量管理以及对成功的判断准则都对组织的绩效表现产生显著影响。

三、丹尼森的组织文化模型

瑞士洛桑国际管理学院著名教授丹尼尔·丹尼森（Daniel Denison），在经过对1500多家样本公司的研究后指出，参与性（involvement）、一致性（consistency）、适应性（adaptability）和使命（mission）这四大文化特征对一个组织的经营发展具有重大影响。丹尼森又将每一种文化特征细分出三个考察维度。

1. 参与性

参与性的考察与测量主要涉及员工的工作能力、主人翁精神和责任感的培养。一家公司在这一文化特征上的得分高低，可以反映出公司对培养员工、公司内部的上下沟通和员工参与管理的认识程度以及为员工参与所开辟的途径的多少。具体而言，参与性可以通过授权、团队合作和个人能力的提升几个方面来测量。

（1）授权。个体有管理自己工作的权力、主动性以及相应的能力。授权是建立员工对企业的主人翁意识和责任感的基础。

（2）团队合作。提倡合作以达成组织共同的目标，并使员工认同。

（3）个人能力的提升。组织为提升员工个体能力进行长期的持续的投入，目的在于保持企业的竞争力以及满足市场的需要。

2. 一致性

一致性用于衡量公司的内部凝聚力和向心力的情况，是指对有生命力的组织文化的基础——核心价值观的认同。具体可以通过核心价值观、共同性以及合作和配合几个方面来测量。

（1）核心价值观。组织成员对一组价值观以及期望、目标的认同程度。

（2）一致性。在关键事件上组织成员能够达成一致，这取决于组织成员深层价值观的一致性，以及当不同意见发生时，妥协和取得一致意见的频率。

（3）合作和配合。不同职能部门能够为了组织共同的目标很好地合作，不会由于部门之间的界限影响工作的完成。

3. 适应性

适应性主要反映公司对外部环境的适应能力，包括对市场和客户的各种直接、间接信号的捕捉能力和反应速度。可以通过创新、关注客户需求以及学习的组织几个方面来测量。

（1）创新。组织能够敏感地了解商业环境，快速地对变化做出反应，并且可以预见未来的变化。

（2）关注客户需求。组织了解客户的需要，做出相应的对策。关注客户体现了组织行为以满足客户需要为导向的程度。

（3）学习的组织。组织将从商业环境中得到的信息变为激励创新、获得新知识和发展新的竞争能力的机会。

4. 使命

使命是组织发展的长远而有意义的方向，这一文化特征有助于判断公司是否具备远大而明确的目标和志向。具体包括愿景、战略发展目标和方向以及具体目标等几个方面。

（1）愿景。组织有一个获得很高认同的未来组织的状态，它描绘了组织未来的蓝图并为组织发展指明了方向。

（2）战略发展目标和方向。是指组织在本行业确立什么样的地位的发展目标。明确的战略定位清晰地表明了组织的目标，并且使每个员工明确了努力的方向。

（3）具体目标。清晰、可操作的具体目标从组织愿景中发展而来，并指导员工的具体工作。

丹尼森的模型不仅有研究和学术价值，同时由于它从具体的商业运营环境中发展而来，直接与组织经营业绩相联系，因此易于应用。目前，该模型已经建立了500多家企业的常模，因此它有相对较好的可靠性。

四、霍夫斯泰德的跨文化分析模型

随着经济全球化的日益深入，组织要面对多元化和多文化的问题。组织内可能有多民族的人共同工作，如何使这些经济、文化背景不同的人更好地共事、合作就成为跨国组织亟待解决的问题。由于不同文化下的价值观存在差异，而对这些差异的理解有助于我们对具有不同文化背景的员工的行为进行解释和预测，从而有利于进行跨文化管理。

荷兰学者吉尔特·霍夫斯泰德从1968年开始对40个国家中为IBM公司工作的11.6万名员工进行了调查，以了解与工作有关的基本价值观和信念。起初他发现，管理者和员工在有关民族文化的四个维度上存在差异，即权力距离（power distance）、个人主义和集体主义（individualism vs.collectivism）、生活数量和生活质量（quantity of life vs.quality of life）以及不确定性规避（uncertainty avoidance）。1989年，霍夫斯泰德又根据他人的研究，在原有的系统中补充了长期导向和短期导向（long-term vs.short-term orientation）维度。

（1）权力距离：一个国家的人民对于机构和组织权力分配不平等这一事实的认可和接纳程度。高权力距离的国家中人们不太介意阶层，同时对公正的需求不高；低权力距离的国家追求权力的平均分配。

（2）个人主义和集体主义：个人主义指的是一个国家的人民喜欢以个体为单元活动而不是作为群体成员一分子进行活动的程度；集体主义则与个人主义相反。

（3）生活数量和生活质量：生活数量指的是人们看重积极进取、金钱及物质的获得与拥有以及竞争的程度；生活质量是指人们重视关系，并对他人幸福表现出敏感和关心的程度。

（4）不确定性规避：一个国家的人民容忍不确定性和模糊性的程度。在不确定性规避上得分高的国家，人们的焦虑水平更高，表现为更明显的紧张、压力和攻击性，他们试图通过仔细周密的计划来减少未知和不寻常的情境。

（5）长期导向和短期导向：生活在长期导向文化中的人们总是想到未来，而且看重节俭和持久；而生活在短期导向文化中的人们看重的是过去和现在，人们尊重传统，关注社会责任的履行，但此时此地才是最重要的。

霍夫斯泰德的研究发现，不同的国家在不同的维度上得分不同，如中国的文化在权力距离上得分较高，而美国和荷兰得分较低；大多数亚洲国家表现出较高的集体主义，而美国文化在个人主义上得分较高。①

① G.Hofstede, B.Neuijen, D.Ohayv, et al. Mensuring Organizationd culture: A Qualitative and Quantitative Study Across Twenty Cases[J]. Administrative Seience Quarterly, 1990 (35) : 286 - 316.

拓展学习

1981 年，威廉·大内在《Z 理论：美国企业如何迎接日本的挑战》一书中提出，由于日本的企业在管理模式上具有与众不同的特点，所以美国企业应该先分析出二者的不同后，再将其优点与自身的优点相融合。大内将美国组织称为 A 型组织，而将日本组织称为 J 型组织，二者在 7 个维度上的差异如附表 1 所示。

附表 1　日本和美国企业管理的比较

日本企业（J 型组织）	美国企业（A 型组织）
终身雇佣制	短期雇佣制
缓慢的评价和晋升	快速的评价和晋升
非专业化的职业发展道路	专业化的职业发展道路
含蓄的控制	明确的控制
集体的决策过程	个人的决策过程
集体负责	个人负责
整体关系	局部关系

推荐使用 MBA 智库百科搜索“Z 理论”词条，读者可以在闲暇之余深入了解该理论。

第三节　组织文化建设

优秀的组织必然有优秀的文化，优秀的组织也将不遗余力地去建设它的文化。组织文化一旦形成便很难消失，并对组织及其员工的发展产生巨大的作用。那么组织文化是怎样形成的呢？一旦组织文化形成，组织又是怎样维系和传承它的呢？员工是怎样学习组织文化的呢？变革是今日世界的主题，面临着不断变化的环境，组织文化该如何变革才能促进组织的发展呢？本节将介绍这些内容。

一、组织文化的形成

日本学者河野丰弘通过问卷调查提出了组织文化形成的过程，如图 7-4 所示。河野丰弘认为组织创始人的经营理念是组织文化的构成要素和指导原则，也是必备的核心文化。同时，组织的人力资源政策、经营策略也会对组织文化的形成产生重要的影响。组织文化通常在一定的生产经营环境中，为适应和促进组织的生存及发展，由少数人倡导与实践，经过较长时间的传播和规范整合而形成。

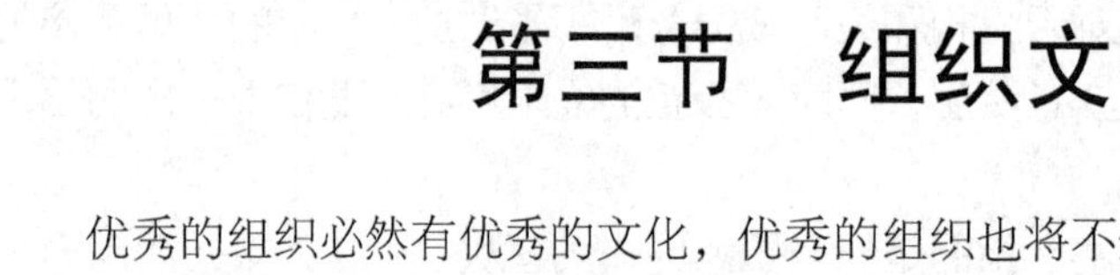

图 7-4　组织文化的形成过程

（一）创始人

组织的创始人对组织早期文化影响巨大。组织文化的形成，常常与组织创始人的经营思想、工作风格、管理艺术以及他们的个人品格、胆识和魄力直接相关。他们为组织规划了发展蓝图，不受以前习惯做法和思想意识的束缚。再加上组织发展之初人数尚少，其创始人自然拥有最大的影响力，非常有利于创始人把自己的愿景灌输给组织的所有成员。

组织的创始人影响组织文化的形成有以下三种途径：首先，创始人仅仅聘用和留住那些与自己的想法和感受一致的人员；其次，创始人对成员的思维方式和感受方式进行社会化；最后，创始人把自己的行为作为角色榜样，鼓励成员认同这些信念、价值观和假设，并进一步内化为自己的想法和感受。通过这三种途径，组织的早期成员耳濡目染，认同并接纳了创始人的信念和想法，后来陆续进入的成员，或是迎合创始人的想法，或是因意见不合而相继离开，于是组织中处处可见创始人的个人影响力，他们的整个人格特点也就根植于组织文化之中。

IBM公司的创始人托马斯·沃森在公司创立之初提出的“卓越的客户服务、追求完美、尊重个人”的口号一直到现在都是IBM组织文化的核心内容。有关创始人对组织文化有着极大影响的例子还有盛田昭夫对索尼的影响，亨利·福特对福特公司的影响，理查德·布兰森对维珍集团的影响，等等。

管理案例

阿里巴巴如何打造成功的企业文化？

16年前，它还只是由18个人初创的电子商务公司，而今已经成长为一家横跨电商、金融、无线通信等多种业态的“产业生态圈”，旗下坐拥10余家子公司，而其眼中最重要的资源——“阿里人”（员工）已经扩容到24000人。与此同时，阿里作为行业“搅局者”和“颠覆者”的形象却愈加鲜明，其“开放、创新”的文化标签也日益深入人心。可以说，正是这样的企业文化使阿里能够跨业态掀起一场革命，甚至可以说，处于如此庞杂的产业生态中，这样的企业文化与管理就是公司的生命。

扫描右侧二维码，可以阅读《阿里巴巴如何打造成功企业文化？》一文。

（二）制度化

所谓组织文化的制度化，就是将组织倡导的价值观、理念转变为具有可操作性的管理制度的过程，由此实现组织文化的落实。组织的制度化建设是组织文化形成的一个不可或缺的步骤，而且是较深层次的步骤。制度化是组织文化形成的前奏，这是因为：一方面，组织在进行文化建设的过程中，必然会产生一系列的文化成果，如质量文化、服务文化等，这些成果需要以制度的方式才能巩固下来；另一方面，组织创始人的价值观和信念需要通过制度化的过程才能传承得更为久远，也才能够更易为组织成员所接受并内化。制度化在组织文化的形成过程中发挥着重要的作用，具体来说表现在以下几个方面。

（1）组织制度具有精确性、稳定性和权威性的特点，它通过规范组织成员的行为方式来把企业文化的诸多成果巩固下来。

（2）组织制度的程序化过程可以体现和弘扬组织文化的核心价值观与信念，并以规章制度的形式将其具体化，从而为组织成员认识和掌握核心价值观与信念提供具体的标准。

（3）组织制度提供的奖惩标准可以引导组织成员接受和内化组织文化的核心价值观和信念等。

当组织开始了制度化，组织本身就有了生命力，从而使它可以独立于组织的创建者和任何组织成员之外；当一个组织进行了持久的制度化后，组织就具有了恒久性，通用电气、IBM、索尼等历史悠久的大公司大多是如此。

（三）从制度到习惯

组织文化形成的关键在于要让文化经历从理念到行动、从抽象到具体、从口头到书面的过程，得到组织成员的理解和认同，转化为组织成员的日常工作行为，形成组织成员的习惯。制度化阶段，组织成员对于组织的价值观和信念及基本假设只是停留在了解阶段，让他们对组织文化形成高度的认同并将其转化为自觉行为才意味着长期的胜利。

制度是重要的，但组织文化的形成不能只停留在制度层面上，需要让组织成员接纳、认同组织的核心价值观并内化为日常的工作行为习惯。要使组织文化转化为组织成员的习惯，使之自觉遵守，可以从以下几个方面着手。

（1）对组织成员进行培训，让他们认识和接受组织文化。通过专门培训可以让组织成员知道什么是组织文化、文化的作用、组织文化的现有状态以及目标状态等。

（2）组织高层领导者信守组织的价值信念，并身体力行。组织的领导者既是组织文化的塑造者，又是破坏者，高层领导者的一言一行都对组织文化的形成起着重要的作用。要使组织成员相信并愿意去实践组织的文化，领导者必须身体力行，从点滴做起。

（3）树立榜样，进行典型引导。发挥榜样的作用是建设组织文化的一种重要而有效的方法。把组织中那些最能体现组织文化中核心价值理念的个人和集体树为典型，进行宣传并给予适当的激励，有利于优秀组织文化的形成和发展。

二、组织文化的维系与传承

组织文化不是在某一时刻产生的，而是组织在长期的经营和管理中持续维系和传承的产物。在维系和传承过程中，组织文化的精髓得到沉淀，形成组织所独有的鲜明的文化传统；同时，原有文化中不合时宜的成分的遗弃以及新的适应环境的文化成分的增加也使组织文化本身变得更加丰满。

（一）组织文化的维系

组织文化建立之后，组织内部就可以通过一些管理措施，如给员工提供一系列相似的经历来维系文化。组织也可以采取一些策略使其所聘用的员工与组织文化相适应，对那些支持和拥护组织文化的员工给予奖励，而对挑衅组织文化的员工进行惩罚，从而强化组织文化。在组织文化的维系过程中，以下三个方面起到了重要作用。

1. 甄选

组织在选拔新成员的过程中，往往会注意到维系组织文化的目的。组织选拔人员的目标是明确的，就是要聘用那些有知识、有能力来完成好组织工作的人。但对于众多能够满足工作需要的候选人来说，能否被录用，则取决于招聘决策者对候选人是否适合于组织的判断。

在选拔的过程中，组织决策者会努力使所聘用的成员与组织的需要相匹配，其中包括所聘用成员的价值观与组织价值观基本一致，或至少是与组织价值观的大部分相一致。那些可能对组织的核心价值观构成威胁的候选人员很难被组织录用。

另外，甄选的过程也为求职者提供了一些组织的信息，当求职者发现自己的价值观与招聘方的组织价值观存在冲突时，他们也会自动退出候选人之列。可见甄选是一种双向选择过程，它可以筛选掉那些可能对组织的价值观构成冲击和威胁的人，从而起到维系组织文化的作用。

2. 最高管理层的活动

组织高层管理人员的言行举止对组织文化的维系也会产生重要的影响。例如，组织鼓励或反对哪些行为及思想，不仅可以通过制定规章制度来实现这些要求，还可以通过高层管理者的一言一行将这些准则渗透到组织文化中去。因此，高层管理人员的活动也会对组织文化的维系起重要作用。例如，华为公司的组织文化强调同甘共苦、人人平等，公司的高层领导不设专车，吃饭、看病同普通员工一样排队，付同样的费用，任何个人利益都必须服从集体利益，团结奋斗、荣辱与共的精神在华为得以充分体现。华为公司高管们的言行起到了很好的示范作用，使华为的组织文化得以很好地维系。

3. 社会化

为了防止组织录用的新成员干扰组织已有的观念和习惯，组织要帮助新成员适应组织文化，这种适应过程称为成员的社会化（socialization）。在这个过程中，最关键的阶段是新成员刚刚进入组织的时期，组织会努力把外来者塑造成符合组织要求的合格的成员。而那些不服从者或反叛者，则很难在组织里生存或发展。通过社会化，新成员能够适应组织文化的要求，也会达到维系组织文化的目的。

新成员的社会化过程包括三个阶段，即原有状态阶段、碰撞阶段和调整阶段。为了使新成员能够通过社会化过程更好地学习和认同组织的文化，并获得在组织中活动所必需的行为、态度、知识和技能，组织会主动设计、建立和实施特定的新成员社会化的策略。如在迪士尼公司，新员工一旦被聘用，就要经历正规化程度较高、集体性、连续性的入门社会化过程。新来者的身份并不因为他们被分配到新岗位而很快消除。他们先接受 8 小时的岗前定向培训，然后在迪士尼公园中接受大约 40 小时的学徒培训。

组织可以采取一定的策略来对新成员进行社会化。琼斯（Jones）根据凡・曼尼（Van Maanen）和沙因的研究提出了组织可选择的社会化策略，如表 7-2 所示。

表 7-2 琼斯的组织社会化策略分类

项　目	制度化的社会化策略	个性化的社会化策略
新员工角色定位	正规型。正规型策略注意设定特定的新员工社会化期间，在该期间内将新员工与组织的原有成员分离，给予其新员工的特殊角色。如在上岗之前，对新成员进行岗前培训和其他培训	非正规型。非正规型策略刻意消除其新员工的特殊角色，例如要求新员工立即到岗工作而不给予特殊的关照
社会化方式	集体型。集体型策略指组织对新员工以群体形式开展社会化活动，实现组织同时对大量新员工社会化的目标。如对新成员进行集体培训等	个体型。个体型策略指组织对新员工分别进行个别的、单独的社会化活动。如根据新员工的个人特点，提供有针对性的培训等

续表

项　目	制度化的社会化策略	个性化的社会化策略
社会化过程时间控制	固定型。固定型策略通过设定一个明确的时间表来进行和控制整个社会化过程。如雅虎中国的文化中，员工入职五年才能正式成为“雅虎人”	可变型。可变型策略不设定硬性的时间表，随社会化过程的发展而变化
社会化过程内容	有序型。有序型策略为组织的新员工社会化活动确定了明确的顺序，各项活动均依据预先的安排来进行	随机型。随机型策略没有明确的进度安排，各项活动可以随意安排与调整
对新员工个人特质的处理	集权型。集权型策略注重消除新员工与组织不相适应的个人特质	授权型。授权型策略注重激发和利用新员工的个人特质，即使这些个人特质与现阶段的组织不相适应
对新员工的角色引导	连续型。连续型策略的特点在于组织以特定的角色要求来塑造新员工，是一种非常明确的目标导向型活动。如树立典型，或是组织安排有经验的资深成员伴随新进员工完成社会化过程	离散型。离散型策略对新员工不做任何预先的角色设定，完全视新员工的个人发展而定。此种策略下，组织成员自行摸索，无角色榜样可学习

（二）组织文化的传承

组织文化的传承可以通过组织将文化灌输给组织成员并不断强化或者组织成员学习组织文化得以实现。

1. 组织对文化的灌输和强化

（1）树立模范或英雄人物，进行典型引导。通过这种方法，可以使组织成员准确了解和把握组织文化所高度抽象概括的结果，实现组织文化的人格化、直观化。迪尔和肯尼迪在《企业文化》一书中将英雄楷模作为组织文化的构成要素之一，他们认为没有英雄的文化是难以维系和传承的。把组织中最能体现组织所尊崇的核心价值观念的个人和集体树为典型，进行宣传、表彰，并加以适当的激励，有利于组织文化的传承。如大庆油田对王进喜的宣传，使得“铁人精神”在大庆一直传承至今。

（2）对组织文化进行反复宣传和强化。组织可以通过标语、口号和内部出版物等形式反复宣传和强化自己的文化，这有利于员工对组织文化的深刻理解和领悟，从而有利于文化的传承。

（3）通过组织领导者的示范进行强化。组织领导者的意识、行为、工作作风以及要求本身就代表着他们对组织文化的领悟，组织领导者的言传身教，是一种很好的组织文化传承方式。

（4）健全规章制度，规范组织行为。通过组织的制度，如考核、晋升制度等进行“硬性”管理，可以巩固组织的文化成果，推广组织的核心价值观，引导组织成员的行为。因此组织的规章制度功能的发挥也有助于组织文化的传承。

（5）对组织成员进行教育和培训。通过对组织成员进行文化教育和培训，可以使组织成员更加深刻地理解和认同本组织文化的内涵、来源、特点及其作用，有利于成员将组织文化内化于心，外显于日常的工作之中。

（6）设计仪式，组织群体活动。优秀的组织文化中必有一些特殊的仪式，这些仪式表达和强化了组织文化中的核心价值观。组织可以通过一些恰当的仪式或组织一些群体活动，加深组织成员对组织核心价值观的理解和认同，从而实现组织文化的传承。

2. 成员对组织文化的学习

组织文化需要组织的成员进行传承，组织成员可以通过组织内部流传的故事、仪式、象征以及组织内部语言来学习和领悟组织文化。

（1）故事。故事可以塑造或强化认同。许多组织都流传着一些小故事，包括与组织创始者有关的具有戏剧性的神话，如对规则的打破、白手起家的创业过程、裁员或员工重新安置、对过去错误的反省、组织的应急事件等。这些小故事能使组织的“现在”和它的“过去”相连接，同时还可以为组织当前实施的政策提供解释和支持。UPS 公司常讲的一个故事是：有一个员工在没有决定权限的情况下，订购了一架波音 737 飞机作为加班机，以便及时运送一批节假日繁忙中漏掉的圣诞节邮件。后来公司不仅没有惩罚他，反而奖励了他的主动性。UPS 公司的员工通过讲这个故事，传达了一个信息：公司坚持自己的承诺，努力发挥员工的自治权并搞好客户服务。

（2）仪式。仪式是一系列活动的重复，这些活动能够表达并强化组织的核心价值观：什么目标是最重要的，哪种人是重要的，哪种人无足轻重。许多公司都有自己的仪式，以此强化组织成员对组织文化的理解。最出名的公司仪式之一是玫琳凯化妆品公司的年终奖大会。大会在一个大礼堂的舞台上举行，一般持续几天，与会者都身着漂亮的晚礼服。达到销售指标的女售货员会得到一些美妙的奖品，如金饰针、钻石饰针、狐皮披肩等。这种年会公开地奖励销售业绩突出的员工，从而起到了激励员工的作用。此外，这种仪式还强化了玫琳凯个人的坚强意志与乐观精神，而这两点正是她克服个人困难，创立自己的公司，获得巨大物质财富的能量来源。玫琳凯通过年会这种形式告诉她的员工，实现他们的销售指标很重要；通过努力工作和足够的勇气，他们也能获得成功。

（3）物质象征。物质象征如公司的布局、高级管理者的额外津贴、员工的衣着以及办公室的大小等，向组织的成员传递这样的信息：谁是组织的重要人物，高级管理者期望得到什么程度上的公平以及哪些行为（如保守、参与、冒险、独裁等）是适当的。在某种意义上，仪式、典礼和故事也是一种象征——象征着组织更深层的价值观。物质象征很有力量，它使组织成员注意某些具体的事物、行为及其意义。美国铝业公司的总部很少有独立的办公室，甚至对高管也是如此，它主要由隔间、公共区和会议室组成。美国铝业公司总部办公室的这种布局向员工传递这样一种信息：美国铝业看重的是开放、平等、创新和灵活。

（4）语言。随着时间的推移，很多组织和组织内部的工作部门往往会创造自己所特有的名词，用来描绘与工作有关的设备、办公用品、关键人物和产品等。新成员在经过组织的社会化之后，开始把那些起初令他们困惑的缩略语、行话变成他们工作语言的一部分。一旦这些术语为组织成员所掌握，它们就成了组织成员所共有的特征，把特定文化或亚文化中的成员联系在一起。许多组织及其内部的工作部门把这些语言当作识别该组织文化或组织亚文化的手段。通过对这些语言的学习，组织成员表达了自己对该文化的认可和接纳，同时，这样做也有利于文化的维系和传承。当郭士纳离开 RJR 到 IBM 公司就职时，他不得不先学会许多新词，如“果园”（IBM 在纽约的总部，以前曾是一个苹果园）、“大烙铁”（计算机主机）、“高能人”（潜力较大、有才能的人）、“表演者”（公司绩效最好的员工）、PROFS（专业办公系统，IBM 公司的内部电子邮件系统）等。除了口头语言外，还可以通过一些书面语言，如组织的公开宣言、宗旨等表达组织核心价值观的文字，来呈现、强化和传承组织文化，如海尔的口号“真诚到永远”等。

三、组织文化的变革

组织文化从创建到形成是一个长期的过程，需要组织不断采取措施进行维系和传承。随着环境的改变，组织要实现可持续发展，也必须适时对自己的文化进行调整，甚至变革。组织文化变革是指由组织文化特质的改变所引起的组织文化整体结构的变化。组织文化变革是组织生存发展的必然要求。但是组织文化具有相对的稳定性和持久性。一种文化需要相当长的时间才能形成，一旦形成，它又常常成为牢固和难以变更的，尤其是在强文化的组织里，成员已经融入到了这种组织文化之中[①]。这一特性往往导致组织文化的变革遇到相当大的阻力。

（一）组织文化变革发生的情形

根据迪尔和肯尼迪等人的研究以及一些经验，组织文化的变革最可能在具有以下全部或绝大部分条件的情形下发生。

（1）大规模危机的出现。如组织的业绩平平或是每况愈下、失去重要的客户、竞争对手取得重大的技术突破等，这些巨大的危机会形成一种冲击，瓦解人们对现状的认识并使人们对现存文化的信心产生动摇。

（2）组织高层领导更换。领导者的更换会带来领导方式的改变，如果新上任的领导层可能提出另一套核心价值观，组织成员会认为它对应对危机状态更为有效。如郭士纳加入 IBM 后就提出了一套新的经营理念，改善了 IBM 的经营业绩，从而使 IBM 的文化发生了转变。

（3）组织小而新时。组织越小，历史越短，文化的根基就越浅，渗透力就越弱。同样，与大型的组织相比较，在越小的组织中，管理层越容易向组织成员灌输新的价值观。

（4）组织的文化力弱。组织的文化越是广泛、深入地为组织成员所拥护，变革起来就越困难；相反，与强文化相比，弱文化具有更大的可变性。

即使在这些有利情形全部具备的条件下，组织文化也不可能在短期内发生激烈的变化。但文化确实是可以改变的，许多公司如哈雷、IBM 等在更换了新的领导层后所取得的成功支持了这一点。

（二）组织文化变革的步骤

既然变革组织文化是可以实现的，那么在条件合适时，该如何推行组织文化的变革呢？组织文化的变革是一项系统的工程，因此，需要一个全面协调的战略来管理文化的变革。[②]推行组织文化变革需要经历以下几个步骤。

（1）建立文化变革的指导机构。组织文化变革工程需要一个推进主体，即变革的指导机构，来负责组织文化变革的目标和方案的制定、实施与控制工作。应该让组织的高层领导者负责该机构的运转，以便使其具有权威，来推行变革的实施。

（2）调查组织的内外环境。要构建完整的组织文化变革战略，进行科学有效的组织文化变革，就必须对组织的内外环境因素做出客观、细致的分析，区别哪些因素是主要的，哪些因素是次要的，哪些是基本因素，哪些是一般因素，以此为基础，使组织文化变革既具有现实性，又具有前瞻性。

（3）对组织的现有文化进行诊断。运用一定的文化诊断工具（如 OCI、OCAI 等）对组织现有的文化进行诊断，辨别组织文化的类型，找出组织文化中存在的问题以及需要变革的因素，从而为组织文化的变革提供依据。

① [美]斯蒂芬·P·罗宾斯. 组织行为学（第 14 版）. 北京：中国人民大学出版社，2012：446.

② 石伟. 组织文化. 上海：复旦大学出版社. 2004：239－252.

（4）制定并实施变革方案。制定组织文化的变革方案可以从以下三个方面着手：首先，需要在分析组织内外环境和诊断现有组织文化的基础上，分析组织现有的文化状态与组织渴求的文化状态间的差距，即进行组织文化需求评估；其次，在组织文化需求评估的基础上，制定组织文化变革的方案；最后，根据组织一致达成的文化变革方案，制定方案的实施计划，并根据计划具体执行。

（5）巩固文化变革的结果。变革的目标是塑造一种新的符合组织发展需要的组织文化，因此必须采取一些措施，使新的组织文化中的价值观和信念得到组织成员的接纳和内化。组织可以通过对成员进行有关组织文化的教育和培训、树立典型进行强化以及组织高层领导的身体力行带来的垂范效应等方式来实现这一目的。

组织文化变革不能一蹴而就，组织的管理者想要在短期内改变组织的文化往往是不可能的，即使在最有利的条件下，组织文化的变革也常常需要经历多年的时间。掌握组织文化变革的步骤有利于更好地推行组织文化的变革。

本章小结

组织文化是组织在长期的生存和发展中所形成的为组织所特有的且为组织多数成员共同遵循的最高目标价值标准、基本信念和行为规范等的总和及其在组织中的反映。关于组织文化结构的描述有冰山模型和睡莲模型。组织文化能够引导成员的行为和价值取向，对组织成员具有激励、凝聚和约束作用，但是同时也可能会为组织带来负面影响。组织文化研究和组织氛围研究是密切相关的，二者既有相同之处，也有明显的不同。

国外已经有了一些相对成熟的对于企业文化的测量与定量分析研究，由此开发了一些组织文化的描述模型，并扩展出一些组织文化测量工具，如组织文化量表（OCI）和组织文化评价量表（OCAI）以及丹尼森的组织文化模型和霍夫斯泰德的跨文化分析模型等。

组织文化从创建到形成不是一朝一夕的，它需要一个长期的过程，组织可以通过一系列手段来对自己的文化进行维系和传承。在维系和传承过程中，组织文化的精髓得到沉淀，形成组织所独有的鲜明的文化传统；同时，原有文化中不合时宜的成分的遗弃以及新的适应环境的文化成分的增加也使组织文化本身变得更加丰满。当然，相对于剧烈变化的环境而言，文化具有稳定性和滞后性。变革是当今的主题，组织要想在激烈竞争的环境中获得生存和发展，就必须适时对自己的组织文化进行变革。

复习思考题

一、名词解释题

组织文化　冰山模型　睡莲模型　组织氛围　组织文化量表（OCI）　依赖文化　组织文化评价量表（OCAI）　参与性　权力距离

二、单项选择题

1. 首次提出“组织文化”的概念的著作是（　　）。

A.《Z理论》　　B.《企业文化》

C.《关于组织文化研究》　　D.《追求卓越》

2. 库克等人将组织文化进行了划分，下面的组织文化类型中，哪类不是其划分的内容？（　　）

A. 建设性文化　B. 进攻性文化　C. 防御性文化　D. 参与性文化

3. 构建组织文化评价量表（OCAI）的管理学家是（　　）。

A. 沙因　B. 迪尔和肯尼迪　C. 奎因和卡梅隆　D. 霍夫斯泰德

4. 丹尼森认为，适应性主要反映公司对外部环境的适应能力，可以通过测量的维度不包括（　　）。

A. 愿景　B. 创新　C. 关注客户需求　D. 学习的组织

5. 形成组织文化时，应该注意（　　）。

A. 主要考虑社会要求和行业特点，与本组织的具体情况无关

B. 组织领导者的模范行为在组织文化的塑造中起到号召和导向作用

C. 组织文化主要靠自律，所以不需要建立制度

D. 组织文化一旦形成，就无须改变

三、简答与论述题

1. 什么是组织文化？
2. 试描述组织文化的冰山模型和睡莲模型。
3. 组织文化的功能有哪些？
4. 比较组织文化与组织氛围的异同。
5. 国外经典的组织文化测量工具有哪些？
6. 简述霍夫斯泰德的跨文化分析模型。
7. 组织文化是怎样形成、维系和传承的？
8. 在什么情况下需要对组织文化进行变革？组织文化的变革是怎样实施的？

四、案例分析题

智邦公司的组织文化

在台湾地区的科技产业中，智邦可以说是最具“人文”特色的公司，这种人文的企业文化，从领导人的身上及办公环境可以得到印证。

虽然网络科技日新月异，但杜仪民始终将工作与假日生活区隔分明。周一到周五全力投入工作，周六、周日则全部奉献给家庭，而且要充分与家人沟通，取得家人谅解；不过由于企业主的工作实在太过忙碌，杜仪民偶尔还是会用无线的网络计算机，在饭桌前敲敲打打。而为了让员工对公司有“家”的感觉，智邦非常鼓励员工同仁结婚，一来可以让员工的心安定下来，再者夫妻同在一家公司上班，了解公司文化，也比较能相互了解及体谅，对公司及家庭生活皆有所助益。因此，1999 年 12 月 1 日，人事处公布一项新规章，本公司员工结为夫妻，男女同仁皆加薪 3000 元；此外，为了让员工更安心上班，智邦还在公司内设立托儿所，

并在托儿所装设网络猎取影像系统，让员工随时可以透过桌上的计算机看到孩子上课的情形。

喜欢品尝日式生鱼片以及意大利菜的杜仪民，经常在寿司吧台品尝寿司之余，和寿司师傅讨论如何做出好吃的寿司。同时古典音乐是杜仪民的另一项重要嗜好，尤其巴洛克音乐是他的最爱，在他的房间内更是放满了整屋的CD唱片。或许是受到杜仪民的影响，每天一到下午，整个智邦大楼沉醉在悠扬的古典音乐声中。整个智邦科技大楼充满历史、古色古香、美食、艺术气息的办公环境，无处不是惊奇。走进智邦大楼，迎面摆放在大厅内侧的是古色古香的中式家具，在右手边的服务台后方挂着“文化源智”“科技兴邦”的对联；一楼的员工餐厅内布置了深海的风景彩绘，坐在此地用餐让人得以放松心情，尽情享受美食。办公室走廊的两旁挂着一幅幅的画，这些画都是智邦员工的创作，仿佛令人置身在画廊、美术馆中。公司开发、生产的各种网络硬件产品，在透明玻璃、蓝色镁光灯的照映下散发出铁汉般的柔情，仿佛艺术品的展示区。洁白的墙上，随处可见一幅幅的书法与画作，连洗手间的门都画着美丽的女神维纳斯，写着温馨小品及短篇笑话集，贴心地提醒每一个人：敞开心胸，笑一笑，别让工作压力给逼坏了。

一向在园区创造新话题的智邦科技，通过“文化源智”“科技兴邦”的8个字的对联，道出智邦的企业文化精神——文化的生活，让科技人更有智慧、更有创意！

结合案例，回答以下问题：

1．智邦科技的公司文化是什么？

2．这一组织文化是如何影响员工的？

3．公司管理者在组织文化建设中扮演了什么样的角色？

第八章　组织变革与创新

【学习目标】

了解组织变革的推动者；了解组织变革的主要方式；理解创新管理的主要内容；掌握组织变革的动力、类型、阻力以及克服办法；掌握组织变革的主要模式。

【案例导入】

革命时代组织变革的典范：三湾改编

1927 年 9 月 9 日，毛泽东领导秋收起义。9 月 29 日来到江西永新县三湾村，在不到 20 天的时间里连打败仗，军力由初时的 5000 余人锐减到现在的不到千人。其中一条重要的原因，是暴动前期还没有、也来不及在部队中实现前委的统一领导。各路部队的军事主官各行其是，自作主张。失败后，起义部队往山上走，一路被追杀，死伤不断。

芦溪遭袭以来，部队中不断发生的逃跑现象，更能体现党对这支连打败仗的部队缺乏有力的领导。在这支部队中，虽然有不少党员，但都是松散地存在，没有形成坚强的组织核心，部队的指挥权掌握在军事主官手里。那些黄埔军校出身的军官们，是希望建立军事长官的权威的，不高兴看到由党代表指挥部队的一切。他们沿用的是一套旧的带兵方法，严重地妨碍着部队中的上下一致，官兵一致。

毛泽东到达三湾当晚，就主持召开前敌委员会议，决定整顿和改编。具体改编如下：① 整编部队，把原来的工农革命军第一军第一师缩编为一个团，下辖两营十连，称工农革命军第一军第一师第一团。② “两个建在连上”。支部建立在连上，经过整合编队的各个连，都设立党的支部，由连党代表担任支部书记。实行连队重大工作通过党支部研究决定的制度，连长不可擅权。支部的一项重要工作是在士兵中发展党员，充实基层组织。党组织建在连上，设立党代表制度，排有党小组，班有党员；营、团以上建党委，全军由毛泽东领导前委，从而建立起贯通从最高层到最基层的组织体系，党代表制度使得军队各层级逐步形成了双首长负责制，确立并实现了“党指挥枪”。士兵委员会建在连上。由全连士兵大会推选战士五至七名，组成士兵委员会。各级士兵委员的任务和职责是：参与军中的经济管理，派人到伙房监厨和按月结算伙食；参与军中的纪律管理，对于军官违反纪律的，有权作出罚站岗、挑水和向士兵大会作检讨的处理。③ 推行士兵民主、官兵平等、经济公平，尊重士兵，破除旧军雇佣关系。连上建立士兵委员会，五项职责：一是参加军队管理；二是维持红军纪律；三是监督军队经济；四是开展群众运动；五是做士兵思想政治教育工作。

工农革命军的战士们欣喜地看到：军中的军官小灶被取消了，军官们再也没有任何特殊的享受，而是与士兵们同在一个盆子里装饭，同吃一盆菜；再也不准军官打骂士兵了，他们的皮鞭子被丢掉，就是军官违反了纪律也要受到士兵委员会的处罚。士兵有了开会说话的权力，可以对连队的事务提出质疑或建议。这些过去闻所未闻见所未见的做法，是那样强烈地震撼着官兵们的心，使他们感受到破天荒的新奇，思想上深受鼓舞。

资料来源：改编自徐国栋，刘晓农．三湾改编："军魂"建树的开端．

启发思考：

1．结合案例和史实，谈谈三湾改编的背景、动力、阻力和意义。

2．试用组织变革的模型分析三湾改编。

3．从组织创新的角度分析三湾改编。

现代组织面临着以不确定性为特征的外部环境，组织若将大部分时间与资源花在维持现状上，则很难在当今这种不确定环境中获得成功。为了获得高绩效，组织需要持续地改善自身的管理效能，对包括产品、技术、组织结构以及文化等在内的多项内容进行变革。本章将重点讨论组织变革的有关内容，并在此基础上对组织创新等进行介绍。

第一节　组织变革概述

一、组织变革的动力

组织变革（organizational change），是指组织根据外部环境变化和内部情况变化，及时调整和改善自身的结构与功能，以提高其适应环境、求得生存的应变能力。组织变革对于组织来说是必要的。要制定科学的组织变革策略，首先需要了解变革的基本动力。组织变革是多种因素共同作用的结果，组织变革的基本动力可以分为外部动力和内部动力两大方面。

（一）外部动力

（1）经济的力量。当今社会的市场竞争日趋激烈，组织一方面面临传统竞争对手的威胁，一方面又受到新进入者的挑战。另外，由于经济全球化的影响，组织所面对的竞争领域逐渐增大，这种变化为组织带来机遇的同时，随之而来的风险也进一步增大，如果组织不能有效实施组织变革，就无法应付竞争的压力。与此同时，消费者的需求水平、需求结构、价值观和生活方式、审美观和闲暇时间等都发生了一系列的新变化，为及时满足消费者的需要，迅速占领市场，组织也需要进行变革。

（2）技术的进步。现代科学技术在以空前的广度与深度影响和改变着社会生产及生活的各个方面，它对组织结构、组织的管理跨度和管理层次、组织信息沟通方式等都带来了巨大变化。一方面，随着科学技术的进步，产品的技术含量越来越高，产品从研发到投入市场的周期日益缩短，产品更新的速度也越来越快，这就要求组织必须有针对性地进行变革，使组织更具灵活性，能够迅速做出反应；另一方面，信息技术使组织内部的沟通方式大为改变，组织中部门之间、上下级之间沟通更为快捷，计算机控制取代了直接监督，使管理者的管理跨度更为广泛，组织结构日渐扁平化，管理层次大大减少。

（3）社会和政治变革。环境变革力量的第三个来源是社会和政治变革，其影响力量包括政权易位、政治体制的改革、国内政治局势的稳定和动荡、民主法制的健全与破坏、方针政策的正确与偏差、社会风气的好坏、国际政治风云变化等，这些因素的变化都会使组织产生变革的需求。

（4）就业人口的改变。近年来，由于高等教育的普及，高学历员工比例提高，员工被取代的速度加快，劳工权利意识有所提升；女性受教育的机会增多，大量的妇女成为就业人口，改变了旧有的社会就业结构；新一代员工与老一辈员工相比，在工作态度、工作伦理观和工作价值观上有很大差异。因此，组织内的人力资源结构发生了较大的变化，这就要求组织随之进行相应的调整，以适应新形势下管理人力资源的需求。

（二）内部动力

（1）组织目标的改变。随着组织的发展，组织目标必然会做出相应的改变和调整。要么组织既定的目标已经实现或即将实现，需要寻求新的发展、新的目标；要么组织既定目标无法实现，需要及时转轨变型；要么组织目标在实施过程中与环境不相适应，出现偏差，需要进行及时修正与调整。这些原因引起的组织目标的改变会促使组织调整结构、重新组织人员和财力，有针对性地做出变革。

（2）管理条件的变化。管理现代化要求组织对其行为做出有效的预测和决策，对组织要素和组织运行过程的各环节进行合理规划，以充分调动员工的积极性，最大限度地发挥本单位人力、物力、财力的作用，取得最佳效益。推行各种现代化管理方法，运用计算机辅助管理，转化企业经营机制，深化企业改革，改革用工制度，优化劳动组合，等等，都会要求企业组织机构做出相应的改革，以适应企业管理条件的变化。

（3）组织发展阶段的变化。和任何有机体一样，组织也有其生命周期。处于不同发展阶段的组织，其运行模式也就不同。在每个阶段的过渡期都面临一些危机和管理问题，这就要求组织适时做出变革，采用一定的管理策略解决这些危机，达到成长的目的。

（4）组织成员社会心理及价值观的改变。组织成员的动机、态度、行为、需求等的改变，对整个组织的变革具有重要影响。组织的成长会带来员工需求层次的提高，参与意识、自主意识的增强，以及个性化趋势的增强，这就要求组织改变激励手段，改善工作环境和工作条件，改变工作设计，以适应组织成员变化了的社会心理需要。同时，员工的价值观、对组织的期望和劳动态度的变化都要求组织随之做出变革。

（5）组织内部的矛盾与冲突。组织内部的矛盾与冲突也是组织变革的重要动力。部门扩大、人员增多、业务量增加、目标不一致等，会引起组织内部矛盾增加、人际关系复杂、群体冲突不断，这一方面会对组织的运行产生不利影响，另一方面也会促使组织调整结构，改变沟通方式，以缓解矛盾、理顺关系，从而实现组织有效运行。

二、组织变革的类型

管理人员可以致力于组织内的四种变革类型，以获取战略优势。这四种变革的战略类型是技术变革、产品与服务变革、战略与结构变革以及人员与文化变革，如图 8-1 所示。

（1）技术变革。技术变革主要是指组织生产过程的变革，包括有关知识和技能基础，它们使组织具有独特的竞争力。技术变革涉及产品或服务的制造技术，包括生产方式、设备和流程等各个方面。除产品技术变革外，技术变革还包括管理技术的改变，包括采用现代化的信息收集和处理系统、现代化的管理控制系统、现代化的办公系统等。进行管理技术的变革常常面临着一个两难境地：一方面，组织在灵活、对员工授权和低度正规化的条件下有利于创新；另一方面，为了例行生产及实施这些构思，组织必须保证一定的机械化特征。因此，在实施此类变革时，组织应保持有机式，而执行这些创新的构思则需要以机械式的方式行动。

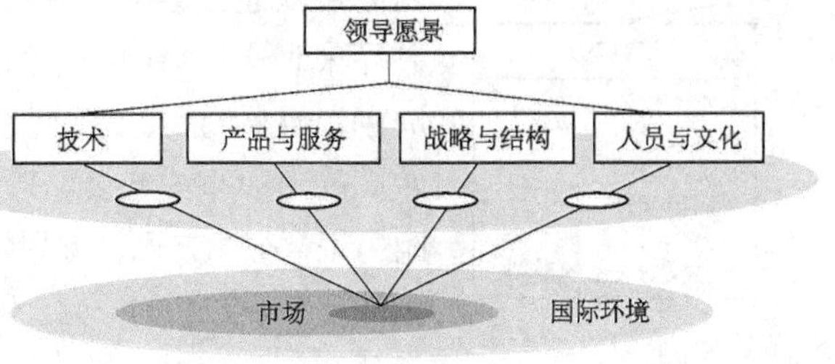

图 8-1　变革的战略类型

资料来源：[美]理查德·L·达夫特. 组织理论与设计（第 9 版）. 北京：清华大学出版社，2012：482.

（2）产品与服务变革。产品与服务变革是指一个组织输出的产品或服务的变化。新产品包括对现有产品的小调整或全新的产品线。开发新产品的目标通常是提高市场份额或开发新市场、新顾客。由于产品和服务是提供给组织外部的消费者使用，所以一项创新是否能适应外部需求并取得成功，其不确定性很高。因此，在进行此方面的变革时，应针对顾客需求、有效利用现有技术，并需要得到高层管理者的大力支持。

（3）战略与结构变革。战略与结构变革是指组织管理领域的变革，具体包括组织结构、战略管理、政策、薪酬体系、劳资关系、管理与控制系统、会计与预算系统等方面。这类变革不如技术变革发生的频率高，并且与基于技术的变革相比，变革的进行是为了适应不同的环境并遵循不同的内部流程。另外，这类变革一般是由高层管理者负责，自上而下地进行。

（4）人员与文化变革。人员与文化变革是指员工价值观、态度、期望、信念、能力、行为的改变。人员变革的目标是员工的价值观、技能以及态度。文化变革涉及员工思考方式的改变，它是一种头脑中的变革。值得注意的是，一种文化的形成需要很长的时间，而且一旦形成，常常变得异常牢固和难以改变，因此在此项变革中遇到的巨大阻力也是不容忽视的。

组织是由互相联系、互相影响的系统组成的，某个部分的改变必然会引起其他部分的变革。图 8-1 中的四种变革并不是相互孤立的，一种变革往往会引起另一种变革。比如一个新产品可能会引起生产技术的变革，而组织结构的变化可能需要员工学习新的技能。

管理案例

“互联网+”时代的组织变革

互联网上充斥着华为、海尔、BAT 等巨头的组织变革案例，耗时之长、耗费之多总是让人望洋兴叹，通常这类案例离中小企业太远。那么有没有一些小而美且小清新的组织变革，对大多数企业更有普遍参考价值呢？答案是有的。读者可以扫描右侧二维码细细品味三个“互联网+”时代组织变革的案例。

三、组织变革的阻力及其克服

（一）组织变革的阻力

从某种程度上来说，组织中的个体和群体会抵制变革。但是，人们常常搞不清楚到底哪些是变革阻力，因为它的形式多种多样。公开的阻力可以通过罢工、降低生产率、消极工作甚至破坏来表达；暗中的阻力可以通过更多的拖拉和缺勤、要求调离、辞职、失去动机、较低的士气、较高的事故率或错误率来表达。[①]现实中，变革的阻力来自很多方面，有些可以追溯到个体，另一些则涉及组织方面的原因，如图 8-2 所示。本部分从个体和组织两方面就变革的阻力进行讨论。

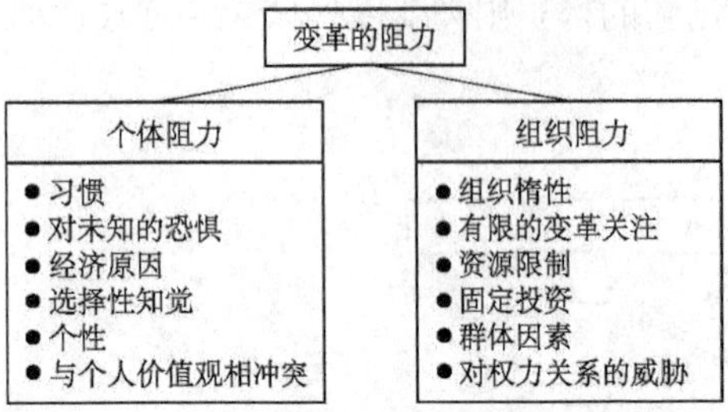

图 8-2　变革的阻力

1. 个体阻力

（1）习惯。习惯可能是合适、安全、满意的源泉，它使个体适应世界和处理问题变得流程化、简单化。习惯是否成为抗拒变革的一个主要来源在某种程度上取决于个体是否认识到能从改变其行为中获得好处。

（2）对未知的恐惧。多数人在面对未知事物时会感到焦虑。每次工作情境的重大变革都伴随这种不确定性。这些决定的结果不可能事先知道，因此人们非常焦虑。个体可能对变革感到非常焦虑并体验到强烈的威胁感，以至于他们抵触到新的地方工作或工作职责发生巨大变化。

（3）经济原因。经济因素是组织变革阻力中不可忽视的一个方面，人们肯定会抗拒降低其收入的变革。比如建立的工作惯例或工作职责的变革可能威胁到他们的经济安全。员工害怕变革发生后，他们不能做得跟以前一样好，这样可能被认为对组织、上司及同事的价值降低，从而失去一些利益。

（4）选择性知觉。人们倾向于有选择性地知觉事物以使得其与他们对世界的观点最恰当地吻合。一旦个体已建立了对现实的理解，他们可能抗拒改变它。在其他事情上，人们可能抗拒变革对其生活产生的可能影响，具体做法是：只读或听他们同意的东西；随意地忘记可能导致其他观点的任何知识；曲解信息交流——如果正确理解则与其目前态度和价值观不符。

（5）个性。个体个性的某些东西（如教条主义或依赖性）可使人有抗拒变革的倾向。比如高度教条的人的观点是封闭的，与低度教条的人相比更可能抗拒变革。另外一个例子是依赖性。高度依赖他人的人常缺乏自信。他们可能一直抗拒变革，直到他们信赖的人认可这种变革。值得注意的是，虽然个性可能有作用，但它很少在涉及变革的情境中作为重要因素。

（6）与个人价值观相冲突。变革与个人价值观发生冲突时，也会引起员工对组织变革的抵制。个人价值观是长期积累、相对稳定的心理结构，改变起来相对困难。一旦组织变革冲击到个人价值观，抵制变革的阻力便会随之产生。此种冲突在不同组织文化的企业合并过程中尤为常见。

2. 组织阻力

（1）组织惰性。组织惰性是形成变革阻力的主要因素。这是指组织在面临变革形势时表

① [美]D.赫本雷格尔，J. W.斯洛克姆，R.W.伍德曼．组织行为学（第 9 版）．上海：华东师范大学出版社，2001：891.

现得比较刻板、缺乏灵活性，难以适应环境的要求或者内部的变革需求。造成组织惰性的因素较多，例如，组织内部体制不顺、决策程序不良、职能焦点狭窄和组织结构集权化等，都会使组织产生惰性。此外，组织文化和奖励制度等组织因素以及变革的时机也会影响组织变革的进程。

（2）有限的变革关注。组织是由一系列相互依赖的子系统组成的，只对一个子系统改革而不影响其他子系统是不可能的。如果只改变局部的子系统，而没有对相关的系统进行相应变革，这种变革很可能因为更大的系统问题而变得无效。

（3）资源限制。变革需要资本、时间和胜任的个体。在任何特定时间里，组织管理者和员工可能确定了应作的变革，但由于资源限制，他们不得不延期或放弃某些所希望的变革。

（4）固定投资。并不是只有缺乏足够资产的组织才有资源限制的问题。资本集中的组织可能难以变革，因为固定资本投资（设备、厂房和土地）是不易改变的资产。在建筑物、街道、运输系统和公用事业方面的固定投资是巨大的，这样的固定投资通常会阻碍迅速和实质性的变革。固定投资不限于物理资产，它们也可以在人身上体现出来。比如那些不再对组织有贡献但资深得足够保留工作的员工，如果他们不被激励做得更好或进行再次培训以适应新的岗位，那么从长远看，他们的薪水和福利就代表了不易改变的固定投资。

（5）群体因素。组织变革的阻力还会来自群体方面，研究表明，对组织变革形成阻力的群体因素主要有群体规范和群体内聚力等。群体规范具有层次性，边缘规范比较容易改变，而核心规范由于包含着群体的认同，难以变化。同样，内聚力很高的群体也往往不容易接受组织变革。

（6）对权力关系的威胁。控制其他人需要的东西，如信息或资源，是组织中权力的来源。任何决策权力的再分配，都会威胁到组织长期以来形成的权力关系。一旦组织中有些人认为变革可能是对其权力或影响力的威胁，个人或团体便会以抗拒的形式抵制他们认为降低其影响他人能力的变革。

（二）克服变革阻力的方法

针对组织中抵制变革的阻力，科特和施莱辛格（L.A.Schlesinger）提出了“六变革法”（six change approaches）模型，旨在预防、减少和弱化这些变革阻力。他们指出，应对变革的阻力主要有以下几种途径：①

（1）教育和沟通。此种途径适用于信息缺乏、信息不准确或对变革缺少讨论和分析的时候。在实施变革之前，对员工进行宣传教育是其中最有效的一个办法。变革前的沟通教育，有助于帮助员工理解变革的逻辑性和合理性，使员工认识到变革之举势在必行，从而减少关于变革的各种不实传言。

（2）参与和融合。此种途径适用于发动变革的领导团队缺乏设计变革的必要信息，以及员工阻力相当大的时候。当员工融入到变革活动中时，他们就更可能去顺应变革、参与变革，而不是抵制变革。这一方法最好用于消除来自对变革持沉默态度的员工的阻力。

（3）引导和支持。此种途径适用于变革过程中各项调整引发员工阻挠的时候。在这一困难时期，管理人员如果采取支持员工的态度，就能有效防止潜在的阻力。在变革转型的过程

① J. P Kotter, L.A. Schlesinger.choosing strategies of change[J]. Harvard Business Review,1979(3-4):106-114.

中，管理人员应该帮助员工梳理他们的担忧和焦虑。员工之所以害怕变革、抵制变革，原因主要在于：他们认为变革会给他们个人带来负面影响。这一手段的典型方法是，提供正常工作外的专门培训和服务。

（4）谈判和协商。此种途径适用于部分员工或部门利益受损，以及阻挠力量较大的时候。管理人员可以通过提供各种形式的激励，使员工放弃抵制。比如，可以给员工一定的权力，否决那些对他们来说有危险的变革成分，或者给予员工特殊的政策，允许那些反对变革的人通过买断工龄或提前退休等形式离开公司，以避免遭遇变革风险。这一方法用在那些阻力较大的员工身上也比较合适。

（5）控制与合作。此种途径适用于以上策略发挥不了作用或成本太高时。科特和施莱辛格两人建议，一个较为有效的控制抵制人员的方法是将抵制力量的代表纳入变革领导团队。把抵制变革的人员引入变革领导团队，并非指望他们对变革做出什么贡献，只是增加一个虚席而已。具体做法就是从那些抵制变革的员工中选出部分代表作为变革团队的领导成员，给予他们象征性的决策角色，同时却无碍大计。需要注意的是，如果这些阻力派的领导人物产生被耍弄的感觉，他们会产生更大的抵触情绪，抵制变革。

（6）正面施压。此种途径适用于变革刻不容缓的时候，且最好作为其他办法均无效果时的最后一招。管理人员可以明确或含蓄地向员工施压，告诉他们必须接受变革，否则会导致严重后果，比如失业、下岗、流动或失去晋升机会等。

第二节　组织变革的模式

一、组织变革的系统模式

（一）克—金组织变革系统模型

由克雷特纳（R.Kreitner）和金尼基（A.Kinicki）于 1995 年提出的克—金组织变革模型是一种系统模型，如图 8-3 所示。这个模型主要分为输入、变革的目标因素和输出三部分。

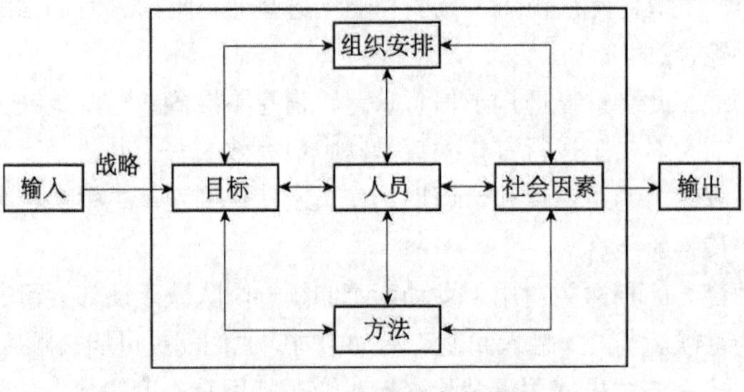

图 8-3　克—金组织变革模型

（1）输入。输入的主要是内部信息和外部信息。内部信息主要包括企业的优势和劣势；外部信息主要包括外部的机会和威胁。

（2）变革的目标因素。变革的目标因素有人员、目标、组织安排、社会因素和方法五项，且以人员为核心而相互影响。人员主要包括人员的知识、能力、态度、动机和行为；目标主要包括最终的结果、优先考虑的事项、标准、资源等；组织安排主要包括政策、程序、角色、结构、奖励、物质条件等；社会因素主要包括组织文化、群体过程、人际关系、沟通和领导；方法主要包括工序、工作流程、工作设计和技术。

（3）输出。输出代表了一次变革的最终结果，可以从三个方面去分析：组织水平的结果、部分或群体水平的结果、个体水平的结果。

（二）莱维特组织变革系统模型

在许多组织变革模式中，哈罗德·莱维特（Harold Leavitt）的系统模型被广泛关注，它是从组织系统互相联系、互相影响的要素体系出发探讨组织变革模式的。莱维特认为组织是个多变量的系统，它包含相互作用的四个变量：结构、任务、人员和技术，如图 8-4 所示。

（1）结构：指组织的权责体系、信息沟通、管理层次和跨度、工作流程等。

（2）任务：指组织存在的意义和使命以及工作任务的性质（简单和复杂、新的和重复的、标准化和独特性等）。工作任务的性质能够影响组织内个体与部门之间的关系。

（3）人员：指达成目标的个体、群体、领导人员，包括他们的工作态度、个性和激励等。

（4）技术：指组织解决问题的方法、手段和技术装备。

组织变革可以引用单一变量或者结合多个变量，但是管理人员必须了解全部四个变量的相互作用，可以通过改变组织的工作任务、组织结构，改变人的态度和价值观念、人的行为和组织成员之间的沟通程序，改变解决问题的机制和方法来进行组织变革。

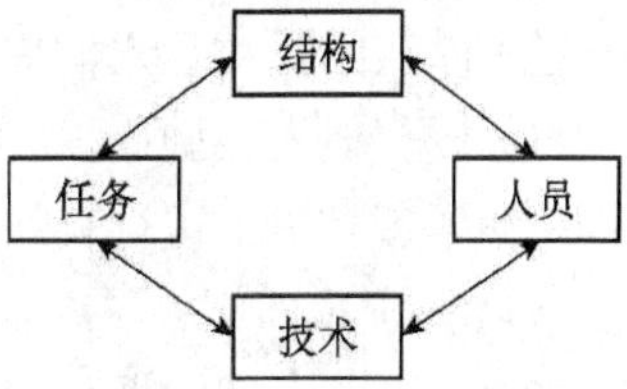

图 8-4　莱维特组织变革系统模型

二、组织变革的阶段模式

（一）勒温的三阶段变革模型

关于组织变革的阶段模式，最具影响力的是库尔特·勒温的变革模型，他提出了一个包含解冻（unfreezing）、变革（changing）和再冻结（refreezing）三个步骤的有计划的组织变革模型，用以解释和指导如何发动、管理和稳定组织变革过程，如图 8-5 所示。

图 8-5　勒温的三阶段变革模型

（1）解冻：变革前的心理准备和思想发动阶段。该步骤是要刺激组织成员去改变他们原有的态度，改变旧的习惯和传统，并鼓励人们接受新的观念，刺激人们变革的动机。

（2）变革：向组织成员指明变革的方向和方法，使他们形成新的态度和接受新的行为方式，实现行为转化，以及通过认同和内在化加速变革的进程。

（3）再冻结：这是变革后的行为强化阶段。通过连续强化（指在被改变的人每次接受新的行为方式时予以强化）和断续强化（指在预定的反应次数间隔时间内给予强化），使已经实现的变革（如态度和行为方式等）趋于稳定化、持久化，形成模式行为。

（二）科特的领导变革八步骤

约翰·科特提出了计划变革模型，将解冻、变革及再冻结三阶段扩展为八个有明确定义的步骤，如图 8-6 所示。尽管在现实中这八个步骤常有重叠，但这种细分可以使得经理们注意成功实施重大变革所需的每一因素。

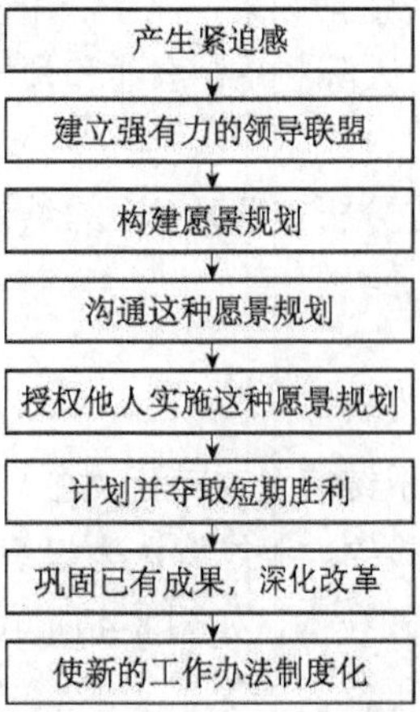

图 8-6　领导变革的八个步骤

（1）产生紧迫感：在变革实施之前，组织的领导者应该在相关人员的心里制造一种紧迫感。紧迫感有时是通过一系列富有创造的方法形成的，可以使人们立即意识到进行变革的重要性，并准备随时为之采取行动。

（2）建立强有力的领导联盟：有了紧迫感之后，变革领导者应该召集那些有一定的可信度、技能、关系、声誉和权威的人员，组成一支指导团队来承担变革过程中的领导工作。这支团队应该有着很强的责任感，并能够得到很多人的信任。

（3）构建愿景规划：指导团队会为自己的组织变革确立合理、明确、简单而振奋人心的愿景和相关战略，帮助指明改革的方向。

（4）沟通这种愿景规划：变革的愿景和战略确定后，需要利用所能获得的传播媒介向组织传播。这一步骤的目标是在所有的相关人员内部形成一种共识和责任感，从而准备变革。领导还应以实际行动让人们更好地理解愿景，并不厌其烦地做好沟通工作。

（5）授权他人实施这种愿景规划：要想在组织变革中取得成功，领导者必须对参与变革的有关管理者和员工进行有效的授权。通过授权使人们有能力克服阻力、消除障碍，有力地将变革向前推进。

（6）计划并夺取短期胜利：在进行授权之后，那些在组织变革中取得成功的领导者就会设法帮助组织取得一些短期成效。这将为整个组织变革的必要性和正确性提供强有力的证明，并为随后的工作提供必要的资源和动力。

（7）巩固已有成果，深化变革：在取得一些短期成效后，变革领导者不能放松努力，应该利用日益提高的信誉，改变与愿景规划不相适应的体制、结构和政策，对那些能够执行愿景规划的员工进行聘用、开发和晋升，利用新项目、新论点和变革推动者再次激活整个过程。

（8）使新的工作办法制度化：最后，组织的领导者们需要加强领导，把所有变革成果固定下来，明确新行为同企业获得成功之间的关系；建立有效的机制和文化，通过更有效的管理促进组织发展；并利用各种手段，确保领导的培训开发和后继有人。

人物谱

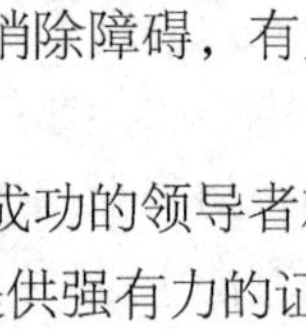

约翰·科特（John Paul Kotter），世界著名组织行为学家，领导与变革领域的权威。1947 年出生在加利福尼亚州的圣地亚哥（San Diego），1968 年在麻省理工学院（Massachusetts Institute of Technology）获得电力工程学士学位；1970 年获得麻省理工学院管理学硕士学位；1972 年获得哈佛商学院组织行为学博士学位，师从著名的组织理论学家保罗·劳伦斯（Paul R. Lawrence），同年开始在哈佛商学院任教。1980 年，33 岁的科特被哈佛商学院聘为终身教授，使他成为哈佛大学历史上获此殊荣的最年轻的学者之一。

科特在管理学方面的研究使他获得众多奖项，也让他拥有了极高的声誉。他在 1996

年出版的《领导变革》(*Leading Change*)被《综合管理》(*Management General*)杂志评为当年管理类书籍第一名。1997 年，科特通过对松下集团多年的研究写出《松下领导艺术》(*Matsushita Leadership*)一书，并在次年获得《金融时报》评选的全球商务书籍奖，名列传记类书籍第一名。2006 年，因在管理学方面杰出的贡献，科特获得管理学界享有盛誉的"麦克菲利奖"(McFreely Award)。2012 年，他撰写的论文《加速》(*Accelerate*!)被评为《哈佛商业评论》最佳文章，进而获得麦肯锡奖(McKinsey Award)。《商业周刊》杂志曾对 504 位企业领导人进行了问卷调查，科特被评选为"领导大师第一人"，并被称为"20 世纪对世界经济最有影响的 50 位大师"之一。

三、行动研究模式

行动研究(action research)是指一种以数据为基础的组织变革问题的解决过程，这种过程离不开科学的方法，它首先系统地收集信息，然后在信息分析的基础上选择变革行为。行动研究为推行有计划的变革提供了科学的方法论。比较有代表性的行动研究包括凯利的组织变革模式和卡斯特的组织变革模式。

(一)凯利的组织变革模式

美国心理学家乔伊·凯利(Joe Kelly)认为组织变革包括诊断、执行和评估三个阶段。

(1)诊断阶段包括确定问题、诊断和列出可行性方案。

(2)执行阶段包括发展决策准则、选择解答方式、计划变革和采取行动。

(3)评估阶段包括评估效果和反馈(从评估反馈到执行)。

(二)卡斯特的组织变革模式

美国管理科学家卡斯特(Kast)认为组织变革过程包括以下 6 个步骤。

(1)审视状态：对组织内外环境现状进行回顾、反省、评价、研究。

(2)觉察问题：识别组织中存在的问题，确定组织变革需要。

(3)辨明差距：找出现状与所希望状态之间的差距，分析存在的问题。

(4)设计方法：提出和评定多种备择方案，经过讨论和绩效测量，做出选择。

(5)实行变革：根据所选方法及行动方案，实施变革行动。

(6)反馈效果：评价效果，实行反馈，若有问题，再次循环此过程。

罗宾斯指出，行动研究对组织至少有两点好处：第一，以问题为中心。变革推动者客观地发现问题，问题的类型决定了变革行为的类型。虽然从直观上看这是显而易见的，但事实上大量的变革行为并不是这样。实际中变革推动者通常先有一个好的解决方法，然后寻求与这种解决方法相对应的问题，即以解决问题的方法为中心，而不是以问题为中心。第二，由于行动研究中包括了员工的大量参与，所以减弱了变革阻力。实际上，只要员工在反馈阶段积极参与，变革过程通常就有了自身的动力。参与变革的员工和群体就成为带动变革的、持续的内部力量源泉。①

① [美]斯蒂芬·P·罗宾斯. 组织行为学(第 14 版). 北京：中国人民大学出版社，2012：510-511.

第三节 组 织 创 新

一、组织创新概述

（一）创新的提出

“创新”（innovation）一词最早是由美籍奥地利经济学家熊彼特（J.A.Schumpeter）在1912年出版的《经济发展理论》一书中提出的。他认为“创新”就是把生产要素和生产条件的新组合引入生产体系，即“建立一种新的生产函数”，其目的是为了获取潜在的利润。它包括以下五种情况。

（1）引进新的产品，即产品创新。制造一种消费者还不熟悉的产品，或一种与过去产品有本质区别的新产品。

（2）采用一种新的生产方法，即工艺创新或生产技术创新。采用一种产业部门从未使用过的方法进行生产和经营。

（3）开辟一个新的市场，即市场创新。开辟有关国家或某一特定产业部门以前尚未进入的市场，不管这个市场以前是否存在。

（4）获得一种原料或半成品的新的供给来源，即开发新的资源，不管这种资源是已经存在，还是首次创造出来。

（5）实行一种新的企业组织形式，即组织管理创新。如形成新的产业组织形态，建立或打破某种垄断。

熊彼特的创新概念主要属于技术创新范畴，也涉及了管理创新、组织创新等，但他强调的是把技术与经济结合起来，因而他所说的创新是一个经济学的概念，是指经济上引入某种“新”的东西，不能等同于技术上的发明，只有当新的技术发明被应用于经济活动时，才能成为“创新”。他把发明与创新分开，强调第一个将发明引入生产体系的行为才是创新。

（二）创新的内涵

创新与变革两个概念常常被混为一谈，事实上二者是有所区别的。组织变革被认为是被组织采纳的一个新构思或新行为。相对应，组织创新（organizational innovation）被认为是采纳一些对于组织所在行业、市场或一般环境来讲是全新的构思或行为。[①]关于创新和变革的区别，被引用最多的应该是迈克尔·韦斯特（Michael West）及其同事的观点，他们这样描述了组织创新的特征：[②]

（1）创新是组织内部一种有形的产品、过程和步骤。一个新的观念可能是创新的开端，但还不能将其视为创新本身。

（2）创新必须在其引入的社会环境中（如工作群体、部门或整个组织）是全新的，尽管对于引入它的个体而言不必是全新的。

（3）创新必须是有意的而绝非偶然的。

（4）创新不是例行程序的变化。任命一名新员工替代退休或辞职的员工，不能被视为创

① [美]理查德·L·达夫特. 组织理论与设计（第9版）. 北京：清华大学出版社. 2012：483.
② [英]奈杰尔·金，尼尔·安德森. 组织创新与变革. 北京：清华大学出版社，2002：3.

新性的变化，一个全新的职位的设立才是创新。

（5）创新必须是致力于为组织、组织的某些部门或更广泛的群体创造效益（至于是否成功，是另外一回事）。有意识的破坏行为，如消极怠工或纯粹反复无常的行为，都不在创新之列。

（6）创新必须产生公共效果。如果某个人在工作中引入一种变化，但对组织中的其他人没有明显的影响或意义，那就不能称之为创新。

二、创新管理

创新是否能够被管理，在学术界存在着明显的分歧。有学者认为组织创新很少按照一系列清晰的、可预测的阶段发展下去，并且管理人员在组织创新中的控制和指导能力是非常有限的，而很多对创新管理过程的讨论都高估了管理人员在此过程中的能力和影响；也有学者认为，有计划的、系统的创新管理过程是存在的，并且大多数的创新来自有目标、有组织的活动，这种活动遵循一定的规律、步骤和程序。

拓展学习

海尔集团是企业管理创新的代表。正如张瑞敏先生所言："海尔进行管理模式创新，是自我颠覆变革的路程。"扫描右侧二维码，可以看到张瑞敏先生分享的"海尔管理模式创新探索"视频。

如彼得·德鲁克所言，经过周密分析、勤奋而系统化的工作所产生的有目的的创新是可以作为创新实践加以讨论和展示的。无论创新是否能够被管理，至少有一点是肯定的，即组织可以通过采取一定的方法和手段，促进组织的创新活动。本部分针对创新管理（innovation management）的一些观点进行阐述。

（一）激发组织创新的因素

创新需要在一定的环境中才能产生并且发挥效力，那么究竟什么样的环境才是有利于激发创新的呢？罗宾斯指出，激发组织创新力的因素主要来自三个方面，分别是结构因素、文化因素以及人力资源因素，如图 8-7 所示。

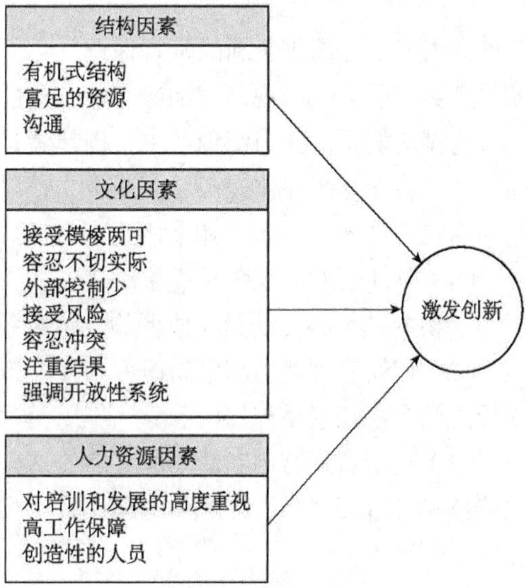

图 8-7 创新的因素

资料来源：[美]斯蒂芬·P·罗宾斯，玛丽·库尔特. 管理学（第 11 版）. 北京：中国人民大学出版社，2012：163.

1. 结构因素

有关结构因素对创新影响的研究表明了如下几点。

（1）有机式结构对创新有正面影响。因为有机式结构纵向变异、正规化和集权化程度低，可以提高组织的灵活性、应变力和跨职能工作能力，从而使创新更易于得到采纳。

（2）拥有富足的资源能为创新提供另一重要的基石。组织资源充裕，使管理当局有能力购买创新成果，敢于投下巨资推行创新并承受失败的损失。

（3）部门间密切的沟通有利于克服创新的潜在障碍。像跨职能团队、任务小组及其他这类组织设计都可促进部门之间的交流，从而得到创新型组织的广泛采用。

2. 文化因素

富有创新力的组织，通常具有共同的文化。充满创新精神的组织文化通常具有如下特征。

（1）接受模棱两可。过于强调目的性和专一性会限制人的创造性。

（2）容忍不切实际。不强调专一性，鼓励多种工作思路，容忍不切实际的想法和主张。

（3）外部控制少。组织把规章、条例、政策之类的监控减少到最低限度，加大管理的自由度。

（4）接受风险。鼓励管理者和员工大胆试验，不用担心可能失败的后果。把可能的错误作为学习的机会。

（5）容忍冲突。鼓励群体中的不同意见，中等程度的群体冲突有利于调节群体气氛，从而实现更高的经营绩效。

（6）注重结果甚于手段。提出明确的目标后，个人被鼓励积极探索实现目标的各种可行途径。注重结果意味着，对于任一给定的问题，可能存在若干种正确的解决办法。

（7）强调开放性系统。即组织时刻监控环境的变化并随时做出快速的反应。

3. 人力资源因素

人力资源是组织创新的基本保证。创新型组织积极地对其人力资源进行培训和开发，帮助员工实施职业生涯规划，加快知识与技能的更新。同时，给员工提供高工作保障，鼓励员工成为创新能手。在组织创新中，创新者是最关键的因素。一旦产生新思想，创新者会主动而热情地将新思想深化提高并克服阻力，以确保组织创新方案得到推行。成功的组织创新对创新者提出许多高要求，如下所述。[①]

（1）创新者对组织创新成果潜在使用者的需求和获取知识的步骤有深刻了解，并拥有对财力、物力进行必要动员和协调的地位及经验。

（2）创新者拥有组织创新研究与开发方面的能力，与研发、市场销售和生产等诸部门的人员之间有密切联系与协同。

（3）创新者拥有创新活动所必需的认知能力、个性特征和内在动机，并具有较高的自我效能感和群体凝聚力，在群体沟通模式、目标管理程序及群体决策方式等方面，为组织创新奠定心理准备。

因此，组织可以通过采用灵活的、易于获得资源并形成顺畅沟通的结构来激发和培育创新；还可以通过塑造一种宽松的、支持新思想并鼓励开放的系统，以及广纳训练有素、知识不断更新的创造性人才，并给他们提供高工作保障来促进创新。

① 王重鸣，林崇德. 管理心理学. 北京：人民教育出版社，2000.

管理案例

华为的理念创新与制度创新

一个完全意义上的民营公司，能够在 28 年内快速成长为全球通信行业的领导者，主要依靠的是什么？华为集团国际咨询委员会资深顾问、《下一个倒下的会不会是华为》作者之一田涛老师通过对华为 16 年近距离的追踪、考察、研究，认为非常重要的一点是创新驱动。“创新”促使华为从一个弱小的、没有任何背景支持的民营企业快速地成长、扩张成为全球通信行业的领导者。华为的创新是全方位的创新，其中最重要的是理念创新。

扫描右侧二维码，阅读《华为的理念创新与制度创新》一文，可以窥探华为是如何进行理念和制度创新的。

（二）创新的原则

德鲁克指出，核心的创新原则中有几个“做”，指必须要做到的事情；还有几个“不能做的事”，指尽量避免做的事情；另外还包括三个基本条件。[①]

1. 要做的事情

（1）有目的、有系统的创新从分析机遇着手。不同的领域、不同的来源在不同的时间有不同的重要性，对所有创新的来源必须系统地加以分析和研究。仅仅注意它们是不够的，研究工作必须有组织地、系统地定期进行。

（2）创新既需要抽象概念又需要感性认知。创新第二个要做的事情是出去多看、多问、多听。成功的创新者都利用左右两个大脑。他们一方面看数字，一方面看人。他们分析出要利用某个机遇需要什么样的创新。然后，他们走出去，观察客户和用户，了解他们的期望、价值观和需要。

（3）创新若要行之有效必须简单而专一。每一种新事物总会遇到麻烦，如果太复杂，就难以修补。所有有效的创新都异常简单，如果它不简单，就不能运作。即使是可产生新应用和新市场的创新也应该以专一、清晰和有计划的应用为标准。它应该专注于它所满足的特殊需求，以及它所产生的特殊的最终结果。

（4）有效的创新都是从不起眼处开始的。它们并不宏大。它们只试图做一件与众不同的事情。创新最好能从小起步，开始只需要少量资金、少数几个人，而且只需要有限的小市场，否则就没有充足的时间来进行调整和改变，而及时调整和改变是创新成功所必需的。初始阶段，很少有创新是“基本正确”的。只有规模很小、对人员和资金的要求不高时才能及时地进行必要的改变。

（5）成功创新的目标是行业或市场的领导地位。它的最终目标不一定是“成为一个大企业”，事实上，没有人能够事先知道一个创新是将成就大企业还是使其业绩平平。但是如果一个创新不从一开始就注重领导地位，那么它不可能有足够的创新意识，因而也不可能有所建树。旨在主宰一个行业或市场的战略与只期望在一个程序或市场中占据一小块获利点的战略

① [美]彼得·德鲁克．创新与企业家精神．北京：机械工业出版社，2007：171-187.

是很不相同的。

2. 不能做的事

（1）首先就是不要太聪明。如果创新想获得规模和重要地位，那么它们必须能够由普通人操作，能够由低能人或近于低能人操作。因为，能力低下者是唯一充足和永不衰竭的供应源。任何事情过于聪明，无论是在设计上还是在操作上，几乎都注定会失败。

（2）不要有过多花样，不要分心，不要一次做过多事情。偏离核心的创新可能会变得零散。它们将只能是点子，而成不了创新。核心不一定是技术或知识。事实上，在所有企业中，市场知识都是比知识和技术更好的统一核心。但是，创新工作必须有一个统一的核心，否则它们就可能分崩离析。创新需要有一种集中能量的统一努力支撑它。它还要求使它有效的人员彼此了解，而要达到这一点，同样需要一个统一的、共同的核心。分心和一心多用会损害这种统一的核心。

（3）不要为未来进行创新，为现在进行创新！一个创新可能会有广泛的影响，可能到20年后才完全成熟，但是创新必须着眼于现在。

3. 三个条件

最后还有三个条件。这三个条件都是显而易见的，但常常被人们忽视。

（1）创新是工作。它需要知识，而且往往需要大量的聪明才智。显而易见，创新者比一般人更聪明。创新与其他工作一样讲究才干、天赋和气质。但当所有条件都具备时，创新就变成辛苦、专注和有目的的工作，需要勤奋、恒心和责任。

（2）要想成功，创新者必须立足自己的长项。由于创新的风险和由此产生的对知识与实干能力的重视，使得发挥长处对创新显得尤为重要。此外，与其他工作一样，创新也讲究气质上的“吻合”，企业在它们并不真正尊重的领域中不会有出色的表现。

（3）创新是经济与社会双重作用的结果，对一般人来说它是一种行为的改变，或是一种程序的变化，即人们工作或生产方式的变化。因此，创新必须与市场紧密相连，专注于市场，而且由市场来推动。

（三）创新管理的流程

玖·笛德（Joe Tidd）等人提出了一个创新管理的流程模型，如图8-8所示。创新管理包括信息收集和整理阶段、创新战略分析与制定阶段、提供资源阶段、实施阶段和学习再创新阶段。

1. 信息收集和整理阶段

德鲁克在《创新与企业家精神》一书中总结了创新的七个来源，它们分别是意外的成功或失败、企业内外部的不协调、过程改进的需要、行业和市场结构的变化、人口结构的变化、观念的改变和新知识的产生。创新可能是一种或几种因素共同作用的结果。创新管理第一阶段的任务就是要充分利用和组织这些资料，对这些有关创新的信息进行识别、选择和处理，并将这些信息转化成与决策相关的资料。

2. 创新战略分析与制定阶段

此阶段主要根据收集到的信息进行创新方案的制定、选择，并使创新战略随着企业的发展进一步优化。在进行创新战略分析与制定的过程中，企业要重视三方面的问题：企业可获得的技术和市场机会；企业的现状，即现有的物质基础、资金状况等；创新发展战略必须考虑与企业整体业务之间的匹配。在综合各方面知识的基础上，企业要形成与企业战略相关的行动方案，并根据收集到的资料对方案投入和产出进行分析，从而选择一个最优方案，然后根据方案的预测情况决定人、财、物等资源的投入。

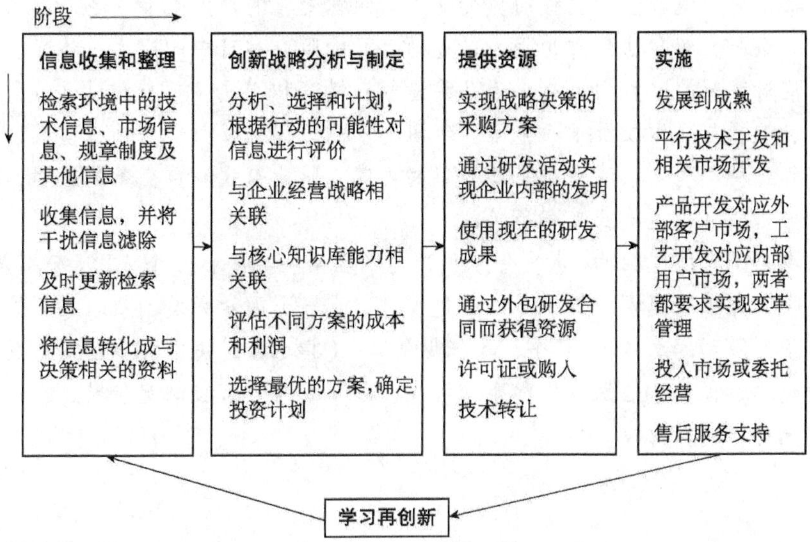

图 8-8　创新管理的流程

资料来源：[英]乔·笛德，约翰·本珊特. 创新管理：技术、市场与组织变革的集成. 北京：清华大学出版社，2002：28

3. 提供资源阶段

这一阶段根据已有的方案，利用可获得的知识解决组织遇到的问题，当然这种知识并不一定是组织所拥有的。这个阶段包括通过内部或外部联合获得原始创新，或对已有创新进行转让。这一阶段根据组织的资源、能力和外部环境等各方面的进一步权衡，要么进入详细开发的下一步，要么对原有的方案进行修改或直接采用他人的成果。当然，这并不是简单地将资源置于系统中，而是采用有效的资源利用方式。此外，该阶段还应创造一种促进创新的有利条件。

4. 实施阶段

这一阶段是创新管理的核心。在前三个阶段的基础上，这一阶段的投入有明确的目标，即从广泛的研究到关注具体方案的解决，最终导致创新结果，并为将创新的结果推向市场做准备。这一阶段需要大量时间、人力、财力以及物力的投入。本阶段的显著特点是一系列解决问题的循环，并通过它解决预期或突发问题。虽然在图 8-8 中市场和技术被看作平行的过程，但在实际操作中，通过它们的互动可以有效地进行创新管理。

5. 学习再创新阶段

再创新包括两个方面的内容：一方面，本轮的创新成功实际是为下一轮创新提供动力；另一方面，如果创新失败，需要在失败中吸取经验教训，为下一轮创新提供借鉴。

本章小结

组织变革是指组织根据外部环境变化和内部情况变化，及时调整和改善自身的结构与功能，以提高其适应环境、求得生存的应变能力。组织变革的动力既有来自外部的，也有来自组织内部的。组织变革会遇到种种阻力，包括公开的阻力和暗中的阻力，均来自个体和组织两个方面。应对变革的阻力主要有以下几种途径：教育和沟通、参与和融合、引导和支持、谈判和协商、控制与合作以及正面施压。组织变革的模型可以归纳为系统模式、阶段模式以及行动研究等几种类型，系统模式强调变革的内容，阶段模式注重变革的过程，而行动研究则是在信息分析的基础上选择变革行为。

创新与变革是有所区别的。激发组织创新力的因素主要来自三个方面，分别是结构因素、文化因素以及人力资源因素。组织可以通过改进以上三个因素激发创新。创新原则包括几个“做”（指必须要做到的事情）、几个“不能做的事”（指尽量避免做的事情）以及三个基本条件。创新管理的过程包括信息收集和整理阶段、创新战略分析与制定阶段、提供资源阶段、实施阶段和学习再创新阶段。

复习思考题

一、名词解释题

组织变革　技术变革　产品与服务变革　战略与结构变革　人员与文化变革　选择性知觉　组织惰性　克—金组织变革模型创新　创新管理

二、单项选择题

1．管理者推动变革的直接目的是（　　）。

A．改变组织落后现状　　B．提高环境适应性
C．提高组织绩效　　D．更好地服务客户

2．1990 年，美国残疾人法案通过，要求成千上万的企业拓宽门道，重新安排休息室，增加斜坡通道，致使企业面临变革压力。这类引起变革的因素是（　　）。

A．经济的力量　B．技术的进步　C．社会和政治变革　D．就业人口的改变

3．以下不属于勒温变革模型中的变革步骤的是（　　）。

A．解冻　B．变革　C．再冻结　D．发展

4．莱维特的系统模型被广泛关注。他认为组织是个多变量的系统，它包含相互作用的四个变量：任务、人员、技术和（　　）。

A．战略　B．市场　C．客户　D．结构

5．罗宾斯指出，激发组织创新力的因素主要来自三个方面，分别是结构因素、文化因素和（　　）。

A．人力资源因素 B．战略因素　C．管理者因素　D．环境因素

三、简答与论述题

1．什么是组织变革？组织变革的动力主要来自哪几个方面？

2．组织变革的阻力有哪些？如何克服？

3．根据不同的划分标准，组织变革有哪些方式？

4．简述并比较本章出现的几种组织变革模式。

5．什么是创新？根据不同的划分方式，创新可分为哪些基本类型？

6．激发组织创新力的因素有哪些？分别对其进行介绍。

7．德鲁克提出的创新的原则包括哪些内容？简单对其加以评论。

8．创新管理的过程包括哪几个阶段？分别进行阐述。

9．思考组织变革、组织发展与组织创新之间的关系。

四、案例分析题

莫里照相设备制造公司

莫里照相设备制造公司雇用卡特当副总经理好多年了。卡特是位科学家，负责公司里的研究开发工作。在他的领导下，建立了正规的研究机构，它有5个管理层次。卡特手下有三个关键人物：研究部主任、行政管理部经理和专利注册部经理。研究部主任支配两个处长，一个抓基础研究，另一个搞应用开发。这两头各有5个探索领域：物力、有机合成、化学工艺、反应装置和分解学。依此类推，负责每个领域的科长手下有两三个具体抓课题的组长。在整个研究开发过程中，由卡特不时地复审所有的项目，然后拨款授权，让这些项目进入下一个阶段。

如此安排，使研究工作大见成效，公司长期来一直生意兴隆，获得了上千项专利。但是近两年来，日本、德国的一些公司在竞争中不断地有惊人的突破，它们的研究队伍很快就探听到技术上的新改进，并且捷足先登地投入生产开发。当卡特退休时，公司任命了一位新的副总经理来负责研究工作，授权他重新调整研究队伍，以便从总体上对环境做出快速反应，更见成效。

资料来源：作者自己整理。

结合案例，回答以下问题：

1．案例公司可能存在哪些管理问题？

2．如何进行组织变革以提高公司效率？

第四部分　领导职能

第九章　领导及其理论

【学习目标】

了解领导的基本概念；了解领导理论的发展历程与最新进展；了解不同领导理论的基本内容、优势与不足；理解领导与管理的区别；理解领导特质理论、领导行为理论、领导权变理论与新型领导理论的本质区别；掌握权变领导理论、情境领导理论、魅力型领导、变革型领导的基本内容。

【案例导入】

《三国演义》中的领导思想

三国时代，魏文帝太和三年（228 年），蜀国丞相诸葛亮率领大军北伐，布阵于渭水沿岸的祁山，从西边进攻魏国。魏文帝曹丕为了抵御蜀国大军，把大本营迁到长安，同时起用名将司马懿作为统率，率兵迎战。司马懿足智多谋，是当时唯一能够与诸葛亮一比高低的将领。诸葛亮打听到由他来担任统率，就派手下大将马谡率兵前往固守处于粮道关口的街亭。

马谡精通兵法，才华横溢，他所献的许多计策都被诸葛亮所采纳，深得诸葛亮的赞赏和信任。马谡到了街亭之后，不顾诸葛亮在出发前的一再叮嘱——必须在当道下寨，而是按照熟读的兵书，擅作主张，将营盘设置在山顶上。按照兵书上所讲的，“凭高视下，势如破竹”，“置之死地而后生”等，占领高处，可以从高处轻易地观察到敌人的行动，并且由上往下，可以一鼓作气，势如破竹地击败敌军。司马懿率领大军，向街亭进发。可听说蜀军已经严阵以待，不得不由衷地佩服诸葛亮的谋略。但当他看见蜀军在山顶上安营扎寨时，却大笑起来，立即派兵包围了蜀军下寨的小山，切断了蜀军的水源。马谡的军队由于被切断了水源，又看到被魏军重重包围，于是军心大乱，终于在三天时间内土崩瓦解。蜀军痛失街亭，演出了一幕让世人不胜惋惜、发人深省的“孔明挥泪斩马谡”的悲剧。

由于马谡军事失误丧失街亭战略要地，面对司马懿大军压境，诸葛亮不得不调整战略，准备撤退。就在诸葛亮分拨已定，先引 5000 兵去西城三县搬运粮草，身边只留有 2500 人之际，忽然报说司马懿率 15 万大军往西城蜂拥而来，处在这个弹丸之地的 2500 人马，听到这个消息后尽皆失色，皆感死期将至。但是诸葛亮却号令四门大开，旌旗藏匿，只叫几个老人四处打扫卫生。自己鹤氅纶巾，引二童登上城楼，“焚香操琴”，神情自如，悠然自得。司马懿见状之后，以为城里埋伏着重兵，诸葛亮城上弹琴是诱兵之计，于是引军而退。诸葛亮转危为安，从而得以安全撤退。

资料来源：潘连柏．伍娜．管理学原理习题集．北京：人民邮电出版社．2013．

启发思考：

1．结合案例说明领导与管理环境之间的关系应该是怎样的。

2．用相关领导理论分析马谡失掉街亭的原因。

领导是一种迷人的社会现象，它超越文化和国度的界限，发生在所有的组织团队中。从古至今，许多成功的领导者向我们展示着领导的巨大魅力和威望。那么领导究竟是什么呢？领导者为什么具有如此大的能量和魅力？如果一个人想要成为卓越的领导者，他应该从哪些方面着手，又要如何做呢？为了回答这些问题，本章对领导进行初步研究与探讨，着重阐述领导的内涵，介绍几种比较经典的领导理论，并简单列举几项最新的领导理论研究成果。

第一节 领导概述

一、领导的含义

从人类出现以来，领导活动就伴随并推动着人类社会的发展。时至今日，领导是一种无处不在、无时不有的社会现象，大到一个国家，小到一个家庭，要想正常运行都离不开领导。因此，每个人对于领导这一概念都有一定的认识，但对于其具体定义，却很难说得清楚。

自从领导学产生以来，很多管理学家对这一概念进行了界定，可是截至目前，人们对于领导的定义还没有统一的认识。“领导”一词既可以用作名词，也可以用作动词。作为名词的领导指的是人们通常所说的领导者，他专门执行领导活动，对下属和团队施加影响，包括正式领导和非正式领导。而作为动词的领导是专家和学者们定义和争议的焦点，它指的是一项管理活动，涉及一个过程。在这个过程中，一个人对其他人施加有意识的影响，指导一个团体或组织中的活动并建构和促进它们之间的关系。

管理故事

鹦鹉

一个人去买鹦鹉，看到一只鹦鹉前标：此鹦鹉会两门语言，售价200元。另一只鹦鹉前则标道：此鹦鹉会4门语言，售价400元。该买哪只呢？两只都毛色光鲜，非常灵活可爱。这人转啊转，拿不定主意。

结果突然发现一只老掉了牙的鹦鹉，毛色暗淡散乱，标价800元。这人赶紧将老板叫来：这只鹦鹉是不是会说8门语言？店主说：不是！

这人奇怪了：那为什么又老又丑，又没有能力，会值这个价呢？店主回答：因为另外两只鹦鹉叫这只鹦鹉老板。

这个故事告诉我们，真正的领导，不一定自己能力有多强，只要懂信任，懂放权，懂珍惜，就能团结比自己更强的力量，从而提升自己的身价。相反，许多能力非常强的人却因为过于完美主义，事必躬亲，觉得什么人都不如自己，最后只能做最好的公关人员、销售代表，成不了优秀的领导。

一些学者从人际关系角度认识领导，强调领导是一种施加影响的过程。例如，霍兰德和朱利安认为，领导是一种在两个或多个人之间存在特定的影响关系的状况。默顿等学者认为，领导是一种人际关系，在这一关系中他人服从是因为他们希望服从，而并非别无选择。洛奇和贝林认为，领导是指对一个有组织的群体施加影响，以推动其实现目标。诺恩豪斯认为，领导是一个过程，借助这一过程，某个人对一组人施加影响，从而达到某一共同目的。

有的学者则从占有资源和权力的角度界定领导。例如，本尼斯认为，领导是指领导者有权力诱导其下属按其意欲的方式行事的过程。坎贝尔认为，领导是集中资源创造渴望得到的机会的活动。伯恩斯认为，当个人运用制度的、政治的、精神的和其他的资源去激起、促使和满足追随者的动机时，就实行了领导。

也有些学者从团队的角度出发，认为领导是个人指导一个团体找到一个共同目标活动的行为，是士气的创造力和定向力，能够指导和协调群体成员的工作，同时领导者的工作在于创造使团队富有成效的条件。

此外，还有一种观点是主要强调领导者的职能和能力。例如，理查德和恩格尔认为，领导就是在能实现的事情中阐明远景、赋予价值和创造环境。豪斯等人认为，领导是个人影响、鼓动和促进其他人奉献于组织的效能和成功的能力。

尽管学者们根据各自最感兴趣的方面去定义领导，但人们能从中找出一些共有的核心要素，这些要素是学者们普遍承认的。领导的要素具体有以下四个。

（1）人际关系。领导存在于人际关系之中，单个人不能形成领导；有领导者，就有追随者。因此，只有在群体环境中才能产生和存在领导。人际关系是领导存在的前提条件。

（2）影响过程。领导是一个施加影响的过程。领导者运用各种资源和权力，通过奖惩、控制、威胁等各种手段来影响下属的士气、行为方式，最终对组织文化和目标产生影响。归根结底，影响力贯穿领导过程的始终，因为只有产生影响力，才能显示领导力，所以影响力是领导力的必要因素。

（3）特定目标。领导的目的是为了实现某一特定的目标。领导者致力于将试图获得目标的个体聚集在一起，协同工作，此时领导活动随即产生，并对团队产生影响，直至目标实现。组织目标是领导活动的指向标，也是领导活动的归宿点，即领导肯定是有目的的。

（4）组织规则。领导是在一定的组织结构中展开的，组织的存在是领导产生作用的背景。领导是要影响一组拥有共同目标的个体，这个组织可以是一个小的项目组、一个工作团队，或者是包含着完整组织结构的大型组织。换言之，组织的规模、大小、性质不一定，但它必须是拥有一定体系和规则的组织，组织结构是领导存在的重要依托。

经过上面的梳理和分析，我们把领导定义为：某一个体（团体）对组织中的个体、群体以及整个组织施加影响，以实现特定目标的互动过程。

二、领导与权力

领导是一种展现影响力的过程，而影响力往往是建立在权力的基础之上的。权力是指影响他人的潜在能力，领导需要大量地与其下属的互动，因而权力这一概念与领导有很大的关系。领导者运用权力作为实现群体或组织目标的手段。那么，领导者的权力源于何处？在组织当中有两种类型的权力：职位权力和个人权力。①

（一）职位权力

职位权力来自组织，由组织中的职位决定，随着职位变化而变化，包括法定性权力、奖赏性权力和强制性权力。

（1）法定性权力。法定性权力（legistimate power）是组织内部各种正式的或者官方明确规定的职位本身所固有的合法权力。职位是获取权力最常见的方式。不同组织成员因其职位不同，享有的法定性权力也不相同。这种权力一般表现为向下级发布命令、下达指示，组织内部的程序和规则也可直接体现这一权力。

（2）奖赏性权力。奖赏性权力（reward power）来自职位所赋予的对他人进行奖励的权力。下属愿意服从领导者的意愿或指示，因为他们相信这种服从能为其带来益处。领导者掌握下属认为有价值的报酬，对下属具有奖赏性的权力。领导者可以通过奖励来影响下属的行为，例如提薪、奖金等财务性报酬，以及晋升、认可等非财务性报酬。

（3）强制性权力。强制性权力（coercive power）与奖赏性权力相反，来自职位所赋予的实施或提议实施处罚的权力。这是一种通过负面处罚或者剥夺积极成果来影响他人的权力，建立在恐惧的基础之上。下属担心不服从领导者就要受到惩罚或者失去有价值的资源，例如批评、扣发奖金、降职甚至开除等。

（二）个人权力

与职位权力来源于外部因素不同，个人权力大多来源于个人自身，如专业知识或个性特征，包括专家性权力和参照性权力。

（1）专家性权力。专家性权力（expert power）来自个人在特殊领域的专长、技能和专业知识。随着专业分工越来越细化，促使专业知识和特殊技能也成为影响力的重要来源。职位上的领导并不一定在专家性权力上大于其下属。当然，如果领导者是真正的专家，则下属会因为领导者在该领域具有丰富的知识而遵从指示。

（2）参照性权力。参照性权力（referent power）来自个性特征所展现出的个人魅力，而不是正式的头衔或者职位。因为品质、魅力、资历等受到他人的喜欢、钦佩和崇拜时，领导者具有参照性的权力，使得他人愿意追随。

三、领导与管理

领导与管理有着千丝万缕的联系，因为领导是伴随着管理的发展而产生的。因此，领导与管理之间存在着大量的交叉和重叠，易于混淆。当管理者致力于影响和带领某个团队达成一个目标的时候，他就涉足了领导的领域；同理，当领导者从事计划、组织、人事和控制等工作时，他正是在履行管理的职能。总之，二者都会对他人或团体产生影响，都要求与人合作，从而也都包括一个达成共有目标的过程。尽管领导和管理在很多方面都极为相似，但是，

① [美]理查德·L·达夫特. 管理学（第 9 版）. 北京：清华大学出版社. 2012：522-523

二者作为两个独立的概念，还是有所不同的。进一步说，领导和管理是构成同一过程中既相互区别又相互补充的两个体系，它们有各自的特点，同时又都是在当今日趋复杂和动荡的经济条件下，组织取得成功所必不可少的组成部分。

虽然说领导与管理有很大的相似性，但对二者区别的研究与理解可能对实践更有意义。包括约翰·科特、亚伯拉罕·扎莱兹尼克等在内的许多学者对此进行了大量的研究。本书就科特和扎莱兹尼克的代表性观点进行简单介绍。

（一）科特的研究：领导与管理

约翰·科特把领导定义为通过一些不易察觉的方法，鼓动一个群体或多个群体的人们朝着某个方向和目标努力的过程。领导是率领人们并引导他们朝一定方向前进，而管理则是负责某项工作使其顺利进行。领导侧重于组织的发展，而管理则侧重于具体工作的组织实施。管理者的工作是计划与预算、组织及配置人员、控制并解决问题，其目的是建立秩序；而领导者的工作是确定方向、整合资源、激励和鼓舞员工，其目的是产生变革。领导是面向未来的，而管理是面向现在的。管理行为与领导行为的侧重点不同，如图 9-1 所示。

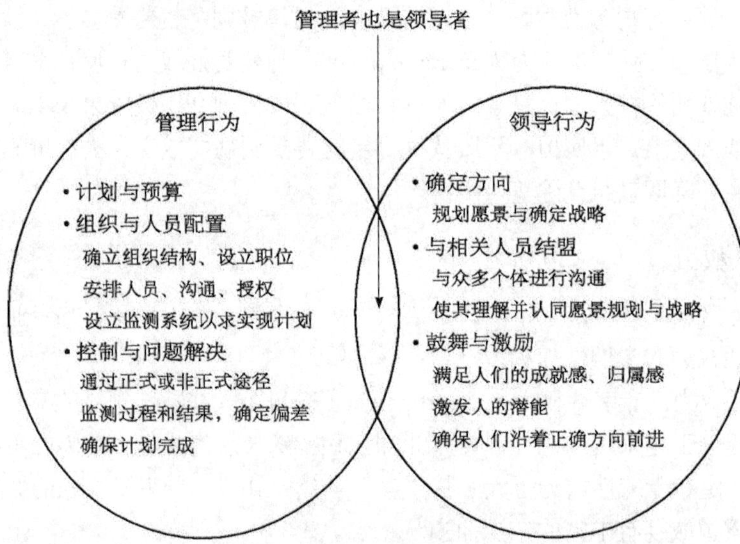

图 9-1　管理行为和领导行为的不同

具体来说，管理和领导存在以下方面的区别。

（1）议程制定方面的不同。管理由于要处理复杂的问题，因此首先要进行计划和预算，确立长期目标，然后据此设计出行动步骤和资源分配方案。管理关注的是微观方面，强调排除风险和保持稳定。相对变革而言的领导则要确立经营方向，即愿景规划，制定实现该愿景的变革战略。

（2）人员配备方面的不同。管理进行组织和人员配备，即确立组织结构，设立相应职位，挑选或培训合适的人担任各项工作，并要求其服从安排。而领导协调人员，让他们能够齐心协力地为组织的方向与目标而努力。

（3）计划执行方面的不同。管理通过控制和解决问题，即以正式或非正式的途径，检测过程和结果，确定偏差，计划并组织解决相关问题。领导则通过鼓舞和激励，即激发人们本能的但常常被忽略的需要、价值观和情感，以确保他们沿着正确的方向前进。

（4）功能的不同。管理需要去保持有序和可预见性，让组织按照既定的预期发展。相反，领导需要去关注外界环境的变化，并在组织内部促进变革。

科特认为，领导补充了管理，但不能替代管理；过强的管理与过弱的领导或过强的领导与过弱的管理都是不好的。组织存在的一个难题是，如何将强有力的领导和强有力的管理结合起来，并使其相互制衡。因此，成熟的组织同时重视优秀的领导者和优秀的管理者，并力图将这两种人纳入同一团队中。

（二）扎莱兹尼克的研究：领导者与管理者

亚伯拉罕·扎莱兹尼克认为，管理者和领导者是存在区别的两类人。管理者注重理性和控制，他们是问题解决者。成为管理者既不需要天才也不需要英雄主义，只要你坚持不懈、工作勤奋、聪明睿智，有分析能力、忍耐力和良好的愿望即可。其中最重要的是忍耐力和良好的愿望。扎莱兹尼克认为，管理者与领导者的具体不同体现在以下几方面。

（1）对目标的态度。管理者在对待管理目标时很少投入感情，他们设立目标是为了完成管理任务。管理者的目标通常源于自我需要而非欲望。但是领导者需要积极地、主动地设立目标，并以极大的热情去实现目标。

（2）工作的概念。管理者倾向于把工作当成一种促成过程，他们像外交家和斡旋人一样，利用谈判、讲价以及奖惩等手段，让观点相左的各方通过妥协接受问题的解决方案。而领导者对长期存在的问题，首先会创造性地给人们描绘出振奋人心的远景，然后才制定解决方案。在面对机遇时，领导者的个性决定他们会主动冒险，而管理者则较为保守。

（3）与他人的关系。在与其他人的关系上，管理者一方面寻求合作，另一方面又不愿过多投入感情；而领导者却能唤起人们强烈的情感。这是因为管理者关心的是如何做事，而领导者关注的是事件和决策对于参与者有何意义。为了调和出双赢的状态，管理者往往把别人的注意力转向如何做决策，而不是做什么样的决策，与下属沟通时，管理者喜用暗示而不用明示。在领导者主宰的组织中，人际关系常常显得混乱和紧张。但是这样的氛围也会鼓足人们的干劲，产生意想不到的结果。

（4）自我意识。管理者是“生而处优”（once-born），他们对所处的环境有归属感，认为自己是现有秩序的维护者和监管者，社会化赋予了他们指导组织以及平衡现有社会关系的管理能力。而领导者是“生而处艰”（twice-born），他们一直在为获得某种秩序感而奋斗，深感与所处的环境格格不入，他们希望变革并且寻求变革，自我超越的欲望推动着他们去争取心理和社会的改变。

（5）领导者的培育。扎莱兹尼克认为领导者往往具有与生俱来的领导天赋，有时在常人看来他们近乎是疯狂的。此外，领导者的成长还需要依靠特殊人物——即导师——与之建立一对一的指导关系。例如，艾森豪威尔有幸遇到了康纳将军，卡内基则得到了托马斯·斯科特的指点。而管理者往往不需要具备天赋，只要踏实肯干、努力学习，就能掌握管理技能。

拓展学习

管理者和领导者既有区别，又存在共同点。扫描右侧二维码，观看“管理者与领导者：治事与治人”视频，可以帮助读者深入理解管理者与领导者之间的关系。

四、领导理论的发展历程

对于领导的研究和总结由来已久，中外历史上出现了许多著名的领导思想与理论。我国的领导思想是与治国思想紧密相连的，自春秋战国时期起，思想家和学者纷纷研究治国之道，归根结底就是要解决中央集权的君主如何领导群臣治理国家的问题。于是，在浩瀚的历史长河中涌现出了许多杰出的领导者和丰富的领导思想。例如，孔子主张以德治国、施仁政于天下；老子认为治大国若烹小鲜，主张无为而治；韩非子主张以法为教、以吏为师；诸葛亮坚持选贤任能、人尽其用；唐太宗开创分权制度、广开言路、善于纳谏；其他经验如适当授权、讲究战略、使用权术、选拔人才、监察与考核官员等。这是我国古代文化优秀遗产的一部分，对于今天的领导者来说，具有极大的借鉴意义。

如果说中国古代的领导思想是一种艺术，那么西方的领导理论就是一种科学。西方学者因其将实证研究方法引入领导活动的研究，使西方领导研究走上了理论化、科学化、规范化的轨道。

19 世纪末，随着古典管理理论的产生以及管理实践的发展，很多学者开始关注领导研究，使领导学从管理学中分离出来，并于 20 世纪 20 年代产生了领导科学。1927—1932 年，著名的霍桑实验主要研究人际关系，其中领导和下属、领导和群体的关系是该实验的核心内容，该研究对于领导的科学研究具有开创性意义。随着时代的发展，领导理论在不断深化和拓展，先后经历了寻找有效领导者独特品质的特质理论阶段，探求有效领导行为和风格的行为理论阶段，从“情境”视角研究领导的权变理论阶段，以及反映当代组织变化的新型领导理论阶段。

19 世纪末至 20 世纪上半叶，“领导天生”这种观念居于主导地位。基于此观念的理解和影响，人们研究领导的主要方法是特质研究方法。该方法强调领导者区别于他人的特质，如个性、动机、价值和技能等，并通过经验研究对这些特质进行总结和概括，因而人们将这一阶段称为领导特质理论阶段。根据这种理论，恺撒、林肯、拿破仑和甘地，这些人们耳熟能详的名字都是与生俱来的领导者，他们天生就具有一系列促使其成为领导者的个人素质。早期的研究者相信经验研究能确认领导效能所需的品质。

20 世纪 40 年代，人们发现大量的研究和努力并没有发现能够保证领导成功的品质。领导学研究人员在当时盛行的行为科学研究方法的影响下，开始关注领导者在工作中的行为。与此同时，第二次世界大战又出现了确认和训练领导者的现实需要，因此从 20 世纪 40 年代起，对领导行为的研究开始居于主流地位，这一阶段为领导行为理论阶段。研究者关注的重点是领导者做了什么、是怎么做的，他与下属之间是什么样的关系。行为理论强调有效领导的行为决定了领导者，而不是判断什么样的人会是有效的领导者，因此任何人都可以做杰出的领导者。在这一阶段，领导研究更具有科学性、准确性和客观性，体现为描述性问卷形式的实地调查方法的广泛应用，产生了大量精细、复杂的描述性量表。

特质理论和行为理论研究的出发点和归宿都是希望找到适合于所有情境的通用领导模式，但实践证明不存在这种放之四海而皆准的领导理论，因此在领导行为理论研究的后期，一些研究人员已经开始寻求解释领导的更为复杂的方法。20 世纪 60 年代起，管理中的情境因素被应用到领导研究当中，权变方法在领导研究中盛行，这些权变因素包括下属特性、组织类型、任务特点及领导者类型等，研究者考察在不同的情境条件下领导者和其他人之间的影响过程。这一阶段被称为权变理论阶段。在这一阶段中，各种模型建构和实验研究方法非常盛行，研究力求精确可靠。

领导理论不断发展，新的理论层出不穷，在理论层面和实践层面都取得了极大的进展，著名的领导理论包括变革型领导、魅力型领导等，这些领导体现了时代感，并运用了丰富的、现代的研究方法，人们将这一阶段称为新型领导理论阶段。

第二节 领导特质理论

自从人类社会产生以来，领导活动就已存在，但真正意义上的领导科学是在 20 世纪初期伴随着对领导的实证研究而产生的。早在 20 世纪 20 年代，心理学家和管理学家就对领导的品质进行了大量的研究，希望发现领导者和非领导者在人格特点、生理属性、智力或是个人价值观方面的差异。那时有很多研究者和报纸杂志都认为，领导者和被领导者在本质上是有差异的，这些理论经过发展就形成了“伟人论”（great man theory），因为它主要关注那些公认的社会、政治、军事方面的伟人的天生禀赋和特征，认为这些特质是与生俱来的，是由遗传基因决定的，这就是领导特质理论。

一、特质理论的代表研究

所谓特质，是指一个人区别于其他人的个人特点，包括体形、外貌、年龄、性别、人格特点、价值观及社会交往能力等。虽然关于领导特质的研究很多，但对特质理论贡献最大的是斯托格迪尔，他是第一位对领导特质进行系统总结的研究者。他分别在 1948 年和 1974 年进行了两次全面的调查。在第一项调查中，他分析了 1904—1947 年完成的 124 种特质研究，并鉴别出了八种重要的领导特质，这八种特质是关于不同群体里的个人如何成为领导的。在第二项调查中，他分析了 1948—1970 年完成的 163 种特质研究，从而总结出九种重要的领导特质。通过对每一个观点的仔细研究，他就个性如何促进领导有效性勾勒出了一幅更加清晰的画面。①

特质理论的其他主要贡献者还有洛德（Lord）、柯克帕特里克（Kirkpatrick）和洛克（Locke）、鲍莫尔（Banmal）等，他们也都分别采用不同的研究方法，提出了一些与领导力相关的特质。正如表 9-1 所总结的，他们基本上概括了特质理论确定的领导特质。根据相关的理论和研究，学者们提取了 6 项对领导者来说比较重要的特质，分别是领导愿望、洞察力、自信、诚实与正直、才智和工作相关知识。

（1）领导愿望。根据麦克利兰的成就需要理论，领导者都具有较强的权力动机，所以他们有强烈的愿望想要去影响、说服和帮助他人，而且他们乐于承担责任。

（2）洞察力。与管理者不同，领导者是相对于变革而言的，他们的主要任务是发动并引导组织变革，因此他们必须具有较强的洞察组织内外部环境的能力，才能抓住机遇、规避风险、发挥优势、弥补劣势，从而带领整个团队不断发展。同时，领导者还要有自我意识和对他人需求的敏感体察，以使他们看清楚那些可能被忽视的细节，并且对未来的发展趋势有更准确的判断。

① [美]彼得·诺思豪斯. 卓越领导力：十种经典领导模式. 北京：中国轻工业出版社，2003：11-13.

（3）自信。领导者要对自己做出的判断、决定、观点以及个人能力有信心。一个自信的领导者会受到下属的尊敬和敬仰，能让下属相信自己的目标和决策是正确的，从而使他们更好地完成任务。

（4）诚实与正直。领导者通过真诚无欺和言行一致，博得下属的钦佩和忠诚，从而在彼此之间建立起相互信任的关系。尤其在当今社会，诚实、正直更是人们减少怀疑、互相信任的基础。

（5）才智。领导者需要具备足够的才智来收集、整理和解释大量信息，并能够确立目标、解决问题和做出正确决策。

（6）工作相关知识。领导者不仅要具有一般的知识，还要精通专业领域。有效的领导者对有关组织、行业和技术的知识十分熟悉，广博的知识能够使他们做出睿智的决策，并能够认识到这些决策的意义。①

表 9-1 与领导力有关的特质

斯托格迪尔（1948 年）	斯托格迪尔（1974 年）	洛克和柯克帕特里克	鲍莫尔
才智	成就	内在驱动力	合作精神
机敏	韧性	领导愿望	决策才能
洞察力	洞察力	诚实与正直	组织能力
责任感	主动性	自信	恰当授权
主动性	自信心	智慧	应变能力
韧性	责任感	工作相关知识	责任感
自信心	协调能力		创新力
社交能力	宽容		风险承受力
	影响力		尊重他人意见

二、特质理论小结

作为最早出现的经典领导理论，特质理论还是有其自身优势的。因为在社会舆论中，领导者一般都被描述为天赋异禀、行事不凡的人。特质理论正与这种观念相辅，因为它就是建立在领导者与众不同的基础上，而领导者之所以与众不同正是由于他们所拥有的特质。另外，特质理论为领导者的选拔提供了一些标准。它告诉我们成功的领导者应该具备的特质，以此为依据，我们就可以鉴别出具有什么样特征的人可能成为优秀的领导者，从而提高了人力资源招聘甄选环节上的准确性。

当然特质理论也有一些不足之处。例如，特质理论没有考虑情境因素，正如斯托格迪尔所说的：多样化情境中不存在某一套特定特质能够区分领导者和非领导者。在某些情境下可以成功的人拥有的特质在其他情境中并不一定见效。同时，该理论在原因和结果的区分方面还没有足够的证据。换言之，是某些特质导致了有效的领导，还是工作的成功导致了领导者表现出某些特质呢？关于特质理论的许多“最重要”的领导力都只是非常主观的判断。因为在特质上的发现广泛而多元，所以对于这些数据的意义解释就富有很浓的主观色彩。对领导特质的研究，并没能验证出与领导结果相关的个性特征。它强调特质区分，却没有指出领导

① [美]斯蒂芬·P·罗宾斯，玛丽·库尔特. 管理学（第 11 版）. 北京：中国人民大学出版社，2012：445.

特质如何影响团队成员及其工作。研究者过分关注特质与领导者之间的联系，却未曾尝试将这些特质与其他结果（如生产力或员工满意度）相联系。

正是因为特质理论存在的这些局限性，研究者们逐渐转移注意力。到20世纪40年代末，有关领导特质的研究已不再占据主导地位，领导理论开始偏向对领导者行为的考察，领导行为理论便应运而生。

第三节　领导行为理论

由于特质理论的局限性，研究者将关注点转到对领导行为的研究上，希望它能为有效领导提供更好的解释。行为理论认为任何人只要采取恰当的行为方式，都可以成为有效的领导者。因此，它主要关注领导者做什么和如何做，并致力于揭示：是领导者的行为方式而不是他们的个性特征使其成为一个领导者。相对于特质理论来说，行为方式更容易习得，从而使任何人都能成为一个有效的领导者。20世纪40年代末至60年代中期，行为理论在西方的领导理论研究领域一直占据主导地位。自60年代开始，亚洲的研究者也开始关注领导研究，并提出了一些在学术界比较有影响力的行为理论。

一、艾奥瓦大学的研究

关于领导行为的研究最早是由艾奥瓦大学的库尔特·勒温和他的同事进行的，他们主要探讨了三种领导风格，分别是独裁型风格、民主型风格和放任型风格。独裁型风格（autocratic style）即指领导者的独裁作风，这种风格的领导者倾向于把所有的权力集于一身，以命令方式向下属分配工作，单向做出决策，限制员工参与。民主型风格（democratic style）的领导者倾向于把权力下放给其他人，鼓励员工参与相关工作方法及目标的决策，依靠员工的知识来完成工作，并给予员工充分及时的反馈。放任型风格（laissez-faire style）的领导者给予员工充分的自由，让他们自己做决策，按照员工认为合适的方式去完成工作。

早期的研究结果显示，民主型风格的领导能实现群体的高生产率和高员工满意度，更有助于产生良好的工作质量和工作数量，这或许能部分解释为什么现在授权管理成为一种管理潮流。但这还不足以证明民主型就是最有效的领导风格，后来对独裁型风格的研究又显示出另一种结果：在影响群体绩效方面，独裁型风格不如民主型效果好，但另一些时候，独裁型风格带来的绩效会更好或者二者没有差别；而且，在员工满意度方面，两种领导风格的效果更趋于一致。但总体来看，在民主型领导者所领导的团队中，员工拥有更高的满意度。

其实领导者集权和分权的程度与他们所处的环境有很大关系，因此领导者应当适当调整他们的行为，使之与环境相适应。例如，如果时间很紧张或是下属需很长时间才能学会决策，这时独裁型风格比较合适；反之，则适用民主型风格。或者决策所需的能力较高，下属很难达到这种专业水平时，领导者倾向于独裁，而民主型风格在下属能力较强时较为实用。

二、俄亥俄大学的研究

1945年，俄亥俄大学的研究者进行了一个建立领导者行为维度的研究。他们把一份包含

1800 多项领导行为的列表缩减成一份仅包含 150 个确定的领导者行为的调查文件，建立了领导者行为描述调查表（leader behavior description questionnaire，LBDQ），成百上千的员工根据其上司的领导行为回答了这份问卷。

根据问卷中员工对领导者的反馈信息，研究者将领导行为分为两个维度：结构维度和关怀维度。结构维度是指领导者完全以工作为首，为了实现组织目标，领导下属积极工作。此种领导行为一般包括制定计划、界定任务关系、制定详细的时间表和严格的管理流程。关怀维度是指领导者在工作中关心下属，尊重他们的想法和情感，并与下属建立相互信任的关系。关怀型的领导行为包括认可下属，帮助他们解决问题，关心他们的生活、健康及满意程度，在决策时参考下属的意见等。

根据这两个维度，可以将领导风格分为 4 种类型，因为是以 4 分图的形式来表示的，所以它又被称为“四分图理论”，如图 9-2 所示。

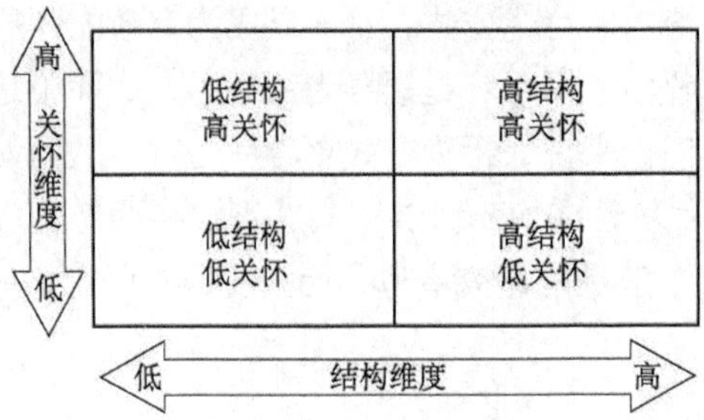

图 9-2　四分图理论

此项研究发现，高结构-高关怀型领导行为，一般会产生比较积极的效果，员工表现出更高的绩效和满意度；而其他三种组合类型，则普遍表现出较多的缺勤、抱怨、事故及离职。不过双高的领导类型也不是总能产生正面效应，研究发现还有许多例外的情况需要考虑情境因素。

三、密歇根大学的研究

密歇根大学的研究与俄亥俄大学的研究同期进行，性质相似，都是想要确定与高工作绩效相关的领导者行为特点，但采用的却是截然不同的方法。他们直接把有效的和无效的领导者进行比较，根据其追随者的工作能力来判断领导行为是否有效。他们采用不同于 LBDQ 的调查问卷对各种工作岗位进行调查，这种调查问卷被称为组织调查问卷（survey of organization）。

经过分析，研究者认为领导行为有两种类型：员工导向型（employee-oriented）和生产导向型（production-oriented）。员工导向型的领导者重视人际关系，关注员工的个性价值，关心下属的个人需求。领导者的支持和相互的促进是员工导向型领导的两个因素。它与俄亥俄大学的关怀维度比较相似。生产导向型的领导者强调工作的技术或任务层面，主要关注工作的完成情况，把群体成员视为达到目标的手段和工具。强调目标和促进工作是这种领导类型的两个因素。因为关注目标的实现和任务的完成，所以生产导向与俄亥俄大学的结构维度比较类似。

与俄亥俄大学的研究不同的是，密歇根大学的研究认为员工导向和生产导向是两种完全对立的领导模式。一个领导者只可能是其中之一，而不可能二者兼具。密歇根大学的研究比较认同员工导向的领导类型，认为这种类型与高群体生产率和高工作满意度相关。然而后来的一项研究表明，追随者也同样可以强调目标、促进工作、相互支持，这并非领导者的专利，所以组织中的其他人也可以提高组织的工作绩效。

四、管理方格理论

得克萨斯州立大学的罗伯特·布莱克和简·莫顿在俄亥俄大学和密歇根大学研究的基础上提出了一个二维的管理方格理论。研究者通过“关心人”和“关心生产”两个标准对领导者进行了划分，并结合于一个坐标图中，横轴代表关心生产，纵轴代表关心人。每个轴分为9个刻度，这样共分成81个小方格，代表着81种不同结合的领导方式，如图9-3所示。在此基础上，布莱克和莫顿着重分析了以下5种经典领导类型。

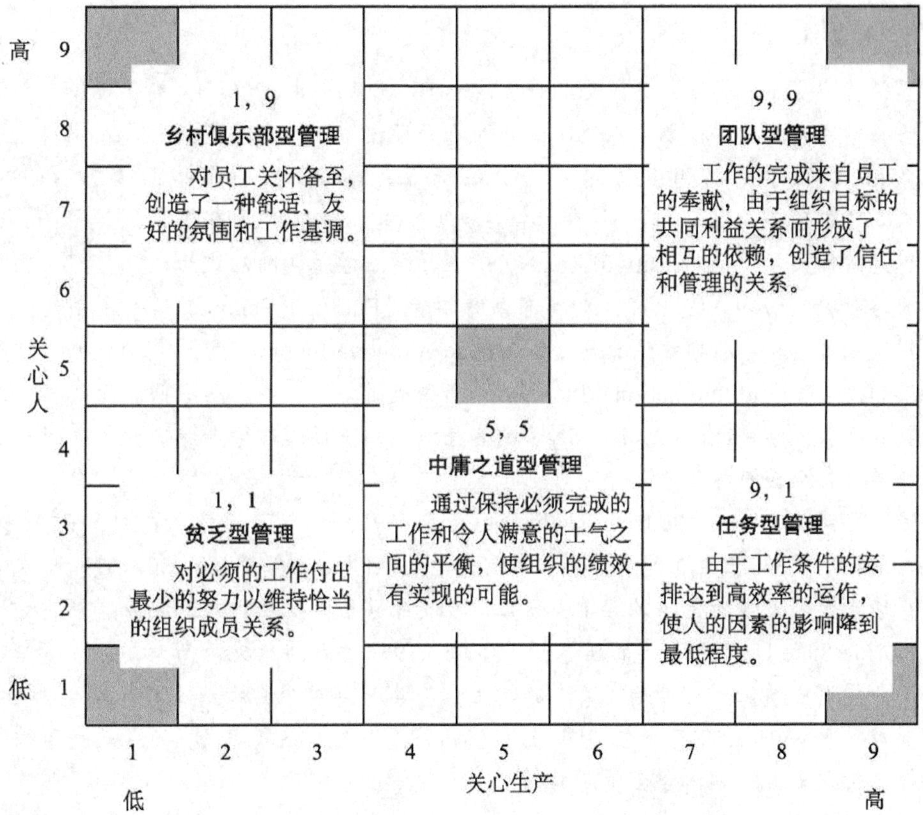

图9-3　管理方格图

贫乏型管理（impoverished management）（1，1）。这种类型的领导者不关心人，也不关心生产，为了完成要求的任务而进行最小的努力，这种努力正好可以维持组织的存在。

任务型管理（authority management）（9，1）。这种类型的领导者强调任务和工作要求，认为员工就是完成工作的工具，以将人员因素的干扰降到最低程度为原则来安排工作，从而实现高效率。

中庸之道型管理（middle-of-the-road management）（5，5）。这种模式描述的是折中主义者的行为模式。他们把员工的士气维持在一个令人满意的水平上，同时为平衡起见，采取恰当的组织行为来使工作得以完成。

乡村俱乐部型管理（country club management）（1，9）。此种类型的领导者重视员工的态度和情感，渴望被认可、被拥戴，不将自己的意志强加于人，给予员工较多的赞扬，营造一种舒适友好的组织环境和工作氛围。

团队型管理（team management）（9，9）。这种类型的领导者既强调任务导向，又重视人际关系。这类领导者善于将组织需求和个人需求结合起来，促成组织内高度的团队合作和参与，使员工积极、高效地完成生产任务。

在这五种领导类型中，团队型管理被认为是效果最佳的。但是美中不足的是，管理方格理论只是为领导行为提供了一个基本的框架，却没有指出实现有效领导的具体行动步骤，而且也没有研究证明团队型管理在所有情境中都是最有效的。

人物谱

罗伯特·罗杰斯·布莱克（Robert Rogers Blake，1918—2004），美国行为科学家，管理方格创始人之一，出生在马萨诸塞州的布鲁克莱恩（Brookline）。他于 1940 年获得贝利学院学士学位；1941 年获得弗吉尼亚大学心理学硕士学位。“二战”期间曾在美国空军服役 3 年，1947 年拿到德克萨斯大学（University of Texas）心理学博士学位，随后成为该校心理学教授。1949—1950 年成为富布莱特学者（Fulbright Scholar），1951 年起任德克萨斯州奥斯汀市社会科学方法公司（Scientific Methods Inc.）总裁。1997 年把公司卖给方格国际公司（Grid International Inc.）后，布莱克继续担任该公司顾问。除此之外，他还是英国利兹大学（Leeds University）的客座教授，美国心理学会特别会员，国际应用社会科学家协会会员等。

简·思莱格雷·默顿（Jane Srygley Mouton，1930—1987），管理方格理论创始人之一，出生在德克萨斯州的阿瑟港（Port Arthur）。莫顿 1950 年获得德克萨斯大学的数学教育学士学位，1951 年获得佛罗里达州立大学（Florida State University）的理学硕士学位，1957 年获得德克萨斯大学的心理学博士学位。她曾是布莱克的学生，与其一同创办了社会科学方法公司，并从 1961 年开始任公司副总裁，1982 年成为公司总裁。她也是美国科学促进协会会员与美国心理学会会员。

二者著有《管理方格》（The Managerial Grid，1964）、《万能管理者：管理方格轮廓》（The Versatile Manager：A Grid Profile，1980）、《教育行政方格》（The Academic Administrator Grid，1981）与《秘书方格》（The Secretary Grid，1983）等著作。

五、家长式领导

家长式领导是基于中国传统文化而有别于西方领导理论的本土领导理论，广泛存在于各种类型的华人组织中，是中华文化下组织的普遍特征。

许多学者，如斯林（Silin）、莱丁（Redding）、韦斯特伍德等都对家长式领导的形成贡献颇多，但目前最为深入和被广泛接受的是我国台湾大学郑伯壎等人提出的家长式领导三元理论。1995 年郑伯壎提出了家长式领导二元理论，即家长式领导包含两方面的行为类型：立威与施恩。后来，郑伯壎、庄仲仁在研究军队基层领导行为效能时发现，品德也是领导的一个重要方面。据此，2000 年，郑伯壎提出家长式领导除了立威与施恩两个维度外，还应该包括德行这一维度，最终形成了广为人知的家长式领导的三元理论。

他们把家长式领导定义为：在一种人治的氛围下，显现出严明的纪律与权威、父亲般的仁慈及道德的廉洁性的领导方式。由其定义可见，家长式领导包含三个维度，即权威领导、仁慈领导和德行领导，与其相对应的员工行为包括敬畏顺从、感恩图报和认同效法。权威领导包括专权作风、贬损部属能力、形象整饰与教诲行为，这种领导行为会导致下属对领导者的依赖和顺从；仁慈领导包括个别照顾和维护下属面子，这种领导行为的效果是下属对领导者的感恩和图报；德行领导包括公私分明、以身作则，带来的结果是下属对领导者的尊敬和认同。

领导和下属行为的这种对应关系体现了一个基本的假设，即家长式领导的有效性建立在领导者和部属对自己角色的认同以及下属的追随之上，否则将降低领导有效性，破坏和谐的人际关系，甚至导致公开的冲突。

家长式领导具有浓厚的人治色彩，并不是对所有部属都一视同仁，而是按照差序格局区分为自己人和外人，分类标准有三条：① 关系，即是否与领导有社会连带关系，比如亲戚、同乡、同学等；② 忠诚，部属服从甚至愿意为领导牺牲个人利益的程度；③ 才能，员工完成组织或领导所指示的目标的胜任能力与动机。根据这三个标准可以把员工细分为 8 种类型，员工一旦被归于某一类就不易改变。领导者对自己人较少权威领导而较多仁慈领导，对外人则相反。其中，忠诚是分类的核心，其次是才能，而关系仅仅是分类的基础，排在最后。①

研究者们都认为家长式领导对于组织或团队的效能拥有独特的解释力，但在是否优于西方的领导理论（比如变革型领导、交易型领导）上存在分歧。总的说来，在中华文化的情境中，家长式领导对于组织、团队的领导效能具有不可忽视的解释力和预测作用。

六、行为理论小结

本节介绍了五种被广泛认可的行为理论，从特质理论到行为理论，从西方宽泛的行为理论到融入文化、地理和民族因素的行为理论，共同推进着领导理论的发展，为我们提供了一个较为全面通用的评价领导者行为的途径。

行为理论有利于更好地理解领导过程。首先，行为领导理论是对领导理论的一次重大突破。在此之前的研究都摆脱不了领导特质的局限，认为领导力来自领导者的个性特征，而行为理论将视野扩展到对领导者的行为和行为方式的研究上来。大量关于领导行为的研究验证了领导行为和群体绩效之间的相关性。这在上面的各种理论中都有体现。行为理论与特质理论的另一个不同在于，它认为卓有成效的领导是可以学会的。领导者可以通过校正自己的行为来改进领导效果，这也是它被青睐的原因所在。从两个维度——任务导向和关系导向——来研究领导行为，是行为理论的又一创新。成为一名高效领导者的关键就在于如何正确平衡这两种行为，二者共同构成了领导过程的核心内容。

行为理论本身也存在着难以避免的不足。和特质理论一样，行为理论也没有找到一个可以在所有情境中通用的行为模式。有关领导行为的研究不足以说明领导者的行为和员工的相应表现是如何联系在一起的。正如尤科所说的："这么多研究，其努力的结果大都是矛盾而无结论性的。"行为理论认为最有效的领导类型是"高-高模式"，即高任务导向和高关系导向的模式。而实际上，它并不是在所有情境中都最有效，而只是在某些前提条件下才能够成功。

① 周浩，龙立荣. 恩威并施，以德服人——家长式领导研究述评[J]. 心理科学进展. 2005（2）.

因为不同的情境要求领导者采取不同的领导行为。

由于特质理论和行为理论存在的缺陷，尤其是在情境方面的缺陷，研究者们开始了对情境的关注，这就是我们接下来要介绍的领导权变理论。

第四节　领导权变理论

特质理论和行为理论的研究者们一直在试图找到一种通用的领导特质或行为，它能适用于所有情境。然而，实践告诉我们，同一种领导模式在不同的环境下，可能会产生截然不同的领导效果。于是，研究者新的研究主题转向领导行为所处的外部环境，他们认为领导模式的有效性会受到领导行为发生时的外部环境的影响，这些理论解释了特定环境中领导模式与有效性的关系，被称为权变理论。

一、菲德勒模型

弗雷德·菲德勒是第一个把人格测量与情境分类联系起来研究领导有效性的学者。他从1951年开始，经过15年的调查研究提出了一个“有效领导的权变模式”（contingency model of leadership effectiveness），即菲德勒模型，如图9-4所示。之所以被称为权变模式，是因为它认为领导者的效率取决于其领导风格与情境相配合的程度。为了把握领导者的绩效，对他们所处的工作情境的了解是很必要的。

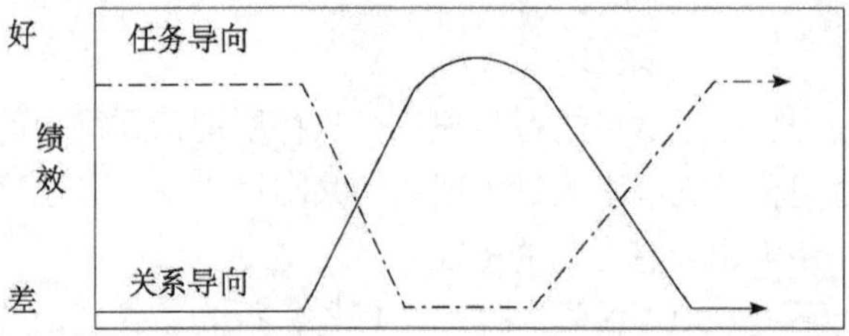

	有利			中等			不利	
领导者-成员关系	好	好	好	好	差	差	差	差
任务结构	高	高	低	低	高	高	低	低
职位权力	强	弱	强	弱	强	弱	强	弱

图9-4　菲德勒模型

（一）领导风格

菲德勒认同关系导向和任务导向的领导风格划分标准，任务导向的领导者主要关心任务的完成情况，而关系导向的领导者更注重发展亲密的人际关系。他设计了一套最难共事者（least preferred co-worker questionnaire，LPC）问卷，用来测量领导者是任务导向还是关系导向的。LPC问卷要求用16组反义词，按照1～8等级来描绘一个觉得最不容易与之共事的人。

在LPC问卷回答中得分较高的领导者，他们用积极的词汇描绘最难共事者，属于关系导向型，他们的满足感来自与他人的和睦相处——人际关系，即使在自己最不愿合作的同事身上也能找到积极的因素。得分较低者对最难共事者的描述较为消极，属于任务导向型，他们把完成任务作为首要目标，而人际关系次之，注重的是完成被指派的任务，甚至不惜牺牲与他人少得可怜的人际交往。

（二）情境变量

菲德勒认为影响领导有效性的情境变量有三种：领导者—成员关系（leader-member relations）、任务结构（task structure）和职位权力（position power）。领导者—成员关系，指的是团队氛围以及员工对领导者的信任、尊敬程度。任务结构是指任务的清晰程度（结构化或非结构化）。完全结构化的任务使得领导者有更多的控制权，而模糊的任务将减弱领导者的控制力和影响力。职位权力即领导者奖励和惩罚员工的权力，它是个人在组织中因获得某个职位而获得的合法权力，包括雇用、解雇、晋升、加薪和处罚等。

这三个因素共同决定了组织中各种情境的“有利”程度。最有利的情况是领导者-成员关系良好、任务清晰明确、职位权力强有力；而最不利的情境是领导者-成员关系不好、任务模糊不清、领导者职权较弱。根据三种情境变量的综合搭配，我们可以总结出八种潜在的情境类型，而每个领导者都能从中找到适合自己的情境。

（三）领导风格和情境的匹配

在分析了领导风格和情境因素的基础之上，菲德勒发现了下述情况：当情境因素十分有利或十分不利时，任务导向的领导者会更加有效；而当情境因素适中时，关系导向的领导者工作效果更好。后来，根据控制程度，菲德勒又把八种情境类型缩减为高、中、低三种，在高控制和低控制的情境中，任务导向的领导者干得更好，而关系导向的领导者在中等控制的情境中更有效。

要正确运用菲德勒的权力理论，领导者首先应该明白两件事情：第一，自己属于哪种领导风格，即是倾向任务导向还是关系导向；第二，领导者要学会分析情境因素，了解领导者-成员关系、任务结构和职位权力是否有利于自己的领导。然后选择恰当的情境以与自己的领导风格相匹配。菲德勒认为领导风格无法改变，所以实现有效领导的途径只有两个：改变情境或更换领导。

关于菲德勒模型的总体效度的研究很多，大部分得出了积极的结果。然而，该模型还是存在一些不足，需要再增加变量以改进和弥补。而且，菲德勒的假设——领导者的风格固定不变——与实际不符，现实中的有效领导者完全可以根据环境的需要改变自己的风格。在实际应用时，由于这些权变变量过于复杂导致领导者评估起来难度较大，即他们难以确定领导者-成员关系有多好，任务结构的清晰度有多高，以及领导者的职权有多大。不过总的说来，有效领导风格需要考虑菲德勒模型中的情境因素的影响。

二、情境领导理论

在管理和领导领域中，另一种更为人们所广泛认可的领导模型是情境领导理论，它是1969年由保罗·赫塞和肯·布兰查德在雷丁（Reddin）的三维管理模式理论的基础上提出的，后来又历经了多次的修订和完善。而今，这一方法被广泛地运用于美国的组织发展和领导力培训中。

顾名思义，情境理论关注的是特定情境中的领导力问题，认为领导行为应根据不同的情境而有所不同。由此可知，领导者要想卓有成效，就要根据不同的情境变换自己的领导模式。这一点与菲德勒模型截然相反，因为菲德勒认为领导者的领导风格不可改变。

与菲德勒模型相似的是情境理论，也认为领导风格由两个要素组成：任务导向（指导维度）和关系导向（支持维度），其含义与菲德勒模型也基本一致，这两者必须在既定情境中协调运用。因此，领导者要想确定特定情境中所需的领导模式，就必须对下属进行评估，了解他们完成任务的能力和投入程度。然后根据下属的能力和意愿随时间变化的特点，领导者应不断调整自己的指导维度和支持维度。简言之，情境理论的本质在于领导者的行为要与下属的能力和责任心相适应。要成为卓越的领导者，就必须了解下属的需要并随其变化来调整自身的领导行为。

1985 年，布兰查德和他的同事改进并扩展了先前的情境理论，建立了情境领导模型，如图 9-5 所示。将此模型划分为两个部分——领导风格和下属的成熟度，之后，就能清楚地解释情境领导的内在驱动力。

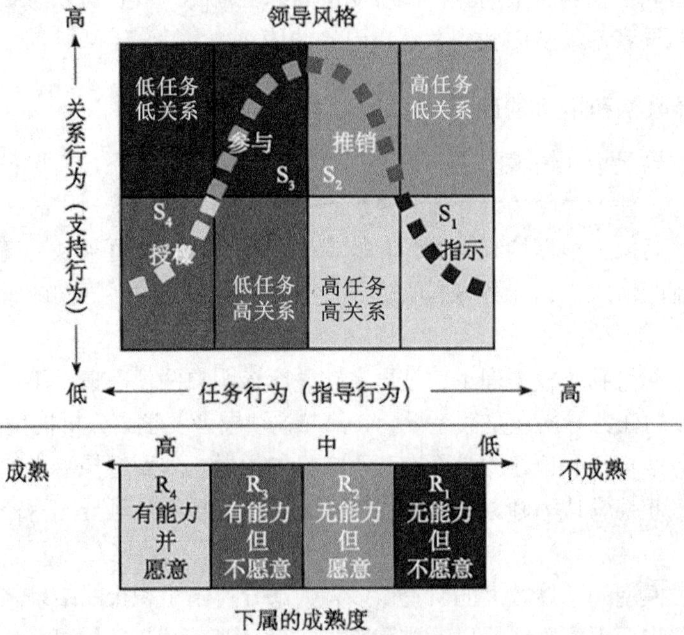

图 9-5　情境领导模型

虽然情境领导理论同样将领导风格分为任务导向和关系导向两个维度，但与菲德勒模型不同的是赫塞和布兰查德又向前迈进了一步，他们认为每个维度都有高低之分，交叉组合为四种领导风格。

（1）指示（高任务低关系）。这是一种指令性很强的领导模式，领导者把交流的重点放在目标的达成上，他们通常先向下属指出什么是目标以及如何才能达成目标，然后对其工作进行认真的监管。

（2）推销（高任务高关系）。这时领导者既重视目标的达成，又关注员工的社会情感需要。领导者和下属通过双向沟通的方式，相互交流信息，相互支持。但这种模式仍要求领导者自已决定团队的目标，并完成策划方案。

（3）参与（低任务高关系）。此种模式下，领导者通过自己的支持行为来促进员工提高工作技能，激发其工作热情，并与下属共同决策，领导者的主要角色是提供便利条件和沟通渠道。

（4）授权（低任务低关系）。领导者充分信任并完全授权下属，极少提供指导行为和支持行为。

情境理论着重研究下属的成熟度，将其作为一个重要的权变变量包含于情境因素中，从而成为考察领导行为有效性的重要因素之一。所谓下属成熟度，是指员工对给定的任务所具有的能力和意愿。即员工是否掌握了完成特定任务的技能，以及是否对这项任务充满兴趣。

根据下属完成任务的能力和意愿的不同组合，我们可以将下属的成熟度分为 4 类：

R_1 指员工没有能力也不愿意承担某项工作任务；

R_2 指员工愿意承担任务，但是缺乏完成任务的能力；

R_3 指员工有能力完成工作任务，但却不愿意从事此项工作；

R_4 指员工既有能力又有兴趣来完成某项任务。

情境理论要求领导者针对下属成熟度的不同，选择不同的领导风格。即首先要判断出下属完成任务的能力和意愿如何，然后据此来调整自身的领导模式。如图 9-5 所示，对于低成熟度的下属（R_1），给予指示式领导；对于中等成熟度的下属（R_2、R_3），分别提供推销式和参与式领导；而对于高成熟度的下属（R_4），领导者只要给予充分的授权和高度的信任即可。

情境领导理论赢得了很多支持，它直观易懂，可以很方便地运用于不同的情境中，同时它经受住了实践的考验，被广泛应用于许多大型组织的培训课程之中，被视为训练员工成为高效领导者的可信模型。而且情境领导理论相较大多数描述性的领导理论具有指导性，它告诉人们在具体某种情况下该做什么、不该做什么。但由于没有足够的研究来检验情境理论的前提假设，因而引发了人们对整个情境领导理论基础的质疑。此外研究者也没有清楚说明下属完成任务的能力和意愿二者之间是如何作用而产生四种不同的成熟度的。总之，全面了解情境理论能够帮助人们在实际运用中扬长避短。

三、领导者-成员交换理论

在关于领导理论的研究中，研究者们将领导行为假设为领导者对其所有下属所做的事情。也就是说，领导者将全体员工视为一个整体，以同样的方式对他们实施领导。然而，现实真的如此吗？领导者是一视同仁的吗？领导者-成员交换理论就对此提出了疑问，并将研究者的注意力吸引到一些可能存在于领导者和其下属之间的差异上。

领导者-成员交换理论（leader-member exchange theory），简称 LMX 理论，是由格雷恩（Graen）和丹赛劳乌（Dansereau）在 1975 年首次提出的，在此之前对领导行为的研究主要聚焦于领导者，通过发掘和检验领导者特定的行为以及其与个体、群体和组织绩效的关系来解释领导行为。这就存在一个基本假设：领导者以同样的方式对待所有的组织成员。而格雷恩等人认为应该把研究的焦点转移到领导与下属的相互关系上，因为，领导者与不同的下属会有远近亲疏的交换关系。

LMX 理论指出，由于时间和精力有限，领导者在工作中要区分不同的下属，对他们采用不同的管理风格，从而与不同的下属建立起不同类型的关系。其中，领导和一部分下属建立了特殊的关系，这些下属会得到更多信任和关照，可能享有特权，如工作更有自主性、灵活性，有更多的升迁机会与报酬等，这些下属就属于“圈内下属”（in-group member）；其余下属就成为“圈外下属”（out-group member），这些员工占用领导的时间较少，获得奖励的机会也较少，他们的领导-下属关系局限在正式的工作关系范围内。实证研究也表明，圈内和圈外下属的现象在组织环境中是确实存在的。

LMX 理论的提出基于垂直对偶联结（vertical dyad linkage，VDL）理论，它明确地阐述了“一对一垂直对偶”的领导-下属对应关系。VDL 理论在最初形成时就认为这种领导-下属对应关系是在一种垂直对偶的关系上发生的，即一个上级领导对应一个下属。垂直对偶联结模式认为，由于组织目标是通过组织中的各种不同角色来实现的，因此成员在实现组织目标的过程中扮演什么角色，是由他与上级领导之间的人际交换关系来决定的。由于组织资源及领导者时间有限，组织中就会形成以领导者为中心的非正式团体（圈内/圈外）。圈内下属比圈外下属承担的非正式角色更多，获得的资源和回报也更多。由此可见，在垂直对偶联结模式下，领导者与下属之间的交换行为已从原来工作契约所规定的经济交换（economic exchange）行为，转变为既有经济交换行为又有社会交换（social exchange）行为的复杂互动关系。LMX 理论正是在领导行为垂直对偶联结模式的基础上发展起来的。[①]

有关 LMX 理论功效的研究基本上都得出了积极的结果。领导和下属之间的 LMX 质量与绩效和员工满意度等密切相关。较高的 LMX 质量可以导致较高的自我效能评价、员工的组织认同感和团队目标的达成；LMX 质量越高、领导与下属的相互作用越积极，下属对于工作本身、工作机会、领导和组织环境等因素的满意度就越高。不过，最近有研究对 LMX 理论的有效性提出了质疑，如高质量的 LMX 并不一定带来高的组织绩效，二者有时也可能是负向相关的。因此，LMX 这个相对较新的理论，还有待研究者们不断地检验与完善。

四、路径-目标理论

罗伯特·豪斯于 1971 年提出了路径-目标理论，1974 年罗伯特·豪斯和特伦斯·米切尔出版了《路径-目标领导理论》一书以完善该理论，1996 年豪斯对该理论进行了补充。路径-目标理论强调要通过激发员工的动机，以提高员工的绩效和满意度。该理论认为，领导者应采用特定的措施，帮助下属通过一定的路径来实现目标。领导者所选择的措施应适合下属的需要和下属工作的环境。通过选择恰当的领导风格，领导者可以提高下属对成功的期望和满意度。

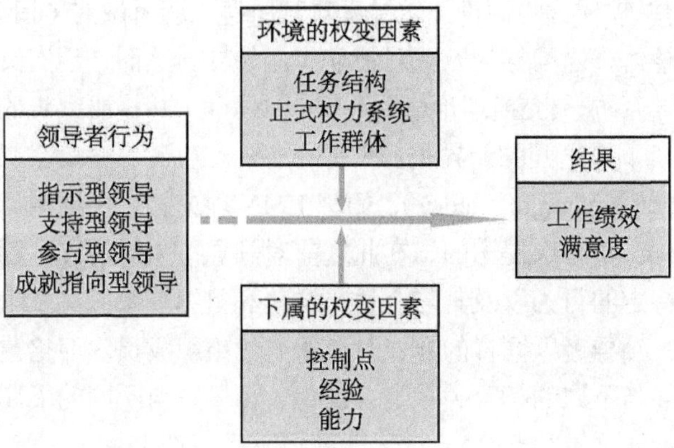

图 9-6　路径-目标理论

不同类型的领导行为对下属的动机有不同的影响。某一领导行为对下属是否有激励作用，取决于下属特征和环境因素，如图 9-6 所示。

① 王雁飞，朱瑜. 组织领导与成员交换理论研究现状与展望[J]. 外国经济与管理. 2006（1）

（一）领导者行为

路径-目标理论提出了四种不同类型的领导行为。

第一，指示型领导（directive leadership）：领导对下属需要完成的任务进行说明，包括对他们有什么希望，如何完成任务，完成任务的时间限制。指示型领导为下属制订了明确的工作标准，并将规章制度向下属讲得清清楚楚。

第二，支持型领导（supportive leadership）：领导对下属的态度是友好的、可接近的，他们关注下属的福利和需要，平等地对待下属，尊重下属的地位。

第三，参与型领导（participative leadership）：领导邀请下属一起参与决策。参与型领导能同下属进行探讨，征求他们的想法和意见，将他们的建议融入到团体或组织将要执行的那些决策中去。

第四，成就指向型领导（achievement-oriented leadership）：领导鼓励下属将工作做到尽量高的水平。这种领导为下属制定的工作标准很高，寻求不断改进工作。除了对下属期望很高，成就导向型领导还非常信任下属的能力，相信下属有能力制定并完成具有挑战性的目标。

路径-目标理论认为，在不同的情境中对不同的下属要选用不同的领导风格。领导风格应该适合于下属的动机性需要。例如，如果下属在任务的某一方面需要参与型领导行为，而在另一方面需要指示型领导行为，领导者就要根据下属的需要不断变换领导风格。不同的情境可能需要有不同的领导行为类型。而且，可能会出现这样的情形：领导者可以将两种以上的领导风格结合在一起，使用综合的领导风格。

（二）下属的权变因素

路径-目标理论认为，具有强烈归属需要的下属喜欢支持型领导，因为友好的和关心人的领导行为是满意的来源。对于需要在不确定情境中工作的教条的和权力主义的下属，路径-目标理论建议采用指示型领导行为，因为指示型领导提供了明晰的任务。指示型领导帮助下属澄清实现目标的路径，减少目标模糊不清的程度。当领导者在工作情境中提供很强烈的确定感时，权力主义类型的人会感到更舒适。

个性结构可以分为内、外控制的维度，下属对控制的需要在路径-目标理论研究中受到了特别的关注。内在控制型（internal locus of control）的下属相信他们控制着自身生活中发生的事情，而外在控制型（external locus of control）的下属相信机会、命运或者外在的力量是生活事件的决定因素。路径-目标理论认为，对于内在控制型的下属，参与型领导是最令人满意的，因其使下属感到他们控制着自己的工作，并且是决策过程的必要的组成部分。对于外在控制型的下属，路径-目标理论建议，指示型领导是最佳的，因其与下属的感觉相一致，即外在的力量控制着他们的情况。

领导影响下属动机的另一种方式是下属对自己从事特定工作的能力的知觉。当下属对自己的才能和能力的知觉上升时，对指示型领导的需要就下降。实际上，当下属感到有能力完成自己的工作时，指示型领导在情境控制方面就变成多余的了。

（三）环境的权变因素

环境的权变因素包括下属的任务结构、组织的正式权力系统、下属工作群体，这些特征共同对下属起激励作用。当情境提供了明确的具有结构层次的任务、严格的团体规范和已经建立起来的权力系统，下属就会发现实现预期目标的路径是显而易见的，就不需要领导者的澄清和教导。下属将会感到他们能完成他们的工作，感到他们的工作是有价值的。这些情境中的领导行为被看成是不需要的、无感情移入的、过多控制的。

然而在某些情境中，任务特征可能需要领导介入。不明确的和含糊不清的任务需要领导来组织；高度重复的任务需要领导提供支持，以维持下属的动机；在正式权力系统比较弱的工作情境中，领导变成了帮助下属将工作规则和工作要求弄清楚的向导；如果团体准则比较弱，是非支持性的，领导就要帮助建立内聚力和工作责任性。

路径-目标理论强调领导帮助下属克服障碍或者绕过这些障碍，这些障碍是工作情境中任何妨碍下属工作的事物。这将会提高下属对完成任务的期望水平，提高他们的工作满意度。

（四）路径-目标理论的机制

路径-目标理论一方面在理论上比较复杂，另一方面实用性比较强。在理论上，它提供的一系列理论假设都是有关各种领导风格如何与下属特征和工作情境发生相互作用，影响下属的动机的。在实践上，该理论为领导者提供了方向，让他们知道如何帮助下属以满意的方式完成工作。

路径-目标理论认为，领导者需要选择最适合于下属特征和工作需要的领导风格。该理论认为，如果下属是教条的和权力主义的，任务是不明确的，组织的规章和程序是不清晰的，那么指示型领导风格最适合。对于结构层次清晰、令人不满意或者令人感到灰心的工作，路径-目标理论认为领导者应该使用支持型风格。当下属从事于重复性的和没有挑战性的工作时，支持型风格为下属提供了所缺少的营养成分，支持型领导为从事于机械重复工作的下属提供了“人性感”。当任务不明确时，参与型领导效果最佳，因为参与活动澄清了达到目标的路径——它帮助下属懂得通过什么实现什么。另外，如果下属具有独立性、具有强烈的控制欲，参与型领导具有积极影响，因为这种下属喜欢参与决策和工作建构。路径-目标理论预测，如果要求下属执行模棱两可的任务，成就导向型领导效果最好。在这些情境中，激发挑战性和设置高标准的领导者提高了下属对自己有能力达到目标的自信心。事实上，成就导向型领导可以帮助下属感到他们的努力将会导致有效的绩效。然而，在任务结构性比较强和模棱两可程度比较低的情境中，成就导向型领导表现出与下属对工作努力的期望无关。

拓展学习

在德鲁克众多影响深远的理念中，有一个是很少有人知道的，这就是“卓越领导本质上就是营销”。不幸的是，很多研究领导力的学者和身居领导职位的人却忽视了这个理念，或者索性认为营销就是为了销售东西而说服别人。虽然说服、销售以及营销都是领导力的一部分，但“营销是领导力”这个理念的基础却是德鲁克认为一个组织中的所有知识型工作者都是合作伙伴。作为合作伙伴，就不能以简单的方式命令他们做这做那，不能用简单的方式去管理他们，而是必须实行有效的领导。

扫描右侧二维码，阅读《德鲁克：领导力的本质是营销》一文。

五、领导者-参与模型

领导者-参与模型（leader-participation model）是由维克多·弗鲁姆和菲利普·耶顿共同提出的，该模型着重分析不同级别的参与型领导，以及不同级别的参与程度对决策质量和可信度的影响。

领导者-参与模型的出发点是：一个领导者面临着一个亟须解决的问题，而制定决策来解决问题可能是领导者自身的行为，也可能是下属们的共同参与。该模型十分规范，弗鲁姆和耶顿提供了根据不同的情况而应该采取的一系列规则，从而诊断参与决策的类型和程度。这个模型包括 7 种权变因素和 5 种领导风格的备选方案，后来经过弗鲁姆和亚瑟·加哥（Arthur Jago）的修正，权变因素扩展到 12 个，在决策之前要评判这些因素的高低水平。

（1）决策的重要性。

（2）支持决策的必要程度。

（3）领导者的专业技术。

（4）问题的结构化程度。

（5）与目标相关的专业技术。

（6）下属是否可以领会组织的目标。

（7）下属找出的解决方案相互之间是否可能存在冲突。

（8）下属是否拥有必要的信息做出决策。

（9）时间对于领导者的制约是否限制了下属的参与。

（10）领导者在最短的时间里做出决策的重要性。

（11）使用参与风格作为工具来发展下属的决策技能的重要性。

（12）把地理位置上分散的员工聚在一起共同决策成本是否过高。

根据对以上问题的回答，来选择不同的领导风格，即不同级别的领导参与程度。该模型包含了高度独裁到高度民主的五级领导风格，分别为：领导者独自制定决策的专断型；向下属说明问题并根据其建议做决策的分别磋商型；向团队征求意见，有选择地采纳其意见的团队磋商型；与团队共同面对问题，作为团队的一部分帮助整体做出决策的参与型；放权给团队，让团队在一定的限制下做决策的放权型。这五种风格构成了一个连贯的区域，领导者应根据实际环境来选择合适的领导模式，如图 9-7 所示。

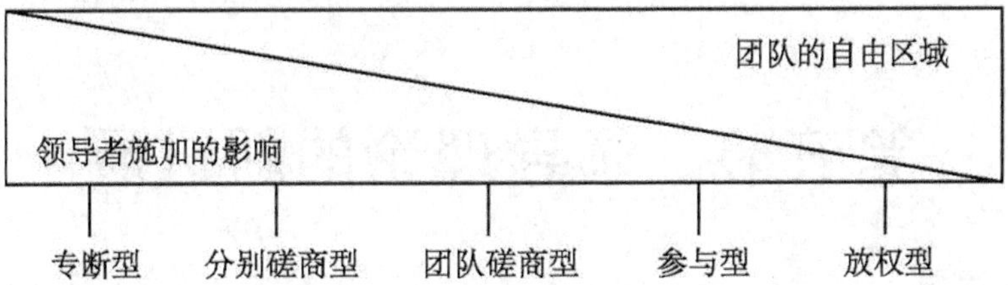

图 9-7　五步领导决策法

修正后的领导者-参与模型引入了时间限制和员工发展作为衡量参与程度的外部标准。领导者在决策时会对比时间限制和员工发展的重要程度，由此产生了两种决策矩阵：时间驱动模型和发展驱动模型。时间驱动模型为短时取向，强调以最低成本为基准来决策。领导者在应用时，要审核每一个权变因素的高低水平，据此来选择合适的领导风格。发展驱动模型与时间驱动模型的结构相同，但它强调以最大化地促进员工发展为基准来决策，而较少考虑时间因素。

领导者-参与模型是有效的，因为它能准确地告诉领导者，在特定的情况下，制定某一项决策所需要的参与者数量。而且，领导者可以很快地学会使用这些模型来选择与环境相符的决策风格。虽然领导者-参与模型由于不够完善而受到批评，但该模型对决策制定者还是很有用的，同时支持性研究调查还在进一步地完善它。

六、权变理论小结

权变理论在领导行为的研究中加入了权变变量，强调在选择领导风格时，要充分考虑这些变量。因为变量是变化不定的，因此领导风格也就不能一成不变，领导者应该根据权变因素来调整自身的领导风格。

权变理论相对于特质理论和行为理论有几点突出的优势。权变理论最重要的突破是通过引入各种权变因素，考察情境和员工等因素对领导者的影响，拓展了我们对领导力的理解。而在此之前的研究，主要着重于探讨是否存在一种单一的、最好的领导模式。

各种权变理论都得到了大量检验其有效性的研究的支持，同时这些理论在实践中的应用也获得了积极的成果。权变理论的实用性更强，因为它充分考虑各种权变因素的影响，使领导者能够根据不同的情境选择不同的领导方式，而不用僵化地执着于某一特定模式，这对于当今急剧变化的社会环境来说是尤其重要的。该理论不仅关注领导者自身，更注重领导者与下属和情境的关系研究，在增强领导有效性和个人成就感的同时，对于提高员工满意度和绩效都颇有助益。

虽然权变理论有诸多优点，但也存在一些不足。比如说，权变理论相对更为复杂，结合了许多与领导力相关的权变因素，因此在运用时难度更大，对领导者的能力提出了更高的要求。并且不同的权变理论分别存在或多或少的不足，如菲德勒模型无法解释为什么某种领导风格在一些情境中比在另一些情境中更有效；情境领导理论尽管在直觉上具有感染力，并且能够广泛应用于管理实践，但其实际效果却不见得可靠，遭到了很多学者的质疑和批评；对LMX 理论最强烈的批评是它表面上违背了公平原则；路径-目标理论结合了期望理论的观点，但它没有深入解释领导行为和员工动机之间的关系；而领导者-参与模型作为相对较新的权变理论，其复杂性更强，要求领导者拥有充分的能力来精确判断决策参与程度。

第五节　领导理论的新进展

一、变革型领导

自 20 世纪 80 年代以来，变革型领导理论一直是众多研究的焦点，并成为领导理论研究的新范式。“变革型领导”作为领导力的一个重要概念，最早出现在 1978 年政治社会学家詹姆斯·麦格雷戈·伯恩斯撰写的《领导论》这一经典著作中。伯恩斯试图将领导者与员工的角色相互联系起来，他将领导者描述为尽力激励员工，以更好地实现共同目标的人。他认为领导力和支配力是完全不同的，因为领导力不应该脱离员工的需要来考虑问题。伯恩斯根据对政治领导的分析，指出领导是一个连续体，连续体的一端是变革型领导（transforming leadership），另一端是交易型领导（transactional leadership）。20 世纪 80 年代中期，巴斯发展了伯恩斯的概念，提出了一个范围更广、更为精确的变革型领导模式。他更关注员工的需求而非领导者的需求，认为变革型领导可适用于一些效果不好的情况，并指出变革型领导和交易型领导并不是一个连续体的两端，而应该是两个独立的概念。两者的特征比较如表 9-2 所示。

表 9-2　变革型领导和交易型领导的特征比较

变革型领导
领袖魅力：向下属提供愿景规划和组织使命，解释任务的意义，引发自豪感，赢得尊重和信任。
感召力：传达高期望，用工作意义激励员工去努力工作，用简单的方式表达重要目标。
智能激发：不断用新观念、新手段和新方法对下属提出挑战，激发下属创造性地解决问题。
个性化关怀：给予下属个别的关怀、区别性的对待，有针对性地给予指导和培养。
交易型领导
权变式奖励：根据下属的努力、业绩及对目标的认识给予奖励，可被视为为获得员工支持而提供的一种有价值的资源交易。
积极的例外管理：密切监督，防止问题的发生，对偏离规范的行为进行监督检查并加以矫正。
消极的例外管理：对不符合规范的行为加以干涉，但不作指正，只在问题严重时介入。
放任型：放弃责任，避免作决定，逃避领导职务和责任。

变革型领导通过让员工意识到所承担任务的重要意义，激发下属的高层次需要，建立互相信任的氛围，促使下属为了组织、团队和部门的利益而牺牲自己的利益，并达到超过原来期望的结果。一般认为，变革型领导是在交易型领导的基础上发展而来的，这种领导者对员工的需求与动向十分敏感，会尽力帮助员工发挥其最大潜力。它强调“改变”，而变革型领导者以魅力和预测性沟通为基础，在愿景的实现过程中同时使个体在工作能力、道德水平上得到提升和自我完善。变革型领导与交易型领导并非两个互相独立的领导风格，同一个领导者在组织的实际运作中，为了提升员工的动机水平，在不同的情境和时间，可以同时运用交易型领导及变革型领导。

二、魅力型领导

魅力型领导的产生和兴起有其相应的时代条件。自 20 世纪 80 年代初开始，全球化来临，竞争加剧，一些组织已经从“和平时期”转到“战争时期”，组织难以对事物进行准确的预见，或者难以控制。在复杂动荡的环境中，组织需要魅力型领导者来有效地实施变革，以适应外界环境。此外，组织面临着不断提高员工忠诚度和绩效的挑战，魅力型领导者与下属之间基于情感依附形成的领导者-下属关系，能够影响下属的价值观、信仰和态度，使其对领导者高度忠诚、信任和服从，进而取得超越组织期望的业绩。

所谓魅力型领导（charismatic leadership），是指下属所认为的具有特定的个人特质、能力和行为，并且对下属的情感、价值、信仰、态度和行为有着异乎寻常的强烈的影响力的领导者的某种属性。在日常工作中，我们经常可以看到超凡的魅力型领导者总能提出彻底的方案来处理危机，也会看到下属着魔般地被这样的领导者所吸引。

魅力型领导者的行为特征是学者们广泛关注的一个研究内容。综合学者们的研究成果，可以归纳出魅力型领导者的八种典型行为特征。

（1）角色模拟。领导者通过亲身践行一系列的价值观和信仰，来为下属塑造模范，使他们也能遵从这些价值观和信仰。

（2）形象塑造。魅力型领导者会运用印象管理技巧（展现对自己的极度自信，集中于进步和成功，不会提及失败），从而给下属留下有能力和值得信赖的形象。

（3）愿景规划和清晰表述。魅力型领导者通过为下属阐明目标、机会与角色来描绘未来的使命和愿景，使下属更好地理解工作的意义，有效地激发下属的工作热情，提高下属对实现组织目标的情感投入和组织承诺水平。

（4）表达较高的期望和信心。魅力型领导者不仅给自己设定非常高的绩效标准，而且对下属也表现出非常高的期望，以及对他们实现这一期望的信心。这样可以激励下属为实现明确的、富有挑战性的绩效目标而努力工作。

（5）承担个人风险。个人风险包括经济上的损失或事业上的失败。他们敢于冒险，为实现组织目标甘愿自我牺牲。领导者为共同的目标所承担的个人风险越大，他们在追随者眼里就越有魅力。

（6）表现出非常规行为。在带领下属实现愿景的过程中，魅力型领导者所展示的行为往往是新奇的、非常规的、与众不同的。这些行为与他们所在组织、行业或社会的现有规范并不一致，甚至是相互冲突的。

（7）对环境的敏感性。魅力型领导者对组织内外部环境的变化非常敏感，能够实事求是地评估组织内外的各种环境资源和限制条件，这是他们规划愿景的前提和基础。

（8）行为方式富有表现力。魅力型领导者擅长通过语言或非语言的方式（如服装、肢体语言等形式）来表明自己的价值观、信念和态度。

三、道德领导

道德是指那些被个人或社会认可的或恰当的价值和精神，还可指高尚的个人动机。道德理论提供了一系列的规定和原则，指导我们在特定条件下做出“对与错”“好与坏”的判断。近年来，众多公司组织因为违反道德准则或法律规章而被告上法庭，如价格垄断和内部交易。在劳动力队伍中，道德和法律沦丧存在于各个阶层。在组织中，领导者引导着下属的道德取向。当领导者以自私和贪婪为准则时，许多员工就会对不道德行为习以为常。

领导是道德的还是非道德的呢？如果领导仅仅是一系列行为实践，与是非对错没有半点关系，那么它就是非道德的。但所有领导行为都可以被用作正义或邪恶的手段，因此具备了道德色彩。领导者可以选择是采用一种误导别人的方式还是一种激励、鼓舞别人发挥他全部潜质的方式。道德领导（moral leadership）本身具备高尚的道德情操，在领导行为中明辨是非，追求公平、诚实、善良和正义，促使组织成员成为其追随者。领导者对下属有深刻影响，通过道德的领导方式唤起被领导者的正义感、责任感以及品行与操守，以激励其努力工作，达成组织目标。

四、诚信领导

现今的组织内外部环境变幻莫测并充满挑战，组织为了求生存、谋发展，其领导者的自信、乐观、满怀希望、富有意义感及韧性等特点就显得尤为重要。近年来出现的安然事件等公司丑闻和管理渎职现象，也引发了人们对领导者诚信问题的思考。鉴于此，卢森斯（Luthans）等人于2003年以领导学、道德学、积极心理学及积极组织学等领域的相关研究为基础，提出了一种全新的领导理论，即诚信领导理论。

诚信领导（authentic leadership）是指一种把领导者的积极心理能力（positive psychological capacities）与高度发展的组织情境（highly developed organizational context）结合起来发挥作用的过程。[①]卢森斯认为诚信领导过程对领导者和下属的自我意识及自我控制行为具有正面影响，并将激励和促进积极的个人成长与自我发展。诚信领导者对自己、对他人都是真诚的。他们自信乐观、充满希望、富有韧性、品德高尚，并且是未来导向的（future-oriented）；他们对自己的信念、价值观、道德观、行为以及所处的工作情境具有深刻的认识。

当领导者实行诚信领导时，就会对组织产生积极的影响。诚信领导有助于在领导者和下属之间建立信任关系。领导者的诚信品质或行为，会通过榜样效应，逐渐影响、改变下属的态度或行为，使下属的态度及行为与诚信原则相一致，从而有利于在组织中培养以诚信为特征的组织文化，提高组织的凝聚力和向心力。诚信领导有利于在领导者和下属之间建立一种持久的信任关系，保证组织能够长期调动员工的积极性，为组织建立具有竞争优势的管理制度、组织文化和创新机制等创造条件。

五、战略型领导

战略型领导是一个与中高层管理者的领导角色有关的新概念。战略型领导（strategic leadership）是指理解组织与环境复杂性并领导组织中的变革以实现组织与环境同步发展的过程。在某种意义上，战略型领导可以被视为变革型领导的扩展。不过，战略型领导更加关注理解和结合战略及战略决策的重要性。变革型领导和战略型领导都包含变革的概念，但变革型领导没有明确强调将领导变革的能力作为中心，而战略型领导则更加强调领导者战略思考和行动的能力。

战略型领导是从战略的高度关注组织的整体发展，在战略学习的基础上提升组织整体应对变化着的内外部环境的能力。具备此种能力的领导者从组织发展的战略角度，为组织规划未来发展的蓝图。战略型领导的本质是对学习能力、适应能力以及管理智慧的培育及维系。发掘组织需要且能够做好的关键事件，并为其创造集体行动的环境是战略型领导者的主要任务。

本章小结

领导是某一个体（团体）对组织中的个体、群体以及整个组织施加影响，以实现特定目标的互动过程。其权力来源有两种途径：职位权力和个人权力。领导与管理是既有区别又相互联系的两个概念。

早期的领导理论研究试图发现有效领导的重要特质。“领导天生”这种观念居于主导地位。基于对此观念的理解及其影响，人们研究领导的主要方法是特质研究方法。该方法强调领导者区别于他人的特质，如个性、动机、价值和技能等，并通过经验研究对这些特质进行总结

① 詹延遵，凌文铨，方俐洛. 领导与研究的最新发展：诚信领导理记[J]. 心理科学进展，2006（6）.

和概括。

随着人们对领导的理解不断深入，其后出现了很多关于领导行为的研究。俄亥俄大学的研究和密歇根大学的研究分别发现了两种不同的领导行为。俄亥俄大学的研究认为领导行为包括两个不同的维度，交叉组合成了四种领导风格；而密歇根大学的研究认为生产导向和员工导向成就了两种完全对立的领导模式。领导方格理论进一步提炼了这些概念。家长式领导则对于研究中国特殊国情下的领导理论具有重要意义。

权变理论是领导理论研究的一个重大飞跃，它使人们认识到领导并不是领导者个人的事情，还受到情境因素的影响与作用，主要的情境变量有工作任务结构、情境压力水平、群体支持程度、领导者的智力经验及下属特点等。领导者应该根据具体的情境选择相匹配的领导风格。

随着领导科学的不断发展，近来还出现了几种新的领导模式：变革型领导、魅力型领导、道德领导、诚信领导及战略型领导，它们为我们研究及应用领导理论提供了更宽广的视角。当然这些理论还有待进一步的研究、检验和修正。

复习思考题

一、名词解释题

领导　法定性权力　专家性权力　特质理论　领导行为理论　管理方格理论　家长式领导　权变理论　菲德勒模型　情境领导理论　领导者-成员交换理论　路径-目标理论　领导者-参与模型　变革型领导　魅力型领导

二、单项选择题

1．属于领导者个人的权力的是（　　）。

A．强制性权力　B．奖赏性权力　C．专家性权力　D．法定性权力

2．某部门主管将注意力几乎都放在了对任务的完成上，而对下属的心理因素、士气和发展很少关心。根据管理方格理论，该主管的领导类型属于（　　）。

A．贫乏型管理　B．任务型管理

C．团队型管理　D．乡村俱乐部型管理

3．根据权变理论，领导是否有效取决于（　　）。

A．稳定的领导行为　B．领导者能否适应其所处的具体环境

C．领导者的品质权威　D．是专制型领导还是民主型领导

4．领导者采用何种领导风格，应当视其下属的"成熟"程度而定。当某一下属既不愿也不能负担工作责任，学识和经验较少时，领导对于这种下属应采取如下哪种领导方式？（　　）

A．指示型　B．推销型　C．参与型　D．授权型

5．豪斯的路径-目标理论确定了4种领导行为，它们是（　　）。

A．指示型、民主型、参与型、成就指向型

B．指示型、集权型、参与型、成就指向型

C．指示型、推销型、参与型、成就指向型

D．指示型、支持型、参与型、成就指向型

三、简答与论述题

1．简述领导与管理之间的区别。

2．概述并简评领导理论的发展脉络。

3．什么是领导特质？领导学研究为我们提供了有关特质的哪些信息？

4．比较各种领导行为理论的研究发现。

5．简述菲德勒的权变领导模型。

6．简述赫塞和布兰查德的情境领导理论。

7．简述领导者-成员交换理论。

8．简述目标-路径理论，并画出其机制。

9．简述领导者-参与模型。

10．简述领导理论的新进展。

四、案例分析题

马云的孔雀型领导风格

在联想的柳传志看来，领导人有两种大的类型：一种是孔雀型的，以个人魅力取胜；一种是老虎型的，以发号施令树威。从这种分类来看，马云属孔雀型。

马云是典型的孔雀型性格，在塑造品牌、自我宣传、鼓舞人心方面有天生的优势。从创业的第一天起，马云就宣称，阿里巴巴会成为最伟大的电子商务公司。

孔雀型的人把愉悦、快乐、被团队成员和社会认可看得非常重要，马云用自身的这一特点营造出一种热情、快乐、充满激情的企业文化，就像一句老歌词唱的那样有意思："阿里巴巴是个快乐的青年"。

孔雀型的人说服力强，马云不仅能够说服创业时期的"十八罗汉"与他共同熬过寒冬，甚至在寒冬时还能吸引外部的优秀人才加入阿里巴巴。台湾人蔡崇信是一家全球著名的风险投资公司驻亚洲代表，他赴杭州洽谈投资，与马云推心置腹交谈之后，竟然要加入月薪只有500元人民币的阿里巴巴，成为阿里巴巴的CFO。后来蔡的妻子告诉马云："如果我不同意他加入，他一辈子都不会原谅我。"

孔雀型领导者社交能力极强，他们通过"朋友遍天下"促进事业的发展，"西湖论剑"和"网商大会"就是马云这种能力的体现。2000 年，马云请金庸穿针引线，广发英雄帖，中国互联网的风云人物——新浪王志东、网易丁磊、搜狐张朝阳等人纷纷赴约，在如诗如画的西湖边共商互联网的发展对策，这就是日后互联网界一年一度的"西湖论剑"。除了这一行业顶级人物的聚会外，马云又发起了"网商大会"，将各路"江湖英雄"每年聚拢在阿里巴巴周围。

和许多孔雀型领导不一样，孔雀容易多元化，但马云却做到了聚焦，被称为"全球电子商务教父级人物"；和许多新锐企业家不一样，马云取得了巨大成功而不骄狂，这使他更具领导魅力。成功之后，马云这样说："如果我马云能够创业成功，那么我相信中国 80%的年轻人都能创业成功。"这句话显示了马云的谦逊和成熟。马云已经从"青蛙"变成了"王子"，成为中国新锐企业家中的代表人物。

资料来源：冯国珍．管理学（第 2 版）．上海：复旦大学出版社．2011．

结合案例内容，回答以下问题：

1．作为一名优秀的企业领导，马云具有哪些特质？

2．从马云的领导风格看，他属于你在管理理论中所学过的哪种领导类型？并说明理由。

第十章　激励理论

【学习目标】

了解不同激励理论的应用；理解不同激励理论之间的差异；理解激励的概念以及内部过程；掌握内容型激励理论、过程型激励理论以及综合型激励理论中的主要理论。

【案例导入】

Google 的激励教训

在“知之为知之，不知 Google 知”的互联网时代，创建于 1998 年 9 月的 Google 公司可谓功成名就，一度成为众多职场精英梦想加盟的理想企业。但到了 2008 年，公司却陷入了“人才危机”，据估计，在 Google 早期的 500 名员工中，大约三分之一已经离职，而且随着股权兑现期的来临，有 2200 名上市之前即已供职公司的 Google 员工计划离开公司。可悲的是，这些员工大多数是被公司的“激励”而驱逐的。

公司上市前，为了激励雇员更愿意为组织付出，推行了“股票期权”，效果显著。公司 2004 年一经上市，一夜之间“批发”了 900 多位百万富翁，随着公司股价的上升，到了 2007 年 9 月 30 日，Google 员工持股的市值达到了 44.8 亿美元，按早期全部雇员 3 000 人计算，人均约 150 万美元。拥有了巨额财富的员工纷纷选择了离职，一些人正在环游世界；一些人正在与家人共享天伦；一些人天天睡懒觉；还有些在教授艺术、上法学院、著书，或者投身政坛。但对 Google 公司而言，人员流失给公司带来了巨大损失。

从激励机制开始产生作用直到公司上市，Google 获得了持续高涨的工作热情，从上市到行权，成功已经摆在眼前，加上行权的限制，行权的时候需要良好的业绩以便更多地兑现，此期间 Google 获得的收益是空前的。行权后到离职，Google 的激励体系事与愿违，员工离职后选择了与 Google 不相干的“作用点”，使 Google 付出了沉重的代价。

公正地看，Google 的激励体系把握了关键因素，所以获得了成功，但缺乏了激励体系设计的全方位考量，所以后来事与愿违。

资料来源：蒋智敏．追求效果第一的管理．北京：中华工商联合出版社．2011．

启发思考：

1．谈谈你对激励重要性的理解。

2．本案例中的激励机制有何问题？如何能够更有效地激励员工？

激励是管理者提高员工积极工作的动机水平的过程，而动机是个体通过高水平的努力来满足自身的某些需要并实现组织目标的愿望。学者们从不同角度对激励问题进行了研究，根据研究切入点的不同，激励理论大体可分为三类：一是内容型激励理论，侧重于激励的驱力部分的研究；二是过程型激励理论，主要集中于激励是如何影响员工的、激励的方向和维持等方面的研究；三是综合型激励理论，是对多种激励理论的整合，更加全面地对激励进行了诠释。本章将以此为框架，对管理学领域中比较知名的激励理论进行详细介绍。

第一节　内容型激励理论

内容型激励理论强调的是什么能激励员工，因此所谓内容型激励理论认为个体在工作中其个人的心理需要往往是决定性因素，而他的经验或外部原因则不是决定性的因素。这些理论常常用人的心理需要来解释人的行为，包括马斯洛的需要层次理论（hierarchy of needs theory）、麦格雷戈的X理论和Y理论、赫茨伯格的双因素理论（motivation-hygiene theory）、阿尔德弗的ERG理论（ERG theory）以及麦克利兰的成就需要理论（acquired need theory）。

一、需要层次理论

1943年，亚伯拉罕·马斯洛在《心理学评论》中发表《人类动机论》一文，提出了需要层次理论。马斯洛认为，绝大多数人的需要层次是很复杂的，时时刻刻都存在着多种需要影响着人的行为。由此，他将人的各种需要归纳为五类，并按其重要性和产生的先后次序排成一个需要的层级图。

（一）需要层次理论的内容

按照马斯洛的观点，人们的需要可以分为五个层次：生理需要（physiological needs）、安全需要（safety needs）、社交需要（social needs）、尊重需要（esteem needs）和自我实现需要（self-actualization needs），这五个层次是由低到高递进的关系，如图10-1所示。

第一级：生理需要。包括维持生活和繁衍后代所必需的各种物质上的需要，如衣、食、住、行等。这些是人类最基本的需要，因而也是推动力最强的需要。在这一级需要得到满足之前，更高级的需要不会发挥作用。

第二级：安全需要。包括对人身安全、生活稳定以及免遭痛苦、威胁或疾病等的需求。对员工而言，安全需求表现为追求安全而稳定的工作，即具有相应的职业保障、福利待遇，并且不遭受无理解雇等。

第三级：社交需要，又被称作情感和归属的需要。包括与家人、朋友、同事、上级等保持良好的关系，给予别人并从别人那里得到友爱和帮助。同时也包括归属感，即成为某个集体公认的成员等。

第四级：尊重需要。既包括自尊、自主和成就感等内部尊重因素，也包括地位、认可和关注等外部尊重因素。这类需要很少得到满足，故常常是无止境的。

第五级：自我实现需要。这是最高一级的需要，指一个人不断成长与发展，发挥自身最大的潜力，实现理想的需要。人们重视自我发展和创造力的发挥，希望成为自己所期望成为的人。

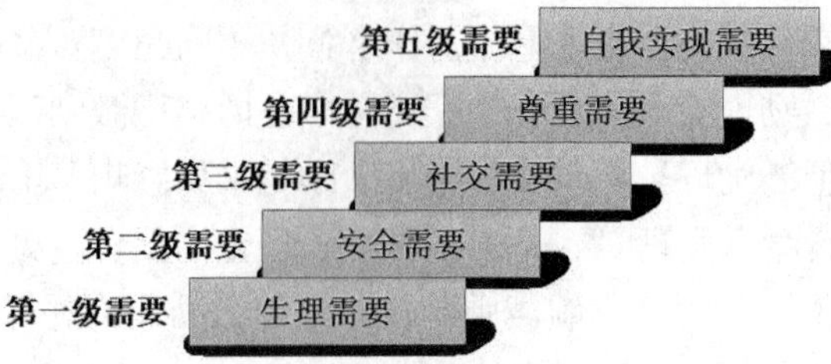

图 10-1　需要层次理论

马斯洛将五种需要区分为低级和高级两个级别。低级需要包括生理需要和安全需要，而高级需要包括社交需要、尊重需要和自我实现需要。马斯洛认为，高级需要只有通过提供内部刺激（如尊重感等）才能获得满足，而低级需要则主要靠提供外部刺激（如报酬、任职时间等）获得满足。

（二）需要层次理论的假设

马斯洛将其理论建立在三个假设之上：第一，人的需要能够影响人的行为。但只有未满足的需要才能够影响行为，满足了的需要不能充当激励工具。第二，人的需要按重要性和层次性排成一定的次序，从基本的（生存需要）到复杂的（自我实现）有 5 个层次。第三，当人的某一级需要得到最低限度满足后，才会追求高一级的需要，如此逐级上升，成为推动继续努力的内在动力。马斯洛认为需要是一个人努力争取实现的愿望；对于已经满足的需要，不再对人起促进作用，不再是激励的因素；一个层次的需要一经满足，另一个更高层次的需要就会取而代之。只有当低层次的需要已经得到满足时，高层次需要才会对人产生激励。同时，人们满足较高层次需要的途径比满足低层次需要的途径多。

课堂讨论

《西游记》的五人团队

《西游记》是我国四大名著之一，其人物和故事情节也是脍炙人口。根据需要层次理论，可以总结其中取经团队的不同需求。八戒的需求是生理，激励八戒向前的因素主要有：食物与性等；沙僧的需求是安全，激励沙僧向前的因素主要有：安全、秩序、自由；白龙马的需求是社交，激励白龙马向前的因素主要有：友情、归属；唐僧的需求是尊重，激励唐僧向前的因素主要有：成就、尊重、欣赏（当然还有自我欣赏）；悟空的需求是自我实现，激励悟空向前的因素主要有：实现自我价值，包括学习、发展、创造力和自觉性。

结合《西游记》中五人（马）需求情况，分析这五人（马）在取经途中的行为。

二、X 理论和 Y 理论

道格拉斯 · 麦格雷戈在 1957 年 11 月号的美国《管理评论》杂志上发表了《企业中人的方面》一文，提出了有名的“X 理论-Y 理论”。他认为，有关人的性质和人的行为的假设对于决定管理人员的工作方式来讲是极为重要的。管理人员以他们对人的性质的假设为依据，采用不同的方式来组织、控制和激励员工。

（一）X 理论

麦格雷戈把传统的管理观点称作 X 理论，其主要内容是：

（1）大多数人是懒惰的，他们尽可能地逃避工作。

（2）大多数人都没有什么雄心壮志，也不喜欢负什么责任，而宁可让别人领导。

（3）大多数人的个人目标与组织目标都是矛盾的，为了达到组织目标必须靠外力严加管制。

（4）大多数人都是缺乏理智的，不能克制自己，很容易受别人影响。

（5）大多数人都是为了满足基本的生理需要和安全需要，所以他们将选择那些在经济上获利最大的事去做。

（6）人群大致分为两类，多数人符合上述假设，少数人能克制自己，这少部分人应当负起管理的责任。

麦格雷戈指出，当时企业中对人的管理工作以及传统的组织结构、管理政策、实践和规划都是以这种 X 理论为依据的。所以，管理人员在完成其任务时，或者用"强硬的"管理办法，包括强迫和威胁（通常采取隐蔽的形式）、严密的监督以及对行为的严格控制；或者用"松弛的"管理方法，包括采取随和态度、顺应员工的要求以及一团和气。麦格雷戈指出，在组织管理实践中，从最强硬的到最松弛的各种办法都试用过了，但效果都不太理想。采用强硬的办法引起了各种反抗的行为，如磨洋工、敌对行动、组织好斗的工会以及对管理者的目标进行巧妙而有效的破坏。这种强硬的办法在员工充分就业、劳动力供应短缺期间就更难实行了。采用松弛的办法也产生了许多问题。它经常使得管理人员放弃管理，以使大家保持一团和气，工作上却马马虎虎。人们对这种温和的管理方法钻空子，提出越来越多的要求，而做出的贡献却越来越少。于是，较为普遍的倾向是，试图汲取软硬两种办法的优点，推行一种"严格而合理"的管理方法。但是，这种管理方法同上面两种管理办法一样，指导思想也是 X 理论。科学管理是"强硬"的 X 理论，人际关系学说是"温和"的 X 理论，从实质上讲都是 X 理论。

麦格雷戈认为，虽然当时工业组织中人的行为表现同 X 理论所提出的各种情况大致相似，但是人的这些行为表现并不是人固有的天性所引起的，而是现有工业组织的性质、管理思想、政策和实践所造成的。他确信 X 理论所用的传统的研究方法建立在错误的因果观念的基础上。为了表明这一点，麦格雷戈认为有必要探讨一下人的行为动机问题。他在列举了马斯洛的人类基本需要层级中的生理需要、安全需要、社交需要、尊重需要、自我实现需要以后指出，剥夺人的生理需要（如使人缺乏饮食）会使人生病。同样地，剥夺人的较高级的需要（如社交需要、尊重需要、自我实现需要），也会使人产生病态的行为，如果我们把由此而产生的人们的消极、敌对和拒绝承担责任的态度归因于他们固有的天性，那就归因错误了。这些是由于剥夺了人们的社交需要和自我实现需要而产生的疾病症状，胡萝卜加大棒的管理方法在人们的生活还不够丰裕的情况下是有效的；但是，当人们达到了丰裕的生活水平时，这种管理方法就无效了。因为，这时人们行动的动机主要是追求更高级的需要，而不是"胡萝卜"（生理需要、安全需要）了。

（二）Y 理论

麦格雷戈基于上述的分析提出了一个关于人员管理工作的新理论——Y 理论，将它建立在对人的特性和人的行为动机的更为恰当的认识基础上。Y 理论的主要内容是：

（1）一般人并不是天生就不喜欢工作，工作中体力和脑力的消耗就像游戏和休息一样自然。工作既可能是一种满足，因而自愿去执行；也可能是一种处罚，因而只要可能就想逃避。工作对人究竟是满足或惩罚，会因为具体情况的变化而变化。

（2）人们愿意实行自我管理和自我控制来完成应当完成的目标。外来的控制和惩罚并不是促使人们为实现组织的目标而努力的唯一方法，它甚至对人是一种威胁和阻碍，并放慢了人自我成长和成熟的脚步。

（3）人的自我实现需要和组织要求的行为之间是没有矛盾的。如果给人提供适当的机会，就能将个人目标和组织目标统一起来。

（4）一般人在适当条件下，不仅学会了接受职责，还学会了谋求职责。逃避责任、缺乏抱负以及强调安全感，通常是经验的结果，而不是人的本性。

（5）大多数人而不是少数人，在解决组织的困难问题时，都能发挥较高的想象力、聪明才智和创造性。

（6）在现代工业生活的条件下，一般人的智慧潜能只是部分地得到了发挥。

根据以上假设，相应的管理措施为：

（1）管理职能的重点。在 Y 理论的假设下，管理者的重要任务是创造一个使人得以发挥才能的工作环境，以发挥出员工的潜力，并使员工在为实现组织目标贡献力量时，也能达到自己的目标。此时的管理者已不是指挥者、调节者或监督者，而是起辅助者的作用，能给员工以支持和帮助。

（2）激励方式。根据 Y 理论，对人的激励主要是给予来自工作本身的内在激励，让他担当具有挑战性的工作，担负更多的责任，促使其在工作上做出成绩，满足其自我实现的需要。

（3）在管理制度上给予工人更多的自主权，实行自我控制，让工人参与管理和决策，并共同分享权力。

麦格雷戈在《企业中人的方面》一书中把 Y 理论称为“个人目标和组织目标的结合”，认为它能使组织成员在努力实现组织目标的同时，最好地实现个人目标。因而，管理的关键不在于在采用“强硬的”方法或“温和的”方法之间进行选择，而在于要将管理的指导思想变 X 理论为 Y 理论。这两种理论的差别在于 X 理论把人们当孩子看待，Y 理论把人们当成熟的成年人看待。由于 X 理论已经流传了很久，所以不可能指望在短期内就使所有的企业都转而采用 Y 理论。但是，在当时已经出现一些与 Y 理论观念一致的创新思想并被用于实践，取得了一定的成果，例如分权与授权、扩大工作范围、参与式和协商式管理、鼓励员工对自己的工作成绩作出评价，等等。

三、双因素理论

双因素理论，又称“激励-保健理论”，由美国管理学家弗雷德里克·赫茨伯格提出。赫茨伯格在与他人合著的《工作的激励因素》（1959 年）和《工作与人性》（1966 年）等著作中提出这一理论及相关原理。他于 20 世纪 50 年代末在美国匹兹堡地区对一些工厂、企业的 200 个工程师和会计师进行了访问，向调查对象询问使他们在工作中愉快或不愉快的因素，然后将访问调查得到的资料进行整理。他根据调查结果提出，带来工作满意的因素和导致工作不满意的因素是不相关的。人们觉得不满意的项目大多与工作环境有关，而觉得满意的项目一般都与工作本身有关。凡与工作本身有关的因素，都能对工作满足产生积极影响，使员工增长干劲。但管理者即使消除了造成工作不满意的因素，也只可能平息不满，却不能产生满意，不一定有激励。为此，赫茨伯格将人的需要分成两类：一类是“维持”或“保健”因素，另一类是与工作本身或工作内容有关的“激励”因素。

（1）保健因素。赫茨伯格将导致人们工作不满意的因素称为保健因素。保健因素包括公司政策、管理措施、监督、人际关系、物质工作条件、工资、福利等。当这些因素恶化到人们可以接受的水平以下时，就会使人产生对工作的不满意。但是，当人们认为这些因素很好时，它只是消除了不满意，并不会产生满意，导致积极的态度。与传统观点不同，赫茨伯格认为满意的对立面不是不满意，而是没有满意，同样，不满意的对立面不是满意，而是没有不满意。

（2）激励因素。赫茨伯格将人们觉得满意的因素，同时也是能够给人们带来满足的因素称为激励因素。激励因素包括成就、认可、工作本身、责任和晋升等，这些因素能满足个人自我实现的需要。如果具备这些因素，就能对人们产生更大的激励。

赫茨伯格认为保健因素不能直接起激励员工的作用，但能防止员工产生不满情绪。保健因素得到改善后，员工的不满情绪会消失，但并不能导致积极的后果；而激励因素得到改善后，却能激励员工的积极性，提高生产率，就如同人们锻炼身体、改变自身的身体素质增进人体健康一样。激励因素是影响人们的工作效率，促使人们不断进取的内在因素。

赫茨伯格及其同事在其后又对各种专业性和非专业性的工业组织进行了多次调查，调查结果如图 10-2 所示。调查对象包括低级监督人员、军官、工程师、科学家、教师、牧师、会计师、外籍员工、家庭主妇等。

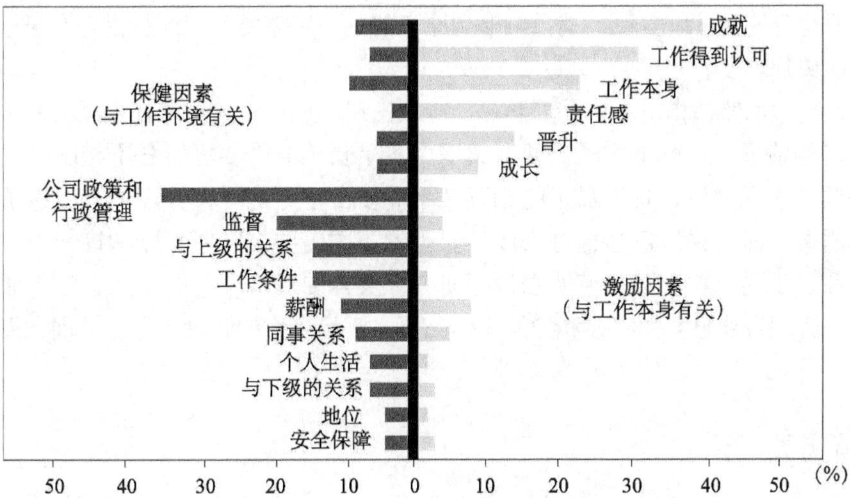

图 10-2　双因素理论示意图

他们发现，由于调查对象和条件的不同，各种因素的归属虽有些差异，但总的看来，激励因素基本上都是属于工作本身或工作内容的，保健因素基本上都是属于工作环境或工作关系的，从而进一步证实了这一理论。

四、ERG 理论

ERG 理论，又称成长理论，是由美国耶鲁大学教授克莱顿·阿尔德弗提出的。为了解决马斯洛需要层次理论中的某些限制，阿尔德弗在大量实验和研究的基础上，于 1969 年发表文章《关于人类需要的一种新理论的实证研究》，提出了 ERG 理论。这一理论系统地阐述了一个关于需要类型的新模式，发展了赫茨伯格和马斯洛的理论。他将马斯洛的需要层次压缩为三种需要，即生存需要（exsistence，E）、相互关系需要（relatedness，R）和成长需要（growth，G）。

（1）生存需要：指的是全部的生理需要和物质需要，包括人的衣、食、住及在组织中的报酬、对工作环境和条件的要求等方面的基本需要。这类需要大体上与马斯洛需要层次理论中的生理需要、部分安全需要相对应。只有这项最基本的需要得到满足以后，才能谈到其他需要。

（2）相互关系需要：指与其他人（如同级、上级或下级）和睦相处、建立友谊和有所归宿的需要。这一需要类似于马斯洛需要层次理论中的部分安全需要、全部社交需要以及部分尊重需要。

（3）成长需要：指一种要求得到提高和发展的内在欲望。它不仅要求充分发挥个人的潜能而有所作为，还包含开发新能力的需要。这一需要与马斯洛需要层次理论中的部分尊重需要和整个自我实现需要相对应。

阿尔德弗认为，ERG 理论所指出的三种需要并不完全都是生来就有的，有的需要是通过后天学习才形成的，如相互关系需要和成长需要。虽然他也同意人类需要有层次的观点，但在他看来，人的需要不一定严格地按照由低级向高级发展的顺序。为此，他提出了著名的“挫折-倒退”假设，即一种需要得到满足后，则有满足更高层次需要的愿望，但如果在寻求更高层次的需要时受挫而难以实现，就会倒退到原来的这一层需要上，而且会把原来这一层需要看得比以往更加重要。

另外，阿尔德弗还指出人的需要还可能越级出现。例如，人可以在相互关系需要没有得到充分满足的情况下，产生成长需要。组织中各个员工的需要可能各不相同，如有的员工的生存需要占主导地位，有的员工的相互关系需要占主导地位，管理人员应该了解每个员工的真实需要，然后采取适当措施来满足员工的不同需要，以便激励和控制员工的行为，实现组织和员工的目标。阿尔德弗强调，研究人类需要对管理者的意义就在于通过了解员工的需要，管理者能够努力把握和控制工作结果，满足人们的各种需要，从而激发人们工作的动机。

五、成就需要理论

成就需要理论是由戴维·麦克利兰提出的，他认为人类的许多需要都不是生理性的，而是社会性的。马斯洛的理论过分强调个人的自我意识、内省和内在价值，忽视来自社会的影响，有失偏颇。很难从单个人的角度归纳出共同的、与生俱来的心理需要；时代不同，社会不同，文化背景不同，人的需要当然就不同，马斯洛需要层次理论提到的所谓“自我实现”的标准也不同。

人物谱

大卫·克拉伦斯·麦克利兰（David Clarence McClelland，1917—1998），美国著名心理学家，成就激励理论创始人，“胜任素质之父”，美国科学院院士，出生在纽约州的弗农山庄（Mount Vernon）。1938 年他获得韦斯利昂大学（Wesleyan University）的心理学学士学位，一年之后获得密苏里大学（University of Missouri）的心理学硕士学位。1941 年，在获得耶鲁大学的实验心理学博士学位后，麦克利兰先后到康涅狄格学院（Connecticut College）与韦斯利昂大学执教，并在 29 岁时（即 1946 年）出任韦斯利昂大学心理学系系主任，1956 年，在哈佛大学任心理学教授。1963 年，麦克利兰与合作伙伴伯鲁（Berlew）创办了以测量领导与管理者素质模型而闻名的麦克伯咨询公司（McBer Consulting Company），并兼任董事长。1987 年，转任波士顿大学教授，期间还获得了美国心理学会授予的杰出贡献奖。其代表作有 1964 年出版的《知觉的根源》（The Roots of Consciousness）与 1973 年出版的《测量胜任素质而非智力》（Testing for Company rather than Intelligence）。

麦克利兰和其他心理学家经过 20 多年的研究得出结论，人的社会性需要不是先天的，而是后天的，得自环境、经历和培养教育，特别是在特定行为得到报偿后，会强化该种行为模式，形成需求倾向。他的研究主要受到了美国心理学家莫瑞（N.A.Murray）的需要理论及其研究方法的影响。他应用莫瑞编制的主题知觉试验（thematic apperception test，TAT）等心理学方法进行定量及定性分析，提出了著名的成就需要理论。

（一）成就需要理论的主要内容

该理论认为：在人类生理需要基本满足的前提下，人类有三大类社会性需要，即权力需要、社交需要和成就需要。

（1）权力需要（need for power）：影响和控制别人的行为的欲望。具有高权力需要的人喜欢承担责任，努力影响他人，喜欢处于竞争性和重视地位的环境；与有效的绩效相比，他们更关心威望和对其他人的影响力。

（2）社交需要（need for affiliation）：建立友好和亲密的人际关系的欲望。这是指被其他人接受或喜欢的愿望；具有高社交需要的人努力寻找友爱，喜欢合作性的而非竞争性的环境。

（3）成就需要（need for achievement）：追求卓越、实现目标、争取成功的内驱力。一些人具有获得成功的强烈动机，他们追求个人成就而不是成功的报酬本身；他们有一种使事情做得比以前更好或更有效率的欲望。人的成就需要和动机是后天形成的，是由环境决定的，因而也是可以改变、可以培养的。成就需要的高低对一个人、一个组织、一个国家的发展和成长，起着特别重要的作用。

（二）成就需要理论的基本观点

根据对社会性需要的划分，麦克利兰提出了成就需要理论的一些基本观点。

（1）具有高成就需要的人更喜欢具有个人责任、能够获得工作反馈和适度冒险性的环境，当为高成就者提供这样的环境时，能够提高他们的激励水平。

（2）具有高成就需要的人不一定是优秀的管理者，尤其在一个大型组织中，因为他感兴趣的是如何做好自己的工作，而不是如何去影响他人做好。

（3）社交和权力需要与管理者的成功密切相关，最优秀的管理者具有高权力需要和低社交需要。

麦克利兰认为，具有强烈的成就需要的人渴望将事情做得更为完美，提高工作效率，获得更大的成功，他们追求的是在争取成功的过程中克服困难、解决难题、努力奋斗的乐趣，以及成功之后的个人成就感，他们并不看重成功所带来的物质奖励。个体的成就需要与他们所处的经济、文化、社会、政府的发展程度有关，社会风气也制约着人们的成就需要。麦克利兰发现高成就需要者的特点是：他们寻求那种能发挥其独立处理问题能力的工作环境；他们希望得到有关工作绩效的及时明确的反馈信息，从而了解自己是否有所进步；他们喜欢设立具有适度挑战性的目标，不喜欢凭运气获得的成功，不喜欢接受那些在他们看来特别容易或特别困难的工作任务。高成就需要者具有进取心和事业心，敢于冒险，比较实际，大多是进取的现实主义者。

第二节　过程型激励理论

过程型激励理论主要关心在不同激励条件下，行为改变是如何发生的，或者说，一个人是怎样用不同的方式来实现其目标的，因此它并不关注员工行为发生的原因，而是强调对员工适应外界环境变化的过程进行分析。重要的过程型激励理论包括强化理论（reinforcement theory）、期望理论（expectancy theory）、公平理论（equity theory）和目标设置理论（goal setting theory）。

一、强化理论

强化理论是由美国心理学家和行为科学家斯金纳等人提出的。强化理论的基本观点为，如果能很好地设定环境，就能通过环境来调整和改变人的行为。从行为主义的角度来看，动机是一个不可测量和不可捉摸的东西，主要来自研究者的理论假设，管理者在管理员工的时候，应该关注员工那些外部的可测量行为，而不是那些不可观测的内部动机。

强化理论认为，强化从其最基本的形式来讲，指的是对一种行为发生后，产生的肯定或否定的后果（奖励或惩罚），这种后果至少在一定程度上会决定这种行为在今后是否会重复发生。强化理论解释了奖励或惩罚会怎样影响员工的行为和满意度，因此为管理者提供了非常有用的信息。

（一）强化行为的种类

强化理论认为，管理者要经常观察员工的具体行为，并区分组织想要和不想要的行为。那些期望员工拥有的行为可能包括为了完成工作而在周末加班、为了提高技术而主动求教等；

那些不期望员工拥有的行为可能包括拖沓、高返工率或对待顾客态度不好等。强化理论能帮助管理者了解如何增加期望的行为，减少那些不期望的行为。人们拥有什么样的行为主要取决于他们行为所引发的结果，行为是其结果的函数。一个管理者可以通过安排行为触发的结果来引导员工的行为。具体而言，强化行为包括以下几类：正强化、惩罚、负强化和忽视。

（1）正强化。正强化就是奖励那些符合组织期望和组织目标的行为，以便使这些行为得到进一步加强。正强化的手段包括经济方面的，如提薪、发放奖金等，以及非经济方面的，如晋升、表扬、进修等。

（2）惩罚。当员工出现那些不符合组织目标的行为时，采取惩罚的办法，可以迫使这些行为少发生或不再发生。与正强化鼓励所希望的行为更多地出现并维持下去不同，惩罚是力图使所不希望的行为逐渐削减，甚至完全消失。惩罚的手段包括经济方面的，如减薪、扣奖金或处以罚款，以及非经济方面的，如批评、处分、降级、撤职或免除其他可能得到的好处等。根据所发生行为的性质及严重程度不同，惩罚可以间隔地或者连续地进行。连续性惩罚是每次发生不希望的行为都及时给予惩罚处理，这样可消除人们的侥幸心理，使这种行为重复出现的可能性减少直至完全消除。

（3）负强化，也称规避。它不同于正强化和惩罚，是在事前的规避，是对什么样的行为会不符合组织目标的要求以及如果员工发生不符合要求的行为将予以何种惩罚的规定，从而使员工从力图避免得到不合意、不愉快结果的考虑中对自己的行为形成一种约束力。这种约束、规避的作用会使组织成员的行为趋向于符合要求的、比较规范的状态，所以，这是一种非正面的对所希望行为的强化，称为负强化。规定本身不一定就是负强化，只有当它使员工对自己的行为形成了约束即“规避”作用时才是。

（4）忽视，也就是自然消退，就是对原先可接受的某种行为强化的撤销，由于在一段时间内不再予以强化，行为就必然会减少并逐渐消退，在管理上就是对已出现的行为进行“冷处理”，达到“无为而治”的效果。

（二）强化理论的原则

强化理论讨论环境与行为的关系，在管理实践中提出以下原则。

（1）经过强化的行为趋向于重复发生。强化就是通过肯定或否定某种行为的后果，使某种行为在将来重复发生的可能性增加的一种行为方式。例如，当某种行为的后果受人称赞时，受称赞的人就会重复这种行为。

（2）应该依照强化对象的不同而采取不同的强化措施。人们的需要可能因年龄、性别、职业、学历、经历不同而不尽相同，强化方式也应该不一样。比如，有的人重视物质奖励，有的人重视精神奖励，因此，在管理实践中应区分情况，采用不同的强化措施。

（3）分阶段设立目标，并对目标予以明确规定和表述。按照强化理论，对人的激励首先要设立一个明确的、鼓舞人心而又切实可行的目标，只有目标明确而具体时，才能进行衡量并采取适当的强化措施。同时还要将目标进行分解，分成许多小目标，完成每个小目标都及时给予强化，这样不仅有利于目标的实现，而且通过不断地激励还可以增强信心。

（4）及时反馈。所谓及时反馈就是通过某种形式和途径，及时将工作结果告诉员工。要取得好的激励效果就应该在行为发生以后尽快采取适当的强化措施。员工进行某种行为以后，即使是管理者简单地给予了诸如“已注意到你们的这种行为”的反馈，都能起到正强化的作用；如果管理者对这种行为不予注意，这种行为重复发生的可能性就会减少以至消失。

（5）正面强化比负面强化更有效。正面强化的结果强化了理想的反应，增加了行为重复的可能性，包括正强化、负强化；而负面强化的目的是削弱不良行为，包括惩罚和忽视。在强化手段的运用上，应以正面强化为主，必要时也要对坏的行为给予惩罚，做到奖惩结合，但要注意使用负面强化的条件，长期采用惩罚等负面强化方式来管理员工会造成员工的冷漠。

二、期望理论

期望理论是由维克多·弗鲁姆提出的一种认知理性模型。它的基本观点是：人们会努力工作去实现期望的结果；人们一般会通过评估工作过程中实现目标所得到的收益和付出的代价，寻找一个性价比最好的方案。

期望理论关心三种关系，即个人努力与个人绩效的关系，个人绩效与组织奖励的关系，组织奖励与个人目标的关系，如图 10-3 所示。其中个人努力与个人绩效的关系是指个人认为通过一定努力会带来一定绩效的可能性；个人绩效与组织奖励的关系是指个人相信达到一定水平的绩效会带来奖励结果的程度；组织奖励与个人目标的关系是指组织奖励满足个人目标或需要的程度以及这些潜在的奖励对个人的吸引力。

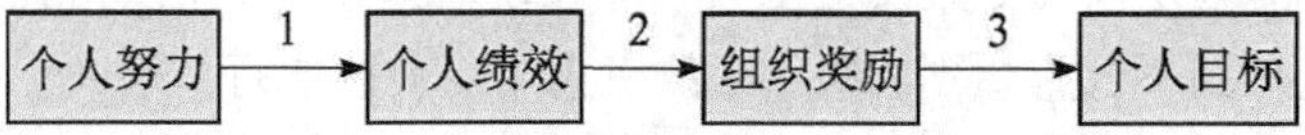

图 10-3 期望理论关注的三种关系

期望理论的基础是自我利益，它认为每一位员工都在寻求获得最大的自我满足。期望理论的核心是双向期望，管理者期望员工的行为，员工期望管理者的奖励，管理者知道什么对员工最有吸引力。期望理论的员工判断依据是员工个人的知觉，而与实际情况不相关。

期望概率模式认为，一个人从事某项活动的动力（激励力）的大小，取决于期望值（即该项成果实现概率的大小）、工具性（即相信行动绩效能达成成果的程度）以及效价（即该项活动所产生成果吸引力的大小）这三项因素，如图 10-4 所示。

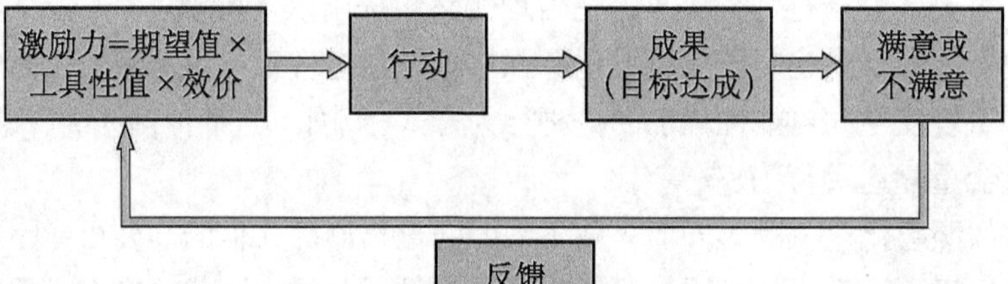

图 10-4 期望概率模式

其中，激励力公式表示如下：$F=E\cdot I\cdot V$。式中，F 代表激励力（或动机激发力量）；E 代表期望值；I 代表工具性（或手段性）；V 代表效价。

（1）期望值（即期望几率）指的是一个人对某项活动导致某一项结果的可能性大小的判断。例如，工作做出优异成绩这项活动导致提升这一成果的可能性有多大，就是期望值。它是个人主观的评价，与客观上是否符合实际情况无关。而是否对个人起激励作用以及所起激励作用的大小，也以这种由主观判定的期望几率为依据。

（2）工具性（或手段性）是一个过渡性概念，是指一级成果（组织目标）达到二级成果（个人目标）的工具或手段。它反映个人对一级成果（组织目标）和二级成果（个人目标）之间内在联系的认识，是对达到某一水平的绩效将使自己获得某一报酬的相信程度。

（3）效价即某项活动成果的吸引力，指一个人对某项活动可能产生的成果的评价。例如，一位员工从上级的暗示或自己的估计中得出一个结论，如果自己在工作上做出优良成绩，就有可能在职务上提升。"升职"就是其成果。至于这种成果吸引力的大小，则因各人的主观评价而异。对一个很想升职的人来讲，其吸引力就大；对一个不在意升职与否的人来讲，其吸引力为零；对一个不愿升职的人来讲，其吸引力为负数。所以，效价的变动范围为±100%。

从逻辑上讲，某项活动成果对一个人吸引力的大小会激励他去实现或不实现这项活动。一定大小的负的吸引力（即排斥力）也会从反方向同相应的正的吸引力一样产生同等程度的激励作用。例如，一个想升职的员工认为做好工作就能够得到升职，那么升职的吸引力为90%；另一方面，他又认为如果不做好工作将被解雇，而他很不愿被解雇，那么被解雇的吸引力为–90%。这样，"升职"和"被解雇"这两项活动成果的吸引力，将从正反两个方向对他积极做好工作产生同等程度的作用。但是，从远期效果来看，某项活动成果负的吸引力（如用解雇等威胁和恐吓的手段）可能会产生不同于正的吸引力的激励影响。例如，一个员工由于有被解雇的威胁而可能更勤力地工作，但他内心对这种威胁却很怨恨，以后可能产生难以预料的"激励影响"，如一有机会就调换工作等。所以，行为科学家一般都强调要多从正面激励，尽可能不从反方向激励，而这点在期望几率模式中并没有很好地展现出来。

（4）"激励力"是促使一个人采取某一活动的内驱力的强度，其大小受期望值、效价和工具性三个因素共同影响。举例说明，张三认为自己被提拔为财务副经理的期望几率高达99%。如果他并不想成为财务副经理，那么该项活动成果的吸引力为0，则激励力=0×99%=0；另外一种情况，如果张三很想成为财务副经理，该项活动成果的吸引力为100%，但他认为这不可能实现（期望几率=0），则这项活动的激励力为100%×0=0；第三种情况，当该项活动成果的吸引力和期望几率都是100%时，激励力就为100%×100%=100%。所以，激励力的变动幅度是0至100%，或0至–100%（当活动成果的吸引力为负数时）。

从图10-4中可以看出，激励力促使行动，行动取得成果（目标达成），员工对成果感到满意或不满意，又反馈到激励力的形成（期望值×工具性值×效价），影响到下一次的激励力和行动。所以，为了激励员工，组织一方面应该使员工了解某项活动成果的吸引力，并尽可能加大这种吸引力；另一方面要采取措施帮助员工实现其期望，提高其期望几率，以便提高激励力；同时，组织也应当言而有信，提高员工相信达到某一成果之后能够获得相应结果的程度。

三、公平理论

斯达西·亚当斯（Stacey Adams）提出的公平理论又称社会比较理论。该理论侧重于研究工资报酬分配的合理性、公平性及其对员工工作积极性的影响。公平理论反映了"每一个人都应公平地得到报酬"这种古老原则在激励方面的作用。公平理论的基本观点是：当一个人做出了成绩并取得了报酬以后，他不仅关心自己所得报酬的绝对量，而且关心自己所得报酬的相对量。

在公平理论中，每个人都会在工作投入与产出之间寻找平衡感。亚当斯把这种投入与产出称为输入与输出。通过在市场中将自身情况与其他参考对象（包括参考个体与参考事例）的情况进行对比，我们形成了自己关于何为输入与输出之间公平关系的认识。我们也会受同事、朋友、搭档等的影响，来确定这一公平指数，并产生对自身输入与输出比例的行为反应，如表 10-1 所示。

表 10-1　典型的输入和输出

典型的输入：努力、忠诚、勤奋工作、承诺、技能、能力、适应性、灵活性、容忍、决心、精神与情感、热情、对老板与上级的信任、对同事与下属的支持、个人牺牲等	人们需要在输入与输出之间找到平衡感	典型的输出：各种经济奖励：工资、薪水、报销、补贴、津贴、退休金、红利和佣金 精神奖励：认可、名誉、表扬、感谢、兴趣、责任、激励、出差、培训、得到发展、成就感和先进感、升职等

员工所选择的与自己进行比较的参照对象一般有三种："他人""制度"和"自我"。"他人"包括同一组织中从事相似工作的其他个体，还包括朋友、邻居及同行。"制度"指组织中的薪金政策与程序以及这种制度的运作。"自我"指的是员工自己在工作中付出与所得的比率。因此，员工要进行种种比较来确定自己所获报酬是否合理，比较的结果将直接影响其今后工作的积极性。

一种比较称为横向比较，即员工要将自己获得的"报偿"（包括金钱、工作安排以及获得的赏识等）与自己的"投入"（包括教育程度、所做努力、用于工作的时间、精力和其他无形损耗等）的比值与组织内其他人做社会比较，只有二者相等时，他才认为公平，如下式所示：$O_p / I_p = O_c / I_c$。式中，O_p 表示自己对所获报酬的感觉；O_c 表示自己对他人所获报酬的感觉；I_p 表示自己对个人所做投入的感觉；I_c 表示自己对他人所做投入的感觉。

当上式为不等式时，可能出现以下两种情况。

（1）$O_p/I_p<O_c/I_c$

在这种情况下，员工可能要求增加自己的收入或减小自己今后的努力程度，以便使左方增大，左右两方趋于相等；第二种办法是他可能要求组织减少比较对象的收入或者让比较对象今后增大努力程度以便使右方减小，左右两方趋于相等。此外，员工还可能另外找人作为比较对象，以便达到心理上的平衡。

（2）$O_p/I_p>O_c/I_c$

在这种情况下，员工可能要求减少自己的报酬或主动多做些工作，但久而久之，他会重新估计自己的技术和工作情况，最后觉得他确实应当得到那么高的待遇，于是产量便又会回到过去的水平了。

除了横向比较之外，人们也经常做纵向比较，即把自己目前投入的努力与目前所获报偿的比值，同自己过去投入的努力与过去所获报偿的比值进行比较。只有二者相等时人们才认为公平，如下式所示：

$$O_p / I_p = O_h / I_h$$

式中，O_p 表示自己对现在所获报酬的感觉；O_h 表示自己对过去所获报酬的感觉；I_p 表示自己对个人现在投入的感觉；I_h 表示自己对个人过去投入的感觉。

当上式为不等式时，也可能出现以下两种情况。

（1）$O_p/I_p<O_h/I_h$

当出现这种情况时，也会使人产生不公平的感觉，这可能导致工作积极性下降。

（2）$O_p/I_p>O_h/I_h$

当出现这种情况时，人们不会因此产生不公平的感觉，反而可能会产生一定的不安情绪，但一段时间后人们会认为这是自己应该获得的。

调查和试验的结果表明，不公平感绝大多数是经过比较，认为自己目前的报酬过低而产生的；但在少数情况下，不公平感也可能是经过比较，认为自己的报酬过高而产生的。不公平导致个人的内心紧张，既然紧张是一种不愉快的感觉，人们就使用激励来减少它，直到一种可以容忍的状态。为了降低紧张程度和减少不公平的感觉，人们可能选择下面一些行为。

（1）人们可能提高或降低他们的投入，直到一个可能公平的水平。

（2）人们可能改变他们的收益来获取公平。

（3）人们可能离开组织或要求调到新部门，他们这样做是希望找到有利于平衡的环境。

（4）人们可能改变他们的对比群体，可能转换到一个新的参照对象，来减少不公平产生的根源。

（5）人们可能曲解自己的投入和收益。

（6）人们可能曲解别人的投入和收益。

公平理论对管理实践有着重要的启示：首先，影响激励效果的不仅有报酬的绝对值，还有报酬的相对值；其次，激励时应力求公平，使等式在客观上成立，尽管可能有主观判断的误差，但也不致造成严重的不公平感；再次，在激励过程中应注意对被激励者公平心理的引导，使其树立正确的公平观——方面是要认识到绝对的公平是不存在的，另一方面是不要盲目攀比。

为了避免员工产生不公平的感觉，组织往往采取各种手段营造一种公平合理的气氛，使员工产生一种主观上的公平感。如有的组织采用工资保密的办法，使员工相互不了解彼此的收入，以免员工互相比较而产生不公平感。

拓展学习

公司高管薪酬与普通员工的倍差到底多少才合理，高管薪酬到底应该如何构成？林新奇和秦封在考察美国企业高管薪酬的基础上，通过选取欧盟 11 家上市公司的 2013 年年报进行分析，探讨其高管薪酬构成及与员工薪酬倍差的特点，为我国央企的薪酬构成及与普通员工的适当薪酬倍差提供决策参考，为增强薪酬激励的有效性提供借鉴。

扫描右侧二维码，阅读《欧美高管薪酬构成及与员工倍差的探析》一文，可以帮助读者更好地了解公平理论在管理实践中的应用。

四、目标设置理论

在现实环境中，通常可以发现这样的现象：设置一个清晰的目标能明显地促进工作效率的提高。与没有设置目标或者简单地告诉员工“你尽量努力完成工作”相比，制定困难的目标甚至能产生更高水平的工作效率。当员工知道组织对他们有什么期望的时候，即使这些期望都较难实现，员工也会试图达成这种目标。这对于团队而言同样适用，如果一个团队拥有并认同一个目标，团队的工作效率会明显提高。这就是目标设置理论提出的现实背景。

（一）目标设置理论的基本内容

目标设置理论是由美国心理学教授洛克（E.A.Locke）和休斯于 1967 年提出的。他们发现外来的刺激（如奖励、工作反馈、监督的压力）通过目标来影响员工的动机，目标能引导活动指向与目标有关的行为，使人们根据难度的大小来调整努力的程度，并影响行为的持久性。于是，在一系列科学研究的基础上，他们提出了目标设置理论。该理论认为目标本身就具有激励作用，目标能把人的需要转变为动机，使人们的行为朝着一定的方向努力，并将自己的行为结果与既定的目标相对照，及时对行为进行调整和修正，从而实现目标。虽然在不同的文化下目标设置理论的有效程度不同，但迄今为止的研究发现，目标设置理论适用于所有的文化背景。

目标设置理论有效的原因在于目标激励的力量来自内部。它的假设前提是，个人的行为效果是由其期望完成的目标决定的，目标本身并不能成为激励因素，真正起激励作用的是自我不满足感。当员工觉得自己所达到的与所期望达到的目标之间存在差异时，就会产生不满足感，这种不满足感能驱使人们更加努力地工作，朝着目标的方向奋进。

（二）影响目标管理有效性的因素

为了能让目标管理发挥最大的功效，在应用目标管理时需关注很多影响因素，这些因素分别来自目标本身的特性、员工特性及组织因素。

1. 目标特性

影响目标管理的有效性的目标特性因素包括目标的明确度和目标的难度。

（1）目标的明确度是指目标指导员工怎么做，付出多大的努力才能实现目标的清晰程度。明确度很高的目标有利于引导和评价员工的行为。同时，明确的目标本身就具有激励作用，因为员工希望了解自己行为的指向，对行为目的和结果的了解能减少行为的盲目性，提高行为的自我控制水平。另外，明确的目标对员工绩效的稳定性也有影响。目标越明确，员工的绩效变化幅度就越小，而目标越模糊，员工的绩效变化幅度就越大。

（2）目标的难度是指员工行为和目标之间的距离。对不同的员工来说，相同任务的难度会因为员工的能力和经验而有所差异。一般来说，目标的绝对难度越高，人们就越难达到它。研究表明，完成任务的员工有足够的能力，同时对目标有高度的承诺时，员工的绩效与目标难度之间存在着线性关系，即任务难度越高，员工的努力程度就会越高。

2. 员工特性

影响目标管理有效性的员工特性因素包括员工的承诺感、自我效能感、工作满意度、完成任务的策略等多个因素。

（1）承诺感是指员工被目标所吸引，认为目标重要并持之以恒地为实现目标而努力的程度。当员工参与设定目标，并认为所设置的目标非常重要，同时通过努力能够实现目标时，员工的承诺感最高。员工的承诺感越高，完成目标的努力程度也就越高。

（2）自我效能感是指员工对自我能否实现目标的自我判断，这种判断是以员工对个人全部资源的评估为基础的，包括能力、经验、训练、过去的绩效和获得的关于任务的信息等。员工的自我效能感越强，对目标的承诺就会越高，努力程度也会提高。

（3）工作满意度是指员工体验到伴随成功而来的内心满足的程度。当员工感觉到更高水平的满意度时，他们的努力程度就会提高，而实现目标的可能性就更大。在管理实践中，常常发现容易的目标带来的满意度较高，而困难的目标带来的满意度偏低，但是达到困难的目标会产生更高的绩效。那么，到底如何平衡员工满意度和高绩效呢？一般认为，可以设定中等难度的目标，既能使员工产生一定的满意感，又能有比较高的绩效；或者采用多重目标和奖励结构，达到的目标难度越高，得到的奖励越多等方法。

（4）完成任务的策略是指在完成目标任务过程中员工所采用的方法。研究表明，只有使用适宜的策略，任务难度与员工的绩效才显著相关。因此，员工能否采用恰当的工作策略来实现目标，是保证目标管理有效性的重要因素。

3. 组织因素

影响目标管理有效性的因素中，来自组织的因素主要包括组织的反馈机制。反馈是组织中常用的激励策略和行为矫正手段。良好的反馈机制是保证目标管理有效性的重要因素。反馈可以分为很多种，比如根据反馈内容可以分为正反馈和负反馈。所谓正反馈，是指员工达到了某项标准而得到的反馈，而负反馈是员工没有达到某项标准而得到的反馈。反馈还可以分为信息反馈和控制反馈。信息反馈不强调外界的要求和限制，仅告诉员工任务完成的情况，这表明员工可以控制自己的行为和活动；而控制反馈则强调外界的要求和期望，如告诉员工他必须达到什么样的标准和水平。用信息方式表达正反馈可以加强员工的内部动机。对需要发挥创造力才能完成任务的员工来说，给予他们信息反馈中的正反馈，可以使员工最好地完成任务。

管理故事

游泳的故事

1952年7月4日清晨，加利福尼亚海岸起了浓雾。在海岸以西 21英里的卡塔林纳岛上，一个43岁的女人准备从太平洋游向加州海岸。她的名字叫费罗伦丝·查德威克。

那天早晨，雾很大，海水冻得她身体发麻，她几乎看不到护送他的船。时间一小时一小时的过去，千千万万人在电视上看着。有几次，鲨鱼靠近了她，但被人开枪吓跑了。

15个小时之后，她又累，又冻得发麻。她知道自己不能再游了，就叫人拉她上船。她的母亲和教练在另一条船上。他们都告诉她海岸很近了，叫她不要放弃。她朝加州海岸望去，但除了浓雾什么也看不到……

人们拉她上船的地点，离加州海岸只有半英里！后来她说，令她半途而废的不是疲劳，也不是寒冷，而是因为她在浓雾中看不到目标。查德威克女士一生中只有这一次没有坚持到底。

这个管理故事告诉我们：目标要看得见，够得着，才能成为一个有效的目标，才会形成动力，帮助人们获得自己想要的结果。

第三节　综合型激励理论

在实际管理工作中，激励理论的应用并不是完全孤立的，而是可以整合起来共同应用于员工的行为分析中。举例而言，一个员工的工作效率很低，究其原因，可能是缺乏成就动机，也可能是心理需要没有得到满足，还可能是两者都存在。因此在管理实践中，不仅要深刻地理解不同激励理论的差异，而且要将这些理论进行整合。

一、综合型激励理论

综合型激励理论是美国行为科学家爱德华·劳勒（Edward Lawler）和莱曼·波特（Lyman Porter）于 1968 年在《管理态度和成绩》一书中提出的一种激励理论。他们认为激励是外部刺激诱因、个体内在因素、行为表现和行为结果的相互作用统一过程。不同类型的激励对不同的人具有不同的作用和效果。该模式不仅说明了激励模式的各个因素，而且将内在激励与外在激励结合在一起，并在传统的报酬与满足感之间引进了“公平的报酬”这个中间变量，揭开了员工在获得奖酬后仍然不感到满足的原因，如图 10-5 所示。

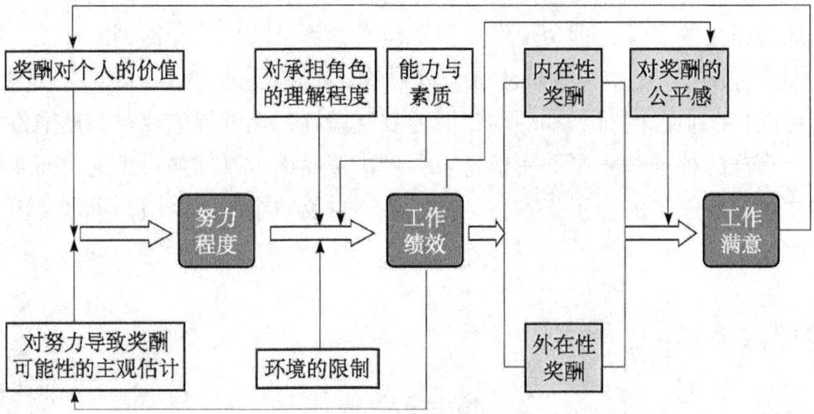

图 10-5　波特劳勒综合激励模型

从图 10-5 中可以看出：

（1）“激励”包括个人对奖励价值的判断和对努力导致奖励的可能性的主观估计，会影响一个人是否努力及其努力的程度。

（2）工作的实际绩效取决于能力的大小、努力程度以及对所需完成任务理解的深度。具体地讲，“对承担角色的理解程度”就是指一个人对自己扮演的角色认识是否明确，是否将自己的努力指向正确的方向，抓住了自己的主要职责或任务。

（3）奖励要以绩效为前提，不是先有奖励后有绩效，而是必须先完成组织任务才能导致精神的、物质的奖励。当员工看到他们的奖励与成绩关联性很弱时，奖励将不能成为提高绩效的刺激物。

（4）奖惩措施是否会产生满意，取决于被激励者认为其获得的报偿是否公正。如果他认为符合公平原则，就会感到满意，否则就会感到不满，而满意将导致进一步的努力。

1967 年，波特和劳勒还在他们合作的《工作绩效对工作满意度的影响》一文中提出了绩效对满意感影响的一种理论模式（见图 10-6）。

这种模式的具体内容是一个人在做出了业绩后，会得到外在和内在两类报酬。外在报酬包括工资、地位、升职等。按照马斯洛的需要层次理论，外在报酬往往满足的是一些低层次的需要。由于一个人的业绩，特别是非定量化的业绩往往难以精确衡量，而工资、地位、升职等报酬的取得也包含多种因素的考虑，不完全取决于个人业绩，所以在图中用了一条虚线把业绩与外在报酬联系起来，表示二者并非直接的、必然的因果关系。另一种报酬是内在报酬，即一个人由于工作业绩良好而给予自己的报酬，如感到对社会作出了贡献，对自我存在意义及能力的肯定等。它对应的是一些高层次的需要的满足，而且与工作业绩是直接相关的，所以图中用实线连接了“业绩”与“内在报酬”。然而“内在报酬”与“外在报酬”不能完全决定是否“满足”，其间必然要通过“所理解的公平报酬”来调节。也就是说，一个人要把自己所得到的报酬同自己认为应该得到的报酬相比较。如果他认为二者相符合，就会感到满足，并激励自己以后更好地努力。如果他认为自己得到的报酬低于“所理解的公平报酬”，那么即使事实上他得到的报酬并不少，他也会感到不满足，甚至会感到失落，从而影响他以后的努力。

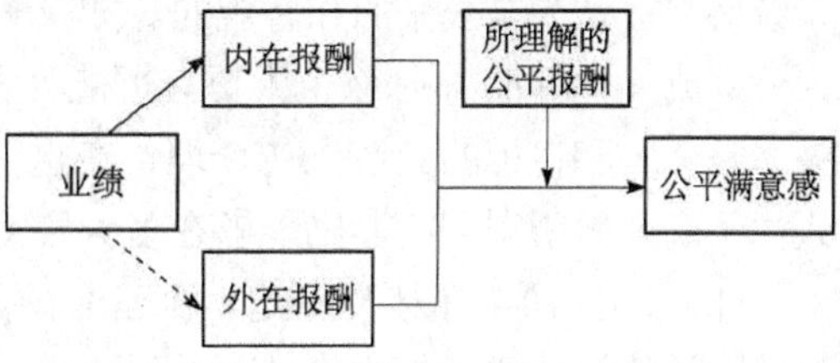

图 10-6　绩效对满意感影响的理论模式

二、激励理论的整合模型

斯蒂芬·罗宾斯以期望理论为基础，将各种激励理论整合在一起，提出了一个激励理论的整合模型，如图 10-7 所示。从中可以看出，个体努力受两个因素的影响：一个是机会；一个是个人目标。这个目标-努力链提醒我们：目标引导行为。

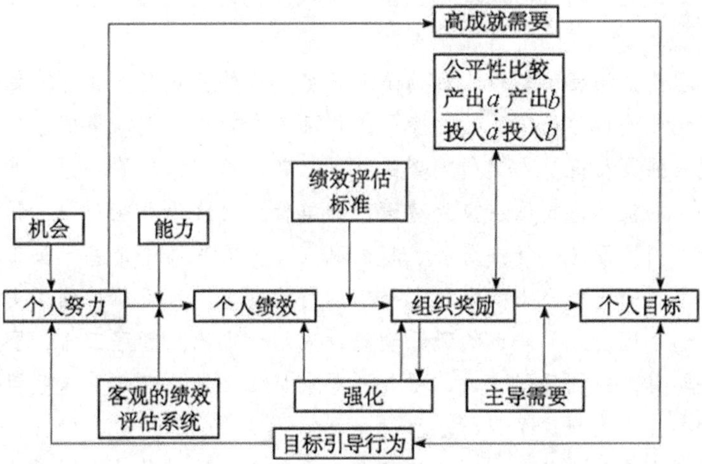

图 10-7　当代激励理论的整合

资料来源：[美]斯蒂芬·P·罗宾斯. 组织行为学（第 14 版）. 北京：中国人民大学，2012：191.

根据期望理论，如果一个员工认为个人努力和个人绩效、个人绩效和组织奖励、组织奖励和个人目标的实现之间有密切的联系，那么他的努力程度就会提高。在努力程度一定的情况下，为了取得高绩效，这个人必须具有工作所需要的能力，而且衡量个人绩效的绩效评估系统必须被认为是公平的和客观的。如果一个人认为受到奖励是由于绩效（而不是资历、个人爱好或其他标准），那么个人更有可能为了获得奖励而努力提高绩效。期望理论中最后一个关系是奖励和目标的关系，ERG 理论在这一点上可以发挥作用。激励水平的高低取决于一个人由于高绩效所得到的奖励能够在多大程度上满足与他的个人目标一致的主导需要。

此外，图 10-7 还涉及成就需要理论、强化理论和公平理论。高成就需要者不是由于组织对他的绩效评估或组织的奖励而受到激励。对那些具有高成就需要的人来说，从努力到个人目标的飞跃就是最好的奖励。对高成就需要者而言，只要从事的工作能给他们提供个人责任、反馈和一定的冒险，他们就能从自我内部受到激励，所以他们不关心个人绩效和组织奖励的联系。由于认识到组织的奖励会强化个人的绩效，图 10-7 中也列入了强化理论。如果管理层设计的奖励体系被员工看作是对高绩效的报酬，那么奖励就会强化和鼓励持续的高绩效。奖励也是公平理论中的关键部分。个人会把自己从投入中得到的产出和其他相关人士的投入产出比进行比较（$O_a/I_a : O_b/I_b$），而不公平感会影响他们付出努力的程度。

本章小结

内容型激励理论强调员工的个人心理需要是决定员工行为的重要因素。其中马斯洛的需要层次理论认为人有五种基本需要，麦格雷戈在人性假设的基础上提出了“X 理论-Y 理论”，赫茨伯格的双因素理论认为人们受到工作条件因素（保健因素）和工作内容因素（激励因素）的不同影响，阿尔德弗的 ERG 理论认为人的内在需要分为三种，而麦克利兰的成就需求理论认为人们有三种需要——权力需要、社交需要、成就需要，每一种需要对人们行为的影响是不同的。尽管上述每种理论都存在一定的争议，如马斯洛的需要理论和 ERG 理论并不能非常有效地解释动机，但麦克利兰的成就需要理论被认为在说明成就和生产率方面具有很强的解释性。

过程型激励理论强调员工的行为如何适应外界环境的变化，外界环境如何影响员工的工作努力程度。强化理论认为员工的行为受到工作环境和行为引发结果的影响；期望理论是一个认知理性模型，强调动机是人们所期望的结果、完成这些结果的努力程度和这些结果的价值的产物，另外，期望理论被用在重大决策时的解释力要强于用在一般工作行为中，因为往往在重大决策上人们更倾向于仔细思考、权衡利弊；而公平理论是基于员工对自己所处的环境中投入产出比得到的比较公平感来解释员工的行为的理论，目前得到了更多文献的支持；目标设置理论是迄今应用最为普遍的激励理论，应用该理论来管理工作，要求目标的设置要明确、有时限、具有挑战性且能完成，另外还要求员工必须能够接受这些目标，管理者能提供必要的资源和条件来实现这个目标。

综合型激励理论是对多种激励理论的整合，更加全面地对激励进行了诠释。劳勒和波特的综合型激励理论将内在激励与外在激励结合在一起，并在传统的报酬与满足感之间引进了“公平的报酬”这个中间变量，揭开了员工在获得奖酬后仍然不感到满足的原因。罗宾斯则以期望理论为基础，将各种激励理论整合在一起，提出了一个激励理论的整合模型。

复习思考题

一、名词解释题

激励　内容型激励理论　需要层次理论　X理论　Y理论　双因素理论　ERG理论　成就需要理论　过程型激励理论　强化理论　期望理论　公平理论　目标设置理论　综合型激励理论

二、单项选择题

1．某企业对生产车间的工作条件进行了改善，这是为了更好地满足职工的（　　）。

A．生理需要　B．安全需要　C．社交需要　D．尊重需要

2．ERG理论是由（　　）提出的。

A．麦克利兰　B．马斯洛　C．赫茨伯格　D．阿尔德弗

3．公平理论认为影响员工工作表现的因素是（　　）。

A．报酬的多少　B．工作的环境

C．晋升的机会　D．纵横向比较的结果

4．某企业规定，员工上班迟到一次，扣发当月50%的奖金，自此规定出台之后，员工迟到现象基本消除。这是哪一种强化方式？（　　）

A．正强化　B．负强化　C．惩罚　D．忽视

5．（　　）认为，恰当设置和良好执行的目标可以对员工产生巨大的激励效用。

A．双因素理论　B．公平理论　C．期望理论　D．目标设置理论

三、简答与论述题

1．比较需要层次理论和ERG理论的异同。

2．简述双因素理论的内容，并分析该理论对管理实践的意义。

3．简述公平理论的有关内容，并分析该理论对管理实践的意义。

4．简述麦克利兰的成就需要理论，以及高成就需要者的特点。

5．强化理论的基本内容及原则是什么？

6．期望理论的基本内容是什么？

7．阐述目标设置理论的基本内容，并分析什么样的目标最具有激励作用。

8．简述劳勒和波特的综合型激励理论。

9．简述激励理论整合模型的主要内容。

四、案例分析题

汤姆的困惑

汤姆已经在数据系统公司工作了5个年头。在这期间，他从普通编辑员升到资深的程序编制分析员。他对自己所服务的这家公司相当满意，很为工作中的创造性要求所激励。

一个周末的下午，汤姆和他的朋友及同事安迪一起打高尔夫球。他了解到他所在的部门

新雇了一位刚从大学毕业的程序编制分析员。尽管汤姆是个好脾气的人，但当他听说这位新来者的起薪仅比他现在的工资少 30 美元时，不禁发火了。汤姆迷惑不解，他感到这里面一定有问题。

下周一的早上，汤姆找到了从事部主任艾德华，问他自己听说的事是不是真的。艾德华带有歉意地说，的确有这么回事。但他试图解释公司的处境："汤姆，编程分析员的市场相当紧俏。为使公司能吸引合格的人员，我们不得不提供较高的起薪。我们非常需要增加一名编程分析员，因此我们只能这么做。"汤姆问能否相应调高他的工资。艾德华回答说："你的工资需按照正常的绩效评估时间评定后再调。你干得非常不错!我相信老板到时会给你提薪的。"汤姆在向艾德华道了声"打扰了!"之后便离开了他的办公室，边走边不停地摇头，很对自己在公司的前途感到疑虑。

资料来源：作者自己整理。

根据案例内容，回答以下问题：

1.本案例描述的事件对汤姆的工作动力会产生什么样的影响？哪一种激励理论可以更好地解释他的困惑？为什么？

2．你觉得艾德华的解释会让汤姆感到满意吗？说明理由。

3．你认为公司应当对汤姆采取什么措施？为什么？

第十一章　沟通与冲突管理

【学习目标】

了解有效沟通的障碍及克服办法；理解沟通与冲突的概念；理解冲突的概念及分类；掌握沟通的过程与方式；掌握冲突管理的策略与方法。

【案例导入】

小道消息

斯塔福德公司是美国北部的一个发展迅速的航空公司。然而，最近在其总部发生了一系列的传闻：公司总经理波利想出卖自己的股票，但又想保住自己的总经理职务。这是公开的秘密了，他为公司制定了两个战略方案：一是将航空公司的附属公司卖掉，另一个是利用现有的基础重新振兴公司。他自已曾对这两个方案进行了认真的权衡，并委托副总经理本杰明提出一个参考意见。本杰明起草了一份备忘录，随后叫秘书比利去打印。比利打印后去咖啡厅，在喝咖啡时遇见了另一位副总经理肯尼特，并将这一秘密告诉了他。

比利悄悄对肯尼特说："我得到了一个极为轰动的最新消息，他们正准备成立新的航空公司。他们虽说不会裁员，但我们应该联合起来，有所准备啊！"这话又被办公室的通讯员听到了，他立即将此事告诉了他的上司巴巴拉，巴巴拉为此事写了一个备忘录给负责人事的总经理马丁，马丁也加入了他们的阵线，并认为公司应该保证兑现其不裁员的诺言。

第二天，马丁正在打印两份备忘录，被路过的办公室探听消息的摩罗看见了，摩罗跑回办公室说："我真不敢相信公司竟然做出这种事来，我们要被卖给联合航空公司了，而且要大量裁员。"

这消息传来传去，最后传到波利的耳朵，他也接到了很多不友好、甚至是敌意的电话和信件，人们纷纷指责他违背诺言大量解雇员工，也有的表示为与其他公司合并而高兴，而波利却被弄得迷惑不解。

资料来源：作者自己整理。

启发思考：

1．非正式沟通的特点和作用是什么？管理者应怎样对待公司的非正式沟通？

2．管理者波利应该怎样做才能澄清问题？

信息是组织运行的生命线，沟通使信息在组织中传递和理解。良好的沟通对于任何群体和组织的有效运作都有重要意义，每个组织都希望建立良好的沟通机制，同时也希望组织中的个体掌握良好的沟通能力。冲突作为组织中客观存在的现象，同样是组织管理中值得关注的内容。通常人们认为冲突影响了组织的良好运作，但事实上某些冲突对组织有积极作用，能促进组织的发展。本章将分别介绍沟通及冲突的相关概念，阐释沟通的管理和冲突的策略。

第一节　沟 通 概 述

一、沟通的概念

不同的研究者对于沟通的理解有所不同。有研究者认为沟通是指组织中被理解的信息而并非发出的信息；有研究者指出沟通是一个包括情境、假设、意图、听众、方式、过程、结果、评价和反馈在内的修辞过程；还有研究者提出沟通是一个涉及思想、信息、情感、态度或印象的互动过程。尽管这些研究者所给出的沟通概念互有区别，但他们对沟通的理解也存在一致性，那就是沟通是按照一定的目标，把信息、观念和情感在个人、群体和组织之间传递，并充分理解对方的过程，简言之，沟通（communication）是意义的传递和理解的过程。在这个定义中，首先强调的是意义的传递。如果信息或想法没有被传送到，则意味着沟通没有发生。更重要的是，沟通还包含着意义的理解。要使沟通成功，意义不仅要得到传递，还需要被理解。从理论上来说，完美的沟通意味着接收者经由信息传递，与发送者对信息的认知和理解完全一致。

需要特别注意的是，人们容易把良好的沟通和达成一致的意见这两种不同的情况混淆起来。所谓良好的沟通，是指双方都充分理解对方的观点和见解；而所谓达成一致意见，是指经过信息沟通之后，双方在观点上达成共识。实际上，在沟通效果良好的情况下，信息发送和接收双方既有可能达成一致意见，也有可能保留各自的观点。因此，我们不能将有效沟通和意见一致等同起来。

管理中的沟通问题包括组织沟通和人际沟通两个方面。组织沟通（organizational communication）指组织中沟通的各种方式、网络和系统等，人际沟通（interpersonal communication）指存在于两人或多人之间的沟通。这两个方面的沟通问题都对组织有重要意义。

二、沟通的过程

从表面上看，沟通就是发送者发送信息和接收者接收信息的过程。从认知科学的角度来看，一个完整意义上的沟通过程（communication process）包括 7 个要素和 4 个步骤，如图 11-1 所示。

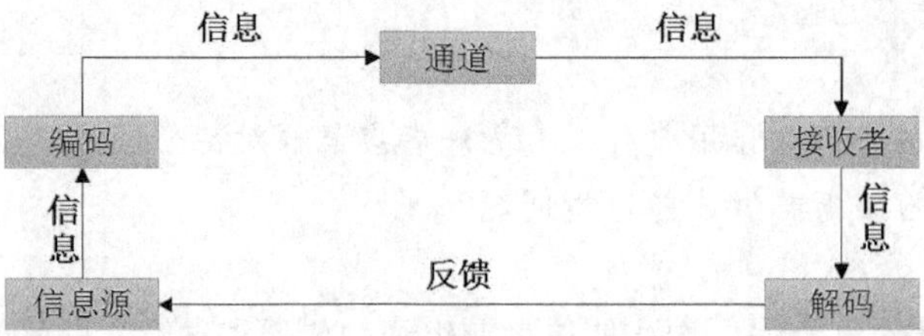

图 11-1　沟通过程模型

沟通的 7 个要素包括：信息源（发送者）、信息、编码、通道（媒介物）、接收者、解码、反馈。

（1）信息源。信息源也称信息发送者，是信息沟通的主体，是沟通过程的起点，既可能是个人，也可能是组织。

（2）信息。信息就是沟通的内容，是沟通主体所表达的观念、消息、需要、意愿等。沟通的信息内容是多种多样的，它既可以是客观事实，也可以是主观感受或情感反映。

（3）编码。信息发送者需要以一定的形式输出信息，可能会根据需要采取各种语言或非语言形式，使信息接收者能够接收和理解信息内容。

（4）通道。通道也称渠道，是指传送信息的媒介。信息必须以通道为载体才能流动。同时，通道也是连接信息发送者与接收者的桥梁。不同沟通渠道的沟通效率是不一样的。对于一个组织来说，不仅有正式的通道，也有非正式的通道。正式通道由组织建立，传递与员工的专业活动有关的信息，并通常遵循组织的权力网络。而组织中存在的大量个人与社会信息则通过非正式通道传递，最典型的就是小道消息。

（5）接收者。接收者是信息沟通的对象，在沟通过程中处于被动地接收信息的一方。接收者可能是个体，也可能是组织。在双向沟通中，信息发送者与信息接收者的身份是不断改变的。

（6）解码。解码也称译码，是信息接收者将接收到的编码信息翻译为自己能够知觉的形式并加以理解的过程。

（7）反馈。反馈是信息接收者对传递信息的反应。通过反馈信息，接收者将解码后的信息返还给信息源，使信息发送者对信息的传递情况以及接收者的理解情况进行核实，从而及时调整沟通内容。

沟通的四个步骤包括：发送者（信息源）编码、通过通道（媒介物）传递信息、接收者解码和信息反馈。

第一步：发送者（信息源）将头脑中的信息进行编码，将客观环境中的客观信息（物理信息和符号信息）转变成可以传递和理解的信息。信息编码的质量受到发送者的技能、态度、知识和社会文化系统的影响。首先，如果发送者没有很好的信息理解、组织和表达技能，那么他就很难将客观信息完整地传递出去，如同一位知识丰富的老师因为没有良好的表达能力而难以将他所掌握的知识教授给学生一样。其次，信息编码受发送者自身期望和态度的影响，发送者可能对客观信息进行加工，从而使客观信息经过编码之后成为带有较浓个人色彩的信息，在一定程度上影响了原有意义。信息编码过程中所留下的个人态度痕迹是不可能完全避免的，所以追求信息的绝对准确是不现实的。再次，如果发送者对要传递的客观信息缺乏了解，没有掌握相关的背景知识，则沟通的效果就要受影响。也就是说，人们很难传递自己不知道和不理解的信息。此外，发送者对客观信息的价值判断、个人偏好以及他所接受的社会文化方面的观念等，均可能影响发送者的信息编码。

第二步：通过通道（媒介物）传递信息。处于这一阶段的信息已经不再是客观的外在信息，此时的信息包括了三个方面的内容：用以传递意义的编码或信号群，信息本身的内容和发送者对编码信息的选择和安排。经过编码的信息附着在一定的载体上，通过通道传递给信息接收者。承载信息的载体具有多样性，既可以是口头或书面语言，也可以是非语言的身体姿势、面部表情，还有作品和图画等。需要注意的是，无论采用何种载体来传递信息，都有可能出现信息失真现象。通道的选择对沟通效果也存在重要影响，信息发送者可以选择正式通道（比如组织的权力网络），也可以选择非正式通道（比如非正式人际网络）进行信息传递，不同通道的特点对信息传递的准确性会产生不同的影响。比如，面对面的沟通有利于传递沟通双方的情感和观点，但在沟通的广度和准确度方面存在局限性；公文和通告能够准确传递信息内容，但不利于沟通双方了解彼此的态度和情感。因此，采用多种信息通道有利于降低信息失真的潜在可能性。

第三步：信息接收者通过解码接收信息。解码是与编码相对应的，接收者作为信息指向的客体，将通道中加载的信息翻译成他能够理解的形式。与发送者一样，接收者在信息解码的过程中同样受到自身技能、态度、知识和社会文化观念的影响。

第四步：信息反馈。反馈是指信息接收者在解码之后将所接收到的信息返回给发送者。反馈本质上是为了确认信息的传递是否成功，以及是否被准确理解。反馈本质上也是一个信息传递过程，因此也面临信息失真的问题。

三、沟通的主要原则

基于信息的特性，为达到良好的沟通效果，在信息传递和交流过程中必须遵循准确性、完整性和及时性三大主要原则。

（1）准确性。沟通的目的是要将发送者的信息传递给接收者并被其理解，因此，当信息沟通所用的语言和传递方式能被接收者理解时，这才是准确的信息，这种沟通才具有价值。这就要求发送者有较高的语言或文字表达能力，并熟悉接收者的技能、态度、知识、价值观以及所使用的语言。对于接收者而言，则需要集中思想、积极倾听、克服各种噪声，从而对信息有正确的理解。

（2）完整性。当发送者传递给接收者的是完整无缺的信息时，沟通才具有价值。在组织沟通中，信息必须保持完整，片面的、不足的信息会对组织造成不可估量的负面影响。管理者位于信息交流的中心，掌握大量的信息情报，具有信息权力和权威。这就要求管理者在为下级人员提供信息支持时，能够端正心态，正确看待与使用这种权力和权威，使各类信息资源的价值得到充分发挥。

（3）及时性。信息的价值具有一定的时间限制，因而信息沟通需要遵循及时性原则。在实际工作中，由于发送者拖延、通道阻塞或接收者重视程度不够等原因，沟通的信息经常会迟滞，相当于组织看着后视镜开车，不仅使沟通变得毫无意义，还可能给组织带来一定的风险。在管理实践中，沟通的及时性要求管理者一方面要将组织的战略目标、内外变化及制定的最新政策尽快告知下属，争取他们的理解和支持，做出相应的准备；另一方面要积极获取有关下属的工作状况、思想、情感和心态变化方面的信息，及时采取解决措施。

课堂讨论

总经理与副总经理

一个公司分管生产经营的副总经理得知一较大工程项目即将进行招标，由于采取向总经理电话形式简单汇报未能得到明确答复，使这位副总经理误以为被默认因而在情急之下便组织业务小组投入相关时间和经费跟踪该项目，最终因准备不充分而成为泡影。

事后，在总经理办公会上陈述有关情况时，总经理认为副总经理“汇报不详，擅自决策，组织资源运用不当”，并当着部门其他同事的面给予他严厉批评，而副总经理进行了反驳，认为是“已经汇报、领导重视不够、故意刁难，是由于责任逃避所致”。由于双方信息传寄、角色定位、有效沟通、团队配合、认知角度等存在意见分歧，致使企业内部人际关系紧张、工作被动，恶性循环，公司业务难以稳定发展。

试问：总经理和副总经理的沟通存在什么问题？双方的冲突是如何产生并升级的？

第二节 组织沟通

一、沟通的信息流向

信息在同一群体或同一组织中的流向可以是垂直的，可以是横向的，也可以是斜向的。其中垂直沟通又可以进一步划分为下行沟通和上行沟通两种。

（1）下行沟通。在群体和组织中，沿着权力层级结构自上而下进行的信息传递和交流，称为下行沟通（downward communication）。在组织内部，上级和下属间的信息交流基本上都是下行沟通，如管理者对下级发出指示、发布命令、下达计划等。管理者也经常利用下行沟通来评价下属的工作业绩，提出改进意见。不过，自上而下的沟通未必非要通过口头沟通或面对面的接触。管理者给员工的家里寄去信件告知他们新的病假政策，也是在使用自上而下的沟通。下行沟通是传统组织里最主要的沟通方向。这种层层传达的沟通方向，经常因层级太多，导致信息发生歪曲甚至遗失，而且过程迟缓，影响了沟通效果。

（2）上行沟通。在群体和组织中，沿着权力层级结构自下而上进行的信息传递和交流，称为上行沟通（upward communication）。下属通常通过上行沟通向上级汇报当前工作的进展情况和出现的问题。在上行沟通中，上级是信息的接收者，他们获得了有关组织运行情况的信息，为管理决策提供了依据。此外，许多组织还鼓励通过向上沟通来征求合理化建议和意见，激发下属的积极性和创造性。在组织中，常见的自下而上沟通的例子有设立意见箱、员工态度调查、申诉程序、上下级之间的讨论会等。

（3）横向沟通。横向沟通（lateral communication）主要是指在同一层级上的不同人员之间、群体之间发生的信息传递和交流。横向沟通主要存在于有协作关系的人与人之间或部门与部门之间。在一些委员会、协调会等形式的沟通中，基本上也是横向沟通。对组织而言，水平沟通既有有利的一面，也有不利的一面。横向沟通能够节省时间和促进合作，但在下列情况下的横向沟通可能引发人际冲突：当正式的垂直通道受到破坏时；当成员绕过或避开自己的直接领导做事时；当上级发现所采取的措施或做出的决策自己不知情时。

（4）斜向沟通。斜向沟通（diagonal communication）主要是指在同时跨部门和跨权力层级的人员或群体之间发生的信息传递与交流。当信用部门的信用分析师就某顾客的信用问题直接与地区销售经理沟通时，就是斜向沟通的情形，因为这两个人既不在同一部门，也不属于同一组织层级。从效率和速度角度来看，斜向沟通是有益的。然而，与横向沟通一样，要是组织成员不通报他们的上级就直接进行跨部门、跨层级交流，斜向沟通也可能造成问题。

二、组织沟通的模式

（一）正式沟通

正式沟通（formal communication）是指按照规定的组织层级或者作为工作的一部分而进行的信息传递与交流。正式的组织信息网络有 5 种基本模式：链式、环式、轮式、Y 式和全通道式，如图 11-2 所示。

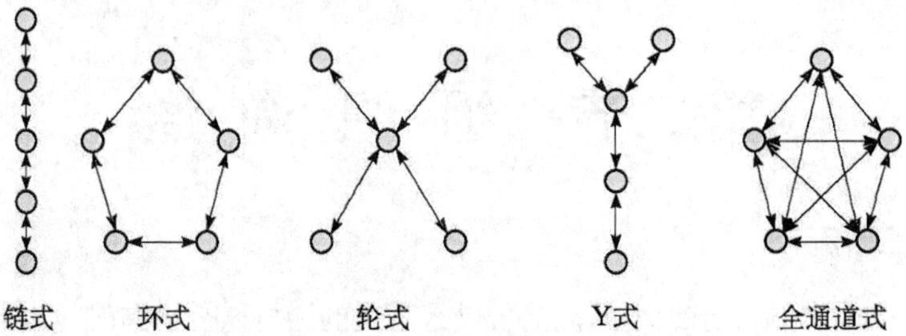

图 11-2　5 种正式沟通网络

资料来源：韩岫岚，王绪君．管理学基础．北京：经济科学出版社．1990：356.

链式沟通发生在一种直线型的层级结构中，沟通信息按照正式指挥链流动。沟通只能向上或向下进行，且每一个上级只有一个下属向他报告，而每一个下属也只向一个上级报告。在这种模式下，信息层层传递，路线长、速度慢，且容易发生信息的过滤、扭曲和失真。

环式沟通模式下，组织成员只能与相邻的成员沟通，即沟通只能发生在同部门成员之间或直接上下级之间，不能跨部门沟通，也不能越级沟通。在这种模式下，组织成员往往可以达到比较高的满意度，组织士气高昂。但由于信息也是层层传递，因此传递速度慢且容易出现信息失真。

轮式沟通模式下，不同下属向同一个上级报告，但下属之间不能沟通。这种模式由于组织集中度高、结构层次少，因此信息传递速度快且不易发生信息失真。但轮式沟通依赖于一个核心人物作为所有群体沟通的管道，因此成员满意度较低，组织士气低落。

Y 式沟通也是一种只有垂直沟通的模式。在 Y 式沟通模式下，组织的权力集中度高，解决问题速度快，但由于信息也是层层传达，致使信息传递速度慢、容易失真，而且成员的士气也不高。

全通道式沟通是一种开放型的模式。在这种沟通模式下，每一个组织成员可以自由地与其他成员沟通，因此沟通速度快，而且组织集中化程度低，成员士气旺盛，合作精神浓厚，适合自我管理的工作团队。但由于沟通渠道太多，易造成混乱并降低所传递信息的准确度。

正式沟通通常是依照组织的指挥链进行的，它约束力强，能保证有关人员或部门按时、按量得到规定的信息，且比较严肃，有利于保密。重要文件和消息的传递、组织决策的贯彻等，适合采用正式沟通。正式沟通的不足之处在于，它一般是在垂直方向上层层传递，若组织层级比较多，就会影响传递的速度，更有可能造成信息失真；同时，它也不利于横向沟通。

（二）非正式沟通

非正式沟通是指正式沟通途径以外的、不受组织层级结构限制的沟通方式。非正式的信息沟通类型大致有四种：单线型、随机型、传播流言型、群体型，如图 11-3 所示。其中，单线型沟通指个体之间的相互转告，随机型指碰到谁就告诉谁，传播流言型指由一个人告诉其他所有人，群体型指由一些人有选择地转告其他人。

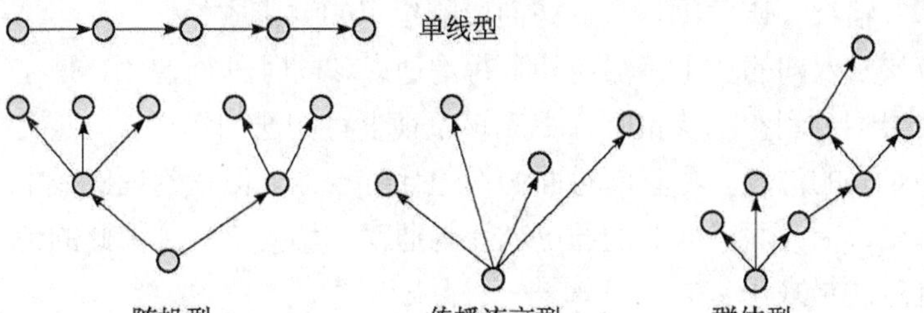

图 11-3 四种非正式沟通类型

资料来源：韩岫岚，王绪君. 管理学基础. 北京：经济科学出版社. 2009：358.

对于任何群体或组织的沟通网络来说，非正式沟通都是其中的重要组成部分。从管理的角度来说，非正式沟通既有积极的一面，也有消极的一面。从积极的方面来看，非正式沟通形式多样、弹性大、速度快，有助于决策者更全面、准确地认识问题，提高决策的合理性，有助于改善成员心态，提高工作积极性。与此同时，它也存在加剧信息失真和歪曲程度、破坏组织稳定和内聚力等缺点。因此，管理者既要充分利用非正式沟通网络的过滤和反馈作用，弥补正式沟通渠道的不足，又要注意防止它对组织产生负面影响。

（三）计算机辅助沟通

由于计算机辅助技术的出现，使得数据的即时传送和远程传送成为现实，因此，今天的组织当中沟通手段更为丰富，沟通内容更为广泛，沟通速度更为快捷。计算机辅助沟通主要包括电子邮件、内部网络和外部网络以及远程视频会议等。

总体来说，电子媒介传递信息迅速而且廉价，同时易于保存，可以查询、搜索和传递，并且新技术还有助于整合不同的观点和方式，便于建构以知识创新为核心的学习型组织；但是，电子媒介在传递个人态度和情绪信息方面比较差，同时电子媒介在个人隐私的保护和安全性方面与人们的要求还是有差距的，所以未来电子媒介的挑战就是如何把多种媒介成功地结合起来，如何确保组织的结构和权力等级与新的办公系统协调一致，以及如何应对信息超载、无纸化信息的保存和电子媒介的去个性化等问题。

三、改进组织沟通的效果

组织沟通的能力直接影响了组织的效率和效果，但随着现代组织规模的扩大，组织内部信息量增大，成员与成员之间相互接触的机会却越来越少，这些都加大了组织沟通的难度。作为管理者，如何改进组织的沟通能力呢？

（1）管理者应该重视沟通。管理者不仅要建立和完善组织信息管理系统，而且要注意保持组织内沟通渠道的畅通，给组织成员以发表意见、提供建议的机会。

（2）言行一致。如果管理者说一套做一套，则无法保障沟通的效果，成员可能因此对沟通失去信心和兴趣，也就没有动力参与到组织沟通中来。

（3）广开言路。组织的一般成员限于自身的地位，通常只能知道所在部门的信息，因而视野可能比较狭隘。兼听则明、偏听则暗，管理者要注意多听取不同来源的信息，只有这样才能把握全局，准确评估相关信息的价值和意义。

（4）鼓励成员报告坏消息。“报喜不报忧”现象是许多组织都有的问题，因此，管理者要鼓励成员报告真实情况，避免因信息过滤而影响组织的健康成长。

（5）沟通应该是双向的。上行沟通和下行沟通应该同时进行，尤其是在做出影响组织未来发展和涉及成员切身利益的决策时，更应该重视上行沟通的作用。

（6）强调面对面的沟通。尽管面对面的沟通耗时较多，但在管理实践中它的确是一种非常有效的沟通方式，因为面对面的沟通可以让沟通双方切实感受到彼此的情绪和态度，便于即时反馈，而且对成员来说，它本身就是一种激励。

（7）共享信息。无论是对管理者还是普通成员，做好工作的前提是掌握必要的信息，因此，及时地将组织和工作的有关情况告知成员是管理者义不容辞的责任。特别是，当组织出现危机情况，或者环境发生变化时，更要立即共享信息。

（8）追踪沟通的效果。沟通不是管理的目的，它只是管理的手段。因此，组织沟通的最终成效体现在工作产出上，这就需要管理者及时追踪沟通的效果，以减少沟通不良对工作的影响。

第三节　人 际 沟 通

一、人际沟通的方法

（一）口头沟通

最常用的信息传递方式是口头沟通。常见的口头沟通包括演说、正式的一对一讨论、小组讨论以及非正式的小道消息传播。口头沟通的优点在于快速传递和快速反馈。在这种沟通方式中，信息可以在最短的时间内传递出去，同时也能在最短的时间内得到反馈，而且能观察到信息接收者的个人反应，帮助信息发送者和接收者对同一问题进行准确沟通。口头沟通也有其局限性，主要表现为口头语言的准确性不高、在多人间传递后可能导致信息失真、信息不能够保存等。

（二）书面沟通

书面沟通包括备忘录、邮件、组织内部发行的期刊、布告栏以及其他任何传递书面文字或符号的手段。书面语言的优点在于其持久、有形和可以核实。一般来说，信息发送者和接收者均会拥有沟通记录，沟通的信息可以无限期地保留下去，等到需要核实的时候，非常容易查询和搜索。此外，书面沟通更为严谨，其逻辑性强，而且条理清楚。当然，这种沟通方式也是有局限性的，人们往往在使用书面语言时耗费的时间更多，而且这种方式无法让信息发送者观察和判断接收者的反应，所以本质上书面沟通是一种单向的沟通方式，而且得到的反应是延后的。

（三）非言语沟通

非言语沟通方式涵盖了除口头沟通和书面沟通以外的其他沟通方式，包括身体语言、语调、面部表情，甚至发送者和接收者之间的空间距离。身体语言补充了言语沟通，它能更充分地传递信息发送者的情绪及态度信息，因而常常使言语沟通更为复杂。从本质上说，面部表情属于身体语言，但因为面部表情在传递信息的时候更为复杂和丰富，因此在此单列出来。面部表情集中而生动地展示信息传递者的态度、情绪和人格特征等。人们可以从经验出发通过面部表情来判读对方的态度、情绪等未经言语表达出来的个人倾向性。语调是指个体对传达意义的某些词汇或短语的强调。轻柔、平稳的语调表达请求或者解释，而刺耳尖利的语调可能表达个体的攻击性或防卫性。物理空间，或者人和人之间的空间距离，也能够传递某种信息。一般来说，关系亲密的人之间的距离相对较近。当然，在不同的文化背景下，身体动作、面部表情、语调等传递的信息不尽相同。

二、人际沟通的障碍

在信息传递和交流过程中，很多沟通障碍会阻碍或歪曲有效的沟通，进而影响沟通的最终效果。因此，我们要认识到信息失真的广泛可能性，具体分析沟通过程中的所有障碍。

（1）个体差异。从信息发送者和接收者的角度看，由于每个人的个性不同，导致每个人的沟通风格也会存在差异。沟通风格（personal communication style）指与别人沟通时所采取的一贯方式。不同的个体具有不同的沟通风格，如果不能正确对待和处理这种差异就会造成误解，甚至是冲突。其中，年龄、教育和文化背景是三个重要的变量，它们影响着一个人的语言风格以及他对词汇的界定。

（2）沟通方式选择不当。沟通方式多种多样，并且不同的方式有不同的优缺点。如果不能根据沟通内容、沟通双方的特点选择合适的沟通方式，将会导致沟通效果下降。

（3）噪声干扰。任何影响沟通效果的干扰因素，都可能成为沟通中的噪声。作为沟通障碍的噪声通常有两类：物理噪声和心理噪声。物理噪声是指沟通环境中存在的声音噪声，这类噪声是很容易排除的。心理噪声是指影响沟通效果的心理问题或个人观念，比如，在情绪化的判断取代客观理性的思维活动时，就出现了主观噪声。比如有的人患有沟通恐惧、沟通焦虑等症状，与他们进行沟通时要格外小心，因为他们预先的判断和期望会强烈地影响沟通效果。此外，个人偏见、互相猜忌以及小团体使用行话等，都会对沟通过程造成一些障碍。

（4）信息过滤和歪曲。信息过滤（information filtering）指故意操纵信息，使信息显得更易得到和被接受。如果信息发送者有意操纵信息，使信息显得对接收者更为有利，则可能产生不良的沟通效果，例如员工和下级管理者通常会有“报喜不报忧”的心理。在组织中，纵向层次越多，过滤的可能性越大。组织一般是通过奖励系统来鼓励或抑制这种过滤行为的。信息歪曲（information distortion）是指信息操纵者故意把自己的愿望和动机带到对信息的解释之中，或者为达到特殊目的而扭曲信息。

（5）选择性知觉。选择性知觉（selective perception）是指人们根据自己的兴趣、经验和态度而有选择地去解释信息。沟通过程中，接收者会根据自己的需要、动机、经验、背景及其他个人特质而有选择性地去看或听那些传递给他的信息，在信息解码的时候，接收者还会把自己的兴趣和期望带到信息之中。

（6）信息超载。信息超载（information overload）就是一个人面对的信息超过了他的处理能力。伴随着各类信息的剧增，形成了巨大的数据负担，以致人们无力处理和传送这些信息。这时，人们倾向于筛除、轻视、忽略或遗忘某些信息，或者干脆放弃进一步处理的努力，直到超载问题得以解决。不论何种信息超载的情形，结果都是信息缺失和沟通效果受到影响。

（7）反馈不完整。反馈是沟通过程中必不可少的环节，充分、恰当的反馈有利于沟通双方在对待问题的看法、立场上达成共同意见，以便寻求解决方法。在沟通过程中，如果忽略反馈环节，没有反馈，反馈不及时、不全面或不合时宜，双方都很容易发生误解，从而使沟通效果下降。

三、克服人际沟通的障碍

既然存在以上沟通障碍，那么管理者该如何加以克服呢？以下建议将有助于管理者消除沟通障碍，提升沟通效能。

（一）选择合适的沟通方式

可以进行的选择有：① 根据沟通内容的特点的不同，选择不同的沟通方式。如果所要沟通的内容是组织中的重要事宜或是依照规章制度行事，则适宜选择正式沟通和书面沟通。若沟通内容属于规章制度以外的问题或组织成员的琐事，则可选择非正式沟通或口头沟通。② 根据沟通双方特点的不同，选择合适的沟通方式。对于那些看重制度和程序的人来说，正式的、书面的沟通是较好的选择；对于那些注重目的和结果的人来说，则可选用非正式的、口头的沟通方式。③ 根据沟通方式本身特点的不同，选择合适的沟通方式。不同的沟通方式在信息传递速度、反馈效果、费用开支、引起重视的程度等方面具有不同的特点，因此，在沟通前应根据需要有针对性地加以选择，并不断总结经验教训，摸索出最佳沟通方式。

（二）简化语言

在信息传递过程中，因为编码的问题，很多信息可能发生失真。管理者应该选择恰当的措辞并组织好语言，使信息表达得清楚明确，易于为接收者理解。需特别提醒的是，许多群体都使用行话进行沟通，目的是为了促进理解和提高沟通效率，但是应该考虑到信息所指向的受众，以确保所用的语言能适合于该类信息的接收者。

（三）积极倾听

积极倾听（active listening）是指不带先入为主的判断或解释的对信息的完整意义的接受，因此它要求倾听者全神贯注。积极倾听具有非常重要的意义。在工作场所中，员工40%的时间是用于倾听的，但研究显示，其中75%的倾听是无效的。为了帮助人们提高倾听有效性，可以采用以下小技巧：保持目光接触、运用移情技巧换位思考、紧抓谈话的主题和重点、不过早做出判断、适时回应或提问等。一个好的倾听者在组织中总是受欢迎的。

拓展学习

积极倾听的8点建议，具体如下：

（1）为听做好准备。沟通是一个双向的过程，听者与说者应该共同承担提高沟通效率的责任。听者应尽力去思考说者所说的内容，而不是自己应当说什么。做准备还包括态度的准备——包括对注意力、领悟力和理解力的准备；另外，还应该确保自己掌握与沟通内容相关的必要的背景知识。

（2）培养自己的兴趣。要记住听者与说者同样有激发对方兴趣的责任。要从沟通的过程中寻找可能与你、你的工作、你的兴趣相关的信息。要对说者所说的内容表示出兴趣。“毕竟没有人愿意对着空房间说话”，要问自己：“如果我是讲话者，感觉又怎样？”

（3）倾听主要的观点。不好的倾听者倾向于只注意听取事实。要学会区分事实和理论、观点和例证、证据和辩解。提炼主要观点的能力取决于听者组织信息和传递语言的能力以及说者是否进行了必要的重复。说者可能在沟通的开始、中间或结尾阐述他的主要观点。因此，听者必须一直仔细地听。

（4）以批判的态度听。应当在无偏见的情况下对说者相应的假设和辩解持批判的态度，并小心估量主要观点背后的证据的价值和所运用的逻辑基础。

（5）集中注意力，避免分心。人的注意力具有波动性和选择性的特点。在听的过程中注意力会下降，而在结束时又上升。听者应当特别注意避免这种趋势，使自己的注意力保持稳定。不要由于说者的衣着、外表、使用的词汇、风度和使用可视的、口头的与书面的辅助物而分散注意力。

（6）善于做笔记。如果所说的内容十分重要，就有必要将所说内容的要点和可能会遗忘的个别例子等内容作大致的记录。但要注意的是，听者最首要的任务是听。等说者说完一个意思之后再记笔记也许更好些，因为记笔记也可能是一种分心。

（7）帮助说者。要表现出你对说者所说内容的反应——可以是简短的评论，也可以是一个小小的动作。这些反应表明你的兴趣，但反应要平静和简单，不能干扰说者的思路。

（8）克制自己。作为一个好的倾听者，最困难的或许就是尽力克制自己不插话。即使对方停顿也往往不意味着说者已经讲完了，所以一定要耐心。“听是一个克制的过程”。

（四）控制情绪

信息接收者的个性和情绪是影响有效沟通的重要因素。由于个性难以改变，因此，需要从控制情绪上下工夫。最简单的办法是，当我们在沟通过程中出现较大的情绪波动时，应该暂停进一步的沟通，直至恢复平静。

（五） 注意非言语信息

非言语沟通在信息传递过程中起着非常重要的作用。无论是接收者还是发送者，既要注意自己的非言语信息，确保它们和言语信息相匹配，起到强化语言的作用，又要时刻注意对方的非言语信息，以便正确理解对方的意图。

（六）运用反馈

很多沟通的障碍来自不完整的反馈或误解，因此沟通双方如果在沟通过程中加入反馈回路，就会减少或者消除这方面的障碍。所谓反馈回路是指让信息接收者用自己的话重复信息，这样一方面可以加强理解，另一方面也可以对信息进行概括，请信息发送者进行验证和核实。一般来说，反馈的方式有重复、概括、直接提问、评价等。

第四节　冲 突 概 述

一、冲突的定义

冲突是组织中的一种普遍现象，它既可能发生在个人之间、群体之间，也可能存在于个人与群体之间，既可以是潜在的、隐性的，也可以是外在的、显性的，不同类型的冲突会对组织的经营和发展产生不同程度的影响。对于冲突的概念，不同的学科从各自的角度进行了界定。从政治学角度看，冲突是“人类为了达到不同的目标和满足各自相对利益而发生的某种形式的斗争”。从社会学角度看，冲突是“两个或两个以上的人或团体之间直接的或公开的斗争，彼此表示敌对的态度和行为”。组织行为学则认为，“冲突是指两个人或两个团体的目标互不相容或互相排斥，从而产生心理上的矛盾”。这些定义都包含了一个共同点：冲突必须被各方感知到，即冲突是否存在是一个知觉问题。如果人们没有意识到冲突，则常常认为没有冲突。另一个共同之处是，冲突双方存在意见的对立或不一致，并带有某种相互作用。这些因素所构成的条件决定了冲突的出发点。

管理学把冲突（conflict）定义为一种过程，当一方感觉到另一方对自己关心的事情产生不利影响或将要产生不利影响时，这种过程就开始了。如何理解这一定义呢？

首先，冲突必须被冲突双方所感知，一种情况是，如果双方没有意识到冲突，则可以认为冲突没有发生；另一种情况是，即使感知不一定真实，只要双方感知到冲突，也可能导致冲突的结果。其次，冲突过程中存在意见的对立或不一致，并带有某种相互作用。此外，这一定义涵盖了不同类型的冲突，包括组织中由于人们目标的不一致或对事实理解的分歧带来的冲突，也包括对行为预期的不一致的冲突。同时，这一定义也可以囊括从公开的暴力活动到微妙的意见不一致之间所有的不同的冲突水平。

二、冲突的过程

从冲突的定义可以看出，冲突不是静止不变的，而是一个涉及多个阶段的动态过程。冲突的过程可分为以下五个阶段。

（1）冲突的前因阶段。这是引起冲突或加速冲突发生的条件阶段。由于个体因素、情境因素和组织因素引发了冲突根源，出现了一系列潜在问题，但往往没有引起注意。

（2）冲突的显现阶段。在这一阶段，冲突由潜在的可能变为外显的对立和失调状态，冲突问题凸显出来，双方确定了冲突的性质。冲突的显现阶段主要体现在双方认知水平上的冲突和情感水平上的冲突。转化到这一阶段的条件是对冲突的知觉（perceivedconflict），也就是说当个体知觉到前阶段中的潜在问题时，就形成了认知水平上的冲突。比如，如果双方产生意见不一致，虽然意识到了这种不一致，但是没有感到紧张、焦虑，就不会体验到冲突感。而当个体有了情感上的卷入，产生不舒服、紧张、焦虑、挫败等情绪时，就形成了情感水平上的冲突。

（3）冲突的爆发阶段。当人们意识到对方没有意向或没有办法解决双方的不一致，而且持续感觉到对方的威胁时，各种冲突活动就可能爆发。冲突活动是指冲突各方公开实施某些行为，包括冲突双方进行的声明、活动和态度。在这一阶段，冲突的行为者有一系列连续的行为可以选择，并且这些行为具有刺激性，形成双方相互作用的互动过程。

（4）冲突的解决阶段。双方开始同意着手解决他们之间所存在的矛盾，并且采取措施防止未来的冲突再发生，这就是冲突解决阶段。冲突解决也可能有其他的形式，如一方打败另一方，或冲突被暂时压制下去。当一方实力非常强，而另一方实力比较弱时，冲突就有可能被压制下去，此时的冲突并没有得到真正的解决，只是暂时得到平息而已。

（5）后冲突阶段。无论冲突是解决了还是被压制下去了，情绪还是保留着。经历冲突之后，双方的行为都会发生变化。如果冲突得到有效解决，建设性的行为就会出现；相反，如果冲突只是被暂时掩盖过去，那么破坏性的行为和情绪就会依然存在，并可能引发下一轮的冲突。因此，在这一阶段，最重要的问题在于认清冲突是促进了双方合作还是将双方推向进一步的对立。

三、冲突观念的变迁

人们对冲突在群体和组织中的作用的认识经历了一个不断深入、逐渐贴近实际的历史过程，先后形成了传统观点、人际关系观点和相互作用观点这三种不同的冲突观念。

（一）传统观点

冲突的早期观点认为所有的冲突都是不良的、消极的，是造成和导致组织不安全、不和谐乃至分裂瓦解的主要原因之一，它常常与暴乱、破坏和非理性联系在一起，强化了其消极意义。因此，传统观点对冲突的态度是必须尽量避免。从 19 世纪末到 20 世纪 40 年代，这种观点在管理学上一直占据统治地位。人们认为冲突是功能失调的结果，导致组织内冲突有以下几个原因：① 沟通不良；② 组织成员之间缺乏坦诚和信任；③ 管理者对员工的需要和抱负缺乏敏感性。

（二）人际关系观点

冲突的人际关系观点认为，对于所有群体和组织来说，冲突都是与生俱来的、不可避免的。由于冲突是无法避免和彻底消除的，所以应该接纳冲突，应该正确地认识和对待冲突。同时，这种观点还认为，冲突不一定就是坏事，它具有对组织绩效产生积极影响的潜在可能性，例如冲突可以使组织里一些被忽视的问题及时地暴露出来。20 世纪 40 年代末至 70 年代中期，人际关系观点在冲突理论中占据统治地位。

（三）相互作用观点

人际关系观点主张接纳冲突，而相互作用观点则主张鼓励冲突，认为冲突不仅可以成为组织内的积极动力，实际上某些冲突对于组织的发展来说是必不可少的。该观点认为，合理的冲突对组织是有益的，融洽、和平、安宁、合作的组织容易变得静止、冷漠并对变革与革新的反应迟钝。因此鼓励管理者维持一种合理的冲突水平，这能够使组织不断自我批评和保持旺盛的生命力。相互作用观点代表着当代管理学思想，并得到了管理实践的支持。

四、冲突的分类

组织中的冲突无时无刻不在发生，为了便于理解，可以按照不同的标准将这些冲突划分为不同的类型。

（一）功能正常的冲突和功能失调的冲突

按照冲突的作用，可分为功能正常的冲突（functional conflict）和功能失调的冲突（dysfunctional conflict）。那些支持组织目标，能够改进组织绩效的冲突，被认为是功能正常的冲突，具有建设性或合作性；而那些阻碍了组织绩效的冲突，被认为是功能失调的冲突，具有破坏性，管理者应该寻求根除它们的办法。

那么，如何区分功能正常的冲突和功能失调的冲突呢？两者之间没有明确的区分界线或标准，没有一种冲突在所有的条件下都完全有益或者完全有害。有些冲突有利于某个部门，可以促进其健康、积极地工作，但对于另外一些部门，其效果可能就正好相反。一般说来，在冲突水平居中的环境下，组织相对来说更为健康，冲突水平太高或者太低都不合适，如图 11-4 所示。因此管理者应激发功能正常的冲突以获得最大的收益，但当其转变成破坏力量时又要采取措施加以解决。

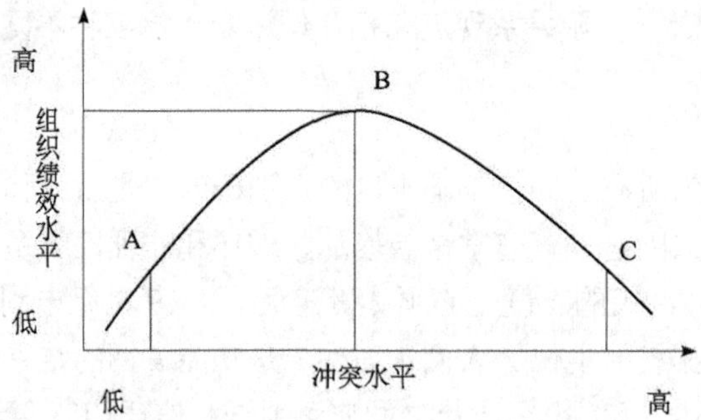

情境	冲突水平	冲突类型	组织的内部特征	组织绩效水平
A	低或无	功能失调	冷漠、迟钝、对环境反应慢、缺乏创新	低
B	适中	功能正常	生命力强、自我批评、不断变革	高
C	高	功能失调	分裂、混乱无序、不合作	低

图 11-4　冲突与组织绩效

（二）任务冲突、关系冲突和过程冲突

按照冲突的对象，可分为任务冲突（task conflict）、关系冲突（relationship conflict）和过程冲突（process conflict）。任务冲突与工作的内容和目标有关；关系冲突着重于人际关系；过程冲突指向工作如何完成。研究表明，绝大多数的关系冲突是功能失调的。为什么呢？因为关系冲突表现为人与人之间的敌对、不和与摩擦。它加剧了人们人格之间的差异，降低了相互之间的理解，因而阻碍了组织任务的完成。与此同时，低水平的过程冲突和中低水平的任务冲突是积极的、功能正常的。要使过程冲突具有建设性，必须使它保持在最低水平上。如果在组织中建立的任务角色不够清晰，在谁应该做什么方面存在过多争论，则会导致冲突的功能失调，完成任务的时间会被拖延，成员也会按照不同的目标工作。中低水平的任务冲突会对组织的工作业绩有积极的影响，因为它激发了人们对不同观点进行的讨论，而这一点有助于使组织的工作水平更上一层楼。

（三）个体冲突、群体间冲突和跨文化冲突

按照冲突产生的层面，可分为个体冲突（personality conflict）、群体间冲突（intergroup conflict）和跨文化冲突（cross-culture conflict）。个体冲突是指人与人之间因为意见不合或个性不合而形成的对立状态，产生的原因是不同个体的人格和行为方式的差异。工作群体、团队和部门间的冲突是组织内耗的根源，具体的表现形式是圈内思维（in-group thinking），群体成员将所属群体视为独特的集合，夸大自己与圈外人的区别并将他们排斥在外。另外，当组织的资源有限、部门之间的竞争大于合作时，群体间冲突更容易出现。随着全球化的加剧，不同国家和文化的人们需要在一起工作，由于人们的思考和行为方式有很大差异，跨文化冲突就变得十分常见。

（四）竞争性冲突和合作性冲突

按照冲突中双方的利益关系，可分为竞争性冲突（competitive conflict）和合作性冲突（cooperative conflict）。竞争性冲突是一种“你输我赢”或“我输你赢”的零和状态，冲突双方的目标负相关，即认为一方目标的实现会阻碍另一方有效地接近目标。而合作性冲突是一种“双赢”状态，冲突双方的目标正相关，即认为一方目标的实现也有助于对方实现目标，彼此的目标是一致的。

第五节 冲 突 管 理

一、冲突的产生

（一）冲突产生的原因

对于管理者来说，至少有30%的时间要花在冲突管理上。在进行冲突管理的过程中，首先要弄清冲突产生的原因和性质，根据不同的诊断结果采取相应的干预措施。如前文所述，有三类潜在的冲突源可能引发冲突，这些因素可以划分为个体差异、情境因素和组织因素三方面。

（1）员工的个体差异。个体差异可能使一些组织成员比其他人更容易发生冲突。首先，个人的价值观、信念和态度是导致冲突产生的变量。当管理者出于担心而对组织成员的行为给予过多指导时，那些喜欢自主独立的成员就可能反应消极；同样，如果组织成员看重自我权利的保护，而管理者为了组织绩效而要求他们放弃个人权利，这时就可能发生冲突。其次，个体在需要上的差异也是冲突的来源之一。例如，年龄偏大的成员可能在心理上更需要安全和稳定，所以当组织实施变革时，管理者的改革举措可能会引起年纪较大的成员的抵制。最后，引起冲突的原因来自个体可能感知到的威胁。当组织资源有限时，人们可能会为稀缺资源而发生争抢，如果成员在这个时候感觉到来自他人的威胁，就非常容易引起冲突。

（2）情境因素。个体的行为不仅会受到自身个性因素的影响，也会受到外部环境因素的影响，冲突行为同样如此。当人们在物理环境上非常接近，而且在工作中交往比较频繁时，冲突发生的概率就会增大。环境的复杂性也是影响冲突的重要因素，一般来说，冲突产生的可能性会随着环境复杂程度的提高而增大。例如，就产品设计来说，如果市场需求较为一致

且保持稳定不变，那么研发部门和销售部门之间发生冲突的可能性就较小；如果市场需求的差异较大，则研发部门可能会坚持原有的设计方案组织产品生产，而销售部门希望根据某一顾客群体的要求对产品设计做出修改，这时两部门之间就可能发生冲突。研究表明，最容易发生冲突的情境是：在同一个问题上存在截然不同的观点，且持不同意见的各方的地位几乎相等。当然，如果组织环境具有建设性，组织内部能够做到信息和资源共享，那么即便组织处在复杂的环境下也不一定会出现高水平的冲突。

（3）组织因素。导致冲突产生的组织因素较多，如组织规模、任务的具体化程度、管辖范围的清晰度、员工与目标之间的匹配性、领导风格以及奖励系统等。研究表明，组织规模和任务的具体化程度可以成为激发冲突的动力。组织规模越大，任务越专门化，则越有可能出现冲突。管辖范围的模糊性也增加了群体之间、个人之间为控制资源和领域而产生的冲突。组织内的不同群体有着不同的目标。例如，采购部关注的是及时以低价购进原料；市场部关注的是出售产品和获得收益；质量控制部关注的是提高产品质量，保证产品符合标准；生产部关注的是维持稳定的生产流程和有效的操作。群体之间的目标差异是产生冲突的主要原因之一。当组织中不同群体追求的目标不同时，冲突就可能发生，如果群体间本身就存在着矛盾和不协调，那么势必会增加冲突出现的可能性。研究发现，参与型的领导风格与冲突之间呈高相关关系，这显然是因为参与方式鼓励人们提出不同意见，表现出差异。研究还发现，如果一些人获得利益是以另一些人丧失利益为代价，则这种报酬系统也会产生冲突。

（二）冲突的诊断

当管理者试图去理解一种特定的冲突情境时，他需要从以下几方面来分析产生冲突的原因以及冲突所处的状态（这些都是冲突的诊断因素）。

（1）问题的本质。所谓问题的本质，是指从冲突双方的角度来看，什么是最难解决的根本问题。在这种情况下，需要判断卷入冲突的各方到底认为什么因素是导致冲突的根本原因，以便寻求相应的解决方案。例如，在组织决策过程中，两个部门为了某项议程发生争执，其中一个部门是为了争取更多的资源，而另一个部门则是为了获得注意，挽回面子，那么在这个问题上通过公平裁判让双方得到各自所需，就能够实现冲突双方的和解。

（2）问题的根源。所谓问题的根源，是指问题是否具有复杂的背景和历史渊源。当问题有着较为复杂的背景和历史的时候，冲突的诊断就比较棘手，需要仔细分析和判断；相反，如果所涉及的问题没有纠缠不清的背景，历史脉络也清晰明了，那么冲突就比较容易解决。

（3）双方的相互依赖程度。当冲突双方处于零和博弈状态之下，即一方的得到就意味着另一方的失去，此时冲突最难解决。而在双方可能达成共赢的情况下，冲突是最容易解决的，所以在判断冲突的时候需要考虑双方的利益。解决这类冲突的可行办法是所谓的“把蛋糕做大”，即促成双赢的局面。

（4）接触频率。所谓接触频率，是指在冲突过程中，双方之间相互往来的频繁程度。如果冲突发生在长期交往的双方之间，则冲突比较容易解决，因为双方都有兴趣来维持长期的交往关系，结果可能是他们都愿意寻求和解，并期望保护彼此的利益；如果冲突发生在原来没有关系且以后也不会进一步交往的双方之间，解决冲突就比较困难。

（5）领导者。领导者是冲突诊断中比较重要的方面。如果存在一个权威领导者，他有权力召集冲突双方进行磋商并做出决策，冲突就比较容易解决；如果没有这样一个领导者，冲突的解决就会比较困难。另外，如果领导者不能独立做出决策，冲突的解决也不容易。

（6）第三方的卷入。所谓第三方的卷入，是指在冲突过程中，第三方作为公正、客观、独立的角色来对冲突进行评价。第三方可以充当调停人、仲裁人、和解人或顾问的角色。如果第三方能够看到潜在和解的可能性，则相对来说冲突比较容易解决。

（7）对冲突过程的感知。对冲突过程的感知要比冲突过程本身更为重要。如果冲突双方都觉得对方有和解的诚意，并且可以做出让步，则冲突比较容易解决；如果双方都觉得自己吃了亏、受到了伤害，他们就会一直拒绝和解，直到他们认为所受损失已得到合理补偿为止。

二、冲突的处理

导致冲突产生的原因不同，管理的策略自然也就不同；不同人面对同样的冲突也有着不同的处理方式。下面从个体和组织两个方面来介绍冲突的管理策略。

（一）个体的冲突处理

每个人对冲突都会有不同的反应方式，图 11-5 以纵轴代表关注自身利益的程度，以横轴代表关注他人利益的程度，形成了 5 种冲突处理风格。

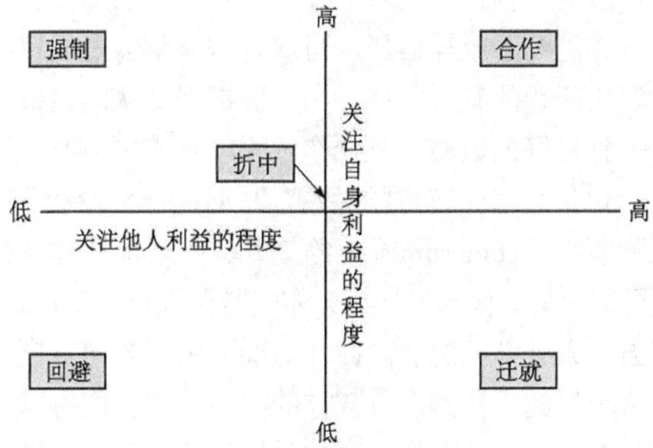

图 11-5　五种冲突处理风格模型

资料来源：[美]格林伯格，等. 组织行为学（第 7 版），南京：江苏教育出版社，2005：434.

（1）回避。回避（avoidance）是最常见的管理冲突的策略。从冲突一开始，有的人就在情绪上会唤起过去冲突的痛苦记忆，这可能让人们回避那些不一致的情况，因此回避冲突常常来源于这样一种信念，即认为冲突是糟糕的、不必要的。通常，回避的表达方式可能是转身离开，也可能是沉默或者更换话题。从心理上讲，回避者常常否认冲突的存在或者干脆忽视它，他们认为从冲突中退出或者抑制冲突是最好的解决问题的方法。对于一些不重要的问题，或者挑战成本高于收益的情况，回避是明智的举动。当成功的机会很小时，回避也是有用的策略。回避还可以赢得时间，给双方以冷静和寻求新信息的机会。此外，当他人解决同样的问题更有效时，或者在情况变得更加糟糕，付诸行动所带来的潜在破坏性会超过冲突解决后所获的利益时，回避都是非常好的方式。

（2）迁就。迁就（accommodation）意味着按照别人的愿望来行事。当个体放弃自己的愿望比惹恼别人或冒险更合理的时候，迁就就是很好的策略了。迁就者和回避者一样，认为冲突是坏的，迁就与回避最大的区别是迁就者不是选择回避，而是选择放弃自己的观点以维持一种关系。迁就通常比较温和、友善，迁就者可能认为引起冲突的根本原因是自私自利，忽略他人的利益。当个人意识到自己错了的时候，迁就是最好的方式。迁就是一种合理化的策略，同时它也是表示友善和维持关系的姿态，尤其在别人可能失去很多而你也只能获得很少的情况下，放弃某些利益主张也许是件好事。另外，当所争执的问题并不重要或者希望为以后的工作树立信誉时，选择迁就策略也是十分有价值的。

（3）强制。如果选择强制（compulsion），则成功可能是以别人的失败为代价的。强制者常常认为冲突是一种需要赢的游戏，而他自己不想成为失败者，因此强制者常常不愿意合作；与此同时，强制者还可能采用许多不同的策略来达成自己的目的，如威胁、劝说、恐吓等。在没有时间讨论和纠缠时，采取强有力的方式可能是最好的。当问题并不严重时，管理者可以采用直接干预和命令的方式来进行管理；当时间紧迫时，管理者也可以采用这种方式来实施管理；当其他人可能有机会超过你时，作为保护自己的方式，也可以采用强制的方式。因此，当你需要对重大事件做出迅速处理，或者你的处理方式完全不用在意其他人的看法时，强制策略会取得很好的效果。

（4）合作。合作（collaboration）是在肯定自己的同时也接受别人的需要的方案。合作者通常认为能够找到一个可以满足双方利益的方案，尽管这样的方案寻找起来非常不容易，但合作者认为这样做是有价值的。合作要求双方都明确表达自己的需要和目的，并且共同寻找解决问题的方案，所以合作需要开放与信任。当双方有非常强烈的目标，同时双方又没有办法妥协时，合作是一种解决问题的有效选择。在人们都强烈认同目标，但在达成目标的方式上有争议时，合作也是一种良好的策略。在合作过程中双方可能产生对对方的评价，如果双方的合作进展顺利的话，评价会强化双方的关系，从而使合作持续下去。

（5）折中。如果采用折中（compromise）的策略，那可能是你认为自己并不总是有道理的，其他人的想法也有可取之处。作为妥协者，你能看到问题可解决的方面，并且能用交易、讨价还价、抹平差异等方法来处理问题。因此，只要冲突双方愿意倾听和采纳对方的某些观点与主张，他们就能达成较好的妥协，而且双方的关系基本上能得以保持。折中是常用的处理冲突的方式，当双方都有道理而且势均力敌的时候，这是一个非常有用的策略；在任务有时间限制的条件下，折中也是经常被采用的策略；另外，在用合作或竞争等策略解决问题都失败时，折中可能就是解决问题的唯一策略了。

（二）组织的冲突管理

组织的运作过程本身也可能导致冲突，目标设置、组织结构和资源配置都是可能引起冲突的因素，因此管理者需要掌握有效管理冲突的策略。

拓展学习

冲突管理即指在一定的组织中对各种冲突的管理。管理者不仅要解决组织中的冲突，更要刺激功能性的冲突，以促进组织目标的达成，故管理者处理冲突的能力与管理成功与否具有正相关关系。

扫描右侧二维码，观看视频“冲突管理”，可以帮助大家更好地明确冲突管理的方法。

（1）寻求共同利益。冲突的合作观点（idea of cooperation）表明，为了尽可能缩小双方的利益差异或冲突程度，必须尽最大努力寻求冲突双方的共同利益（common-interest），这是处理一切冲突的首要出发点。

（2）保证组织公平。组织公平是指个体或者群体对组织中公平性的知觉。组织公平包括分配公平和程序公平。保证程序公平的做法如设立清晰且不冲突的目标、明确工作职责和权限、建立规范性的行为准则和程序、确定公正处理冲突的原则等；保证分配公平则要在扩大资源总量，合理制定部门竞争奖励制度的前提下，注重内部公平和市场公平。

（3）增加或合理配置资源。如果冲突的根源在于对资金、信息、优秀人才等组织资源的争夺，那么管理者就需要考虑合理配置现有资源了。因为对资源的需要带有一定的刚性，有时是没有办法克服的，所以解决问题的唯一办法就是扩大资源总量，满足冲突各方的合理需求。

（4）改进沟通方式。避免冲突的另一有效策略就是改进沟通方式。在冲突发生过程中，有部分原因可能是来自沟通不充分而产生的误解。例如，饭店的服务员和厨师之间的沟通问题。厨师自认为地位要比服务员高，而从工作流程上看，厨师需要接受服务员提供的订单，当服务员以口头沟通方式要求厨师出何种菜以及何时出菜时，厨师就会产生不满意感，从而出现冲突。为了避免这类冲突，可以将服务员与厨师之间的口头订单沟通改为书面沟通，这样就能有效减少两者之间的冲突。在现代酒店管理中，服务员提供的订单已经以电子形式传递给厨师，这样就更能避免冲突、促进合作了。因此，改进沟通方式也是管理冲突的策略之一。

（5）通过人力资源政策防范冲突。在人力资源管理活动中，提前预测与处理潜在冲突，并建立投诉机制以及设立专门的仲裁、调解机构或人员。通过招聘对管理者进行选择，通过培训提高其处理冲突的能力，同时通过加强工作轮换、建立团队奖励机制等方式，让员工处于一种和谐互助的氛围中。

本章小结

沟通是意义的传递与理解，它在组织的运营与管理过程中扮演着信息传递与交流的角色。沟通过程开始于信息发送者。信息发送者是信息源，信息被转化为信号形式（编码）并经过通道传递给信息接收者，信息接收者再将信息进行解码。在组织中，信息的流向可以是垂直的，可以是横向的，也可以是斜向的。沟通的方法和模式可以从人际沟通和组织沟通两大方面来阐释。人际沟通的障碍包括个体差异、沟通方式选择不当、噪声干扰、信息过滤和歪曲、选择性知觉、信息超载、反馈不完整等。管理者可以采取一系列办法来加以克服，例如选择合适的沟通方式、简化语言、积极倾听、控制情绪、注重非言语信息、运用反馈等。从管理者角度来说，改进组织的信息沟通效果需要从重视沟通、言行一致、保持双向沟通、强调面对面的沟通、鼓励员工报告坏消息、广开言路、共享信息、追踪沟通的效果等方面着手。

冲突通常是因为某种抵触或对立状态而感知到的不一致所引起的。冲突的发展有五个阶段：前因阶段、显现阶段、爆发阶段、解决阶段和后冲突阶段。冲突产生的原因源自员工的个体差异、情境因素和组织因素。管理者可以从问题的本质和根源，冲突双方的互相的利益依赖程度、接触频率以及他们对冲突过程的感知，领导者与第三方的卷入等维度来判断冲突的性质和分析冲突的激烈程度。导致冲突产生的原因不同，管理的策略自然也就不同；不同人面对同样的冲突也有着不同的处理方式。就个体而言，回避、迁就、强制、合作、折中是5 种基本的冲突管理策略。就组织而言，管理者可以通过寻求共同利益、保证组织公平、增加或合理配置资源、改进沟通方式、通过人力资源政策防范冲突等策略来消除功能失调的冲突或激发建设性的冲突。

复习思考题

一、名词解释题

沟通　上行沟通　下行沟通　横向沟通　斜向沟通　正式沟通　Y 式沟通　非正式沟通　口头沟通　书面沟通　非语言沟通　信息超载　冲突　冲突管理　跨文化冲突

二、单项选择题

1. 下述对于沟通的认识中，哪一条是错误的？（　　）

A. 信息传递过程中所经过的层次越多，信息的失真度就越大

B. 信息量越多，就越有利于进行有效的沟通

C. 善于倾听，能够有效改善沟通的效果

D. 信息的发送者和接收者在地位上的差异也是一种沟通障碍

2. 下列哪种沟通网络中信息的精确度最高？（　　）

A. 链式　　B. 轮式　　C. 环式　　D. 全通道式

3. （　　）的优点是持久有形、能够核实、更加缜密、促进政策和程序保持一致等。

A. 书面沟通　　B. 口头沟通　　C. 非语言沟通　　D. 双向沟通

4. 按照（　　），可以将冲突分为竞争性冲突和合作性冲突。

A. 冲突的作用　　B. 冲突的对象

C. 冲突产生的层面　　D. 冲突中双方的利益关系

5. 当必须对重大事件或紧急事件进行迅速处理时，可采用（　　）策略。

A. 回避　　B. 迁就　　C. 强制　　D. 妥协

三、简答与论述题

1. 简述沟通的过程。
2. 简述人际沟通可能存在的障碍。
3. 列举人际沟通的方式并介绍其优缺点。
4. 简述改进组织内信息沟通效果的方法。
5. 比较冲突的传统观点、人际关系观点和相互作用观点。
6. 简述冲突发展的五个阶段。
7. 简述个体冲突管理的五种策略及其划分维度。
8. 从组织角度论述冲突管理策略。

四、案例分析题

递送灾难

当达美乐比萨连锁店（Domino）的两名员工在美国北卡罗来纳州康诺弗市一家比萨餐厅的厨房中拍摄了一组粗俗的恶作剧之后，这家公司突然面临一次重大的公共关系危机。拍摄的这个视频被发到 YouTube 以及其他一些网站上。该视频显示，一名达美乐的员工正在准备"用于外卖的三明治，该员工把奶酪抹在自己的鼻子上，把鼻涕喷在三明治上，并且违反了其他许多卫生条例"，而另一名员工在旁边解说。到第二天，超过 100 万名网友观看了这个视频并对此感到恶心，而且对达美乐的议论也传遍了 Twitter 和 Google。

达美乐公司很快就认识到，社会媒介能够注意到细微的事件并把它们升级为营销危机。该公司的一位发言人说道："我们被两个白痴用一台摄像机和一个糟糕的念头弄得措手不及。"当该公司最初得知这段视频时，公司高管决定不采取积极应对的措施，希望争论会逐渐平息。不过，他们没有想到的是由此导致的影响犹如"病毒感染一样迅速传播"。一家社会媒介营销公司的首席营销官说道："如果你认为它不会扩散，那就是它将越闹越大的时候。"达美乐公司高管发现，情况确实如此。仅仅几天之内，达美乐的名声就受到严重损害。顾客对其品质的看法也从正面转变为负面。一位品牌专家说道："这段视频描绘的内容足够生动，它足以制造一场轩然大波，并引起人们的深思。"

那么这两名肇事员工受到了什么处分？虽然他们告诉达美乐公司的高管说他们实际上从来没有把受到污染的食物外送出去，但他们还是被解雇了，并被控以重罪。而且，达美乐公司发布了公司自己制作的视频。这段视频强调，在 YouTube 网站上的这起事件发生之后，公司总经理迅速、妥善地处理了该事件。

资料来源：[美]斯蒂芬·罗宾斯，玛丽·库尔特，管理学（第 11 版）. 北京：中国人民大学出版社，2012.

结合案例内容，回答以下问题：

1.你认为达美乐公司的高管最初为什么要采取一种袖手旁观的态度？这种应对为什么是一个错误？

2. 达美乐公司的其他比萨餐厅如何防止发生这种类型的沟通问题？

3. 类似的事件以及它们在任何时间、任何地方发生的可能性是否意味着工作场所应当禁止各种形式的社会媒介？这个故事对关于通信技术的公司政策有什么启示？

第五部分　控制职能

第十二章　控制的基础

【学习目标】

了解影响控制有效性的权变因素；理解控制的概念及其过程；理解有效控制的特征；掌握三种控制系统。

【案例导入】

教授的感慨：制度执行的尺度

夏天，我去费城参加美国管理学会的年会，会议结束后坐飞机回西雅图，在费城的机场竟然被安检人员阻拦，说我随身携带的行李中有液状物品，不得带入。因为只是几天的会议，我所有的东西加起来都不满一个小旅行箱，而且我将那些"可疑"的物品如牙膏、润肤水等化妆品都单独装进了一个小的半透明塑料袋，不应该会有问题。况且我从西雅图坐飞机去费城的时候，带的是同样的东西，并没有在安检时遇到麻烦，怎么费城机场的安检人员就偏偏有"特异功能"？我大惑不解，要求他们给我解释。他们让我打开行李箱，然后找到那个半透明的塑料袋，指着里面的牙膏、润肤水等化妆品说这些东西需要放在全透明的塑料袋里才行，那是联邦航空管理局的规定。说我这个半透明的塑料袋不合规格，他们看不清楚，因此需要托运，否则就不能带上飞机。我与他们理论半天，他们依然坚持制度就是制度，必须不折不扣地执行。我嫌麻烦，就将那些东西留在了机场，作为给他们严格执行制度的"奖励"。

仔细想来，每个制度在制定的时候都有具体的理念作支撑，而表现这个理念的制度和方法则可以多种多样。美国联邦航管局之所以规定随身携带的液状物品必须放在透明塑料袋中，是为了能够让安检人员不用打开口袋就能清楚地看见这些物品的实质，而排除用它们能够生产炸药的嫌疑。因此，制定该制度的出发点是为了防止恐怖主义分子无孔不入的恐怖举动，是为了无辜百姓的安全。而现在他们既然已经看清了我那个半透明塑料袋里的物品的性质，非但完全与炸药无关，而且是再平常不过的保健清洁物品，还死死咬住制度不放，就是犯了"为制度而制度"的错误，而忽略了制度背后的真正目的。

这使我想起另一件我在深圳曾经经历的事。在我住的酒店前面有一个停车场，每辆车开进来时司机都要从停车场管理人员那儿拿一张小纸条才可以停车等候，而汽车开出停车场时则需要将这张纸条交还到那个管理人员的手中，他才会放高栏杆让车出去。那天来接我的司机可能因为匆忙，一时找不到那张小纸条，虽然他只在停车场等了不到五分钟，那个管理员应该还记得他的面孔，但就是因为没有那张纸条，管理员就死活不让我们的车开出去。我有一个重要的会议需要出席，时间很紧张，可是怎么沟通也无济于事。管理员反复说这是制度，他必须不折不扣地执行，否则他会受到处罚。我虽然一向是一个尊重制度并钦佩执行制度的人，在那个时刻却也觉得那个管理员不近情理，面目可憎。心中对于如此不折不扣执行制度的行为打了个问号。

为制度而制度的另一种典型表现就是在公司门口站岗的门卫要求每天都见面的老员工出示工作证的行为。出示工作证的目的是为了保证进入公司的人都是在公司工作的，而不是外来的陌生的非工作人员。如果一个在公司工作了十几年的老员工因为有一天忘记带工作证而被拒绝跨入公司的大门，其伤心程度可想而知。这种行为传递给老员工的信息是：公司并不在乎你这个人，一纸工作证远远比你这个人的真实面孔要重要许多！

资料来源：陈晓萍．执行制度的尺寸[J]．管理学人．2007（11）.

启发思考：

1．“制度是死的，人是活的。”试结合本案例分析，制度是控制的标准，还是控制的对象？制度真的是死的，一丝不变的吗？

2．制度执行者应该树立何种理念，管理者应该如何促进这种观念的树立？

3．如何把握制度与处事灵活间的关系？

作为组织管理者，谋划组织战略、制定组织计划、做出科学决策、建立恰当的组织结构、开展人力资源管理、通过有效领导调动员工积极性，这些都是组织有效管理的重要组成内容，但完成组织计划、提高组织运营绩效、最终实现组织战略，还需要实施有效控制。本章对控制的基本理论进行分析，以使读者理解控制的基本概念，以及有效控制的特征。

第一节　控制概述

一、控制的概念

控制（control）就是使组织的生产或服务活动和行为在规定的绩效范围内，并最终达到管理者最初设定的目标。罗宾斯认为控制是监控、比较和纠正工作绩效的过程。①贝特曼认为控制就是采用正确的标准衡量计划的执行过程，目的是引导人的行为，以达到组织的目标。②王利平认为控制是一个过程，控制过程是调解组织行为，使其与绩效标准、目标和计划相一致的系统过程。③杜伯林认为控制对组织有着积极作用，控制可以使员工行为与公司目标相一致。如果没有控制功能，管理者就不知道员工是否能够正确地工作。控制使管理者能够测量公司是否达到了预期目标。④综合学者们的观点，控制是管理的重要职能之一，是监督组织的各项活动和行为、实现组织预定的计划和目标的活动和过程。控制的基本原理就是根据组织生产活动的进展，管理者比对原始的计划目标或标准，对组织中的个人或群体采取相应的纠正或调整行动，以确保实现组织目标。

① [美]斯蒂芬·罗宾斯，玛丽·库尔特．管理学（第11版）．北京：中国人民大学出版社，2012：481.
② [美]托马斯·贝特曼，斯考特·斯奈尔．管理学——构建竞争优势（第4版）．北京：北京大学出版社，2004：391.
③ 王利平．管理学原理（修订版）．北京：中国人民大学出版社，2006：241.
④ [美]安德鲁·J·杜伯林．管理学精要．北京：电子工业出版社，2003：358.

在组织管理行为中，控制非常重要。组织实施管理的目标是有效率、有效果地利用投入的各种资源，通过一定的生产和服务活动，使其转化为消费者需要的有形产品或无形服务，并在这个过程中实现组织的愿景。管理者为了达到管理的效率和效果两大目标，需要建立有效的组织控制系统。首先，为了实现组织以投入最少的资源（包括资金、技术、人力和信息资源）达到最大产出的效率目标，管理者通过设定单位产品资源投入衡量标准，以及产出和服务的数量标准，并通过时时监控和评价，对资源投入多却产出少的个人或群体进行问题分析，找出解决办法，以促使他们达到效率目标。其次，组织在现有资源状况下，如何实现组织目标、达到管理的最大效果，也是管理者追求的目标。组织通过生产高质量的产品和服务，得到市场和顾客的认可。有效管理者通过建立反馈控制系统，了解产品和服务的质量状况，比较和分析与其他组织产品和服务质量的差距，不断提高本组织的产品和服务质量，从而实现组织管理的效益目标。因此，一个组织如果没有适宜的控制系统或者控制系统出现失误，组织的绩效就会受到影响。

一般认为，控制是管理四大职能中的末位职能，与计划、组织、领导职能都有紧密联系，当组织完成任何一项职能后，都需要控制职能对其执行情况进行检查和监控，并进行评价。如果没有控制职能，其他三项职能可能就不能够实现。其中，控制与计划职能关系最为密切，两者之间是相互影响、相互促进的关系。计划是所有管理活动的起点，组织制定了计划，在组织活动过程中，如果没有实施严格而有效的控制，可能会导致组织不能完全实现计划，甚至使计划破产。首先，计划是控制的基础。在持续的管理过程中，既定的计划需要员工和领导者开展连续的有效行动才能实现。计划中的目标和战略，可以使管理者督促员工向该目标不断前进，并及时修正当前行动和不切实际的计划，最终实现组织的战略。其次，控制是实现计划的手段。制定出来好的计划并不一定能够实现，不能够被执行的计划，可能仅仅就是一个计划书而已。为了实现计划中规定的目标和战略，管理者通过实施一系列控制行动，如控制成本支出、调节资源在不同部门中的使用、提高产品和服务质量等，建立衡量标准、找出差距、分析原因、采取行动、予以纠正，使"事情"按照计划进行。

控制的重要性还在于，在控制过程中，管理者建立考核标准，实施精确的控制管理，衡量员工和部门的实际工作情况，及时调整，防微杜渐。员工在明晰的绩效考核标准下，知道自己的行为正受到控制系统的监督和评价，就会积极地改善自己的工作行为和工作态度，为顾客提供更好的服务或生产出合格的产品，以期望通过努力的工作达到组织目标而获得精神或物质奖励，并得到进一步证明自己能力的机会。

因此，控制的积极作用在于通过监督组织的行为过程，使员工和部门的行为与组织目标相一致，组织的成本预算、财务支出、结构设计、人力资源管理、技术投入、成果输出等围绕组织的目标而展开，并最终实现组织的愿景。

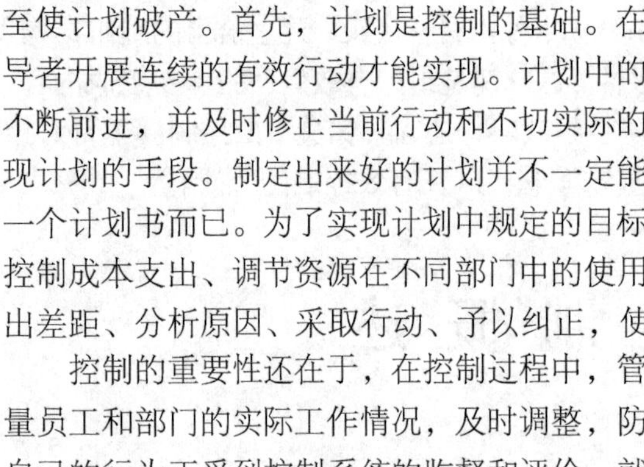

图 12-1　控制的 4 个步骤

二、控制的过程

组织实施控制的过程一般包括四个步骤：第一步，设定绩效指标体系和衡量标准；第二步，衡量实际行为和实际绩效；第三步，将实际绩效与绩效标准进行比较；第四步，对比较后产生的差距采取行动（见图 12-1）。

（一）设定绩效指标体系和衡量标准

组织开始对生产或服务过程实施控制时，首先要建立衡量组织绩效和个人绩效的各项指标，以及符合实际情况的各种标准。各种指标涉及组织从资源投入到资源转换，再到产品和服务产出的全部过程，既可以是反映数量的，也可以是反映质量的。反映数量的指标如年产值、销售额、利润额等；反映质量的指标如合格率、满意度等。指标具有导向性，衡量指标的选取对组织内各项生产活动或经营管理活动的行动方向起决定性作用，在很大程度上决定着组织中员工追求什么。如果错误地选择了衡量指标，将会导致严重的不良后果。假如组织过于看重短期财务指标，那么很可能会忽视质量控制、产品研发以及员工发展等长期发展指标，影响组织的长期发展。因此，有效的管理体系应该正确确定衡量什么和如何衡量，否则就会引起偏差。另外，不同性质的部门衡量的内容也不同，市场部门、研发部门以及职能部门应该有不同的评价体系，管理者应该根据不同部门的特点设计有针对性的指标体系。

指标体系的建立要围绕组织的总目标和子目标，子目标是员工和部门能够达到和可以接受的目标，通过子目标的达成能够进而实现总目标。只有在这种情况下设定的绩效指标体系和衡量标准才能与组织的计划和战略建立紧密的联系。但是，标准和目标又有所不同。标准是组织期望员工在常规性工作中完成的，目标是员工需要努力奋斗才能实现的、具有挑战性的。[①]具体的，组织在设计绩效指标体系和标准时要注意的问题是，指标体系和标准要符合实际情况，是员工和部门能够实现并被员工和部门所接受的，组织内不同层级的员工对绩效指标和标准要达成一致的看法，员工和部门要有责任心和相应的资源。否则，指标体系过于复杂，标准过高或过低，高层领导武断地制定某些高标准的绩效指标，个人和部门缺乏完成目标和标准的责任心和必要的资源，都有可能成为控制系统发挥作用的绊脚石。

（二）衡量实际行为和实际绩效

管理者为了衡量（measuring）实际行为和实际绩效，必须要收集关于实际行为和实际绩效的信息。搜集信息的方式包括直接观察、统计报告、口头报告和书面报告四种。现实中，常常结合各种方式共同使用。

（1）直接观察。直接观察也称为个人观察、走动管理（management by walking around，MBWA）。管理者通过个人到达工作场所对员工或部门进行直接的观察，与员工进行一对一的交流，获得对员工工作和部门运营状况的第一手资料。开座谈会、与员工谈话、走访、参观等都是直接观察的方法。直接观察的优点在于管理者可以获得员工和部门绩效的客观情况，但是由于管理者的局限性，可能造成管理者需要花费大量的时间成本，又不能获得全面而可靠的信息，即所谓“一叶障目”“以偏概全”的情况。

（2）统计报告。统计报告（statistics reports）是目前大多数管理者采用的绩效衡量方法，通过对统计数据的分析与预测，使管理者清晰地知道员工或部门在过去一段时间的工作或运营状况。例如，房地产开发企业通过销售进度统计表、购房人群分析表、建筑成本支出表等，及时调整建筑施工进度、改进销售管理模式，以控制整个房地产项目的施工、资金和销售进度，对各部门员工和组织进行有效管理，实现组织的经营目标。统计报告的优势在于可以定量化显示员工和部门的经营绩效；缺点在于单纯使用数据进行评价，容易忽视一些不能用数

① [美]查尔斯·W·L·希尔，[澳]史蒂文·L·麦克沙恩．管理学（英文版）．北京：机械工业出版社，2009：207.

据显示但影响员工和部门绩效的重要因素。这时可以采用直接观察法来验证统计报告中数字的真实性，发现数字背后存在的问题。例如，一个企业组织有很好的绩效统计数据，但是优异的绩效并不是通过节约成本、改进生产工艺带来的，而是通过员工无偿加班所产生的。那么，实际绩效的考核者只有通过直接观察企业和员工的实际工作情况，才会了解到真实情况。

拓展学习

走动式管理是汤姆·彼得斯提出的一种以通过学习来掌握的领导艺术。他认为管理者不应该只是在办公室里审议报告或检阅数据，而是应该多走到员工中间、客户中间以及供应商中间去观察他们的日常行为，倾听他们所遇到的问题，并积极地给予解决方案。在对卓越公司进行研究时，汤姆·彼得斯与罗伯特·沃特曼就发现在管理者传递价值观与企业文化给员工的过程中，走动式管理起到了很大的作用，因为这是一种经常的、随时可以进行的管理活动，而不是定期或定时的形式主义活动。扫描右侧二维码，阅读《你会怎么运用“走动式管理”》一文，可以帮助我们更好地理解这一管理艺术。

（3）口头报告。口头报告（oral reports）是一种直接获得信息的方法。管理者通过一对一的交谈、座谈会、情况通报会、聚餐、领导接待日、早晚情况通报会等形式，获得关于员工和部门的工作绩效信息。例如，房地产企业的销售人员每天工作结束后向销售主管报告当日房屋销售情况，销售主管了解到每天的销售进度、遇到的困难、客户的反馈等信息，并根据问题的严重情况及时提出改进措施。这种方式是一种快捷的、互动的信息获取方法，管理者与员工之间通过词汇、语调和动作传递各种信息。口头报告的缺点在于不便于存档，但可以通过录音录像等现代电子设备将重要的语言信息转化为文字信息进行存档。

（4）书面报告。书面报告（written reports）是一种相对正式的实际绩效和实际行为信息传递方式。管理者要求员工或部门提交一段时间或某一事件的文字报告，如个人年终总结、部门年终总结、项目进展情况报告等。书面报告的好处在于比较正式，可以存档，员工或部门可以比较精确地总结和报告实际工作绩效和工作行为。缺点是书面报告不能是经常性的，需要员工或部门花费一定的时间、对一段时期发生的工作行为进行总结和报告。

衡量员工或部门的实际绩效不是一件简单的事情，特别是对那些复杂的、非常规的活动，管理者需要花费很长的时间和精力进行评价。[①]例如对研发人员的考核，一方面研发人员需要花费很多时间才能创新一个产品，另一方面对产品绩效的评价具有一定难度。某些创新性产品在短期内无法看到财务绩效，但从长期看，如果市场和顾客逐步认可了新产品，组织就会获得很大的利润。这些都造成管理者对绩效的衡量困难性。

（三）将实际绩效与绩效标准进行比较

比较（comparing）是管理者根据已经设定的绩效目标和标准对员工或部门的实际绩效进行衡量，并确定二者之间偏差程度的过程。[②]偏差是控制系统中绩效标准与真实结果的差距。

① [美]加雷思·琼斯，珍妮弗·乔治．管理学基础．北京：人民邮电出版社．2006：173.
② [美]安德鲁·J·杜伯林．管理学精要（第6版）．北京：电子工业出版社．2003：362.

偏差是不可避免的，因为组织内外部环境是动态变化的，制订计划时的环境状态与执行计划时存在差异，所以，发生实际绩效与绩效标准之间的差异是完全有可能的。但是，偏差需要在一个可接受的偏差范围（range of variance）内，如果偏差显著超出了这个范围，就是不可接受的，管理者需要对此进行分析，找到产生偏差的具体原因，以寻求后期的有效解决方案和改进措施。

在进行比较的步骤中，管理者对微小偏差和重大偏差都要进行分析和评估。有些微小偏差虽然在可接受范围内，但却是造成组织重大损失的原因或隐患，管理者也要加强控制，提出整改措施。有些重大偏差是偶然发生的、一次性的，管理者则不需要花费过多的精力研究控制措施，例如，因为百年不遇的天气异常现象造成企业用电量显著提高，使单位产品成本提高，这时管理者只能期望明年的天气状况恢复正常。

对发生的偏差，管理者不需要对全部管理过程进行详细分析，逐一提出改进措施，否则会浪费管理者大量的精力。例如，某超市近期的顾客投诉率显著提高，管理者需要查明顾客投诉主要是针对哪些部门的，如果投诉主要针对家电组，那么管理者只需要对家电组被投诉的原因进行分析，而不需要对其他仅有零星投诉的部门投入较大的精力实施控制性管理。管理者针对出现例外的状况进行控制，可以节省很多时间和精力。

（四）对比较后产生的差距采取行动

控制过程的最后一个步骤是对出现的偏差采取行动。这个步骤是保证计划实现的关键。如果员工和部门的实际绩效超过了设定的目标和标准，管理者需要及时对他们进行奖励，例如给荣誉、提工资、发奖金、准许休假、提升职位等。但是如果实际绩效显著超过了原始目标和标准，这可能是原始目标和标准定得太低，员工和部门很容易取得优异的绩效。管理者除了依然向员工和部门兑现已经承诺的物质或精神奖励外，还需要对目标和标准进行调整，可能需要适当提高绩效目标和标准。如果实际绩效低于设定的目标和标准，即出现了负偏差，管理者需要立即采取适当的或强有力的措施纠正偏差，不能有任何拖延或借口。管理者可以采取的行动有三种：不采取任何行动、改进实际工作和修订标准。

（1）不采取任何行动。控制的目的在于使事情按照计划执行，实现计划中预定的目标。如果出现了偏差，但对偏差的比较和评估结果显示，员工和部门的工作正按照组织的计划和战略有序进行，所产生的微小偏差在意料之中，管理者就可以不采取修正行动。但管理者还需要对整个项目和工作进行监督，采取激励性措施，鼓励员工或部门进一步提高绩效，实现组织目标。

（2）改进实际工作。如果评估结果显示需要对偏差进行纠正，管理者可以从组织战略、组织计划、组织结构、人力资源管理等方面进行调整。例如，修正组织战略、改进运营策略、调整生产工艺流程、合并或分解部门、解聘不合格员工、招聘研发人员、进行人力资源培训等。管理者采取管理行动有两种选择，一种是直接纠正行动（immediate corrective action），另一种是彻底纠正行动（radical corrective action），目的都是为了解决导致偏差的问题。

直接纠正行动是救火式的对偏差的调整行动，管理者对发生的问题立即给予矫正，使之回到正确的轨道上。所谓“头痛医头，脚痛医脚”就是典型的直接纠正行动。有一些技术性的工作，特别是通过计算机进行操作或者在流水线上由操作者亲自实施的工作，实际操作者本人就能够采取直接纠正行动校正偏差。而有些时候，则需要专家对操作流程进行调整或对操作者进行培训，才能对偏差实施修正。

彻底纠正行动是指管理者需要弄清偏差产生的原因，分析偏差产生的起点，并从偏差产生的起点进行纠正。所谓“打破砂锅问到底”就是典型的彻底纠正行动。作为一个有效的管理者，对出现的偏差采取直接纠正行动是必要的，以避免偏差的进一步扩大，例如超市销售员工与顾客发生纠纷时，管理者就要立刻采取直接纠正行动，安抚顾客，化解矛盾。但是纠正行动不能就此停止，管理者应进一步分析产生纠纷的原因，如果这个纠纷来源于超市出售了有质量问题的商品，造成顾客不满，投诉率上升，那么偏差的起点就是超市的进货渠道，而不是超市销售员工的服务质量问题。管理者需要对进货渠道采取纠正措施，保证卖到消费者手中的商品符合质量要求。所以，有效管理者需要花一定的时间分析和研究导致实际绩效与标准之间产生偏差的原因，并寻求彻底的解决方案。

（3）修订标准。有些时候偏差是由于错误的计划或者不现实的绩效标准导致的，而不是工作绩效问题。不现实的绩效标准，或者标准过低，或者标准过高，都会使员工或部门的实际绩效与标准产生差距。如果标准太低，则对员工没有激励作用，而标准过高，则会使员工由于看不到达成目标的希望而丧失努力的动力。因此，如果管理者发现标准是不切实际的，就需要及时修订标准；如果标准非常合理，因为员工或部门自身原因没有达到绩效标准，管理者则要坚持已经确定的绩效标准。

在有些情况下，导致实际绩效下降的原因可能是外部市场环境发生变化，组织生产的产品或提供的服务不是消费者所需求的。管理者则需要对产品和服务进行改进，从而使员工和部门的绩效达到组织设定的目标。

三、控制类型

不论是企业组织，还是政府组织，管理者在实现计划目标时，都需要不断采取控制行动。有时，管理者采取的控制行动是预测性、探索性、方向性的，往往在总结前一阶段工作成果的基础上，对下一步工作进行指导性控制。有时，管理者的控制行动发生在工作进行过程中，管理者往往边观察、边总结、边提出改建意见或纠正措施。有时，管理者的控制行动发生在一项工作或一项任务完成之后，通过总结全部的工作成果，不论成功与失败，并与最初的计划目标进行比对，制订出下一步工作的纠正措施或一揽子解决方案。根据控制的时间点，可以将控制划分为三种类型：前馈控制、同期控制和反馈控制，如图 12-2 所示。

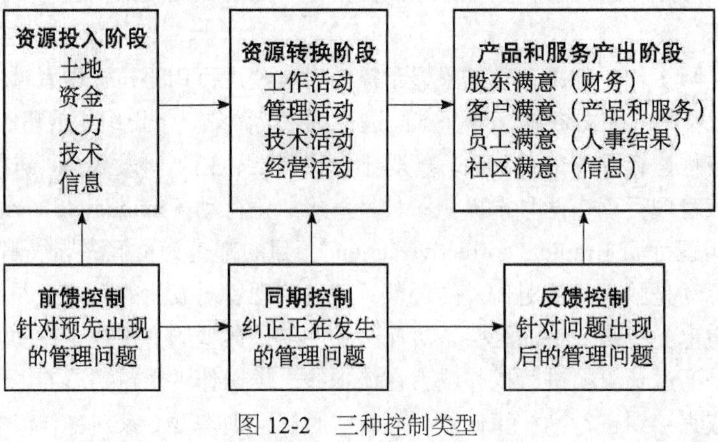

图 12-2　三种控制类型

（一）前馈控制

前馈控制（forward control）是指在资源投入阶段，管理者对可能发生的问题进行预测，并实施有效控制措施，以避免组织在随后的产品生产和服务提供过程中出现不必要的问题。因此，前馈控制是未来导向的，是管理者最期望的控制方法。管理者在计划、组织、人力资源管理和领导等各个环节中都可以实施前馈控制。

例如，组织根据战略愿景、生产规模的变化，提前做好人力资源的招聘工作，为组织提前找到技能和素质符合组织发展要求的员工。在质量控制方面，组织为了使产品和服务达到一定的质量，制定质量标准和产品要求，并提前告知相关供货商产品性能要求，要求其按照规格提供原材料，以避免后期生产过程因为原材料性能不符合要求而产生质量问题。但在实际生产过程中，常常出现因为没有实施有效的前馈控制而导致很多质量问题的情况。例如房地产开发商在施工前期没有严格审查原材料的质量标准，引起房屋建成后坍塌等质量事故，最后造成不可估量的损失。

从这些例子可以看出，前馈控制的关键是在问题发生之前就要采取积极有效的管理行动，从而避免和防止问题的发生。管理者为了更好地实施前馈控制，需要搜集大量的和准确的信息。管理者建立管理信息系统，可以检测和捕捉到系统内外环境变化引起的信息变化，从而使管理者能够及时预计到出现的问题，并实施有效的修正方法或提出修正方案。例如，天气信息预报系统通过气象卫星获得未来天气形势变化趋势，预测未来几天是否有沙尘、暴雨、浓雾等灾害性天气，使人们能够根据天气变化做好预案。

管理故事

曲突徙薪

古时候，有一个人出门拜客，看到主人家炉灶的烟囱是直的，旁边堆积着柴草，便对主人说："请把直的烟囱改造为弯曲的烟囱，将柴草移到远处。不然的话，会有火灾的隐患。"然而，主人听了未加理会。不久，这家的厨房果然失火，邻居们一同来救火，最后把火扑灭了，所幸火灾没有造成太大的损失。于是，主人杀牛摆酒来感谢他的邻居。烧伤的人被安排在上位，其他人按功劳大小依次排座，但唯独没有请原先建议他"曲突徙薪"的那位客人。有人对这家主人说："当初如果听了那位客人的话，厨房就不会失火，今天也就不用破费摆设酒席。现在论功劳邀请宾客，为什么没有想到感谢当初给你忠告的人呢？"主人顿时醒悟，赶紧去邀请那人。

这则管理故事中，客人向主人提出"曲突徙薪"的建议便是前馈控制的典型例子。将可能出现的偏差消除在萌芽状态，做到"未雨绸缪"，是一个优秀管理者管理艺术和管理能力的体现。

（二）同期控制

同期控制（concurrent control）是指在资源转换阶段，管理者对产品生产和服务提供过程中正在发生的问题实施即时控制，采取必要的纠正措施，以避免发生重大损失。同期控制是在计划执行过程中的控制，是控制系统的核心。在组织产品生产和服务提供的过程中，为实现管理的效率和效益，管理者需要进行时时控制，以保证在规定的时间内生产出正确数量和质量的产品和服务。

即使管理者通过前馈控制，避免了一些问题的发生，但是在生产过程中，环境是动态变化的，由于人为因素和客观环境，可能出现一些难以预料的问题，因此也需要管理者进行时时的监控和立即采取纠正措施。一些组织建立的有效信息监管系统，如银行的时时电子监控系统、员工错误操作提示系统、业务数据流连续更新系统等，都为管理者及时修正小的差错提供了技术保障。

（三）反馈控制

反馈控制（feedback control）是指在产品和服务产出阶段，管理者针对顾客对产品和服务提出的反馈信息，特别是一些关于组织的负面信息，采取必要措施进行纠正。反馈控制发生在行动之后，也就是人们常说的“马后炮”。反馈控制的缺点是，管理者意识到或者获得组织信息需要实施反馈控制时，组织的损失或问题已经产生了，只能采取措施来防止损失进一步扩大。反馈控制的优点在于，管理者通过反馈，获得组织计划执行情况的真实信息，如果反馈信息显示组织计划执行绩效与标准相差很大，那么管理者需要调整计划，甚至重新制定计划。反馈控制还可以起到激励组织、奖励员工的作用。组织和员工通过反馈信息评价过去的行为和行动，可以看到差距或进步。

四、控制系统

任何一个组织都希望以高效率、低成本、高收益实现组织目标，然而由于不同组织的控制系统不同，使组织不能完全实现目标。例如，大型国有企业与小型私营企业相比，前者一般采用比较正式的命令传导机制，后者则采用比较自由、灵活的决策机制。当它们处于同样的市场环境下对是否生产某一产品进行决策时，后者可能会比前者有较高的决策效率。在小型企业，公司决策者，即企业老板，通常掌控一切、洞悉一切、决定一切，企业层级比较少，老板可以进行快速决策。在组织中，管理者为了实现组织目标，希望通过建立适当的控制系统实现目标。根据美国加利福尼亚大学威廉姆·奥奇的研究，组织的控制系统（system of control）可以分为三种类型，即官僚控制（bureaucratic control）、市场控制（market control）和派系控制（或小集团控制，clan control；或文化控制，cultural control）。[①]一个组织不会仅采用一种控制系统，而是基于不同控制系统的优势和劣势在组织内使用多种控制系统对组织实施有效控制。

（一）官僚控制系统

最先提出官僚控制系统思想的是20世纪初的德国著名思想家、社会学家马克斯·韦伯，其提出的科层管理体制和广泛的劳动分工被认为是解决大规模组织中存在的经济和社会问题的最理性和最有效的方法。在韦伯的官僚制思想基础上，组织采用标准和程序来约束员工的绩效和工作。官僚控制系统是指利用组织的正式规章、制度、规则、标准、预算、章程、政策等强制性手段，衡量组织计划的执行情况，并在必要的时候采用适当的修正措施以保证实际绩效与组织目标相一致，从而实现对组织的控制。在官僚控制系统中，管理者对计划执行

① [美]托马斯·贝特曼，斯考特·斯奈尔．管理学——构建竞争优势（第4版）．北京：北京大学出版社，2004：391.

过程中的行为进行测度和比较，获得相关数据和信息后，对产生的差异或变动进行修正。

官僚控制系统依赖于员工有良好的行为规范、描述清晰的工作规则、严格而有效的管理机制。管理者为了实现产出最大化，通过规范员工的标准化生产行为、细化产品生产和提供服务程序等，监督员工的标准化生产过程。很多现代化的大型企业，其行政管理非常严谨而有效，为不同工作岗位的员工建立专门的操作手册和行为准则，以规定和规范相应岗位的员工行为。例如，前台接待员按照礼仪手册接听电话，采购员不得单独与供货商接触，等等。因此，官僚控制系统一般采用比较严格的控制程序对组织实施有效控制，换言之，在前一部分中详细分析的“控制过程”常常在官僚控制系统中使用。

官僚控制系统在任务清晰、员工分工明确时最为有效。但有时因为官僚控制系统过于遵循制度、规则、政策、程序等，导致系统内的员工成为制度、规则、政策和程序的机械执行者，从而产生低效率和缺乏灵活性。有些时候，一些员工不愿意提供服务或完成某一事项，往往利用制度、规则作为自己惰性的借口。组织制定的各种明确规则在加强了对员工规范性管理的同时，也对员工的创造性行为产生了障碍，员工习惯于遵循已有的规则进行标准化生产和提供服务，而不愿意进行独立思考，这可能会降低员工的自由度和组织的创新水平。过度的正式规则和程序，会僵化和限制员工和部门对特殊情况反应的灵活性，进而影响组织的绩效。由于官僚控制系统强调正式的规则和程序，因此处于动态的、快速变化的外部环境下的组织，或者雇用崇尚自由的技术性员工的组织不适宜采用官僚控制系统。另外，监督员工和部门真正服从规则和程序要花费一定的成本，而且花费的监督成本可能比建立规则和程序所带来的利益更大。[①]

（二）市场控制系统

市场控制系统是一种使用市场标准或其他绩效考核标准对系统内各个部门进行控制的方法。价格和市场份额是市场控制系统的两个常用标准。价格和市场份额可以分解为盈利能力、市场份额、利润贡献比例、产品转移价格等。处于激烈的市场竞争中的大公司通常采用市场控制系统对公司进行控制。市场控制系统适用于多事业部的大型组织，可以在组织的各个层面发挥作用。

在公司层，公司领导从公司的战略愿景和总目标出发，通过评价各事业层经理的经营绩效来实现对他们的控制，一般不采用发布命令、标准、程序等官僚控制方法。在事业层，市场控制系统可以约束事业层各部门和各职能部门之间的交易。[②]组织需要内部或外部供应商提供产品和服务时，可以通过转移价格（组织内部一个单位因向另一个单位提供产品或服务而索要的价格）系统评价需要交易的产品和服务的价格，并以此评价部门绩效和存在的必要性。例如，某大型综合房地产商，不仅有房地产开发业务，还有建筑材料生产基地。在公司的房地产开发项目中，需要决策是否使用本企业生产的建筑材料，这时需要比较本企业提供建筑材料与其他供应商提供同类建筑材料价格的高低。如果本企业提供的建筑材料的价格高于其他供应商，且质量相同，那么在这种市场控制系统中，本企业的建筑材料生产基地因不能使本企业房地产产品达到成本低、收益高的目的，可能面临被淘汰的局面。

市场控制系统也可以在个人层面上发挥作用。这主要体现在两个方面：一是通过市场化

① [美]查尔斯·W·L·希尔，[澳]史蒂文·L·麦克沙恩. 管理学（英文版）. 北京：机械工业出版社. 2009：2H.
② [美]托马斯·贝特曼，斯考特·斯奈尔. 管理学——构建竞争优势（第4版）. 北京：北京大学出版社，2004：404.

的工资价格招聘到具有特殊技能的员工；二是通过变化的工资价格奖励有成就和绩效高的员工，将那些对组织有更大作用的员工提升到更高的职位上。当然也可以解聘那些对组织没有更大贡献的员工。例如，有些房地产销售企业采用末位淘汰制，对处于销售业绩末位的销售员实施惩罚措施，减少佣金提成直至解聘。

建立内部市场控制系统，可以促使各事业部之间进行竞争，以寻求在未来获取更多的资金、开发新产品的权利等利益。但是，以市场控制系统对组织内各个部门实施控制产生的一个问题是，各部门之间是竞争关系，很难建立合作共赢的机制，不利于部门之间共享技术、信息、人才等资源。

（三）派系控制系统

派系控制（小集团控制或文化控制）是指通过在组织内建立共同的文化观念来实现对员工的控制，文化观念包括共同的价值观、信念、仪式、传统习惯等。派系控制系统的产生主要是由于随着现代社会的发展，社会分工日益复杂，人们掌握的知识型技能越来越多，设计标准化和程序化的工作越来越难，员工更能自由掌握工作时间、工作进度和工作方式，管理者采用官僚控制和市场控制系统对组织实施控制更为困难。例如，一些有独立创造意识、对组织有很大经济价值的员工可能要离开组织，如果组织单纯靠加薪，可能并不完全能够挽留住这些员工，其他组织的工资价格有可能更高。但是，一些员工不愿意离开组织的主要原因，是由于这个组织有很好的团队精神和责任感，有鼓励创新的内在机制，使得员工留恋宽松、和谐的组织氛围，即使薪酬略低一些也不愿意离开组织。这就是俗话说的“工作不留人，感情留人、事业留人”。因此，相对于官僚控制和市场控制，派系控制是建立在团队和群体关系的基础之上的。例如，微软公司建立强调高度进取、竞争性的组织文化，使组织不需要使用其他控制系统就能使员工取得优异的绩效。

在派系控制系统中，组织更加强调文化的作用。组织通过建立正面的、积极的、具有激励作用的组织文化，对员工产生影响和控制作用，员工自觉地进行自我控制（self-control），自觉地使自己的行为与组织目标相一致，从而给组织带来经济效益，实现组织的战略目标。一些组织通过具体的活动建立组织文化，如技能竞赛、年终聚餐、共建植树林、发放员工生日贺卡等。采用派系控制尽管可以减少组织监督成本，但还是存在一些不足。例如，有些组织强调自我奉献、超长时间加班、强烈进取、竞争意识等价值观，会使员工觉得精疲力竭、精神压力大，一些优秀员工可能会离开组织。

第二节　影响控制有效性的因素

控制对管理者具有很重要的意义，没有有效的控制，管理者不能获得足够的信息来解决问题、进行决策或采取适当的行动，以实现组织的目标和计划。但是，一些因素会对管理者实施有效控制产生影响，本节就影响控制有效性的问题进行分析。

一、有效控制的特征

管理学研究认为，考察控制的有效性可以从 10 个方面进行判断，即控制的准确性、及时性、经济性、灵活性、可理解性、合理的标准、战略地位、例外原则、多重标准、纠正行动。[①]根据这些建立有效控制的原则，采取恰当的控制行为和控制系统，可以形成有效的控制系统。下面进一步分析有效控制的特征。

（1）有效的控制系统是可靠的，并产生有效的数据。如果控制系统是可靠的、可信任的，那么控制系统还会产生可靠的、有效的信息，增强管理者对系统的管理和控制。例如，组织往往设立绩效评价系统，建立多层次的绩效评估体系，通过量化的手段，使管理者根据可靠并有效的数据对组织行为进行动态监控。

（2）有效的控制系统应提供及时的信息。管理者在控制系统内，通过获得及时而快速的信息，对组织和员工行为实施即时的监督和纠正，及时纠正错误，鼓励先进。例如，超市每日进行销售货物和款项盘点，可以及时获得超市经营状况评价，这样比每月、每周进行货物和款项盘点要有效。

（3）有效控制要以经济效益为优先。一个控制系统如果采用投资费用高昂的控制手段，对员工微不足道的行为进行控制，虽然得到了满意的效果，但管理者却付出巨大的投资成本，这样的控制也不是有效的。因此，有效控制要以经济效益为优先，争取以最小的投入获得最大的控制效果。

（4）有效控制具有灵活性，允许有随机偏差。有效控制不是死板的，其评价标准、考核指标、纠正行动在某些情况下可以根据客观情况和现实条件进行调整。由于一些管理者为了管理的方便，片面强调各种规章制度的尊严，可能弱化控制系统的灵活性。

（5）有效控制应该被员工所理解并接受。对于一个有效的控制系统，员工应该理解它并愿意在控制系统内从事工作，这样才能对组织生产率产生积极作用。如果员工对控制系统产生抵触情绪或不理解控制系统对提高组织生产率的作用和意义，那么员工会采用一些对策和手段抵抗控制系统。

（6）有效控制的评价标准应该是合理而可行的。所谓评价标准具有合理性是指员工的行为要与控制评价标准具有合理的联系，能够促进员工和组织的绩效；否则，由于评价标准的不合理性，会导致评价标准不能顺利实施，控制不具有可行性。

（7）管理者重点控制对组织绩效有战略影响的因素。现代管理中，团队组织的建立，需要高层管理者更多的授权，使下级组织享有更多的自主性。高层管理者不能对组织中的所有事项实施控制，必须选择对组织绩效有战略影响的关键因素进行控制，或者授权团队进行自我控制，或者放松控制来激发员工的自我管理和自我创新能力。

（8）有效控制强调例外。管理者不能对组织内全部事情都实施控制，而应该对特殊事件采取控制措施。管理者不可能事无巨细地对组织中所有事件进行控制，一些常规性的活动可以通过制度化的方式进行评估，而一些突发事件是不可预见的，或者发生的概率较小，没必要设定专门的控制体系，对于这些事件，管理者需要采取有效的应对手段及时处理。

（9）有效控制的衡量标准是多重的，不应自相矛盾。组织在衡量组织绩效和员工行为时，应尽可能建立多重衡量标准，防止因单一标准给组织带来绩效衡量不准确和获得失真的评价信息等问题。同时，有效控制的衡量标准也不应该是自相矛盾的，而应该是相辅相成的。例如，对生产工人的工作绩效进行评价，如果既要求很高的产量，又要求很高的质量，那么在

① [美]斯蒂芬·P·罗宾斯，玛丽·库尔特．管理学（第2版）．北京：中国人民大学出版社，2004：543．

人员和资源有限的情况下，两个目标是相互冲突的，因此工作评价标准应是在保证质量的前提下，完成一定的工作量。

（10）有效的控制系统应该及时纠正偏差。有效的控制系统应该在及时发现偏差的基础上，及时纠正偏差。一方面，管理者提出有效建议，督促员工改进工作行为，纠正偏差，完成组织计划目标；另一方面，管理者还要鼓励和允许员工进行自我反馈和自我控制，员工通过系统得到有关偏差的信息，自己进行必要的分析和反馈，从而能够自我控制，减少偏差的产生。

课堂讨论

中航工业成飞建立风险管理长效机制

中航工业成都飞机工业（集团）有限责任公司（简称中航工业成飞）在转型升级过程中，始终以战略落地和风险管控为导向，将风险管理的理念与方法持续嵌入经营管理活动中，逐步在全公司范围内建立起企业风险管理的长效机制并持续运行，保障公司健康持续发展。中航工业成飞建立的企业风险管理长效机制，具体体现为"一种文化、两套机制、三项保障"。即营造一种事前防范、积极进取、稳健经营，符合公司特点的风险文化；建立起以风险为导向的风险决策机制和风险闭环管理工作机制；形成企业风险管理组织、风险管理制度和风险管理技术三项保障。

试问：中航工业成飞建立的风险管理控制系统符合有效控制的哪些特征？

二、影响有效控制的权变因素

为了建立有效的控制系统，需要分析影响有效控制的权变因素。这些因素包括组织的规模、个人在组织结构中的位置和级别、组织的分权程度、组织文化、活动的重要性。[①]

（1）组织的规模与采取有效控制的手段和方法有密切的关系。一般来说，大规模组织通常采取前馈控制和反馈控制方法对组织进行控制，采用正式的报告、严密而广泛的规章制度建立官僚式的控制系统。小规模组织更多采取同期控制，采用非正式的、简单的控制系统。

（2）因员工在组织结构中的位置和级别不同，即职位和层次不同，对其采取的控制标准是多重的，而且标准也不同。例如，对总经理的控制评价标准与基层员工的控制评价标准就不同。应该对组织内不同层级的员工建立控制程度不同的评价标准，达到组织对不同层级员工有效控制的目的，也促进员工的不断进步。高级别员工的评价标准是多重的，低级别员工的评价标准是少而易于衡量的。

（3）组织的分权程度同样也影响控制的有效性。分权程度高的组织，管理者将决策权下放给被授权者，管理者需要更多地获得被授权者的行为信息和工作绩效，最终还要对被授权者的工作绩效负责，因此，分权程度高的组织，需要增加控制的数量和宽度。

（4）组织文化同样影响控制的有效性。组织越来越重视其文化建设，当控制系统与组织文化一致时，已建立的控制系统会发挥相应的作用。如果组织文化是开放的、积极的、民主的、信任的，员工会产生主动的、非正式的自我控制，积极完成组织目标；相反，如果组织

① [美]斯蒂芬·P·罗宾斯，玛丽·库尔特. 管理学（第7版）. 北京：中国人民大学出版社，2004：544.

文化是封闭的、消极的、独裁的、怀疑的，员工可能会增强自我保护，被动接受领导权威、领导决策来实现组织目标。组织采用开放而积极的组织文化，控制系统应该采用非正式的自我控制，反之则采用正式而广泛的控制。

（5）活动的重要性对控制也产生影响。在重大活动中，即使是微小偏差也会产生重大影响，这就要采用复杂而广泛的控制。例如每年召开全国人民代表大会和政协会议期间，北京市交通管理部门对于车辆的交通管理就采取了复杂而广泛的控制，不仅保障了“两会”代表车辆的安全和正常运行，而且尽可能地减少对一般市民出行的影响。相反，对于重要性低的活动，只需要采取松散的、非正式的控制系统，以减少控制成本支出。

本章小结

控制是管理的重要职能之一，是监督组织的各项活动和行为、实现组织预定的计划和目标的活动和过程。控制系统包括官僚控制、市场控制和派系控制。不同的控制系统各有优势和劣势，一个组织通常采用多种控制系统实现控制。根据时间点的不同，控制有三种类型，包括前馈控制、同期控制和反馈控制。同时，实施控制的过程一般包括四个步骤：第一步，设定绩效指标体系和衡量标准；第二步，衡量实际行为和实际绩效；第三步，将实际绩效与绩效标准进行比较；第四步，对比较后产生的差距采取行动。

控制对于管理者而言非常重要，管理者希望控制是有效的，以确保组织实现计划目标。有效的控制系统应该是准确的、及时的、注重经济效益的，具有灵活性而且是员工可理解的。管理者通过建立合理的评价衡量标准，对具有战略地位的关键环节进行控制，强调例外原则和多重标准，并且建议实施纠正行动。影响有效控制的权变因素包括组织的规模、个人组织结构中的位置与级别、组织的分权程度、组织文化、活动的重要性。如果组织的规模大，个人在组织结构中的层级高，采用集权制，组织文化是封闭的、消极的、独裁的、怀疑的，那么就要采用正式的、复杂而广泛的控制体系；相反则采用非正式的、松散的、个人的管理控制体系。

复习思考题

一、名词解释题

控制　直接观察　前馈控制　同期控制　反馈控制　控制系统　官僚控制　市场控制　派系控制

二、单项选择题

1．控制的最根本目的在于（　　）。

A．寻找错误　　B．实现组织原定计划目标

C．衡量下属绩效　　D．约束下属

2．控制工作得以展开的前提是（　　）。

A．建立控制标准 B．分析偏差原因　　C．采取矫正措施　　D．明确问题性质

3．组织实施控制的过程一般包括四个步骤：（1）将实际绩效与绩效标准进行比较；（2）设定绩效指标体系和衡量标准；（3）对比较后产生的差距采取行动；（4）衡量实际行为和实际绩效。其正确的步骤是：（　　）

A．（1）（2）（3）（4）　　B．（2）（1）（4）（3）

C．（3）（2）（4）（1）　　D．（2）（4）（3）（1）

4．"治病不如防病，防病不如讲究卫生"。根据这一说法，以下几种控制方式中，哪一种方式最重要？（　　）

A．预先控制　　C．反馈控制　　B．同期控制　　D．前馈控制

5．根据美国加利福尼亚大学奥奇的研究，组织的控制系统可以分为三种类型，下面哪种控制类型不是其中之一？（　　）

A．官僚控制　　B．市场控制　　C．战略控制　　D．派系控制

三、简答与论述题

1．简述控制的过程。

2．阐述和比较三种控制系统。

3．如何获得绩效评价信息？

4．当实际绩效与计划绩效存在差距时，管理者可以采取哪些纠正行动？

5．阐述和比较前馈控制、同期控制和反馈控制。

6．简述有效控制的十个特征。

7．影响有效控制的权变因素有哪些？

四、案例分析题

西方石油公司的控制方案

西方石油公司是由百万富翁维克多·伊斯曼及他的几位朋友各投资25万美元在1957年创建起来的。从几家大石油公司招聘来的几位年轻地质学家看到了在西方石油公司有一显身手的机会。而且伊斯曼先生又敢作敢为，公司就在加利福尼亚州北部着手一项生气勃勃的勘探计划。他们的计划很快取得了成功，发现一个大油气田和几个优良产油井。由于从这些油气田中得到了大量利润以及伊斯曼先生在北非某国取得了开采特权，这群年轻地质学家的才华，当公司在非洲发现大油气田时，得到了报偿。

随着利润的积累，银行竞相向西方石油公司贷款。投资者也迫切地购买该公司的股票，西方石油公司吞并了几家大的公司。其中包括：① 马斯脱化学公司，是美国最大的工业化学品和化肥厂家之一，年销售额为5亿美元；② 贝伐利煤炭公司，是美国第三大采煤公司，年销售额超过3亿美元；③ 本南特油气公司，在欧洲有炼油厂和零售石油产品的批发商店，年销售额为3.5亿美元；④ 其他几家公司，经营石油销售、房地产开发以及塑料产品。此外，西方石油公司继续执行其在美国和国外寻找石油的计划。

该公司经历了特殊的发展历程。1957年它的销售额还不足50万美元，但到了1974年，销售额就增长到27亿美元。利润也保持同步增长。虽然西方石油公司向银行和其他单位借了

很多钱，而且还向公众出售了 4000 多万份新股份，但在这一时期，其股票价格上涨仍超过了 20 倍。

利润在 1974 年虽然停止增长，但销售额仍比 1973 年增加 15%。西方石油公司的高层主管部门却并不认为这有什么问题，原因是西方石油公司在新石油勘探中投入了大笔资金，而且由于化工公司建厂过多和激烈的价格竞争，该公司的工业化学产品的利润几乎是没有的。但是很明显，股票市场对西方石油公司有些担忧。公司的股价在 1972 年曾上升到 105 美元，而在 1974 年下降到 15 美元。因为所有的石油和化工产品股票价格都在下降，所以该公司的高层主管部门对此仍未给予太多注意。

然而，到了 1974 年末，发生了许多不利事件，使西方石油公司的高层主管部门十分震惊。其中重大的事件有：

第一，由于新的、较大的化工产品竞争对手为了使他们的化工产品生产量尽量达到或接近生产能力，在经营上加强了竞争，所以化工产品的利润持续下降。

第二，全国煤炭工业的罢工使煤矿在 1974 年 10 月和 11 月几乎连续关闭了两个月，使公司利润减少了 1100 多万美元。

第三，新的全国煤矿安全法对开矿工作程序做了严格的改动规定，降低了劳动生产率，而且规定在雇用不到有经验的煤矿工时，要雇用许多新矿工，甚至不得不雇用一些缺少经验的矿工。

第四，根据新的劳工合同，煤矿工人的工资有相当大的增长。贝伐利煤炭公司发现，它不能把增加的费用以及由于生产效率降低而提高的成本转移给公用事业消费者，因为公司与他们订有价格固定的长期合同。煤炭公司的主管部门对合同解释的理由是：历史证明，成本的增加总是可以由产量的增加而抵消的。

第五，塑料薄膜、塑料板和塑料纤维分公司在 1974 年的亏损超过 1000 万美元，这主要是由于：① 新厂设计不当，运转费用比预期的高；② 新的、有前途的涂塑材料达不到规定指标，结果买主把它整车又运回公司；③ 由于称重、检查和储存方法的设施不当而发生原材料大量浪费。

第六，在 1974 年度的最大亏损，是把 8800 万美元，作为 2 亿美元为期 3～5 年油船租赁可能损失的一部分报损处理。欧洲企业的总经理已开始着手一项雄心勃勃的租用油船的计划方案。这样可以保证公司在中东出现问题、北非油田受损的情况下，仍可把石油从沙特阿拉伯和其他波斯湾地区运到欧洲。1974 年对局势的观察表明，租赁油船不是必需的，而且油船租赁率下降得相当多，公司不得不把账面价值大大降低。当人们对揭露的这笔巨大亏损提出问题时，发现欧洲的总经理是自作主张要租赁油船的，当要求这位总经理为这一代价沉重的决策而辞职时，他为自己辩解说他在伊斯曼先生在国外旅游时曾向他提出过这个想法，而伊斯曼先生曾表示这是一个好的主意。

第七，其他令人失望的事情又损失掉许多，还有其他不成功的投资。一家小分公司的总经理准备在他的分公司总部所在地建造一幢新办公楼，费用为 600 万美元，在建造接近尾声时，发现他的分公司正在与另一家分公司进行合并，而合并后的公司总部要迁到另一个城市去。负责在国外油田钻探油井的经理遇到了预料不到的困难，他超支预算达 500 万美元，但在此之前，公司总部中竟然无人知晓，而且不知道油井已被废弃。

伊斯曼先生坚持认为，一个机构的总部应当精简干练。他认为，他能够以董事长和总经理的身份来监视西方石油公司的经营管理，总经理的工作是与各个分公司和子公司的经营保持密切联系。伊斯曼先生要对公司的重大决策做出决定，而且特别要对新的兼并以及石油勘探新租约和特许权进行谈判。他坚持认为，每个子公司和分公司的高级主管人员应该自己从事经营管理，而且主要根据收益表和资产负债表来评定他们的工作成绩。

总部的主要控制方法是资本投资费用的预算。每年，财务副总经理都要与分公司和子公司高级主管人员坐在一起，听取他们对资本投资的需要量，然后运用自己的判断把资金分配到投资项目中去。此外，每隔3个月，分公司和子公司都要向总部上报资产负债表和收益报表。这些报表由会计部门审查，然后用以编制公司汇总报表，向银行和投资者发送。

资料来源：王蔷．管理学教程习题与案例集．上海：上海财经大学出版社，2001．

根据案例内容，回答以下问题：

1．你认为西方石油公司的管理控制方法和技术怎么样？

2．你将向西方石油公司建议什么样的控制方案？

第十三章　控制的方法与技术

【学习目标】

了解全面质量管理的起源与发展；理解不同控制的方法与技术的适用场景；掌握标杆管理的概念和步骤；掌握平衡计分卡的主要内容。

【案例导入】

北京全聚德烤鸭通过 ISO 9000 质量体系认证

创始于 1864 年的北京著名老字号“前门全聚德烤鸭店”，作为北京全聚德烤鸭股份有限公司麾下的旗舰店，2000 年销售收入突破了 9000 万元大关。老一辈“全聚德”有句生意经：“鸭要好，人要能，话要甜。”一句朴素的话，折射出“全聚德”的经营理念。而今，总经理沈放将“全聚德”的成功之道概括为：科学管理领先，专业技术领先，产品创新领先，诚信营销领先。

据介绍，前门全聚德在北京的同行业中率先与国际接轨，在取得 ISO 9000 质量认证体系过程中，建立起质量体系结构，完成了《质量手册》、38 个《程序文件》、14 个《作业指导书》、《服务规范》及 70 多种质量记录的编写，使企业管理水平迈上新的台阶，将企业管理由经验型提升为规范型，为产品筑起了一道质量保证的“防火墙”。“全聚德”拥有近 20 名国际烹饪名师、北京烹饪名师、中式烹饪高级技师、市级服务明星，还有全国和世界烹饪服务比赛金、银奖获得者。最初的烤鸭过程只有笼统的开、烤、片之说，发展到今天已形成 56 道工序的规范过程，每道工序都有专用工具，由专人操作。前门“全聚德”每年有 10 余款创新菜品推出，目前已形成拥有 300 多道风味菜的全聚德菜系。通过以诚信为本、靠德行经营的营销新理念，前门“全聚德”已经告别了坐店经营、忽视与消费者的距离的传统营销时代。

资料来源：李保红，余根强．等．现代质量管理．郑州．河南大学出版社．2013．

启发思考：

1．什么是 ISO 9000 系列国际质量标准？这一标准在企业质量管理中起什么作用？

2．全聚德的成功对中国企业管理有何启示？

控制的技术与方法是保障控制实施有效性的重要手段。根据权变理论的观点：内外部情境不同，管理者则需要在掌握每种控制的方法与技术的特征的基础上，进行有针对性的选择，以保证组织目标的达成。本章将主要围绕全面质量管理、标杆管理和平衡计分卡这三种常用的控制方法与技术展开讨论。

第一节　全面质量管理

一、全面质量管理的起源、发展和定义

20 世纪 50 年代，爱德华兹·戴明、约瑟夫·朱兰等管理学大师的质量管理思想为全面质量管理的诞生奠定了基础。戴明 1950 年应聘到日本讲学后，开始辅导日本企业进行质量管理。他提出了质量管理的 14 条原则，这些原则直到现在也十分有效。

（1）树立坚定不移的改善产品和服务的目标。

（2）采用新的哲学思想。

（3）停止依靠检查来保证质量的方法。

（4）停止仅用价格作为报偿企业的方法，而要通过只与一个供应商合作的方法使总成本实现最小化。

（5）坚持不懈地改善计划、生产和服务的每一个环节。

（6）推行岗位培训。

（7）建立领导关系。

（8）驱除畏惧心理。

（9）消除员工之间的壁垒障碍。

（10）废除针对员工的口号、训词和目标。

（11）废除针对工人的数字定额和管理人员的数字化目标。

（12）清除剥夺员工工作自豪感的障碍，废除年度评比或赏罚体系。

（13）实行普及至每一个人的有效教育和自我完善计划。

（14）让企业中的每一个人都参与到实现公司转型的大业中。

朱兰 1951 年出版了其重要著作《质量控制手册》，主张质量控制需要质量计划、质量控制和质量改善三位一体，并提出了“质量计划路径图”。1961 年，通用电气公司质量总经理费根鲍姆（A.V.Feigenbaum）博士在其著作《全面质量控制》中首次提出全面质量管理的概念：“全面质量管理是为了能够在最经济的水平上，并考虑到充分满足用户要求的条件下进行市场研究、设计、生产和服务，把企业内各部门研制质量、维持质量和提高质量的活动构成为一体的一种有效体系。”①

全面质量管理的思想虽然诞生于美国，但是却首先在日本得到推广和发展。20 世纪 50 年代初，日本工业产品质量低下，当时的“日本制造”就是次品、劣质品的代名词。商品积压为日本公司敲响了警钟，随后戴明、朱兰、石川馨等专家在日本引导了一场质量革命。这场质量革命使日本产品的质量达到世界领先水平，日本产品在质量方面全面超越了美国产品。日本推行全面质量管理取得了丰硕的成果，引起了世界各国的关注。美国企业重新认识到质量管理的重要性，在推行全面质量管理的过程中对其进行了进一步的扩展和深化。20 世纪 80 年代以后，全面质量管理逐渐被世界各国接受，并在运用时各有所长。如今，全面质量管理的理念已经逐步从制造业推广到商业、服务业和公共事务领域。

日本企业界将全面质量管理定义为：企业组织所有部门和全体人员，综合运用多种方法，

① 苏秦．现代质量管理学．北京：清华大学出版社，2005：36.

对生产全过程中影响产品质量的各种因素进行控制，以最经济的办法，生产客户满意的产品。国际标准化组织将全面质量管理定义为：一个组织以质量为核心，以全员参与为基础，目的在于通过让客户满意、让本组织所有成员及社会受益而达到长期成功的管理方式。美国质量学会（American Society for Quality，ASQ）在广泛征求质量管理专家的意见之后，将全面质量管理概括为：全面质量管理是与组织管理系统相关的经营理念。

拓展学习

日本是当今世界公认的经济大国、技术大国。日本企业的广告充斥世界的各个角落，日本产品从家用电器到小汽车遍及世界各地。在国际市场中，“日本制造”已经变成高质量的代名词。日本的成功，与战后从美国引进质量管理并加以创新是分不开的。日本在引进质量管理的基础上，进一步创新，建立了适合日本情况的独具特色的全面质量管理，取得了极大成功，为日本成为世界经济大国做出了决定性贡献。

扫描右侧二维码，阅读《全面质量管理与日本的崛起——传统文化与现代理性的成功融合》一文，可以具体了解日本实施全面质量管理的前因后果。

在全面质量管理思想提出之前，质量管理活动主要是应用统计方法对生产作业过程进行质量控制。其具体方法是对生产作业中的数据进行统计分析，随时监测各项生产工序，保证及时发现异常情况，然后迅速找出问题产生的原因并给予纠正，使生产作业尽可能保持在正常状态。这种质量管理方法的局限性在于质量控制活动仅停留于作业环节，未能将质量管理的要求扩展到产品形成的全部环节；对于产品质量也仅以技术标准进行评价，没有从市场需求的角度来衡量产品的质量。

全面质量管理思想诞生之后，质量管理的手段不再仅仅局限于统计方法，质量管理活动也从生产作业扩展到产品和服务形成的各个环节。全面质量管理的最主要特点就是“全面”，具体表现在以下几个方面：① 全过程质量管理。对产品或服务形成的每一个环节进行质量管理，包括从市场调研、设计开发、生产作业到产品销售和售后服务的全部相关过程。② 全员参与的质量管理。仅依靠少数专职人员是无法实现全面质量管理的，所有人员都负有改善产品质量的责任。③ 全面的质量。除了产品的质量外，还包括过程的质量和体系的质量。④ 全面的管理方法。包括应用组织行为学、领导理论、激励理论等经典管理理论，也包括采取信息技术、统计技术等管理手段。

全面质量管理对质量的要求已不再是单一的标准，而是一种包含了产品和服务的性能、可靠性、安全性、适应性、经济性、时间性、舒适性、文明性等多个维度的综合指标。

二、全面质量管理的三个核心原则

实施全面质量管理有以下三个核心原则。

（1）以客户为中心。以客户为中心是全面质量管理的核心理念。在现代社会经济体系中，企业或组织都要依靠为客户提供产品和服务才能得以生存。全面质量管理认为，企业为了取得长期的经济利益，其管理活动必须围绕识别和满足客户需求而展开。企业或组织只有满足或超越了客户的需求，才能获得继续生存下去的动力和源泉。我们看到，在现实的社会经济体系当中，成功的企业或组织大多善于挖掘和满足客户的需求。

（2）持续改进。持续改进是全面质量管理的一个重要原则。日本产业界在推行全面质量管理的过程中提出了持续改进的理念，并将其上升为一种企业文化。日本企业在市场上取得了巨大的成功，它们善于不断改进产品的功能和质量，不断推出新型号，坚持不懈地降低生产成本。如今，市场需求变化极为迅速，企业必须不断调整以适应客户的需求。而且在竞争激烈的市场中，质量的内涵不断扩展，企业的比较优势难以长期保持，企业经营面临着不进则退的局面，这就要求企业必须不断改进，不断提高产品和服务的质量。

（3）全员参与。全面质量管理强调组织内部的全体员工都要参与到质量改善活动中来，每一个员工的价值都必须得到充分的尊重。在组织的运营过程中，它们的每一项活动都具化为员工的具体工作。员工是具体工作的执行者，只有他们才知道如何改进所从事工作的质量。丰田公司每年从它的 8 万名员工中收到的建议数为 400 万条，这些建议 95%以上会被采纳，平均每个员工每年被采纳的建议为 48 条。

在贯彻全员参与理念时，对员工的授权和培训是必不可少的。一方面，管理者要给予员工足够的信任和权力；另一方面，为了保证员工有能力承担相应的责任，就必须对员工进行培训，使他们具备足够的技能。

三、全面质量管理的常见组织结构

全面质量管理的实现需要以一定的组织结构为保障。全面质量管理广泛应用于世界各国的各种产业，不同文化和不同行业都具有其自身特点，这就意味着很难找出一种普遍适用于各种文化和行业的组织结构。在实施全面质量管理的过程中，每个企业或组织必须分析自身特点，构建出适用的质量管理组织结构。下面介绍一些在实际应用中较为成功的质量管理组织结构。

（一）质量管理委员会

质量管理委员会是企业质量管理的决策组织，通常由企业最高级别的管理成员组成。如今，质量目标已经成为企业的重要战略目标，因此质量管理机构就需要由最高管理者直接参与领导。质量管理委员会负责制定组织的质量战略，并对质量战略的实施进行全面监督。在当今全面质量管理体系下，建立高规格的质量管理委员会已经被各种大型组织所采纳。管理学大师朱兰认为，构建质量战略的第一步就是建立质量管理委员会。

（二）综合性的质量管理部门

综合性的质量管理部门是指企业或组织的专职质量管理部门。虽然全面质量管理要求企业或组织的每一位员工都要参与到质量管理活动中来，但是仍然需要设置专职的质量管理职能部门，来保证组织的日常质量管理活动有序进行。质量管理部门的职责包括质量技术的开发、质量计划的制定、质量信息的管理、内部质量审核的实施等。质量管理部门通常被定位为企业或组织内部的质量咨询机构，负责提供质量建议、开展质量培训、建立质量管理体系等。

（三）QC 小组

QC 小组即质量管理小组，是开展群众性质量管理活动的一种有效的组织形式。QC 小组最先出现在日本，随着全面质量管理在全世界范围内的推广，这种质量管理组织逐渐被世界各国的企业所接受。20 世纪 70 年代末，借鉴日本的先进管理经验，在企业中建立 QC 小组，是我国引进全面质量管理的开始。

为了保证质量管理计划能够落实到企业的每一个员工，QC 小组这种组织形式应运而生。QC 小组通常由工作岗位上从事各种劳动的员工组成，以员工的自愿参与为基础。其活动的方式主要是对企业的质量计划提出改进建议、对生产流程进行创新、对工作中暴露出来的问题迅速讨论和解决。QC 小组通常是一种具有很高群众性和民主性的非正式组织，有利于激发员工在工作中的积极性和创造性。QC 小组活动的实施，有利于提高员工素质、降低生产消耗、改善产品质量、及时解决问题、提高企业的经济效益，使企业的质量战略实实在在地落到实处。

第二节 标 杆 管 理

一、标杆管理的含义

标杆管理（benchmarking）又称基准管理，起源于 20 世纪 70 年代末 80 年代初。开标杆管理先河的是施乐公司，后经美国生产力与质量中心系统化和规范化。研究表明，1996 年世界 500 强企业中有近 90%的企业在日常管理活动中应用了标杆管理，其中包括柯达、AT&T、福特、IBM 与施乐等。

施乐公司将标杆管理定义为“一个将产品、服务和实践与最强大的竞争对手或是行业领导者相比较的持续流程”。美国生产力与质量中心对标杆管理的定义是：“标杆管理是一个系统的、持续性的评估过程，通过不断地将组织流程与世界上居领先地位的组织相比较，以获得帮助组织改善经营绩效的信息。”其实这个定义并不全面深刻，标杆管理不仅仅是个信息过程和评估过程，它还涉及规划和组织实施的过程。

标杆管理的概念可概括为：不断寻找和研究同行一流公司的最佳实践，并以此为基准与本组织进行比较、分析、判断，从而使自己组织得到不断改进，进入或赶超一流公司，创造优秀业绩的良性循环过程。其核心是向业内或业外的最优秀的组织学习。通过学习，组织重新思考和改进经营实践，创造自己的最佳实践，这实际上是模仿创新的过程。

标杆管理突破了产业界限与组织性质，重视实际经验，强调具体的环节和流程。其思想就是组织的业务、流程、环节都可以解剖、分解和细化；组织可以根据需要去寻找整体最佳实践或者优秀部分来进行标杆比较；通过比较和学习，组织重新思考和设计经营模式，借鉴先进的模式和理念，创造出适合自己的全新最佳经营模式。通过标杆管理，组织能够明确产品、服务或流程方面的最高标准，然后作必要的改进来达到这些标准。因此，标杆管理是一种摆脱传统的封闭式管理方法的有效工具。

二、标杆管理的类型

标杆管理可以分为内部标杆管理、竞争标杆管理、职能标杆管理和流程标杆管理四类。

（1）内部标杆管理。它以组织内部操作为基准，是最简单且易操作的标杆管理法之一。辨识组织内部最佳职能或流程及其实践，推广到组织的其他部门，从而实现信息共享，是组织绩效提高最便捷的方法之一。但是单独执行内部标杆管理的组织往往持有内向视野，容易产生封闭思维。因此在实践中内部标杆管理法应该与外部标杆管理法结合起来使用。

（2）竞争标杆管理。竞争标杆管理法的目标是与有着相同市场的组织在产品、服务和工作流程等方面的绩效与实践进行比较，直接面对竞争者。它的实施比较困难，究其原因在于除了公共领域的信息容易获取外，关于竞争组织的其他信息较难获得。

（3）职能标杆管理。这是以行业领先者或某些组织的优秀职能操作为基准进行的标杆管理。职能标杆管理法的合作者常常能相互分享一些技术和市场信息，标杆的基准是非竞争性外部组织及其职能或业务实践。由于没有直接的竞争者，因此合作者往往较愿意提供和分享技术与市场信息。

（4）流程标杆管理。这是以最佳工作流程为基准进行的标杆管理。由于比较的是类似的工作流程，因此流程标杆管理法可以跨不同类型组织进行。它一般要求组织对整个工作流程和操作有很详细的了解。

三、标杆管理的实施

标杆管理的规划实施有一整套逻辑严密的实施步骤，大体可分为以下几步。

第一步，确认标杆管理的目标。在实施标杆管理的过程中，要坚持系统优化的思想，不是追求组织某个局部的优化，而是要着眼于组织总体的最优。另外，要制定有效的实践准则，以避免实施中的盲目性。

第二步，确定比较目标。比较目标就是能够为组织提供值得借鉴信息的组织或部门。比较目标的规模、性质不一定同组织相似，但应在特定方面为组织提供良好的借鉴作用。

第三步，收集与分析数据，确定标杆。分析最佳实践和寻找标杆是一项比较烦琐的工作，但对于标杆管理的成效非常关键。标杆的寻找包括实地调查、数据收集、数据分析、与自身实践比较找出差距、确定标杆指标，标杆的确定能够为组织找到改进的目标。

第四步，系统学习和改进。这是实施标杆管理的关键。标杆管理的精髓在于创造一种环境，使组织中的人员在愿景和战略下工作，自觉学习和变革，创造出一系列有效的计划和行动，以实现组织的目标。另外，标杆管理往往涉及业务流程的重组和一些人行为方式的变化。这时组织就需要采用培训宣讲等各种方式，真正调动起员工的积极性。

第五步，评价与提高。实施标杆管理不能一蹴而就，而是一个长期渐进的过程。每一轮完成之后都有一项重要的后续工作，这就是重新检查和审视标杆研究的假设、标杆管理的目标和实际达到的效果，分析差距，找出原因，为下轮改进打下基础。

四、实施标杆管理需注意的问题

标杆管理在组织发展中的重要作用已经渐渐被组织所认同，其使用范围也从最初的制造部门扩展到多个业务职能部门。标杆管理也被应用于一些战略目的，如衡量一个组织在创造长期股东价值方面同产业内其他公司的差距等。标杆管理已成为改善组织经营绩效、提高全球竞争优势最有用的管理工具之一，甚至很多非营利组织也开始采用这一工具。我国企业在管理实践中也引进了标杆管理的思想，学习先进企业的最佳实践。但是很多企业都忽略了管理情境的差异性以及企业自身的不断提高，导致标杆管理“形似而神不似”。要成功地实施标杆管理，还需要注意以下4个方面的问题。

（1）创新性借鉴。最佳实践在不同的环境、不同的组织中所获得的效果是不一样的。组织应该针对自身的组织特点、业务内容等，借鉴最佳实践的核心思想，提出适合自己组织发展的改进计划，否则不能从根本上提高组织的绩效水平。

（2）标杆瞄准对象的恰当选择。标杆瞄准对象的恰当选择是标杆管理能否有效发挥作用的关键。应该在大量数据、资料收集和分析的基础上，综合考虑标杆瞄准对象的信息获得难易程度、标杆管理的目标、信息相关性、信息的可操作性等因素，慎重确定标杆瞄准对象。此外，还应该注意瞄准对象选择范围不仅仅限于竞争对手，应从全行业甚至全球范围的角度出发，打破职能界限和企业性质与行业局限，考虑具体环节和流程。可以选择整体最佳实践，也可以选取优秀“片段”进行标杆比较。

（3）对收集的数据信息的深入分析。标杆管理是面向过程、面向实践的一种绩效评价工具，数据信息只是过程和结果的表层反映。最佳实践往往暗含在员工的态度、组织制度、组织结构以及组织文化中，需要对表层的数据进行隐性知识的挖掘。因此应对瞄准对象相关的数据信息进行深入分析，寻找其优秀的本质所在，而不是停留在数据层面上比较和借鉴。

（4）执行人员的选择。最佳实践往往出现在生产服务第一线，尤其是客户满意度方面。对标杆瞄准对象的一线员工进行考察，观察他们如何处理日常事务、如何满足客户需求，就能获取有效的业务流程、行为和态度的一手资料。对于实施标杆管理的组织而言，业务流程的实际操作人员最清楚业务是怎么运作的，最了解业务流程需要改进的地方。因此执行人员必须包括实际工作人员，即业务流程的直接参与者。

管理案例

海尔的标杆管理

海尔的“OEC管理”不但以自身的先进管理为我国企业树立了学习标杆，而且提供了防止标杆管理中战略趋同的创新理念。这套管理系统方法学习先进企业基本管理理念，以海尔文化和日清日高为基础，以订单信息为中心，带动物流和资金流运行，它激励员工创造并完成有价值的订单，使员工人人对用户负责，实现了企业管理的新飞跃。并且在学习标杆战略的基础上，突出其企业自身优势，利用海尔的文化创出本土化的世界名牌。

扫描右侧二维码，可以了解海尔的标杆管理。

第三节　平衡计分卡

20世纪90年代，随着知识经济和信息技术的兴起，无形资产的重要性日益凸显，人们对以财务指标为主的传统企业绩效评价模式提出了疑问。在此背景下，美国哈佛大学商学院教授罗伯特·卡普兰和复兴国际方案公司总裁戴维·诺顿针对企业组织的绩效评价创建了平衡计分卡。其后，两位创始人又不断对平衡计分卡的内涵予以丰富，对其功能加以强化，使得平衡计分卡发展为“描述战略、衡量战略、管理战略”的完整体系，并被广泛应用于企业、政府、军队、非营利机构等各类组织的管理实践之中。

一、平衡计分卡的主要特点

平衡计分卡具有以下特点。

（1）平衡计分卡是一种绩效评价系统。平衡计分卡是基于组织战略的绩效评价体系，不仅克服了传统绩效评价体系的片面性、滞后性，而且强化了对目标制定、行为引导、绩效提升等方面的管理，使得企业绩效目标的达成有了制度上的保证。

（2）平衡计分卡是一种战略管理系统。平衡计分卡使组织各层级对战略达成共识并将其转化为四个层面的目标、指标和目标值。愿景和战略的转化会使管理者和员工认真思考这些愿景和战略意味着什么，所有员工清楚地知道自己的工作对战略实现的意义。通过建立各个层次的平衡计分卡（组织、业务单位、部门、个人），使员工在一套评价指标的引导下努力工作从而实现战略目标。

（3）平衡计分卡是一种沟通工具。平衡计分卡被视为一个用于传播、宣讲和学习的系统，通过宣讲和传播使管理者和员工真正了解企业愿景和战略。管理者和员工共同开发各个层次的平衡计分卡，明确自己的奋斗目标并努力达成既定目标。平衡计分卡的开发过程本身就是一个沟通的过程。

（4）平衡计分卡强调“平衡”的重要性。平衡计分卡和其他绩效管理工具不同的是在这种体系中强调“平衡”，尤其是财务指标与非财务指标的平衡、组织内外的平衡、前置指标与滞后指标的平衡以及长期目标与短期目标的平衡。

（5）平衡计分卡强调因果关系的重要性。平衡计分卡是根据组织战略和愿景，由一系列因果链条贯穿起来的一个有机整体：只有目标客户满意了，财务成果才能实现；客户价值主张描述了如何创造来自目标客户的销售额和忠诚度；内部流程创造并传送客户主张；支持内部流程的无形资产为战略提供了基础。这四个层面目标的协调一致是价值创造的关键。

二、平衡计分卡的框架及要素

对平衡计分卡的理解有广义和狭义之分。广义的平衡计分卡指的是一种先进的战略及绩效管理工具；狭义的平衡计分卡是指与战略地图相并列的一种管理表格。战略地图的价值侧重于描述战略，而狭义的平衡计分卡则侧重于衡量战略，两者通过战略目标这一关键要素紧密连接在一起。通过运用狭义的平衡计分卡和战略地图来描述战略、衡量战略、管理战略、协同战略以及链接战略与运营，从而确保组织战略的成功实施和组织绩效的全面提升。

（一）战略地图及其基本框架

战略地图是对组织战略要素之间因果关系的可视化表示方法，是一个有效诠释和沟通组织战略、说明价值创造过程和描述战略逻辑性的管理工具。战略地图的基本框架如图 13-1 所示。这个框架是卡普兰和诺顿通过对盈利性企业组织的研究、分析和凝练而提出的，而政府、事业单位、军事机关等公共组织的战略地图的基本模板则需根据组织属性及相应的运营实际进行必要的调整。

使命指出了组织存在的根本价值和追求的终极目标。核心价值观是指组织中指导决策和行动的永恒原则，体现了组织的态度、行为和特质。愿景是指组织的发展蓝图，反映了组织对未来的期望，它是实现从使命和核心价值观的稳定性到战略的动态性的中间一环，它阐明了组织的方向，并帮助个人理解他们为什么及如何支持组织的发展。只有当组织界定了使命、价值观和愿景将如何实现的战略时，使命和愿景才变得更具操作性。这里的战略指的是组织在认识其经营环境和实现使命过程中所接受的显著优先权和优先发展方向，战略是选择为或不为，它是平衡计分卡的核心。企业必须制定战略，将使命和愿景落实到执行层面，把有限的资源集中于那些能为实现愿景目标带来巨大影响的行动计划上去。

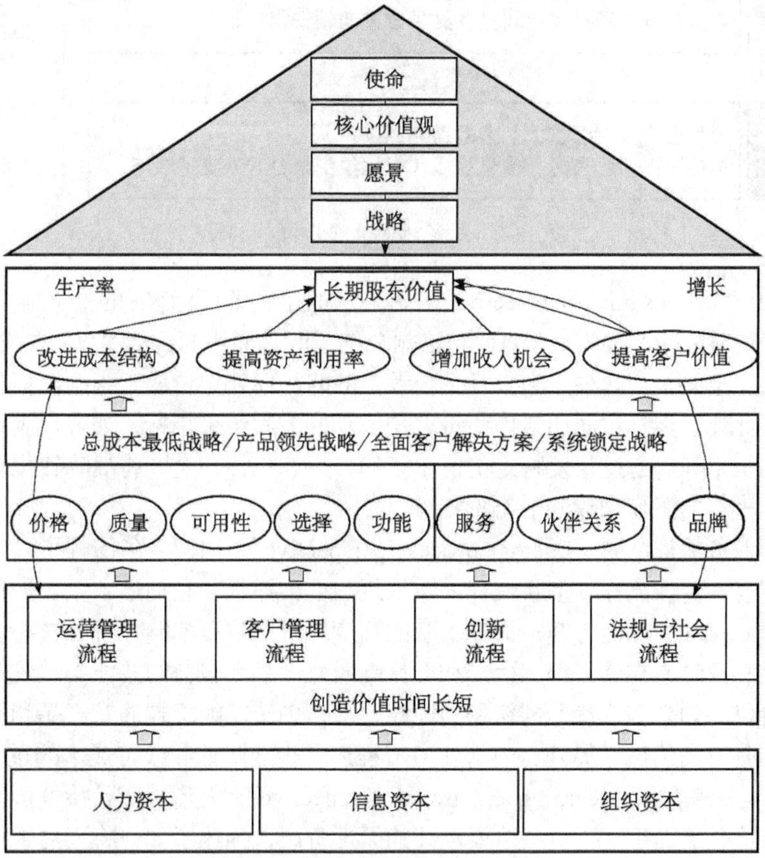

图 13-1　战略地图的基本框架

战略地图的主体由四个层面构成，从上到下依次是财务层面、客户层面、内部业务流程层面以及学习与成长层面。前两个层面描述了组织所期望的最终成果，后两个层面则描述了如何实现战略的过程。战略地图四个层面的关系如图 13-2 所示。

（1）财务层面（financial perspective）。财务层面以传统财务术语，即滞后指标，如投资报酬率、收入增长和单位成本等，描述了战略的有形成果，提供了组织成功的最终定义。对于企业来说，平衡计分卡财务层面的最终目标是利润最大化。财务业绩通过两种基本方式来得到改善：收入增长和生产率改进。收入增长通常比生产率改进花费更长的时间。平衡计分卡的第一个层面必须有长期（收入增长）和短期（生产率改进）两个维度，这可以使企业在长期目标和短期目标之间保持平衡。

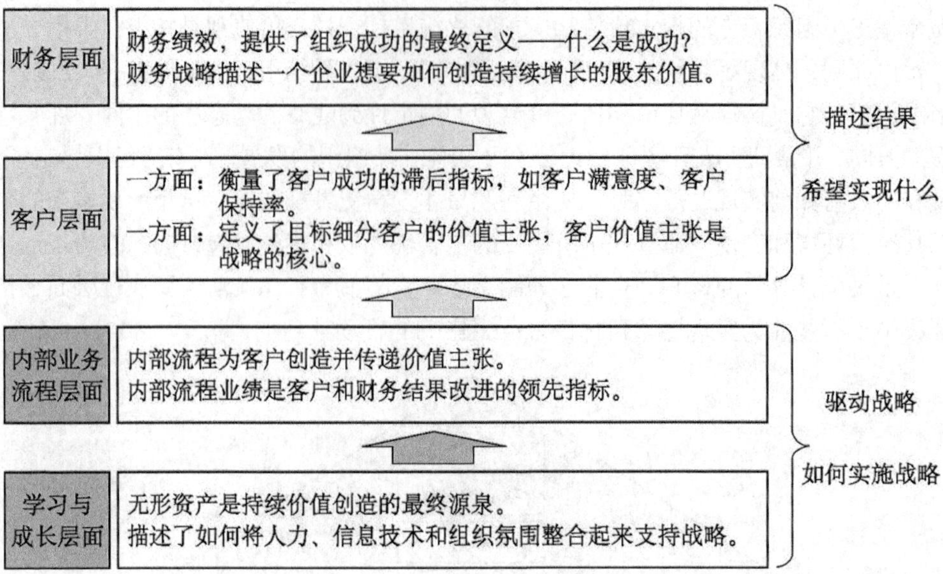

图 13-2　战略地图 4 个层面的关系

（2）客户层面（customer perspective）。客户层面定义了目标客户的价值主张，客户价值主张的选择是战略的中心要素。卡普兰和诺顿总结了四种通用的价值主张：总成本最低战略、产品领先战略、全面客户解决方案以及系统锁定战略。而特定价值主张的目标和指标定义了企业的战略。此外，客户层面还包括衡量客户成功的滞后结果指标，如客户满意度、客户保持率、客户增长率等。通过开发特定价值主张的目标和指标，企业将战略转化为使所有员工都能理解并通过努力工作来改善的有形指标。

（3）内部业务流程层面（internal process perspective）。内部业务流程可以分为四类：运营管理流程、客户管理流程、创新流程以及法规与社会流程。它描述了企业如何生产和传递客户价值主张。行动和能力与客户价值主张的高度协调一致是战略执行的核心。如果客户看重一致的质量和及时的交付，那么生产和交付高质量产品和服务的技能、系统及流程对企业具有很高的价值。如果客户看重创新和高性能，那么创造功能卓越的新产品和服务的技能、系统及流程则具有高价值。另外，内部业务流程还是企业降低和改善成本的重要途径。

（4）学习与成长层面（learning and growth perspective）。无形资产是持续价值创造的最终源泉。学习与成长层面确定了对战略最重要的无形资产，描述了如何将人力、技术和组织氛围结合起来支持战略。这个层面的目标确定了需要利用哪些工作（人力资本）、哪些系统（信息资本）和哪种氛围（组织资本）来支持创造价值的内部流程。这些资产必须被捆绑在一起并与关键内部流程保持协调一致。

课堂讨论

平衡计分卡在公共部门中应用

平衡计分卡最初是针对企业组织开发设计的，但随着平衡计分卡在企业组织获得的极大成功，它也逐渐被公共组织所采纳。卡普兰和诺顿认为，“虽然平衡计分卡最初的焦点和运用是改善营利性企业的管理，但是平衡计分卡在改善政府部门和非营利性组织的管理上效果更好”。关于平衡计分卡在公共部门的应用，卡普兰和诺顿提出了三点建议：① 公共部门应当根据自己所承担的社会责任选择一个长期性的使命目标作为平衡计分卡的终极目标，例如“减少贫困”“消除种族歧视”等；② 公共部门需要拓展“客户”的内涵，根据既定战略来识别并选择真正的客户，进而提炼相应的客户层面目标；③ 将政府组织平衡计分卡框架调整为包含实际成本、价值创造和合法性支持三个层面。由于我国与中西方在政治体制和政府职能等方面存在显著差异，因此，西方学者所提出的公共部门平衡计分卡框架不能在我国直接应用。

试问：根据我国国情和实际情况，如在中国公共部门中应用平衡计分卡，该对其进行怎样的模式重构?

（二）平衡计分卡的关键要素

狭义的平衡计分卡是一个由财务、客户、内部业务流程、学习与成长四个层面构成，用以将战略地图的目标转化为可量化的衡量指标和目标值，并制定相应行动方案和预算计划的管理表格。通过制作平衡计分卡，组织建立了用以衡量战略的绩效指标体系，明确了未来所要达到的绩效水平，确定了实现战略所需的行动方案以及相应的资源。需要强调的是，平衡计分卡不是绩效评价量表，平衡计分卡的首要目的在于管理而非评价。

表 13-1　平衡计分卡（样表）

要素 层面	目标	指标	目标值	行动方案	预算
财务					
客户					
内部业务流程					
学习与成长					

平衡计分卡的表现形式是一个二维的表格，如表 13-1 所示。纵向是财务、客户、内部业务流程、学习与成长四个层面，横向是目标、指标、目标值、行动方案和预算五个要素。

目标是战略与绩效指标之间的桥梁，它说明了战略期望达成什么，即若想实现战略在各层面中要做好哪些事情，通常用动宾短语来表达；指标则紧随目标，用以衡量目标的达成情况，通常以名词的形式出现；目标值是针对指标而言的，设定了目标在特定指标上的未来绩效水平；行动方案说明了怎么做才能实现预定的战略目标，通常是指某种计划或项目，制定行动方案时要综合考虑目标、指标和目标值；预算则说明了实施行动方案所需的人、财、物等资源。从整体上看，平衡计分卡的逻辑关系呈现为一个由纵向因果关系、横向推导关系以及指标关联关系构成的网状结构，如图 13-3 所示。

战略地图提供了一个可视化表示方法，说明了四个层面的目标如何被集成在一起描述战略。通过建立战略地图，组织可以厘清战略的逻辑，明确创造价值的关键内部流程以及支持关键流程所需的无形资产。平衡计分卡则是将战略地图的目标转化为指标和目标值，并为每一目标制定行动方案。通过执行行动方案，战略得以实施。

“如果你不能衡量，那么你就不能管理；如果你不能描述，那么你就不能衡量。”各类组织可以通过战略地图对战略进行清晰而又全面的描述，将目标的文字声明转化为平衡计分卡的指标、目标值和行动方案，把实现战略的关键业绩指标及其目标值进行层层分解，转化为易于衡量的员工个人工作目标，这样不仅有效地实施了战略管理及沟通，也有效地提高了绩效管理的水平。

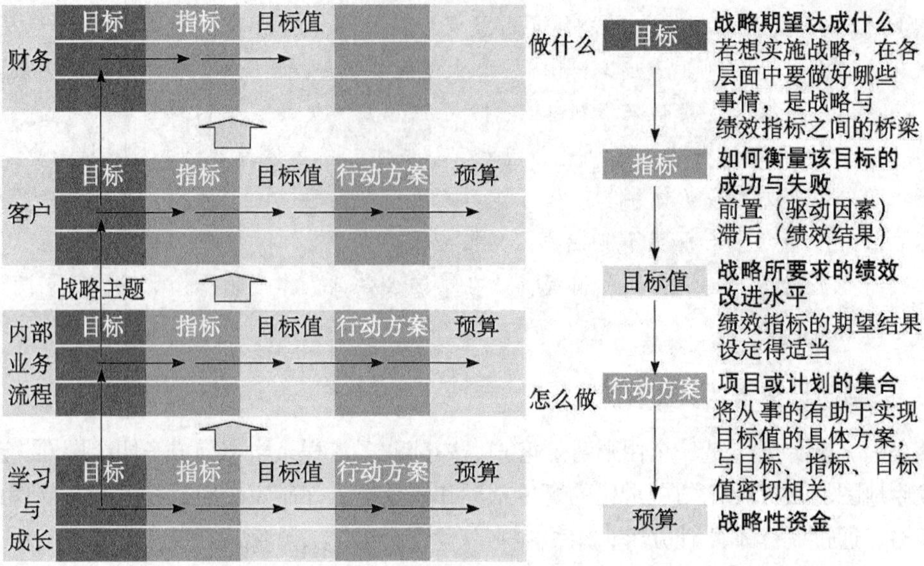

图 13-3　平衡计分卡的逻辑关系

本章小结

为了采取有效的控制，管理实践中出现了很多控制方法与技术，其中全面质量管理是被实践检验并广受好评的方法，对改进产品质量、提升组织绩效具有积极的作用。全面质量管理是一个组织以质量为核心，以全员参与为基础，目的在于通过让客户满意、让本组织所有成员及社会受益而达到长期成功的管理方式。实施全面质量管理时，要坚持三个核心原则：以客户为中心、持续改进和全员参与，同时注重质量管理委员会等常见组织结构的作用。

标杆管理是指不断寻找和研究同行一流公司的最佳实践，并以此为基准与本组织进行比较、分析、判断，从而使自己组织得到不断改进，进入或赶超一流公司，创造优秀业绩的良性循环过程。标杆管理可以分为内部、竞争、职能和流程标杆管理。实施标杆管理时大致分为确定标杆管理的目标；确定比较目标；收集与分析数据，确定标杆；系统学习和改进以及评价与提高五个步骤。同时，实施标杆管理需要注意创新性借鉴等问题。

平衡计分卡是一种战略管理和绩效管理工具，它从一个组织的使命、核心价值观、愿景及战略出发，由财务、客户、内部业务流程以及学习与成长等四个层面的目标、衡量目标的指标、目标值以及实现目标的行动方案等构成，实现了组织战略的管理及沟通，同时也促进了管理者的有效、及时控制和组织绩效的提升。

复习思考题

一、名词解释题

全面质量管理　质量管理委员会　QC 小组　标杆管理　平衡计分卡　战略地图

二、单项选择题

1．全面质量管理的创建者是（　　）。

A．戴明和朱兰　B．稻盛和夫　　C．德鲁克　　D．松下幸之助

2．全面质量管理的三个核心原则不包括（　　）。

A．以客户为中心 B．持续改进　　C．全员参与　　D．零库存

3．关于标杆管理论述正确的表述是（　　）。

A．标杆管理是一种摆脱传统的封闭式管理方法的有效工具

B．标杆管理可以分为内部、竞争、职能和流程标杆管理

C．标杆管理就是对竞争对手简单的模仿和跟随

D．标杆管理的实施应取得组织决策层的支持

4．平衡计分卡的学习与成长层面不包括的要素是（　　）。

A．人力资本　　B．创新流程　　C．组织资本　　D．信息资本

5．（　　）提供了一个可视化表示方法，说明了平衡计分卡四个层面的目标如何被集成在一起描述战略。

A．战略主题　　B．战略地图　　C．绩效目标　　D．行动方案

三、简答与论述题

1．简述全面质量管理的主要内容。

2．简述标杆管理的主要内容。

3．简述平衡计分卡的框架与特点。

四、案例分析题

美国通用媒体公司的平衡计分卡实施

美国通用媒体公司（Media General Inc.）成立于19世纪50年代，位于弗吉尼亚州的里奇曼，现为美国第九大报业公司，经营范围涉及出版、广播和电子媒体。公司业务集中在美国东南部，出版的25种日报发行量超过100万份。通用媒体的26个联网电台覆盖了30%的美国家庭。公司还经营50多家与印刷和广播有关的公司。1990年，当布赖恩（J.Stewart Bryan）出任通用媒体公司CEO时，公司的业务不再局限于东南部，同时公司加大了改革力度，试图通过剔除老业务并引入新业务来适应新的区域聚焦战略。但是，竞争压力以及有线电视和互联网的爆炸式增长导致了公司股票下跌。为了扭转颓势，布莱恩将平衡计分卡引入了公司。经过数年的努力，公司在2002年取得了销售收入增长4%，每股收益增长3倍的骄人业绩。面对激烈的竞争环境和逐渐下滑的公司业绩，布赖恩感到是时候对公司进行彻底变革了。按照平衡计分卡的思路，他首先对通用媒体的使命和战略进行了重新定位。

1．使命、核心价值观和战略

（1）使命。通用媒体的使命声明是“通过加强既定战略市场的优势地位，在东南部成为提供高质量新闻、娱乐和信息的领导者”。

（2）核心价值观。通用媒体提炼了自己的核心价值观，即“诚信、质量、创新”。

（3）战略。布赖恩认识到，企业的成功在于协同——开发三个分支机构的个体与集体力量。基于此，他提出了通用媒体的集中战略：“在既定市场协调不同媒体以提供高质量信息，

这种信息是基于综合和统一的视角，以每个媒体最擅长的方式来提供的。”集中战略要求强大的团队工作、沟通与合作，而不是那些传统上各自为政、文化上支离破碎、业务上经常自相残杀的做法。

2. 战略地图

为了有效执行集中战略，通用媒体开发了公司的战略地图，如图 13-4 所示。根据布赖恩的观点，战略地图的一大优势在于推动大众文化变革，它通过提供衡量成功的共同语言和方法，帮助员工明白为共同目标而合作的价值；同时，战略地图还让通用媒体对客户需求也有了更为深刻的理解。

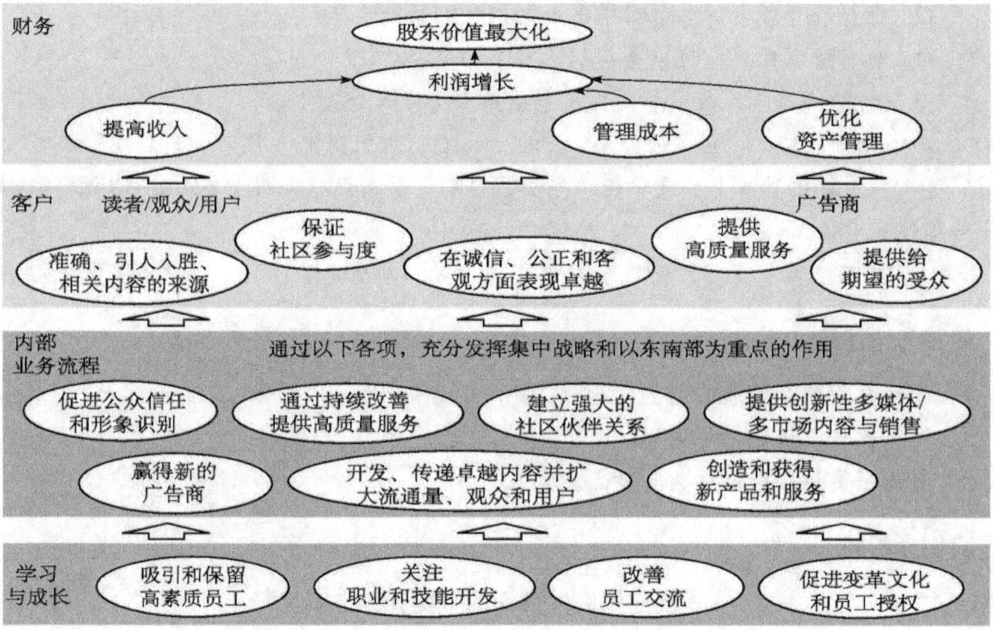

图 13-4　美国通用媒体公司战略地图

（1）财务层面。通用媒体在收入增长战略方面设置了“提高收入”这一财务目标，以通过多媒体、多市场广告组合获得广告收入为主要来源；在生产率战略方面设置了两个财务目标，一是“管理成本”，二是“优化资产管理”。

（2）客户层面。通用媒体的客户包括两大类，一是广大读者、观众和用户；二是广告商。针对这两类客户的不同需求，各分支机构的领导者通过充分讨论，提出了 5 个客户目标：第一个目标是“准确、引人入胜、相关内容的来源”，这一目标着眼于满足顾客的需求，反映了公司希望在每个市场上都能成为信息的主导来源的目的；后面两个目标主要针对广告商，分别是“提供高质量服务”“提供给期望的受众”；另外两个目标是“保证社区参与度”和“在诚信、公正和客观方面表现卓越”，通用媒体认为这两个目标是两类客户的共同需求。

（3）内部业务流程层面。通用媒体期望通过实现以下 7 个流程目标来充分发挥集中战略和以东南部为重点的作用。这 7 个目标分别是：“促进公众信任和形象识别”“赢得新的广告商”“通过持续改善提供高质量服务”“建立强大的社区伙伴关系”“开发、传递卓越内容并扩大流通量、电视观众和用户”“提供创新性多媒体/多市场内容与销售”和“创造和获得新产品和服务”。对于每个目标，公司都进行了详细阐述。例如，“开发、传递卓越内容并扩大流通量、电视观众和用户”——这一目标直接对准集中战略，共同的新闻平台证明这个目标在运转；在既定市场上，报纸、电台和交互式媒体的编辑须共同工作，并从各自有利角度对如何报道一个既定的事件作出日常决定。

（4）学习与成长层面。通用媒体设置了4个无形资产目标，分别是“吸引和保留高素质员工”“关注职业和技能开发”“改善员工交流”和“促进变革文化和员工授权”。它认为，促进员工交流有利于强化关键内部业务流程目标之间的相互联系；促进变革文化和员工授权能够培育创造力，它们是收入增长的主要来源。

资料来源：[美]罗伯特·S·卡普兰，戴维·P·诺顿．战略地图：化无形资产为有形成果．广州：广东经济出版社，2005．

根据案例内容，回答以下问题：

1．美国通用媒体公司是如何使其战略落地的？

2．结合案例，谈谈你对平衡计分卡的特点与功能的认识。

参考文献

[1] 方振邦，等．管理学基础[M]．3 版．北京：中国人民大学出版社，2016.

[2] 方振邦，姜颖雁．管理学教程[M]．北京：中国人民大学出版社，2016.

[3] 方振邦，鲍春雷．管理学原理[M]．北京：中国人民大学出版社，2016.

[4] 方振邦．战略性绩效管理[M]．4 版．北京：中国人民大学出版社，2014.

[5] 方振邦，冉景亮．绩效管理[M]．2 版．北京：科学出版社，2016.

[6] 方振邦，韩宁．管理百年[M]．北京：中国人民大学出版社，2016.

[7] 方振邦，徐东华．管理思想百年脉络[M]．3 版．北京：中国人民大学出版社，2012.

[8] 方振邦，葛蕾蕾．政府绩效管理[M]．北京：中国人民大学出版社，2012.

[9] 方振邦，徐东华．战略性人力资源管理[M]．北京：中国人民大学出版社，2014.

[10] 方振邦，徐东华．公共部门人力资源管理[M]．北京：中国人民大学出版社，2015.

[11] 徐国良，王进．企业管理案例精选精析[M]．4 版．北京：中国社会科学出版社，2009.

[12] 袁辉，等．管理学．北京：北京邮电大学出版社，2013.

[13] 刘志坚，徐北妮．管理学——原理与案例．广州：华南理工大学出版社，2002.

[14] 周三多，陈传明，鲁鸣泓．管理学——原理与方法[M]．5 版．上海：复旦大学出版社，2009.

[15] 赵继新．吴永林．管理学．北京：清华大学出版社．北京交通大学出版社．2006.

[16] 冯国珍．管理学（2 版）．上海．复旦大学出版社，2011.

[17] 王凤彬，等．管理学教学案例精选[M]．上海：复旦大学出版社，2009.

[18] 石伟主．组织文化[M]．上海：复旦大学出版社，2004.

[19] 潘连伯，伍娜．管理学原理习题集．北京：人民邮电出版社，2013.

[20] 王重鸣，林崇德．管理心理学[M]．北京：人民教育出版社，2000.

[21] 田虹，杨絮飞．管理学．厦门：厦门大学出版社，2012.

[22] 韩岫岚，王绪君．管理学基础[M]．北京：经济科学出版社，1999.

[23] 蒋智敏．追求效果第一的原理．北京：中华工商联合出版社．2011.

[24] 苏秦．现代质量管理学[M]．北京：清华大学出版社，2005.

[25] 李保红．余根强．等．现代质量管理．郑州：河南大学出版社，2013.

[26] 王利平．管理学原理（修订版）．北京：中国人民大学出版社，2006.

[27] 曾国屏，等．当代自然辩证法教程[M]．北京：清华大学出版社，2005.

[28] 王蔷．管理学教程习题与案例集．上海：上海财经大学出版社，2001.

[29] [美]哈罗德·孔茨，海因茨·韦里克．管理学（精要版）．9 版．北京：人民大学出版社，2014.

[30] [美]伍德里奇．计量经济学导论：现代观点[M]．5 版．北京：清华大学出版社，2014.

[31] [美]迈克尔·波特．竞争战略[M]．北京：华夏出版社，2005.

[32] [美]理查德·达夫特．组织理论与设计[M]．9 版．北京：清华大学出版社，2012.

[33] [美]斯蒂芬·罗宾斯．组织行为学[M]．12 版．北京：中国人民大学出版社，2008.
[34] [美]斯蒂芬·罗宾斯，玛丽·库尔特．管理学[M]．11 版．北京：中国人民大学出版社，2012.
[35] [美]赫尔雷格尔，斯洛克姆，伍德曼．组织行为学[M]．9 版．上海：华东师范大学出版社，2001.
[36] 罗伯特·卡普兰，戴维·诺顿．战略地图：化无形资产为有形成果．广州：广东经济出版社，2005.
[37] [英]奈杰尔·金，尼尔·安德森．组织创新与变革[M]．北京：清华大学出版社，2002.
[38] [美]彼得·德鲁克．创新与企业家精神[M]．北京：机械工业出版社，2007.
[39] [英]玖·笛德，约翰·本珊特．创新管理：技术、市场与组织变革的集成[M]．北京：清华大学出版社，2002.
[40] [美]彼得·诺思豪斯．卓越领导力：十种经典领导模式[M]．北京：中国轻工业出版社，2003.
[41] [美]格林伯格，等．组织行为学[M]．7 版．南京：江苏教育出版社，2005.
[42] [美]托马斯·贝特曼，斯考特·斯奈尔．管理学——构建竞争优势[M]．4 版．北京：北京大学出版社，2004.
[43] [美]安德鲁·杜伯林．管理学精要[M]．6 版．北京：电子工业出版社，2003.
[44] [美]查尔斯·希尔，[澳]史蒂文·麦克沙恩．管理学（英文版）．北京：机械工业出版社，2009.
[45] [美]加雷思·琼斯，珍妮弗·乔治．管理学基础[M]．北京：人民邮电出版社，2006.
[46] 方振邦，黄玉玲．日本中央政府高级公务员考核研究及其启示[J]．日本研究，2015（1）.
[47] 黄玉玲．通用电气：九宫格的区别管理[J]．企业管理，2015（3）.
[48] 黄玉玲．壳牌：以管理者能力为核心的考核[J]．企业管理，2014（11）.
[49] 李娟·万达并购 AMC 意在转型[J]．中国品牌，2012（7）.
[50] 王庆燕，石金涛．组织气氛与组织文化的研究脉络与异同[J]．中国软科学，2005（9）.
[51] 周浩，龙立荣．恩威并施，以德服人——家长式领导研究述评[J]．心理科学进展，2005（2）.
[52] 朱国成．向梁山泊集团取点“人才经”[J]．人力资源．2015（3）.
[53] 王雁飞，朱瑜．组织领导与成员交换理论研究现状与展望[J]．外国经济与管理，2006（1）.
[54] 詹延遵，凌文铨，方俐洛．领导学研究的新发展：诚信领导理论[J]．心理科学进展，2006（6）.
[55] 陈晓萍．执行制度的尺寸[J]．管理学人，2007（11）.
[56] 任正非．华为人报（第 293 期）．2014 年 12 月 19 日．
[57] COOKERA，SZUMALJL.Measuring Normative Beliefs and Shared Behavioral Expectations in Organizations：The Reliability and Validity of the Organizational Culture Inventory[J]. Psychological Reports，1993（3）.
[58] HOFSTEDEG，NEUIJENB，OHAYVD，et al.Measuring Organizational Culture：A Qualitative and Quantitative Study Across Twenty Cases[J]. Administrative Science Quarterly，1990（35）.
[59] KOTTERJP，SCHLESINGERLA. Choosing Strategies of Change[J]. Harvard Business Review，1979（3-4）.

配套资料索取示意图

说明：学生和普通读者注册后可下载**学习资源**；**教学用资源**仅供教师下载，**教师身份**、**用书教师身份**需网站后台审批，审批后可下载相应资源；教师加“关注”后新增资源有邮件提醒。

扫一扫，登录人邮教育网站 www.ryjiaoyu.com

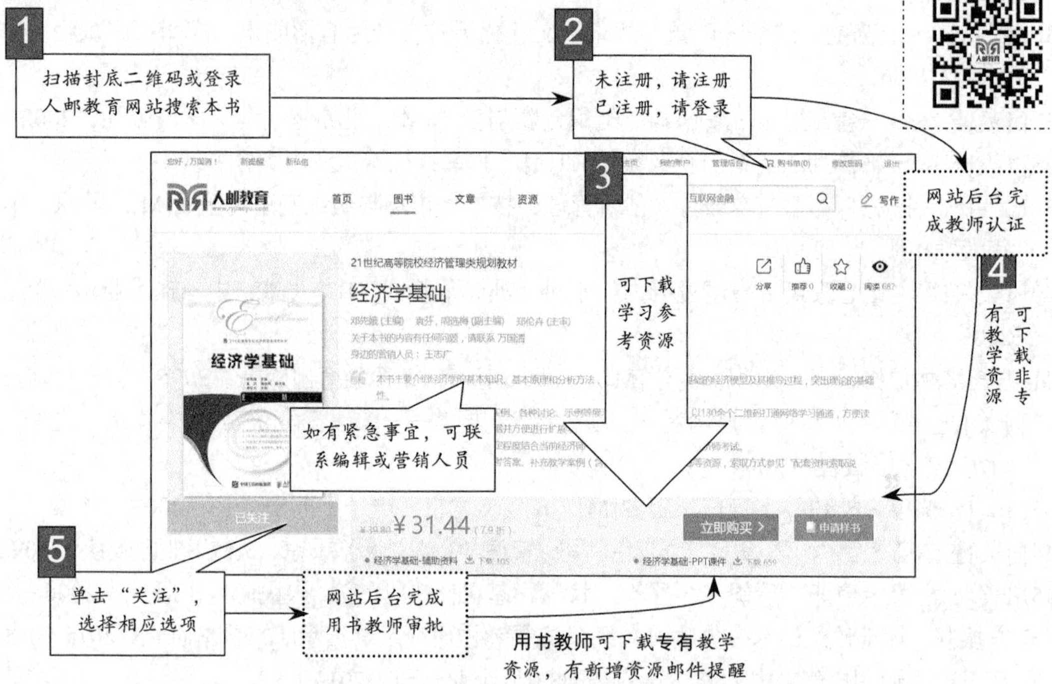

部分 21 世纪高等院校经济管理类规划教材推荐

书　名	主　编	书　号	编辑推荐
管理学——原理与实务（第 2 版）	李海峰	978-7-115-35395-5	2013 年陕西普通高校优秀教材二等奖；提供课件、教案、实训说明、教学体会、文字与视频案例、习题集及参考答案等
企业战略管理（第 2 版）	舒　辉	978-7-115-43139-4	二维码打造立体化阅读环境；案例、习题等营造多方位学习环境；提供课件、补充案例、模拟试卷等素材
客户关系管理理论与应用	栾　港	978-7-115-39343-2	60 组案例助力理论联系实际，33 个二维码打通网络学习通道，在线 Xtools 软件方便实践训练；提供课件、教案、教学日历、免费教学账号、习题库、试卷等
社会心理学	陈志霞	978-7-115-40977-5	40 余二维码拓展读者视野；兼顾基础与应用社会心理学；数百实例助力理论与实践相结合；提供课件、案例、答案、试卷等
经济学基础	邓先娥	978-7-115-39039-4	近 300 个实例连接理论与生活，130 余个二维码打通网络学习通道，70 余项扩展阅读指南指引学习方向；提供课件、教案、答案、文字和视频案例、试卷等
微观经济学（第 2 版）	胡金荣	978-7-115-39400-2	简明易懂，关注热点；二维码扩展网络视野；提供课件、答案、案例、试卷
政治经济学（第 2 版）	张　莹 李海峰	978-7-115-42571-3	着重于分析社会经济问题；利用二维码拓展读者阅读空间；提供课件、大纲、视频案例、习题集、试卷等
财务管理	王积田	978-7-115-28482-2	吸收相关学科的最新成果，与企业财务管理实践接轨；提供课件、习题答案、试卷等
中级财务会计（第 3 版）	吴学斌	978-7-115-43464-7	四川省“十二五”本科规划教材；二维码链接网络学习资源；章后习题+电子版习题集；提供课件、教案、案例库、试卷等

续表

书　名	主　编	书　号	编辑推荐
财务会计实训教程（上、下册）(第2版)	裴永浩	978-7-115-40690-3	原始凭证和记账凭证单独成册；按营改增调整相关业务；利用二维码提供相关网络资源；融基本功训练、岗位技能训练和综合技能训练为一体；提供答案、课件、习题集、阅读资料等
网络营销——基础、策划与工具	何晓兵	978-7-115-43745-7	二维码链接网络资源；提供案例、课件、习题助力学习
中国税制	孙世强	978-7-115-42708-3	提供课件、答案、试卷等；二维码方便查询税法最新变化；例题、习题、即问即答助力教学互动
应用统计学(第2版)	潘　鸿	978-7-115-38994-7	以Excel为实验软件，适应职场需求；提供全套实验资料，提升读者应用能力；提供课件、教案、上机操作数据、函数实现常用统计表等
国际市场营销	李　爽	978-7-115-39077-6	80余个实例追求学以致用，80余个二维码拓展读者学习空间；提供课件、教案、文字与视频案例、实训资料、答案、试卷等
国际贸易理论与政策	毛在丽	978-7-115-37138-6	包括新新贸易理论等新内容，将非关税措施分为技术性和非技术性两类，提供课件、教案、答案、试卷和视频案例等
国际贸易实务	吕　杜	978-7-115-37235-2	提供课件、答案、单证样本、习题集、试卷、模拟操作训练材料和常用规则文本等
报关实务（第2版）	朱占峰	978-7-115-42629-1	五十余个二维码链接网络学习资源；理论与实务并重，操作与案例同行；提供课件、视频案例、答案、试卷等
电子商务概论（第3版）	白东蕊	978-7-115-42630-7	新增跨境电商、互联网+等新内容；百余二维码拓展读者学习空间；提供课件、教案、大纲、答案、实验指导、文字与视频案例等
电子商务概论	仝新顺	978-7-115-38748-6	七十余个二维码拓展学习空间，近百组案例、实训促进学练结合；提供大纲、课件、视频案例、自测试题、模拟试卷等
金融法	李良雄 王琳雯	978-7-115-30980-8	吸收截至2012年12月的最新法律法规，高度融合职业资格考试要求，提供课件、教案、视频案例、习题答案、补充练习题
保险学（第2版）	刘永刚	978-7-115-43687-0	以大量案例解读相关内容；保险理论与保险业务并重；二维码链接网络学习资源；提供课件、答案、案例、试卷等
证券投资学(第2版)	杨兆廷 刘　颖	978-7-115-34302-4	省级精品课程配套教材；根据2013年证券业变化调整相应内容，集合证券业从业资格考试重点，提供课件、教案、视频案例、答案等
证券投资学	陈文汉	978-7-115-28271-2	针对非金融类读者，内容紧跟时代；提供课件、教案、视频案例、答案、试卷等
外汇交易原理与实务（第2版）	刘金波	978-7-115-38372-3	着重突出外汇实际业务，二维码打造立体化阅读环境，有外汇交易模拟操作指导手册；提供课件、教案、答案、试卷、习题册、实训指导
期货交易实务	曾啸波	978-7-115-39021-9	80余二维码拓展网络学习空间，百张图表、40个案例/讨论突出实务操作；提供课件、教案、视频案例、答案、习题库、试卷等
国际金融理论与实务（第2版）	孟　昊	978-7-115-34697-1	新增国际资本流动管理等内容；提供课件、大纲、教案、习题库、试卷库、视频案例库等
商法学	王子正	978-7-115-43248-3	通过二维码营造网络阅读环境；提供课件、习题和习题答案
财政学	唐祥来	978-7-115-31521-2	以丰富的案例提升学习兴趣；提供课件、教案、答案、文字与视频案例、试卷等
财政与金融	袁晓梅 陈　宁	978-7-115-40465-7	集中阐述基础知识、理论和实务；数百案例理论联系实际；百余二维码链接网络资源；提供课件、教案、视频和文字案例、答案、试卷等
物流工程导论	朱占峰	978-7-115-42535-5	课件嵌入大量教学视频案例；物流新闻拉近理论与现实距离；提供课件、答案、视频案例、试卷等
商务礼仪	王玉苓	978-7-115-36091-5	图文并茂，追求学以致用；提供教案、课件、答案、文字与视频案例、课外阅读资料等
现代社交礼仪（第2版）	闫秀荣	798-7-115-25681-2	图文并茂，二维码链接网络资源；提供课件、教案、文字与视频案例、实训手册、练习题及参考答案等
商务谈判理论与实务	林晓华	978-7-115-41308-6	以即学即练、模拟商务谈判实践、模拟商务谈判大赛等形式增强互动；二维码链接网络学习资源；提供课件、答案、视频案例、试卷等资料
商务沟通与谈判（第2版）	张守刚	978-7-115-43065-6	二维码打造立体化阅读环境；强调实践教学，提供模拟商务谈判素材；提供教案、课件、案例、视频库等资料